Gloria Boateng

Mein steiniger Weg zum Erfolg

Wie Lernen hilft, Hürden zu überwinden und warum Aufgeben keine Lösung ist

smm **Leichte Sprache Verlag**

Bibliografische Information der Deutschen Nationalbibliothek
Die Deutsche Nationalbibliothek verzeichnet diese Publikation in der Deutschen Nationalbibliografie, detaillierte bibliografische Daten sind im Internet über http://dnb.de abrufbar.

© 2019 *smm Leichte Sprache Verlag UG* (haftungsb.), Hamburg
Dieses Werk ist urheberlich geschützt.
© Coverfoto: Dorota-Anna Nowaczyk
© Illustrationen: Dorota-Anna Nowaczyk, Hamburg
Cover, Layout: Friederike Munde, Münster
Lektorat: Sabine Muhl, Hamburg
Digitalisierung: Elbe-Werkstätten, Hamburg
Druck und Vertrieb: BoD, Norderstedt
ISBN 978-3-947901-00-5

Meiner Tochter, meiner Mutter und meinem Großvater

Wende Dein Gesicht der Sonne zu, dann fallen die Schatten hinter Dich.
Afrikanisches Sprichwort

Inhalt

Teil I: Lebensschule – Meine Kindheit in Ghana

Zerrissene Familienverhältnisse	15
Licht und Schatten in der frühen Kindheit	21
Me maame – Meine Mutter	32
Me papa – Mein Vater	39
Bei Aunty Adwoa in Kumasi	44
Nana Yeboah und der Tag, der alles veränderte	54
Reisevorbereitungen und die kreative Geburtsurkunde	63

Teil II: Ankunft in einer fremden Welt

Moin Moin Gloria – Ama im Land der *Obronis*	75
Schule in Deutschland ist überhaupt nicht toll!	84
Mutterseelenallein	93
Plötzlich Pflegekind	102
Rassismus überall	106
Drei gegen Eine	119
Familienleben mit Licht und Schatten	126
Goodbye Reimers, Hello Wohnheim	133
Umzug – again	143

Teil III: Glaube an dich selbst, wenn niemand an dich glaubt

Folgenreiche Begegnung	159
Bittere Erkenntnis	163
Wieder ein Tag, der alles verändert	168
In anderen Umständen zum Abitur	175
Back to school	187
Mein Sabbatical lichtet den Nebel	196
Der Plan zur Rückkehr	204

Back to Pramso – nach 14 Jahren	217
Aufgeben ist keine Lösung – Alltag unter Dreifachbelastung	230
Kein Stipendium, sondern…	237
Eine Kerze, die an beiden Enden brennt	255
Ein Maulwurf unter den Föxen	267
Bleibt alles anders?	274
Staatsexamen – ich komme	280

Anhang

SchlauFox e.V.	286
Fotografien	288
Epilog	291
Bilderverzeichnis	293
Glossar	294
Danksagung	297

Liebe *Twi*-Expert*innen,

ich habe in mein Buch etwas *Twi* integriert. Zwar habe ich die Sprache als Kind beherrscht (was jetzt nicht mehr der Fall ist), aber ich habe nie gelernt sie zu schreiben. Daher habe ich mir Unterstützung bei den Formulierungen gesucht. Sollten euch Fehler auffallen, freue ich mich über Korrekturvorschläge für die zweite Auflage. Das gilt natürlich für den Text in deutscher Sprache ebenfalls.

Viel Spaß bei der Lektüre und beim Fehlerfinden! ☺

Das Gendern in diesem Buch

Es ist uns bewusst, dass alle verschiedenen Gender-Möglichkeiten ihre jeweiligen Vor- und Nachteile haben. Aufgrund von Testleser*innen-Feedback haben Autorin und Lektorin beschlossen, die leicht lesbaren geschlechtsspezifischen Begriffe mit Genderstern zu versehen.

Bei komplexeren Sprachkonstrukten haben wir uns für die *weibliche* Form entschieden, generisches Femininum, Männer sind mitgemeint, ebenso alle anderen, die sich nicht diesen Kategorien zuordnen.

Wichtig ist, den Lesefluss nicht (übermäßig) zu stören. Und: Dieses Buch wurde von einer Frau geschrieben, von einer anderen illustriert, von einer weiteren lektoriert und publiziert und von noch einer hergestellt. Es spricht einfach alles dafür. Kurz: Girl Power.

Prolog

Ghana, 2003. Ich sitze auf einer Bank mit einem mir unbekannten Jungen. Vor uns eine asphaltierte Straße, hinter uns eine Schule. Es ist eine *Primary and Junior Secondary School*, vergleichbar mit dem Schultyp Grundschule mit weiterführender Unterstufe in Deutschland.

Wir besuchen mein Geburtsland Ghana und sind in Kuntanase, einer kleinen Stadt in der Nähe von Kumasi in der Ashanti Region. Kumasi ist die zweitgrößte Stadt in Ghana. Der Junge ist hier zu Hause. Ich bin nur zu Gast. Ein Verwandter von mir unterrichtet an dieser Schule. Als ich ihn besuche, finde ich den Jungen auf dieser Bank. Auf dem Schulhof tobt gerade das pralle Leben, die Schüler*innen haben Pause.

„Hello", begrüße ich den Jungen. Er lächelt mich an und zeigt dabei eine Reihe blitzweißer, wohlgeformter Zähne. So weiß sind meine Zähne schon lange nicht mehr.

„Hello ma'am".

„How are you?"

„I am good. Thank you, ma'am." Ich wundere mich wie gut sein Englisch ist. In seinem Alter konnte ich längst nicht so gut Englisch sprechen.

„Warum sitzt du allein hier draußen?", frage ich ihn. Wir sprechen weiterhin Englisch. Er mag vielleicht elf oder zwölf Jahre alt sein. Verlegen schaut er weg.

„Ich kann nicht zur Schule gehen."

„Wieso nicht?" Er antwortet nicht gleich, sein Blick wandert an mir vorbei in die Ferne.

„Ist das dein Kind?", fragt er.

„Ja, das ist Saraphina. Ich bin Gloria."

„Spricht sie *Twi*?"[1]

„Leider nicht. Ich habe mal *Twi* gesprochen. Aber ich habe es verlernt, deshalb konnte ich es ihr nicht beibringen."

„But I speak English", sagt meine Tochter.

„Sie ist süß. Saraphina. Sehr hübsch."

„Thank you", antwortet Saraphina. „What's your name?", will das kleine Mädchen wissen.

„I'm Benjamin."

---

1 Sprache, die in der Ashanti-Region überwiegend gesprochen wird. Meine Erstsprache.

„Also, Benjamin, ist das deine Schule?", setze ich nochmal an. Er nickt.
„Ich bin hier sechs Jahre lang zur Schule gegangen."
„Und jetzt gehst du nicht mehr in die Schule?"
„Ich würde ja gerne", sagt er und weicht meinem Blick erneut aus.
„And why don't you go?", fragt Saraphina.
„Ich darf nicht. Wir können das Schulgeld nicht mehr bezahlen."
Ich bin nicht vorbereitet auf die Wucht seiner Worte. Sie treffen mich hart und ich bin für einen Moment sprachlos. Ich kenne dieses Gefühl. Ich kenne es nur allzu gut.
„Möchtest du denn zur Schule gehen?", frage ich vorsichtig. Er strahlt über das ganze Gesicht.
„Ja, und wie. Ich möchte unbedingt. Ich bin immer gern gegangen", sprudelt es aus ihm heraus.
„Und wie gut warst du in der Schule?"
„Sehr gut. Einer der besten in meiner Klasse. Ich lerne schnell."
„Dann solltest du damit weiter machen."
„Würde ich ja gern, aber das geht nicht. Schon lange nicht mehr."
„Don't worry, Benjamin. Das wird sich jetzt ändern.", sage ich und streichle ihm über die Hand.
„Wie? Ich verstehe nicht." Er schaut irritiert erst Saraphina an, dann mich.
Saraphinas und mein Blick treffen sich. Ich weiß, was sie denkt, sie kennt mich sehr gut. Ich nicke ihr zu. Dann zögere ich kurz, auf der Suche nach den richtigen Worten.
„Du wirst ab jetzt wieder zur Schule gehen."
„Das ist nicht...", beginnt er.
„Das ist möglich. Weil ich dir das Schulgeld zahlen werde. Jedes Quartal. So lange bis du die Schule beendet hast. Auch die *Senior Secondary School.*"
Eine Weile sagt Benjamin nichts.
„Warum solltest du das tun?", fragt er schließlich unsicher. Seine Stimme bebt ein bisschen dabei. Sein Blick ist unruhig. Er hat Tränen in den Augen.
„Weil es dein Recht ist. Es ist dein Recht in die Schule zu gehen. Es ist dein Recht zu lernen. Es ist das Recht eines jeden Kindes!"
„Ja, aber warum du? Warum willst du die Schule für mich bezahlen?"
„Ich war auch mal in der Situation, in der du jetzt bist, Benjamin."

✶ ✶ ✶

Ich bin Gloria. Früher hieß ich *Ama*[2]. Ich war ein kleines Mädchen aus dem ghanaischen Dorf Pramso. Heute bin ich Gloria, Hamburgerin. „Mit Migrationshintergrund" würden viele Menschen in Deutschland hinzufügen. Erste Generation. Als ich 2003 auf Benjamin treffe, kehre ich zum ersten Mal seit meiner Auswanderung 1989 nach Deutschland in meine Heimat Ghana zurück. Die Begegnung mit Benjamin hat nicht nur sein, sondern auch mein Leben verändert: Er kann wieder zur Schule gehen und ich unterstütze seitdem noch mehr Kinder und Jugendliche auf ihrem Bildungsweg. In Ghana vor allem finanziell, in Deutschland überwiegend ideell. Es ist ein Privileg, das tun zu können und zu dürfen. So wie Bildung noch immer ein Privileg in den meisten Ländern dieser Welt ist. Sogar im reichen Deutschland. Inzwischen setze ich mich beruflich wie privat für Bildung und Teilhabe von jungen Menschen ein. Mein Weg hierhin war lang und beschwerlich. Dies ist *meine* erlebte Geschichte. Folgen Sie mir auf meine biografische Reise, die sich über zwei Kontinente erstreckt, und erfahren Sie wie aus Ama Gloria wird.

---

2 Akan-Name für eine weibliche Person, die am Samstag geboren wird.

Teil I: Lebensschule – Meine Kindheit in Ghana

Zerrissene Familienverhältnisse

Irgendwo in einem kleinen Dorf namens Pramso[3] in der Ashanti-Region[4] in Ghana stand ein buntes Haus an einer langen, nie enden wollenden Straße. Hier wurde ich – wie ich erst mit dreizehn Jahren erfahren sollte – 1979 geboren. Das Haus war in einem hell leuchtenden Pink gestrichen und befand sich direkt an der großen Hauptstraße, die im Grunde auch die einzige Straße dort war. Von hier aus gingen rechts und links einige Wege und Pfade ab, die wiederum zu anderen Häusern führten. Viele waren eher Ruinen. Der Bau der Häuser wurde zwar begonnen, aber die meisten von ihnen sind nicht fertig geworden. Das pinkfarbene Haus war eines der größten und schönsten in Pramso. Darin lebten ein älterer, erblindeter Mann, seine Frau, ihre sieben Kinder und ein Enkelkind. Das Enkelkind war ich. Damals hieß ich noch Ama Boaduwaa, Tochter von Akosua Ofori, die bei meiner Geburt knapp fünfzehn Jahre alt war und Pramso wenige Jahre später verließ, um weit weg in einem Land, in dem nur *Obronis* wohnten, nach einem besseren Leben zu suchen.

Obronis, so nannte man bei uns die weißen Menschen, deren Haut so hell war, so hell wie Kokosmilch oder wie meine Lieblingskekse, die es nur an besonderen Tagen für uns Kinder gab. Damals stellten wir uns die *Obronis* immer alt vor, wie die einzigen drei von ihnen, die jemals nach Pramso gekommen waren. Beim ersten Mal – ich war etwa vier Jahre alt – handelte es sich um einen Arzt. Er gab mir eine Spritze und versuchte, Englisch mit mir zu sprechen. Leider sprach ich kein Englisch und meine Muttersprache *Twi*, die zur Gruppe der Akan-Sprachen gehört und so einzigartig klingt, wie keine andere Sprache, die ich je gehört habe, beherrschte er nicht. Aus

---

3   Ein Dorf im Bosomtwe-Distrikt.
4   Ghana ist in zehn Regionen aufgeteilt. Eine davon ist die Ashanti-Region. Die Ashanti (bei uns *Asante* geschrieben) waren ein mächtiges und kriegerisches Volk. Mit großem Widerstand widersetzten sie sich wie kaum ein anderes westafrikanisches Volk den europäischen Eindringlingen.

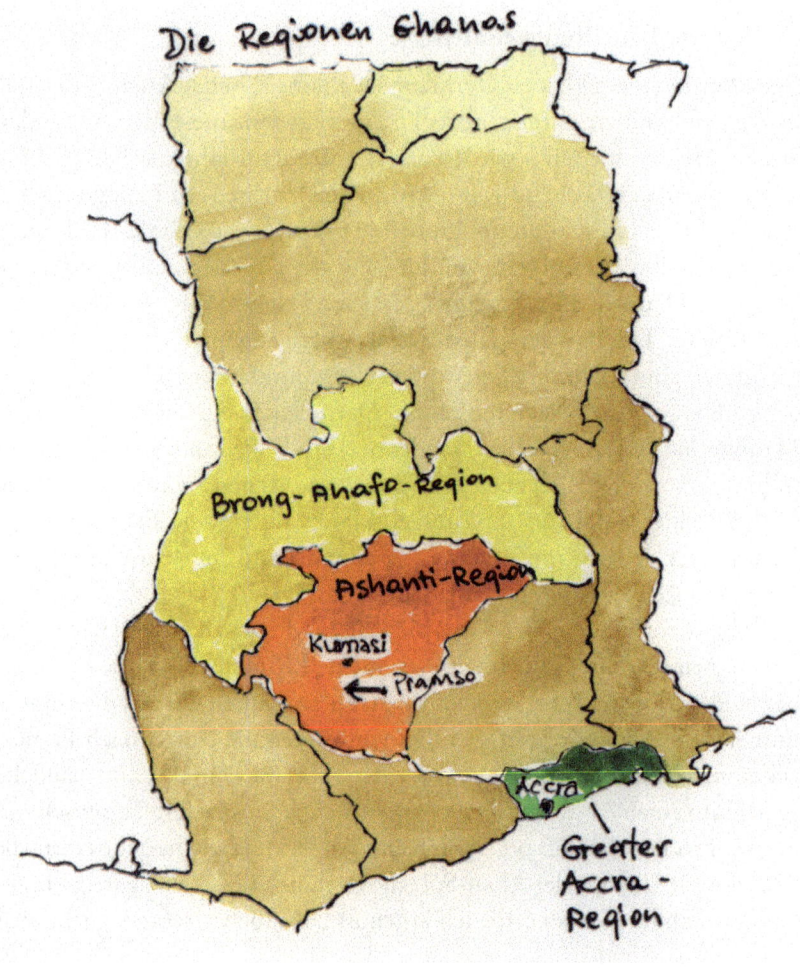

Angst vor der Spritze habe ich wie am Spieß geschrien. Beim zweiten Mal kamen zwei *Obronis* in einem großen Auto ins Dorf gefahren. Wir Kinder waren ganz schnell hingelaufen, um sie und vor allem ihr Auto anzuschauen. Denn in unserem Dorf hatte niemand ein Auto. Das war nur etwas für reiche Menschen. Deshalb waren wir jedes Mal fasziniert, wenn wir ein echtes Auto sahen. Das galt nicht nur für uns Kinder, auch die Erwachsenen versammelten sich auf der Straße, um den Wagen zu begutachten und womöglich die Aufmerksamkeit der Gäste zu bekommen. Denn ein großes Auto bedeutete, dass es jemand sein musste, der Geld hatte. Und wer Geld hatte, brachte meistens auch Geschenke mit. Jeder versuchte etwas abzubekommen, und je dichter man sich zum Auto drängte, umso größer waren die Erfolgschancen – dachten wir zumindest.

Es waren aber nicht nur *Obronis*, die in ihren schicken Wagen nach Pramso kamen. Ab und an kehrten auch ehemalige Dorfbewohner*innen oder deren Kinder zurück, die Pramso einst verlassen hatten und nun weiter entfernt wohnten.

Hätte meine Oma *Abena*[5] mir nicht davon erzählt, so hätte ich damals nicht geahnt, dass es irgendwo auf der Welt noch viele andere Städte und Länder gab, die weit entfernt von Ghana lagen und in denen laut meiner *Nana*[6] alle Menschen reich waren. Wer aus solch einem Land kam, der hatte ein Auto, ein schickes Haus und viel zu essen. Deshalb brachten die Rückkehrer*innen ihren Familien auch immer viele Geschenke: Kleidung, Schmuck und Geld. Wir Kinder bekamen mit ein bisschen Glück Süßigkeiten, zum Beispiel köstliche Bonbons.

Aber zurück zu meiner Mutter. Lange Zeit wusste ich nicht viel von ihr. Sie war das älteste der insgesamt zehn Kinder meiner Nana. Meine Mutter stammt als einzige aus Nanas erster Beziehung. Ihr Vater Yeboah und Nana Abena hatten sich wohl früh getrennt und er hatte das Land verlassen. Viele Jahre später erfuhr ich, dass er in den USA und in Europa gelebt und studiert hatte.

Obwohl Nana Abena und ihr neuer Mann ein Haus in Pramso besaßen, lebten wir in armen Verhältnissen. Oft kämpften wir um unser tägliches

---

5 Akan-Name für eine weibliche Person, die am Dienstag geboren wird.
6 Oma, Opa.

Brot, sodass meine Mutter schon in jungen Jahren viel Verantwortung übernehmen musste und ihre jüngeren Geschwister hütete.

Mein Vater Kwadwo Boateng spielte nie eine große Rolle in meinem Leben, erst als Grundschulkind habe ich ihn ein wenig kennengelernt. Auch an die ersten Jahre mit meiner Mutter kann ich mich nicht erinnern. Von der Kennenlerngeschichte meiner Eltern gibt es mehrere Versionen, sie weichen jedoch teilweise sehr voneinander ab: Mein Vater war ein Verwandter des Mannes meiner Großmutter mütterlicherseits. Mit 23 oder 24 Jahren war er auf der Suche nach einer Frau. Meine Großmutter und ihr Mann schlugen ihm meine Mutter vor, die zehn Jahre jünger war. Schon bei der ersten Begegnung habe meine Mutter meinem Vater gefallen. Wenige Monate später hat er offiziell „um ihre Hand angehalten". Fragte man meine Mutter, meinen Vater, meine Oma oder meine älteste Tante, was danach passierte, so schilderten alle eine andere Version.

Eine davon lautet, dass meine Mutter und mein Vater traditionell geheiratet hätten. Die Familie meines Vaters kommt aus Mim, in der Brong Ahafo Region im Westen Ghanas. Nach der Heirat war meine Mutter zu meinem Vater gezogen. Als sie mit mir schwanger war, kehrte sie nach Pramso zurück, um mich im Kreise ihrer Familie im dortigen Krankenhaus auf die Welt zu bringen. Meine Mutter blieb von diesem Zeitpunkt an in Pramso und wollte nicht mehr zu meinem Vater zurück. Einige sagen, sie hätte einen anderen Mann kennengelernt und darum gebeten von meinem Vater geschieden zu werden. Andere erzählen, dass mein Vater in der Zeit meiner Geburt eine Geliebte hatte und dass meine Mutter deshalb nicht zurückkehren wollte, als sie das herausgefunden hat. Es ist alles sehr verworren.

Die längste Variante der Geschichte lautet, dass meine Mutter nach meiner Geburt über meinen Vater gesagt haben soll: „Ich liebe ihn nicht. Er ist ein Bauernsohn. Mit ihm habe ich keine Zukunft." Meine Oma sei daraufhin sehr wütend geworden: „Schau dich hier um. Wir haben nicht viel. Ich kann nicht dich *und* dein Kind ernähren!", sagte sie. „Ziehe zu ihm!" „Nein. Eher lebe ich allein", insistierte meine Mutter.

„Dann zieh aus. Sieh zu, wie du dich und dein Kind ernährst. Du wirst sehen, wie schwer es ist, wenn du erst mal allein bist." Meine Oma ließ ihren Worten Taten folgen und warf meine Mutter und mich aus dem Haus. Die folgende Phase schilderte meine Mutter mir als eine der brutalsten in ihrem Leben. Sie ging zunächst in die nächst größere Stadt Kumasi und suchte nach einer Unterkunft. Viele Tage lebte sie mit mir auf der Straße. Nach einigen Wochen konnte sie Kontakt zu einem Onkel aufnehmen, der uns beide bei sich aufnahm. Sie versuchte unser Überleben zu sichern, indem sie Produkte auf dem Markt verkaufte und von ihrem Kleinverdienst Lebensmittel einkaufte. Meistens gab es nur Reis. Manchmal pur, und wenn wir Glück hatten, Tomatensoße dazu. In besonders glücklichen Momenten gab es noch ein Ei. Meine Mutter erzählte mir, dass ich als kleines Kind Reis mit Ei liebte. Nach dem Essen hätte ich mir immer den Mund an der Kleidung derjenigen abgewischt, die sich gerade in meiner Nähe befanden. Sie musste lachen, als sie mir das erzählte. „Du warst schon immer schlau!"

Akosua war ambitioniert, so schnell wie möglich – wie viele Menschen vor ihr – einen Weg nach *Abrokyire*[7] zu finden, um der Armut und der Perspektivlosigkeit zu entkommen. Dort würden unbegrenzte Möglichkeiten warten. Es sollte ihr gelingen.

Mein Großvater, der Vater meiner Mutter, lebte in *Abrokyire* – genauer gesagt in *Gyaamani*[8] – und kehrte irgendwann nach Ghana zurück. Wenige Jahre später ist meine Mutter ihm dann nach *Abrokyire* gefolgt.

Als mein Onkel eines Tages – ich mag drei oder vier Jahre alt gewesen sein – nach der Arbeit nach Hause kam, fand er mich heulend und eingenässt alleine in unserer damaligen Wohnung in Kumasi. Von Akosua keine Spur. Da er sich nicht um mich kümmern konnte, brachte er mich zu meiner Oma nach Pramso zurück.

Wie auch immer die Geschichten erzählt werden, meine eigenen Erinnerungen beginnen in etwa diesem Alter in Pramso. Von allem, was vorher geschah, weiß ich nur aus Erzählungen und diese sind – wie bereits erwähnt – teils sehr unterschiedlich.

Die nächsten sechs oder sieben Jahre blieb ich überwiegend in Pramso. Was dann geschah, davon kann ich selbst berichten. Da bin ich auf keine Erzählungen angewiesen.

---

7 Ausland, meist war das transatlantische Ausland gemeint.
8 Germany, Deutschland.

Licht und Schatten in der frühen Kindheit

In diesen Jahren meiner Kindheit erlebte ich so viel in meinem Dorf. Ich muss schmunzeln, wenn ich heute daran denke. Ich sehe mich splitterfasernackt mitten auf der Straße. An einem dieser Tage zur Regenzeit war binnen weniger Minuten alles überflutet. Kinder liefen auf die Straße, zogen ihre Kleider aus und tanzten im warmen Regen. Ich hatte es mir nie nehmen lassen, das auch zu tun. Selbst als einige meiner Freund*innen allmählich ein Schamgefühl entwickelten und nicht mehr hinaus in den Regen wollten, lief ich auf die Straße hinaus. Ich fühle es noch heute, wie die großen Regentropfen auf meiner Haut landen und ein sanftes Druckgefühl hinterlassen, wie meine Füße in einem großen Bach stehen, in dem ich auf und ab hüpfe. Ich öffne meinen Mund und lasse den Regen hineintropfen, nehme einen großen Schluck und trinke, bis mein Durst gestillt ist. Ich drehe mich um meine eigene Achse. Immer schneller und schneller, sodass das Wasser um mich herum nur so spritzt.

In einigen meiner Erinnerungen ist die Zeit in Pramso voller Glück und Unbeschwertheit. Häufig traf ich mich nach der Schule mit meinen Freund*innen Afia, Nana Yaw und einigen anderen Kindern aus dem Dorf, um Konservendosen zu sammeln. Hinter unserem Haus spielten wir Kochen. Dabei bereiteten wir ganze Menüs zu und taten, als wären wir sehr vornehme Leute. Mit den Fingern, wie wir es eigentlich im Alltag taten, aßen wir dabei natürlich nicht. „Die Leute in den Filmen essen immer mit Messer und Gabel", informierte uns Afia, spreizte dabei ihren linken Zeigefinger und Daumen. Sofort machten wir es ihr nach. „Frau", sagte Yaw zu mir, „hole mir noch was zu essen." Ich stand auf, bewegte mich einige Schritte fort, ließ dabei meine Hüfte und meinen kleinen Hintern kreisen und kam mit einem Teller voll beladen mit ‚Essen' zurück."

„Mhhh..., wie das duftet", lächelte Yaw mir zu. „Das hast du aber gut gekocht, meine liebe Frau."

Ich nickte. „Aber die nächste Portion kannst du dir mal schön selbst holen, du fauler Mann", erwiderte ich. Wir kugelten uns vor Lachen. Dies waren die Momente, die das Leben in Pramso so unendlich schön machten. In solchen Augenblicken wollte ich nie von hier weg.

Es gibt aber auch unschöne Erinnerungen. Wie so oft spielten wir Kinder noch bis spät in den Abend hinein auf der Straße. Lange Zeit hatte es nie jemanden gekümmert, wie lange wir draußen waren. Doch eines Tages wurde im Dorf der Entschluss gefasst, diese Gewohnheit zu beenden. Wir Kinder wussten nicht, wem wir das zu verdanken hatten. Vielleicht waren es die *Chiefs* – das waren die Dorfältesten, die nach dem Rechten sahen und die man in schwierigen Situationen um Rat fragen konnte. Es wurde bestimmt, dass Kinder nicht mehr so lange abends auf der Straße spielen sollten. Der Grund dafür lag nicht etwa in einer potentiellen Gefahr. Nein, angeblich würden wir nicht pünktlich aufstehen, um in die Schule zu gehen, wenn wir so spät noch draußen herumlungerten. Nachdem diese neue Regel eingeführt wurde, sah man immer mal wieder eine Person Patrouille laufen. Die Kinder, die noch draußen spielten, wurden nach Hause gescheucht. Wer nicht gehorchte und dennoch spät abends auf der Straße erwischt wurde, den erwarteten am nächsten Tag zu Hause oder in der Schule Schläge oder eine andere Strafe. Trotzdem nahmen wir Kinder diese Regel nicht wirklich ernst. Für uns war es ein Spiel, und wir hatten Spaß daran, uns vor den Aufsichtspersonen zu verstecken, wenn sie mit ihren Taschenlampen durch die Straßen zogen.

Als wir eines Abends gerade O-M-O, eines unserer liebsten Straßenspiele spielten, schrie plötzlich jemand: „Schnell weg. Da kommt einer!" Binnen Sekunden löste sich unsere Gruppe auf und jedes Kind rannte in eine andere Richtung. Nur ich reagierte nicht schnell genug und wurde schließlich eingefangen. Am nächsten Schultag erhielt ich meine Strafe: Nach der Ankunftszeremonie, bei der alle Schulkinder sich zum Singen und Beten auf dem Schulhof versammelten, wurde ich aufgerufen. „Geh nicht", flüsterte mir meine Freundin Afia zu. „Doch, sie muss gehen, sonst wird die Strafe nur größer", hörte ich einen Jungen sagen. Ich wusste, dass er Recht hatte. Mit geradem Rücken schritt ich auf unseren Schulleiter Herrn Appiah zu, der mit seinem langen Stock in der Mitte des Platzes an einem großen Baum stand. Er war ein großer Mann. Um seine Augen hatten sich schon einige Falten eingegraben und er hatte viele graue Haare. Eigentlich mochte ich Herrn Appiah immer, er war freundlich und lachte viel. Heute lachte er jedoch nicht, sondern wies mich ohne Erklärung an, meine Arme um einen Pfahl zu schlingen. Ich wusste, dass viele Augen auf mich gerichtet waren, mir war aber auch bewusst, dass ich meine Strafe mit Würde ertragen musste, sonst wäre die Schande noch größer als ohnehin schon. „Bloß nicht anfangen zu flennen", sagte ich leise zu mir selbst, „du bist stark!" Der erste Hieb zerriss gefühlt die Luft. Mit einem lauten Peitschenton landete der Schlag auf meinem Hintern. Ich verzog mein Gesicht vor Schmerz. „Zähne zusammen beißen. Nicht weinen!" Irgendjemand fing vor lauter Schadenfreude an zu lachen. Ich versuchte herauszufiltern, aus welcher Richtung es kam. Ich wollte mich rächen. Doch so weit kam ich mit meinen Gedanken nicht, denn der zweite Schlag folgte nur wenige Sekunden später. Nummer drei fühlte ich schon fast gar nicht mehr. Na ja, fast. Ich sah auch nicht mehr die Gesichter der anderen Kinder. Als es vorbei war, durfte ich den Pfahl loslassen und wieder zurück in die Reihe gehen. Meine Freunde wussten, dass sie mich nicht trösten durften, das hätte mich zu einer Verliererin gemacht. Sie hielten sich zurück. Als die Versammlung kurze Zeit danach aufgelöst wurde und die ersten Klassen ihre Räume aufsuchten, wollte ich mich in eine Ecke verkriechen. Afia kam mir zu Hilfe: „Nicht jetzt", sagte sie, „sie beobachten dich noch." Sie deutete mit dem Kopf in Richtung einiger Lehrer*innen, die auf der Veranda standen. Ich schaffte es, mit Afia in meine Klasse zu gehen und mich hinzusetzen.

Schläge, Schläge, ständig Schläge. Sie dominierten meine Kindheit und die der meisten anderen Kinder, die ich kannte. In der Schule wurde ich von den Lehrer*innen geschlagen, zu Hause von Nana. Bei jeder Kleinigkeit, bei jedem Ungehorsam, bei jedem Fehlverhalten erhielt man Schläge. Oft fühlte ich mich so ohnmächtig dabei, weil ich sie als unangemessen und unnötig empfand. Manchmal machten sie mich aber auch wütend. Am liebsten hätte ich zurückgeschlagen. In einigen Situationen beschlich mich das Gefühl, dass kein anderes Kind an meiner Schule so viele Strafen erfahren und Schläge einstecken musste wie ich. Baute ich mehr Mist als andere?

Eines Tages stieß ich erneut mit einem Lehrer zusammen, wieder mit schmerzhaften Folgen. Dieses Mal liefen wir Kinder in der Pause auf den Pausenhof und spielten Fangen. Ich war eine schnelle Läuferin, sprang über sämtliche Hürden und bekam jeden zu fassen. Auf der Veranda lagen einige Lehrer*innen auf ihren Liegen und nahmen ein Sonnenbad. Einer hatte die Augen geschlossen und wurde erst aufmerksam, als ich zum Sprint ansetzte und mein rechtes Bein in seiner Liege verhakte. Er schimpfte: „Pass doch auf!" „Yes, Sir", antwortete ich schnell. „Ihr sollt hier nicht herumlaufen. Wir wollen unsere Ruhe haben." Ich wollte weiter rennen, doch er stand blitzschnell auf und packte mich. „Wenn ich dich nochmal hier erwische, kriegst du eine Strafe", drohte er mir. Er meinte es ernst, keine Frage, aber mein Spiel war mir in diesem Moment wichtiger. Ich wollte unbedingt meinen Schulkameraden *Kwesi*[9] fangen. Ich nickte dem Lehrer deshalb nur schnell zu und rannte weiter. Kwesi war inzwischen auf dem großen Platz und wartete dort mit wackelnden Hüften. Ich rannte auf ihn zu. Als ich ihn fast zu fassen bekommen hatte, lief er eine Acht, in Richtung der Veranda. Ich überlegte nicht lange und rannte hinterher. Leider führte Kwesis Weg wieder an den gemütlich ruhenden Lehrer*innen vorbei. Zwar war ich darauf bedacht, nicht allzu sehr in ihre Nähe zu kommen, aber ich wurde dennoch erwischt. „Wie heißt du", wollte der Lehrer prompt wissen.

„Ama."

„Ama wer?" Seine Augen funkelten böse. Erst jetzt bekam ich Angst angesichts der bevorstehenden Strafe. „Ama Boaduwaa."

„Gut, Ama Boaduwaa", sagte er mit einem Lächeln. „Da du nicht nur langsam bist, sondern scheinbar auch Schwierigkeiten hast, das zu verstehen, was wir Lehrer euch sagen, musst du jetzt *Zwiebeln pflanzen*, ordnete er an.

„Aber ich habe doch nur…" Der Satz blieb mir im Halse stecken, als ich seinen Gesichtsausdruck sah. Widerstand war zwecklos. Diskussionen wurden nur noch höher bestraft. Ich sah über meiner linken Schulter, wie Kwesi mich aus einem sicheren Abstand beobachtete. „Es tut mir leid!", schien er mit seinem Blick sagen zu wollen. Ich nickte nur. Der Lehrer führte mich in eine mir unbekannte Klasse, wo ich meine Strafe absolvieren sollte. Die dortigen Schüler*innen waren älter als ich. Das machten die Lehrkräfte besonders gern. Man wurde nicht nur bestraft, sondern auch noch zur Schau gestellt, damit die anderen sich entweder über einen lustig machen konnten oder aber Angst bekamen und selber keinen Blödsinn machten. *Zwiebeln pflanzen* ist eine sehr harte Strafe, sie konnte schlimmer sein als jede Tracht Prügel mit dem Stock. Der Name beschreibt eigentlich nur eine Position, die man einnehmen und in der man für eine gewisse Zeit ausharren musste: Man steht auf einem Bein. Es ist wichtig, das starke Bein zu nehmen, denn es musste einiges aushalten können. Ich entschied mich für mein linkes Bein. Man senkt den Oberkörper so weit, bis man nur mit dem Zeigefinger des gleichseitigen Armes – in diesem Falle des

---

9   Akan-Name für eine männliche Person, die am Sonntag geboren wird.

linken – den Fußboden berührt. Alles andere streckt man in die Luft. „Wie lange soll sie es durchhalten?", wollte die Lehrerin der höheren Klasse wissen. „Eine halbe Stunde!", rief mein Peiniger und verließ das Klassenzimmer. „Oh Mann, eine halbe Stunde. Wie soll ich das bloß schaffen?" Einige Jungs lachten: „Sie wackelt ja jetzt schon wie eine Feder im Wind." Die Klassenlehrerin fauchte in den Raum: „Mach du bloß weiter so, dann stehst du gleich neben ihr." Daraufhin wurde es plötzlich still im Raum. Ich hatte das Gefühl, dass mich niemand mehr anstarrte und war der Lehrerin sehr dankbar dafür. Erst jetzt merkte ich, wie heiß es an diesem Tag war. Nach wenigen Minuten lief mir bereits der Schweiß über die Stirn. Wenn ich es nicht durchstand und zwischendurch auf die Hand fiel oder mich hinstellte, würde die Zeit zusätzlich verlängert werden. Das wollte ich auf jeden Fall vermeiden. Als ich nach wenigen Minuten nicht mehr konnte, wechselte ich mehrmals unbemerkt die Seite. Oder wurde das doch von jemandem bemerkt? Ich kann das nicht ausschließen. Aber wenigstens hat mich niemand verraten.

Ob mit oder ohne Seitenwechsel, eine halbe Stunde *Zwiebeln pflanzen* ist lang. Sie erscheint einem wie eine halbe Ewigkeit. Wie ich sie letztlich überstanden habe, weiß ich heute nicht mehr. Aber mein linkes Bein und mein linker Arm waren danach schwer wie Blei. Meiner rechten Körperhälfte ging es auch nicht viel besser. Ich konnte kaum laufen, alles tat mir weh. Gejammert oder gar geweint habe ich trotzdem nicht. Ich war ja schließlich kein Schwächling.

In meiner Kindheit war es völlig normal, mit Schlägen oder anderen Strafen sanktioniert zu werden, sobald man gegen die Regeln verstieß, sich nicht artig verhielt oder gar den Anweisungen der Erwachsenen widersetzte. Je nach Schweregrad der „Tat" fielen die Strafen härter oder milder aus. Ich kann mich an kaum einen Streich erinnern, bei dem ich ohne Strafe davongekommen bin, verhängt von meiner Familie, den Lehrkräften oder anderen Personen. Ich fand die ständigen Strafen schon als Kind total schlimm. Ein bisschen Strenge hielt ich in vielen Situation für durchaus sinnvoll, denn die Angst vor Konsequenzen bewahrte uns Kinder davor, Dummheiten zu begehen, und führte zum respektvollen Umgang mit Erwachsenen. Vor meiner Oma hatte ich Respekt. Und Angst. Denn sie konnte sehr streng sein. Heute würde ich sagen, militärisch streng. Sie war im Allgemeinen eine sehr fleißige und strukturierte Frau. So gut sie konnte, sorgte sie für uns alle und hielt das Haus sehr sauber. Aber sie hatte vor allem an uns Mädchen hohe Ansprüche und hat uns – insbesondere mich – ständig spüren lassen, wenn wir ihren Ansprüchen nicht gerecht wurden. Einerseits habe sie immer dafür bewundert, dass sie es geschafft hat, so viele Kinder großzuziehen, und das zum großen Teil allein, denn – soweit ich mich erinnere – war ihr Mann arbeitsunfähig. Wie machte sie das bloß? Das würde ich nie schaffen, dachte ich damals. Andererseits hatte ich kein gutes Verhältnis zu ihr. Sie bestrafte mich zu oft und zu heftig. Und dann konnte sie auch wieder lustig sein. Sie lachte gern. Das gefiel mir.

Aber es gab selten bei ihr etwas zu lachen. Ich erinnere mich an ein Erlebnis, bei dem es mich besonders hart traf: Da ich nachts immer zu spät von der Straße nach Hause kam, hatte Nana eine neue Regel eingeführt. Das große weiße Eisentor, das sonst offen stand, wurde von nun an abends abgeschlossen. War ich vor der vereinbarten Zeit nicht rechtzeitig zu Hause, musste ich allein eine Lösung finden. Das Tor erschien mir Dreikäsehoch als unüberwindbar. Dennoch war ich sicher, dass ich im Zweifelsfall schon einen Weg finden würde, um darüber zu klettern.

In den darauffolgenden Tagen schaffte ich es auch tatsächlich ins Haus zu gelangen, obwohl das Tor geschlossen war. Doch eines Abends verlief alles anders. Ich weiß nicht, ob es daran lag, dass ich besonders müde war, vielleicht hatte ich auch einfach Pech. Und so kam es, dass sich der Drehhaken zum Öffnen der Tür beim Versuch, über das Tor zu klettern, auf halber Höhe in mein Bein bohrte und mir eine lange Wunde in die Haut schlitzte. Als wäre es erst heute passiert, sehe ich mich vor Schmerz laut aufschreien. Nana war von meinem Geschrei aufgewacht, und als sie sah, dass ich mich am Tor verletzt hatte, weil ich nicht rechtzeitig ins Haus gekommen war, zeigte sie keinen Funken Mitleid. Im Gegenteil. Sie schrie mich an, während das Blut an meinem Bein nur so in Strömen herunterlief. Inzwischen hatte sich eine große Lache an meinen Füßen gebildet und ich hatte Angst zu verbluten. Nach ihrem Wutanfall lief Nana plötzlich weg, und ich fragte mich, ob sie mich zur Strafe verbluten lassen würde. Als sie wenige Minuten später zurückkam, hielt sie einen Kanister in der Hand. Anfangs war ich unsicher, welche Flüssigkeit sich darin befand, bis mir einfiel, dass es Alkohol war, der auf Verletzungen höllisch wehtat. Der Geruch triggerte eine frühere Verletzung an meinem Arm. Eine Wunde hatte sich total entzündet und meine Oma rückte mit dem Kanister Alkohol an. Ich hatte plötzlich mehr Angst vor dem Schmerz, den der Alkohol auslösen würde, als vor dem eigentlichen Verbluten.

„*Ye dinn!*[10]", befahl mir Nana. Dann hielt sie den Kanister hoch und kippte einen Schuss direkt auf mein Bein. Mein Schrei durchdrang die Nacht. Ich heulte, wie ich in meinem Leben noch nie geheult hatte. Mein Körper zitterte, mein Bein knickte ein und ich landete auf dem harten Boden. Als Nana ein Tuch mit der Flüssigkeit durchtränkte und es auf mein Bein legen wollte, flehte ich sie nur an: „Nana, *dabi*[11], *dabi*. Bitte nicht!"

Doch sie schaute mich nicht einmal an. Ich schrie erneut, als das Tuch mein Bein berührte.

„Was ist denn los?", fragte eine schlaftrunkene Stimme von oben. Es war meine jüngste Tante, zu dem Zeitpunkt dachte ich, sie wäre meine Schwester. Aber dazu später

„Nichts", erwiderte Nana schulterzuckend.

„Ama ist nur über das Tor geklettert und hat sich verletzt."

„Sie soll mal nicht so ein Theater machen."

Die Nacht nach dieser Höllenprozedur war grauenvoll. Ich jammerte ununterbrochen und bekam vor Schmerz kein Auge zu. Wenn ich jedoch geglaubt hatte, dass die Alkoholbehandlung die Strafe für mein Vergehen war, so wurde ich schon bald eines Besseren belehrt. Denn den Alkohol hatte meine Nana nur zur Behandlung der Wunde eingesetzt. Die eigentliche Strafe erwartete mich erst am nächsten Tag. Kaum war ich nach unten gehumpelt, zog sie mich wortlos in die Küche. Dort hatte sie Ingwer gemahlen.

„Zieh deinen Rock aus!" befahl sie mir.

Ich schüttelte den Kopf. Dem, was nun folgte, wollte ich mich auf keinen Fall aussetzen. Es handelte sich um eine der schlimmsten Strafen überhaupt. Zumindest für mich. Ich hatte sie schon länger nicht mehr erhalten, und dabei sollte es meiner Meinung nach auch bleiben. Mit aller Kraft versuchte ich mich dem Griff meiner Oma zu entziehen. Aber sie war stark und hatte mich mit einer Hand fest im Griff. Mit der anderen zog sie mir Rock und Unterhose herunter. Sie griff in die Schale und nahm eine kleine Menge Ingwer zwischen ihre Finger. Mit dem linken Ellenbogen drückte sie mei-

---

10 Halt still!
11 Nein.

nen Oberkörper fest nach unten, sodass ich gezwungen war, ihr meinen Hintern entgegen zu strecken. Schwupps, hatte ich Ingwer im Po. Ingwer! Kann sich jemand vorstellen, wie sich die Schärfe im Po anfühlt? Es brennt höllisch! Man hat das Gefühl, der Hintern löst sich auf. Und der Ingwer, den man in Ghana verwendet, ist nicht vergleichbar mit dem, den man in Deutschland kaufen kann. Der Ingwer meiner Kindheit ist oft kleiner, dunkel und ein bisschen verschrumpelt. Er sieht harmloser aus. Aber er ist viel schärfer als der Ingwer, den man in deutschen Geschäften kaufen kann. Der Tag war für mich gelaufen. Die nächsten Tage und Nächte auch. Ingwer ist eigentlich *das* Allheilmittel in Ghana. Kaum eine Suppe oder Soße wird ohne frischen Ingwer gekocht. Vor diesem Vorfall war mir diese Tatsache kaum bewusst, ich hatte stets alles gegessen, ohne die Schärfe überhaupt zu merken, ich war geschmacklich mit Ingwer sozialisiert worden und ich liebte es. Doch seit diesem Vorfall mochte ich Ingwer nicht mehr und damit jedes Gericht, welches dieses Gewürz enthielt. Das bedeutete allerdings auch, dass ich mein Lieblingsgericht *Omotuo* nicht mehr genießen konnte. Diese leckeren Reisbällchen mit Erdnusssuppe, die meiner Oma so gut gelangen wie kaum einer anderen Frau. Ich hatte Nana immer dafür geliebt, für ihr *Omotuo* hätte ich sterben können. Nun hatte sie mir mit ihrer Ingwer-Strafe jede Freude daran verdorben. Erst zwanzig Jahre später, in einem anderen Land, auf einem anderen Kontinent, sollte ich den Geschmack von Ingwer wieder lieben lernen.

No school today

Nach dem Ingwer-Vorfall folgten viele Monate, in denen ich nicht zur Schule ging. Nicht wegen der Schmerzen, diese waren zum Glück und ohne dass ich es mir zum Zeitpunkt meines Leidens hätte vorstellen können, irgendwann abgeklungen. Nein, laut Nana konnten wir – mal wieder – das nötige Schulgeld nicht bezahlen. Trotzdem stand ich weiterhin jeden Morgen so früh auf, als würde ich zur Schule gehen. Ich erledigte die mir zugeteilten Aufgaben, fegte den Hof und holte mit einer großen Wanne Trinkwasser aus einem recht weit entfernten Dorf. Für den Weg brauchte ich eine gefühlte Stunde, die Entfernung selbst war zwar nicht so groß, aber mit der schweren Wanne auf dem Kopf konnte ich nicht so schnell gehen. Schließlich sollte so wenig Wasser wie möglich heraus schwappen, sonst hätte Nana mich gleich wieder losgeschickt, um noch mehr Wasser zu holen. Das war mir schon mehrfach passiert.

Nachdem ich das Wasser geholt hatte, wusch ich mich. Manchmal durfte ich Wasser im Topf erwärmen und mir eine lauwarme Mischung zubereiten. Meistens aber wusch ich mich mit kaltem Wasser, was ziemlich unangenehm sein konnte. Aber ich war daran gewöhnt. Die Zähne putzte ich wie es in Pramso üblich ist einfach mit einem Zahnputzhölzchen. Das ist ein ca. zehn bis fünfzehn Zentimeter langes Holzstäbchen, den Namen habe ich vergessen. Aber es wird auch heute immer noch verwendet, sogar von ghanaischen Migrant*innen. Man kaut an einem Ende so lange auf dem Holzstäbchen herum bis es fransig wird und quasi als Bürste verwendet werden kann. Dann schrubbt man die Zahnoberfläche damit und entfernt so den Zahnbelag. Die abblätternden Holzpartikel spuckt man einfach aus. Ich erinnere mich aber auch daran, dass wir oft auch auf Kohle und Blätter herumgekaut haben. Die Namen der Blätter habe ich leider auch vergessen. Aber Zähneputzen hat mir in Ghana immer Spaß gemacht, anders als die Benutzung von Zahnbürste und Zahnpasta viele Jahre später in meiner neuen Heimat. Das war todlangweilig. Wer bitte hatte sich so etwas ausgedacht und nannte es auch noch zivilisiert? Minutenlang auf der Stelle stehen, während man mit einem unförmigen Ding kreisende Bewegungen macht. Dabei nie zu wissen, ob der ausgeübte Druck zu schwach oder zu stark ist. Bei Kohle oder Holzstäbchen wusste man immer: Das ist gut! Man konnte das überall machen, sogar auf der Straße wurde das gemacht.

Nach dem Zähneputzen waren die Fingernägel dran. Jeden Morgen, bevor die Schulkinder in die Klassen gingen, wurden auf dem Hof die Nägel kontrolliert. Sie hatten sauber und kurz zu sein. Meine hätten die Prüfung oftmals nicht bestanden, wenn ich nicht mit Messer und Schere jeden Finger bearbeitet hätte. Meine Schuluniform überprüfte ich auch auf Flecken, bevor ich sie anzog. Sauber und gestriegelt wie ich war, setzte ich mich trotzdem jeden Tag, an dem ich nicht zur Schule ging, an den Straßenrand. Hinter mir lag unser Haus, vor mir die lange Pramso-Straße, die sich endlos ins Nirgendwo zu erstrecken schien. Nach wenigen Minuten erschienen einige der Dorfkinder, ebenfalls angemessen für die Schule vorbereitet. Sie gingen bis zur nächsten Schule drei Dörfer weit entfernt, das waren viele Kilometer Schulweg jeden Tag. Bis auf Yachie habe ich die Namen aller Dörfer heute vergessen, vielleicht hatte ich sie aber auch nie gewusst. Einige Kinder gingen auch auf Schulen, die sie mit dem *Tro-Tro*[12] erreichten. Dafür gingen sie zu Fuß ins nächste Dorf und warteten dort auf ein *Tro-Tro*. Diese Minibusse waren unterschiedlich groß; in einige passen acht Leute, dazu der Fahrer und ein *Mate*[13], der abkassiert. Andere haben Platz für zwölf Fahrgäste. Man steht an der Straße und wartet darauf, dass ein *Tro-Tro* vorbeikommt. Die *Mate* rufen dann immer die Richtung aus, in die sie fahren. Wenn man mitfahren will, gibt man ein Handzeichen, der *Tro-Tro* hält an und man bezahlt beim Einstieg. Manchmal konnte es sehr lange dauern, bis man von einem *Tro-Tro* mitgenommen wurde. Denn häufig waren sie überfüllt.

Ich durfte in dieser Zeit nicht mit, und bei dem Gedanken, dass die eine Kindergruppe gerade den langen Marsch zu Fuß ablegten um in die Schule zu gehen und die anderen Kinder dafür in ein *Tro-Tro* stiegen, während ich noch immer am Straßenrand saß, rannten mir unmerklich Tränen die Wangen herunter. Wie gern wollte ich mit. Schule war doch so toll! Dort konnte man etwas Neues lernen. Am meisten Spaß hatte ich an Mathematik, denn alles, was mit Zahlen zu tun hatte, faszinierte mich. Kurz vor meiner Ingwer-Erfahrung hatten wir im Unterricht eine Liste mit dem Einmaleins erstellt – Bücher gab es in meiner Schule keine. Höchstens mein Lehrer besaß eines. Alles, was für uns wichtig war, stand an der Tafel und wir haben es abgeschrieben. Das Einmaleins wurde uns diktiert und wir haben es auf Papier geschrieben und zum Lernen mit nach Hause genommen.

Am Straßenrand sitzend holte ich die Liste manchmal hervor und ging im Kopf alles durch. Ja, ich konnte das kleine Einmaleins komplett. Witzig fand ich dabei, dass es keine Rolle spielte, in welcher Reihenfolge die Zahlen auftauchten. Dass dreimal vier das Gleiche ergab wie viermal drei. Komisch eigentlich, oder? In Deutschland sollte ich später lernen, dass es das *Kommutativgesetz* genannt wurde, in Ghana hatten sie uns kein Fachwort dafür gesagt. Oder ich habe es vergessen. Als ich den Lehrer damals fragte, warum das so ist, dass man nur bei der Multiplikation Zahlen verdrehte und das Ergebnis trotzdem gleich blieb, hatten die anderen aus meiner Klasse

---

12 Billiges Transportmittel für Personen u. Frachten, dicht bestuhlt, wörtl. Akan-Übersetzung: Drei-Drei (früher: Fahrpreis 3 Pesewas).
13 Der Assistent des Fahrers.

laut losgelacht und die Augen verdreht. Sie wussten, was kommen würde: „Warum stellst du eigentlich immer diese Fragen, Ama? Welche Antwort willst du denn darauf haben?", raunzte der Lehrer wütend. Mein ständiges Nachfragen ging allen auf die Nerven, das wusste ich. Aber wenn ich etwas nicht verstand, dann konnte ich doch nicht einfach den Mund halten. Wir hatten schließlich keine Bücher, in denen ich etwas hätte nachlesen können. Wir hatten nur unsere Lehrer*innen, die für uns allwissend waren. Alles, was wir lernten, kam einzig aus ihren Münden, entsprang den Worten, die sie mit ihrer Kreide an die Tafeln schrieben. Wen hätte ich also sonst fragen sollen? Meine Nana und die anderen aus der Familie wussten von all dem ohnehin nichts. Doch alles, was mir mein Lehrer in diesen Situationen sagte, sobald er sich wieder beruhigt hatte, war: „Sieh mal Ama, das ist einfach so. Das musst du so lernen." Mit dieser Antwort war ich aber nicht zufrieden, dennoch gab ich erst mal Ruhe.

Während ich so meine Tage am Straßenrand verbrachte und an diese und ähnliche Schulsituationen dachte, musste ich manchmal schmunzeln. Ich wusste, dass nichts im Leben „einfach so war". Irgendwoher musste doch alles kommen. Irgendjemand vor mir musste sich doch schon diese Gedanken gemacht haben. Aber diese Antwort musste mir für den Moment reichen. Und außerdem hatte ich meinem Lehrer nach dem Unterricht versprochen, nicht mehr so viel nachzufragen, obwohl ich schon damals wusste, dass ich mich nicht daran halten kann.

Ich verpasste so viel Unterricht in jener Zeit und befürchtete, den Anschluss zu verlieren. Wenn ich dann wieder in die Schule käme, würde ich doch oft nachfragen müssen und viele Sachen wieder nicht verstehen. Das war wirklich ein Dilemma. Merkwürdigerweise bekam ich es dennoch irgendwie immer hin, den Vorsprung der anderen aufzuholen, wenn ich nach längerer Abwesenheit wieder die Schule besuchen durfte. Ich arbeitete den verpassten Stoff nach, sodass ich nach kurzer Zeit wieder mit den anderen Kindern mithalten konnte und beim nächsten Mathetest sogar auf Platz neun kam. Noten für die einzelnen Schüler gab es bei uns nicht, stattdessen wurde man durch eine Art Klassenranking bewertet. Es gab eine Namensliste, wer am meisten Punkte bei der Arbeit erhielt, landete auf Platz eins, wer am wenigsten hatte auf Platz 50. Oder auf Platz 40, wenn weniger Schüler*innen die Klassenarbeit an dem Tag mitgeschrieben hatten. Ich hatte es schon mehrmals auf Platz drei geschafft.

Meine Jahre in Pramso vergingen fast unmerklich. Mein Dorf war meine Heimat und ich war mir sicher, dass ich mein ganzes Leben dort verbringen würde. Heute ist nun ein anderes Land meine Heimat geworden. Doch meine Wurzeln liegen hier, in diesem kleinen Dorf in Ghana und sind noch heute – 30 Jahre nach meiner Auswanderung – ein Teil von mir.

Me maame – Meine Mutter

Ich war etwa sechs Jahre alt, mein genaues Alter kannte ich damals nicht. Es spielte in Pramso keine Rolle, wann man geboren war, niemand zählte die Jahre oder Monate. Geburtstage wurden nie gefeiert. Wir führten, im Vergleich zu dem, was ich später kennenlernen sollte, ein recht zeitloses Leben. Zwar besaßen manche Haushalte eine Uhr, man richtete sich aber ebenso nach dem Sonnenstand oder nach dem Krähen des Hahns. Öffentliche Uhren gab es nicht, und ich kannte zu dieser Zeit auch niemanden, der eine Armbanduhr trug. Nur mein *Wɔfa*[14] *Kweku*[15] trug manchmal eine, wenn er aus Accra zurückkam, aber er war auch ein Angeber. Er trug die Uhr nur, um gegenüber uns Dorfbewohner*innen damit zu prahlen. Vielleicht funktionierten seine Uhren nicht mal. In der Schule allerdings spielte die Zeit eine große Rolle. Man musste pünktlich zum Gebet und zum Unterricht erscheinen, sonst gab es Strafen.

In dieser zeitlosen Welt spielte ich – wie so oft – mit meinen Freunden hinter dem Haus des Dorfältesten. Eines Tages hatten wir mal wieder Dosen und Steine gesammelt, mit denen wir stundenlang spielten. Aus einer gewissen Entfernung versuchten wir, die Dosenpyramiden mit den Steinen umzuwerfen. Bei diesem Spiel gewann ich oft, denn ich vermochte sehr gut zu zielen.

Doch an jenem Tag hatten wir kaum eine Stunde gespielt, als wir von zunehmendem Lärm unterbrochen wurden. Wir sahen, wie viele Leute an uns vorbei rannten und zur Hauptstraße liefen. „Was ist los?", wollte meine Freundin Afia von den Vorbeilaufenden wissen. „Da ist jemand gekommen", keuchte eine Frau und lief weiter. Wir wussten sofort, was das bedeutete. Jemand aus *America* oder *Europe* war angekommen. Jemand,

---

14 Onkel.

15 Akan-Name für eine männliche Person, die am Mittwoch geboren wird.

der Geld besaß und vielleicht etwas mitgebracht hatte. „Komm, lass uns hin", rief mein Schulkamerad Miensah. Ich schüttelte den Kopf. Obwohl der Gedanke verlockend war, von den Besucher*innen etwas zum Naschen geschenkt zu bekommen, hatte ich keine Lust, mein Spiel zu beenden. Es machte gerade großen Spaß. Und mir ging der ganze Hype auf die Nerven, der entstand, wenn jemand aus dem Ausland kam. Das „Ausland" – oder wie wir es nannten *Abrokyire* – war sowieso so etwas Undefiniertes. *Europe*, *America*, niemand wusste, ob es diese Orte gab. Und wo sie lagen, konnte mir bisher auch niemand erklären. „Es ist ganz weit weg", wurde mir jedes Mal gesagt, wenn ich danach fragte. Vielleicht kamen diese Leute gar nicht aus dem Ausland. Vielleicht waren es nur solche Angeber wie mein Onkel Kweku, die nur hierher kamen, um uns zu zeigen, was wir nicht hatten und nie haben würden. Um uns neidisch zu machen. Ach, zum Teufel mit den Bonbons. Plötzlich war ich allein. Egal, ich würde hier sitzen bleiben und weiterspielen, bis die anderen zurückkamen. Ich weiß nicht, wie lange ich da so allein saß. Ganz in meine Gedanken versunken, überhörte ich die Stimmen, die allmählich immer lauter wurden. „Ama!" Ich schrak auf. Das war doch mein Onkel Kwesi! Die Stimmen kamen näher. Ich sah eine Menschenmenge in meine Richtung abbiegen. Was war denn los? Irgendetwas schien die Gruppe in Aufregung zu versetzen. „Ama Boaduwaa, *bra*![16]" Mit einer eiligen Handbewegung befahl er mir, ihm zu folgen. „Nein, ich will da nicht hin." „Was ist los mit dir? Es ist jemand gekommen. Jemand aus *Europe Abrokyire*. Sie ist reich. Sehr reich. Sie ist mit einem schönen roten Auto gekommen. Und sie hat nach dir gefragt." Doch die Verlockungen meines Onkels ließen mich kalt. „Ja, bestimmt. Und jetzt bin ich eine Prinzessin und werde auch reich", sagte ich ironisch. „Hör auf damit und komm endlich. Nana hat gesagt, ich soll nicht ohne dich kommen." Das wirkte. Ich wusste, wenn Nana etwas sagte, dann hatte es auch genauso zu geschehen. Ansonsten konnten die Folgen ziemlich unangenehm werden. Widerwillig stand ich auf. Mindestens 20 Kinder umringten meinen Onkel und mich als wir zum Haus gingen. Auf der Straße und am Tor war eine große Menschenmenge versammelt. Man kam kaum vorwärts.

Plötzlich hörte ich von irgendwoher eine mir unbekannte, aber laute Stimme fragen: „Wo ist jetzt meine Tochter?" Wer suchte hier seine Tochter?

---

16 Komm!

„Komm schneller", mein Onkel trieb mich durch die Menschenmenge. So viele Leute hatte ich zuletzt in Kumasi auf dem *Market* gesehen. In der Mitte stand meine Oma, die Hände in die Hüften gestemmt. Ich merkte, wie sie ungeduldig umher blickte und mich dann fixierte. Plötzlich änderte sich ihr Gesichtsausdruck. „A-MA", sagte sie mit einer langgezogenen Stimme und kam mit einem breiten Lächeln auf mich zu. Instinktiv machte ich einen Schritt zurück. Hier stimmte etwas nicht, die ganze Situation war mir nicht geheuer.

„Ama, *me ba!*[17]", sagte auch die Frau neben meiner Oma, die mir bis dahin kaum aufgefallen war. Sie war ungefähr so groß wie meine Oma, aber etwas schlanker. Sie war wunderschön angezogen. Sie trug ein Kleid aus unserem Stoff, aber der Schnitt war ganz anders. So ein Kleid hatte ich noch nie gesehen. Ihre Haare waren glatt und lang, pechschwarz und glänzend. Sie trug Make-up und hatte lackierte Nägel, ihre Füße steckten in geschnürten Sandalen mit hohen Absätzen und sie trug viel Schmuck. Sie war so schön. Sie war bestimmt die schönste Frau, die ich jemals gesehen hatte. Sie sah aus wie einer dieser Stars, die man in den Filmen sah, und die ein großes Haus mit Garten und Personal hatten. Ob sie wohl gerade aus einem Film kam? Meine Gedanken wurden unterbrochen, als die unbekannte Schöne auf mich zukam, ihre Arme weit ausgebreitet. Nana Abena sah meine Unsicherheit und sagte mit fröhlicher Stimme: „Ama, *εyε wo maame.*" Ich verstand nicht. Das sollte meine Mutter sein? „Du bist doch meine Mutter!", entgegnete ich unsicher und sah dabei Nana an. Die schöne Frau lächelte schwach, meine Oma schüttelte den Kopf. Was ging hier bloß vor? Egal, was es auch für ein Spiel war, es gefiel mir nicht! „Ich habe doch schon eine Mutter. Ich brauche keine andere", protestierte ich weiter. „Ama, hör doch zu. Ich bin nicht deine Mutter. Ich bin deine Oma. Ich habe dich nur groß gezogen. Das…", sie nahm die Hand der Frau und führte sie näher zu mir, „… das hier ist deine Mutter. Ich bin deine Nana."

Bei mir begann sich alles im Kopf zu drehen. Wenn Nana Abena nicht meine Mutter war, dann waren *Kofi*[18], Kwesi, Kweku und die anderen auch nicht meine Brüder. Ich hatte sie zwar immer Wɔfa, also Onkel, genannt, aber nur weil alle anderen Kinder aus dem Dorf sie auch so riefen.

---

17 Meine Tochter.
18 Akan-Name für eine männliche Person, die am Freitag geboren wird.

Schließlich nannten wir alle möglichen Leute Onkel, Tante, Mutter oder Oma. Auch wenn wir gar nicht mit ihnen verwandt waren. Das war bei uns so üblich. Man redete einen älteren Menschen nicht allein mit seinem Namen an, sondern nur mit einem Titel wie „Tante" oder „Onkel" oder mit einer Kombination aus Titel und Vornamen. Deshalb hatte ich mir nie Gedanken darüber gemacht, dass meine Nana tatsächlich meine Oma sein könnte und dass meine Brüder in Wirklichkeit meine Onkel waren. In meinem Kopf wurde es auf einmal schummrig. „Ama", sagte die schöne Frau ruhig, *„bra me nkyεn, wai?*[19]" Sie lächelte sanft. „Du bist nicht meine Mutter!", schrie ich. „Du bist auf keinen Fall meine Mutter!" Ich drehte mich um und lief davon. Ich wollte nur noch ganz weit weg. Die waren ja alle irre. Doch ich kam nicht weit. Am Tor wartete einer der Dorfältesten auf mich und ließ mich nicht durch. Ich wusste nicht, wie mir geschah, aber im nächsten Augenblick lag ich in den Armen der schönen Frau, die mich ganz fest hielt und immer wieder meinen Namen flüsterte.

Die nächsten Tage lebte ich ein Leben, das ich mir in meinen kühnsten Träumen nicht hätte vorstellen können. Zwischenzeitlich war ich mir unsicher, ob ich tot und das vielleicht schon der Himmel war.

Alles begann damit, dass mich die schöne Frau, die wirklich meine Maame war, am nächsten Tag mit ihrem schönen Auto und Chauffeur abholte. Wir fuhren nach Kumasi und wohnten in einem großen Haus mit Garten und vielen Bäumen. Ich kniff mich selbst in den Oberschenkel bis es wehtat. Ich schien nicht zu träumen. Über eine große Veranda gelangte man ins Haus. Meine Mutter führte mich durch die vielen Zimmer. Ich war mir sicher, ich würde mich hier drin verlaufen. Es gab einen großen Salon mit einem Fernseher, der fast so groß wie ich selbst war, und viele Schlafzimmer. Ich bekam ein eigenes Zimmer. Wow! Darin stand ein Bett – ich hatte noch nie in einem richtigen Bett geschlafen. In Pramso hatte nur Nana eins, aber auch sie schlief meist nicht im Bett, sondern wie wir alle auf dem Boden. Manchmal, wenn sie außer Sichtweite war, hatte sich eines der Kinder kurz ins Bett gelegt. Ich hätte das auch mal gern ausprobiert, aber ich wusste, dass die Jungs mich dann verpetzt hätten, und meine Angst vor einer Strafe war einfach größer als meine Neugierde.

---

19 Komm zu mir, o.k.?

Hier aber wurde ich, so schien es mir, für meinen langjährigen Gehorsam belohnt. Ein eigenes Bett, sogar mit solch schöner Bettwäsche. Meine neue Mutter sah meinen Blick und deutete mit einer Kopfbewegung auf das Bett. Ich ließ mich mit meinem ganzen Gewicht darauf fallen. Oh mein Gott! Das musste der Himmel sein. Das konnte nur der Himmel sein …

Am nächsten Tag ging meine Mutter mit mir einkaufen, um mich neu einzukleiden. Ich bekam drei neue Kleider sowie drei Kostüme. Ein Zweiteiler aus Samt wurde mein Lieblingsstück. Es fühlte sich unglaublich sanft an, wenn man mit der Hand darüber strich. So einen Stoff hatte ich noch nie gesehen. Dazu gab es noch eine passende Jacke, und ich bekam mehrere Paar Schuhe. Auf dem Nachhauseweg musste ich mich in meinem neuen Kostüm an verschiedenen Orten in Pose werfen, damit meine Mutter mit ihrer Kamera Fotos machen konnte. Ich fühlte mich wie ein Model, auch wenn ich bis dahin noch nie ein Model gesehen hatte, sondern nur das Wort kannte.

Bei meiner neuen, alten Mutter gab es jeden Tag so viel zu essen, wie ich wollte. Meistens aß ich viermal am Tag und manchmal sogar so viel, dass ich Bauchweh bekam. Ich konnte einfach nicht aufhören, weil ich Angst hatte, dass es bald schon wieder weniger geben würde. In Pramso aßen wir, soweit ich mich erinnere, meistens nur einmal am Tag, oft abends, kurz bevor die Sonne unterging. Wenn ich zur Schule ging, gab es in der Schule irgendeinen Snack, den musste man aber selbst bezahlen. Das Geld dafür hatte ich nicht. Was Nana kochte, musste gegessen werden. Meistens gab es *Fufu* mit einer *Pepper soup*, eine dünne scharfe Suppe. Die *Fufu*-Bällchen wurden aus *Cassava* und *Brɔdeɛ*[20] hergestellt. Manchmal gab es auch *Omotou*, *Yam*[21] oder *Gari*[22] mit Soße.

Bei meiner Mutter gab es nur, was *ich* essen wollte. Das hieß: jeden Morgen Eier so viel ich wollte. Manchmal mit Toastbrot, aber meistens wollte ich Reis. Ich liebte Reis. An einigen Tagen gab es eine leckere Tomatensoße zum Reis mit Eiern. Fleisch oder Fisch wollte ich hingegen nie, denn das mochte ich überhaupt nicht, obwohl es in Pramso etwas Besonderes war. Das gab es selten und dann auch nur sehr wenig, weil es teuer war. Die

---

20 Plantain, Kochbanane.
21 Ein riesengroßes Wurzelgewächs. Gehört in Ghana zu den Grundnahrungsmitteln.
22 Brei, besteht aus Cassavamehl.

anderen wollten Fleisch und Fisch essen, am liebsten jeden Tag. Nur bei Ziegenfleisch machte ich eine Ausnahme.

Das Essen für mich kochte eine Tante. Meine Mutter aß meistens Reis mit etwas, das sie „Salat" nannte. Das waren grüne Blätter mit Tomaten und Soße und einigen anderen Sachen drin, die ich nicht kannte. Obwohl es wie Ziegenfutter aussah, war es zu meiner Verwunderung köstlich, so knackig, würzig und vor allem frisch. Die folgenden Tage wollte ich zum Frühstück dann Ei, Reis und Salat haben. Dazu jeden Tag süßen Kakao.

Meine Mutter nahm mich überall mit hin. Wir besuchten viele Leute, die ich nicht kannte und bei denen sie mich stets als ihre Tochter vorstellte. Viele von ihnen wohnten auch in solch schicken Häusern und hatten Hauspersonal, das Tee für uns servierte.

Ich weiß nicht, wie viele Tage ich mit meiner Mutter in dem großen Haus in Kumasi verbrachte. Aber irgendwann waren sie einfach vorbei. Meine Mutter sagte mir, sie würde mich zurück nach Pramso bringen lassen, sie selbst könne leider nicht mit, sie müsse nach *Abrokyire* fliegen. Der Gedanke, wieder nach Pramso zu fahren, gefiel mir ganz und gar nicht. Ich wollte weiterhin mehrere Mahlzeiten am Tag verzehren, in einem weichen Bett schlafen, schöne Kleidung – und vor allem Schuhe – tragen. Schuhe, die nicht zu klein waren und so weh taten wie die, die ich in Pramso manchmal bekam. Oder die viel zu groß waren und die ich immer fast verlor. Ich wollte weiter fernsehen können, wann immer ich wollte.

Der Chauffeur meiner Mutter packte an meinem letzten Tag nach dem Frühstück mein Gepäck ins Autor und kam in Begleitung meiner Mutter zurück. Sie verabschiedete sich von mir mit Tränen in den Augen, die ihr über die Wangen zu rollen drohten. Ich war ganz still, als sie mich fest in den Arm nahm und mich drückte. Es fühlte sich eigenartig an, warm, aber irgendwie gut. Sie nahm meinen Kopf zwischen ihre Hände, dann kam sie mit ihrem Gesicht ganz nah an meines heran und drückte mir ihre Lippen auf die rechte Wange. Diese Geste kannte ich nicht. Danach machte sie dasselbe mit meiner Stirn, nahm mich hoch und drückte mich fest in die Arme. Ich sah, wie sie den Kampf gegen die Tränen verlor. Das machte jetzt auch mich traurig. Leise fragte ich: „Sehen wir uns irgendwann mal wieder?" Sie nickte. Die Tränen liefen weiter. „Ich komme wieder. Dann hole ich dich ab und nehme dich mit. Dorthin, wo wir dann immer zusammen sein können, wie die letzten Tage. Ich komme wieder. Ganz bald." Dann deutete sie auf die große Box im Auto. „Da sind Lebensmittel drin. Für dich und die Familie. Schokolade, Bonbons und andere Sachen. Geld ist da auch drin. In einem Umschlag. Der ist für Nana."

„*Meda wo ase.* Danke, für die schöne Zeit", sagte ich.

„*Nna ase*[23]", antwortete sie. Noch einmal umarmte sie mich. Noch einmal gab sie mir einen Kuss auf die Wange.

Die Fahrt nach Pramso verlief ruhig. Es war ein heißer Tag, niemand sagte ein Wort. Der Fahrer und ich hingen unseren Gedanken nach. Die Dorfbewohner*innen wussten wohl, wann wir ankommen würden, denn das Begrüßungskomitee war groß. Nana stand am Eingangstor und kam auf mich zu, als ich ausstieg. Sie umarmte mich, was ich als sehr fremd empfand, da sie das zuvor noch nie gemacht hatte. Ich deutete auf die Box, die der Fahrer gerade ins Haus trug und erklärte, was sich darin befand. Lächelnd nickte sie und führte mich in unseren kleinen Salon, wo die ganze Familie versammelt war und viele Leute aus dem Dorf. Ich musste alle Erlebnisse der letzten Tage schildern. „Oh, du Glückliche", stotterte Asik und konnte seinen Neid nicht verbergen. Die anderen nickten zustimmend. Ich musste auch meine neue Kleidung zeigen, die danach wieder in den Koffer gelegt wurde. Ich weiß nicht, was damit passierte, ich sah meine Sachen nie wieder.

Ich wartete lange darauf, dass meine Mutter zurückkommen würde. Doch sie kam nicht. Nicht in jenem Jahr, nicht im nächsten oder auch übernächsten. Irgendwann hatte ich die Hoffnung aufgegeben. Die Erinnerungen an sie verblassten im Alltag immer mehr. Doch etwas Gutes hatte ihr Besuch: Ich konnte danach für eine lange Zeit wieder die Schule besuchen.

Me papa – Mein Vater

Von meinem Vater wusste ich als Kind nicht viel. Zur Erinnerung: Er entstammt wohl einer Bauernfamilie in der *Brong Ahafo Region*[24] im Westen von Ghana. Ebenso wie meine Mutter hatte auch er nie oder kaum

---

23 Gern geschehen. Bitte.
24 Brong Ahafo im Westen Ghanas grenzt an die Elfenbeinküste.

die Schule besucht. Mein Vater ist der Sohn von der Stiefschwester des Mannes meiner Großmutter mütterlicherseits. Kommt da noch jemand ohne Stammbaum mit? Kwadwo wurde ihr eines Tages als potentieller Heiratskandidat vorgestellt. Man sagte mir oft, ich sei ihm sehr ähnlich, sowohl im Aussehen als auch einige meiner Charakterzüge seien erkennbar vererbt worden.

Mein Vater spielte in meinem Leben keine Rolle. Man sprach so gut wie nie über ihn und wir trafen uns auch nicht. Doch auch er ist, ebenso wie meine Mutter – zack! – plötzlich in meinem Leben aufgetaucht und wieder verschwunden. Ich war wohl etwa acht Jahre alt, als er eines Morgens nach Pramso kam. Ich weiß nicht, ob das vorher mit meiner Nana so besprochen war und sie mir nur nichts gesagt hatte. Aber an jenem Tag nahm er mich mit zu sich. Die Schule würde ich in den nächsten Tagen nicht besuchen können, soviel war mir klar, denn meine Oma gab ihm eine gepackte Tasche. Sonst bekam ich keine Informationen. Dennoch, ein Hoffnungsschimmer machte sich in mir breit: Würde er mich zu meiner Mutter bringen? War sie zurückgekommen, um mich nach *Abrokyire* mitzunehmen? Seinem Ruf als wortkargem Menschen machte mein Vater auf dieser Reise alle Ehre. Stundenlang saßen wir schweigend im *Tro-Tro* nebeneinander. Wir fuhren nach Kumasi, stiegen dort in ein anderes *Tro-Tro* um, fuhren viele Stunden durch unzählige Dörfer und Städte. Als wir das nächste Mal umsteigen mussten, weigerte ich mich.

„Was ist los, Ama?", fragte er ruhig.

„Ich steige da nicht ein. Sag mir wo wir hinfahren."

„Wir fahren in ein anderes Land."

„Nach *Abrokyire*?"

Er schüttelte den Kopf. „Nein, wir fahren nicht zu deiner Mutter."

„Wohin denn dann?"

„Dahin, wo ich jetzt wohne."

„Warum das denn?"

„Ich möchte ein bisschen Zeit mit dir verbringen", war alles, was er antwortete.

Ich überlegte kurz, dann stieg ich ein. Die Reise war lang und wir mussten mit etwas fahren, das er als *bus* bezeichnete. Ich war noch nie mit so etwas gefahren. Es war lang, sehr lang, mit vielen belegten Sitzplätzen. Es sah aus wie ein überdimensional großes *Tro-Tro*. Bevor wir losfuhren, kamen viele

Verkäufer*innen und boten uns *Meat pies*[25], Orangen, *Tea bread*[26], Wasser und andere Lebensmittel an. Ein Pastor war auch mit an Bord und betete mit uns für eine gute Reise. Dann rollte der Bus endlich los. Ich sah wie viele Verkäufer*innen zur Seite sprangen. Auf der Straße wurde der Bus immer schneller, die Bäume flogen nur so an uns vorbei. Einen kurzen Augenblick überlegte ich: Waren es die Bäume, die sich schnell fortbewegten? Es sah nämlich so aus. Das bedeutete, dass wir womöglich noch immer auf der Stelle standen? Oder bewegten wir uns und die Bäume standen? Oder bewegte sich alles? Als Kind erlebt man viele Phänomene, ohne dass man sie versteht. Dieses Erlebnis gehörte dazu. Ach, wie gern hätte ich mich mit meinem Vater darüber unterhalten. Doch der hielt seine Augen geschlossen.

Ich schaute mich im Bus um. Es saßen sehr viele Erwachsene drin, nur wenige Kinder. Einige Frauen kamen wohl vom Markt, sie hatten ihre restlichen Waren noch in großen Wannen auf dem Schoß oder neben sich stehen. Weiter hinten fiel mir eine Frau auf. Sie war kräftig gebaut und hatte ein schönes Gesicht. Ihre Haut war hell, wie die von meiner neuen Mutter. Überhaupt sah sie meiner neuen Mutter sehr ähnlich. Auf ihrem Schoß hatte sie eine geöffnete Kokosnuss, neben sich einen Korb mit drei weiteren. Sie hob die Kokosnuss genüsslich an den Mund und trank. Ich sah die Kokosmilch ihre Kehle herunterlaufen und leckte mir unbewusst die Lippen. Dann erst bemerkte ich, dass ich den ganzen Tag noch nichts gegessen hatte. Mein Magen begann zu knurren. Die kurvige Frau holte ein kleines dreieckiges Stück Holz und begann das Fruchtfleisch damit auszuschaben und zu essen. Plötzlich trafen sich unsere Blicke. Ertappt schaute ich schnell weg. Was hätte ich darum gegeben, eine der Kokosnüsse aus dem Korb essen zu können. Doch ich versuchte die Gedanken zu verdrängen. Ich hatte gelernt, wenn ich Hunger hatte, nicht an Essen zu denken. Der Hunger würde davon nur größer werden, und man selbst verrückt. Heute besitze ich diese Fähigkeit nicht mehr. Ich habe sie – wie vieles andere auch – verlernt. Wenn ich heute Hunger habe, kann ich nur noch an Essen denken und mich auf nichts Anderes konzentrieren. Zwar versuche ich mich abzulenken, aber das gelingt mir in den seltensten Fällen. Meine mentale Stärke ließ diesbezüglich nach.

---

25 Gefüllte Teigtaschen.
26 Weiches, süßes Weizenbrot. Ähnlich wie Brioche.

Wir fuhren mehrere Stunden, meine Augen waren irgendwann vor Müdigkeit zugefallen. Der Hunger war besiegt. Ich wachte davon auf, dass mich jemand an der Schulter schüttelte. „Ama." Es war die Stimme meines Vaters. Als ich die Augen aufmachte, war es stockfinster draußen. Ich versuchte durch das Fenster etwas zu sehen, doch es gelang mir nicht.

„Ama, schnell. Wir sind da. Wir müssen umsteigen." Er hatte meine Tasche in der Hand und zog mich am Arm. Wir stiegen aus dem Bus und fuhren mit einem anderen Bus weiter. So eine lange Reise hatte ich noch nie machen müssen. Ich war todmüde, konnte mich kaum auf den Beinen halten, trotzdem mussten wir nach der Fahrt auch noch lange laufen. Mein Vater erinnerte mich damals an eine Maschine. Während ich zu jammern anfing, schien er regungslos zu sein. Im Dunkeln konnte ich nicht sehen, wohin wir liefen, aber ich erinnere mich, dass wir oft abbiegen mussten. Irgendwann standen wir vor einem kleinen Haus. „Sind wir da?", fragte ich erschöpft. Er kramte einen Schlüssel heraus und öffnete die Tür. Von drinnen kam uns eine Frau entgegen. Sie hielt eine Petroleumlampe in der Hand, mit der sie uns ins Gesicht leuchtete. Mir fiel auf, dass sie meinen Vater mit einem erfreuten Lächeln begrüßte und ihm zunickte. Dann sah sie mich an. „Hallo. Du musst Ama sein." Ich konnte nichts sagen. Mein Blick blieb an ihren Augen haften. Sie hatte viel Make up aufgetragen. So wie meine neue Mutter als sie nach Pramso kam. Aber diese Augen hier waren stärker geschminkt. Sie sah schön aus, aber auch ungewöhnlich. Sie kam auf mich zu, zögerte kurz und gab mir die Hand. Klein und weich war sie. Dann änderte sie ihre Meinung und nahm mich kurz in den Arm. Alles ging sehr schnell, ich ließ es mit mir machen. Sie deutete uns an, ihr zu folgen. Wir gingen einen langen Flur entlang, am Ende des Ganges befand sich ein Schlafzimmer mit einem großen Bett. Daneben lag eine Matte. Ich nahm an, dass die Matte mein Schlafplatz war. Mein Vater stellte meine Tasche ab und wir gingen in die Küche, wo die Frau etwas zu essen gekocht hatte: *Kenke*[27] mit einer leckeren Soße und gebratenem Fisch. Obwohl ich normalerweise nicht so gern Fisch aß, konnte ich mich an diesem Abend nicht zurückhalten. Zu groß war mein Hunger. Zu groß die Befürchtung, wieder einen ganzen Tag warten zu müssen bis ich etwas essen konnte. Ich verspeiste alles und leckte danach mehrmals meine Finger ab. Während der

---

27 Maisbrei.

gesamten Mahlzeit hatten wir kein einziges Wort miteinander gesprochen. Ich hatte sehr wohl die Blicke zwischen meinem Vater und Aunty Henriette gesehen, aber ich konnte das nicht deuten. Doch eine gewisse Sehnsucht habe ich bemerkt.

Die nächsten Tage mit meinem Vater waren entspannt, die meiste Zeit war er nicht zu Hause, er ging zur Arbeit. Was genau er arbeitete, wusste ich nicht. Aber das war nicht weiter schlimm. Hauptsache er ging zur Arbeit, das brachte uns Essen auf den Tisch. Ich wurde angehalten bei Aunty Henriette zu bleiben. Ich erfuhr, dass wir uns in *Ivory Coast*, Elfenbeinküste, befanden. Hier hörte ich das erste Mal Menschen Französisch sprechen. Die Sprache klang nasal und gleichzeitig schienen die Leute alles miteinander zu verbinden, was sie sagten. Man erkannte keine einzelnen Wörter, wenn sie sprachen, es schien eher wie eine zusammenhängende Melodie. Dieser Klang. Unglaublich. Ich hatte noch nie etwas vergleichbar Schönes gehört, ich war quasi schockverliebt. Auch aß ich das erste Mal in meinem Leben ein Baguette. Warum es hier Baguette gab und in Ghana nicht, dass die Elfenbeinküste eine ehemalige französische Kolonie war, davon wusste ich damals nichts. Ich wusste überhaupt nichts darüber, dass irgendwelche Europäer*innen afrikanische Länder besetzt und unter ihre Herrschaft gebracht hatten. Vielleicht hätten mir die Baguettes nicht so gut geschmeckt, wenn ich das gewusst hätte. So stellte ich fest, dass die Elfenbeinküste einfach anders war. Während wir in meinem Dorf zum Beispiel nie frühstückten – und wenn, gab es Reis und Soße oder *teabread* mit Margarine – sah man hier viele Menschen morgens frühstücken. Auch wir aßen jeden Tag Baguette. Ich bekam warmen Kakao und tunkte mein Brot hinein. Es war das köstlichste, was ich seit langem gegessen hatte. Manchmal gab es auch *Beignet*, das ist wie unser *Bofrot*, ein Teigbällchen aus Mehl, Hefe, Zucker und je nach Rezept weiteren Zutaten. Die Bällchen werden in einem Topf mit viel Öl frittiert. Davon konnte ich zehn Stück essen und hatte immer noch nicht genug. Die Tage mit meinem Vater erschienen mir gustatorisch gesehen ähnlich paradiesisch wie die mit meiner Mutter.

Obwohl die Zeit an der Elfenbeinküste total schön war, war ich froh, als wir nach einigen Tagen wieder nach Kumasi reisten, denn ich vermisste mein Dorf. Das Spielen mit den Nachbarskindern, die Schule, sogar das Essen meiner Nana vermisste ich ein wenig. Über meinen Vater hatte ich in der kurzen Zeit einiges herausfinden können, was mir auch später nach meiner Rückkehr nach Ghana bestätigt wurde: Er war ein ruhiger und freundlicher Mann. Nichts schien ihn aus der Ruhe zu bringen. Außerdem war er sehr genügsam. Niemals meckerte er über etwas oder beschwerte sich. Er nahm die Dinge wie sie waren und kamen und fand sich damit ab. Er schien nie etwas zu hinterfragen. Er schien nie böse oder verärgert zu sein. Schaute man ihm ins Gesicht, so sah man immer den gleichen Ausdruck von Gutmütigkeit und Ruhe. Ich war fasziniert. Fasziniert von ihm. Er war der erste Mensch, den ich kannte, der so zurückhaltend war und selbst umgeben von Menschen allein zu sein schien. Der erste Erwachsene, der, wenn ich einen Fehler machte, mich nicht gleich züchtigte oder anschrie. Er hielt mir auch keine langen Predigten, sondern sagte mit einem Satz, wie er zu meinem Verhalten stand. Mehr nicht. Ich wartete dann noch auf die große Strafe, doch sie blieb immer aus. Damals hatte ich meinen Vater deswegen als schwach empfunden. Als ob er sich nicht vernünftig wehren oder durchsetzen könne. Heute empfinde ich sein Verhalten als unglaublich stark. Ausgeglichen, reif, wohlüberlegt. Einen starken Charakter, ja, den hatte mein Vater. Ich bedaure sehr, dass ich ihn so lange verkannt habe.

Bei Aunty Adwoa in Kumasi

Ich lebte in Ghana bei verschiedenen engen oder entfernten Verwandten. Die Gründe dafür hat mir nie jemand erklärt. Mein Gefühl sagte mir, dass ich immer dann wechseln sollte, wenn das Geld knapp wurde oder meine Oma genug von mir hatte. Mal wurde ich in der Nähe von Accra zu einem Onkel gebracht und musste dort Monate verbringen, mal zu meiner Oma väterlicherseits in ein Dorf, wo ich nicht die Schule besuchen konnte, sondern den ganzen Tag auf der Farm mitarbeiten musste.

In meiner Kultur ist es völlig normal, dass Kinder nicht immer bei ihren Eltern lebten. Zum Beispiel wuchsen viele bei Tanten und Onkel auf, wenn es für die Kinder – nach Meinung der Erwachsenen – besser war. Manchmal wuchs man auch bei den Großeltern auf. Das konnte dann der Fall sein, wenn die schon älter waren und Hilfe im Alltag brauchten. Dann schickten die Eltern ein Enkelkind dorthin. Und das Kind wiederum lernte von den Erfahrungen und dem Wissen der Alten. Aber es gab auch andere Lebenslagen warum man bei anderen Familienmitgliedern aufwuchs, z.B. wenn die eigenen Eltern verstorben oder erkrankt waren. Das war also nichts Besonderes. Das Besondere in meinem Falle war nur, dass es doch recht viele Wechsel waren und ich dadurch ständig das Gefühl hatte, nicht so richtig irgendwohin zu gehören. Eigentlich wusste ich, dass ich zu Nana gehörte, aber dann eben doch nicht so richtig.

Nun sollte ich zu meiner Großtante *Adwoa*[28] nach Kumasi, die selbst drei Kinder hatte, zwei ältere Jungen und ein jüngeres Mädchen, wo genau in Kumasi weiß ich nicht mehr. Sie lebten in einem großen Haus mit anderen Familien zusammen, wo jede Familie ihren eigenen Bereich hatte. Wir lebten zu fünft in einem Zimmer mit einem kleinen Vorraum, wo Kleidung usw. aufbewahrt wurde. Tante Adwoa war eine sehr fleißige Frau, die ihren Alltag ohne Mann bewältigte. Tagsüber verkaufte sie Töpfe und Pfannen auf dem Markt und an verschiedenen Straßen, abends kümmerte sie sich um ihre Kinder, vor allem um die kleine Abenaa.

Ich erinnere mich gut an meine Zeit bei Tante Adwoa. Wie sehr habe ich sie bewundert, ihre liebevolle Art mit ihren drei Kindern. In Pramso war es üblich, dass die Mädchen eigentlich alles machen mussten. Die Jungen haben den ganzen Tag nur gefaulenzt, sie hatten kaum Pflichten. Das war meine Empfindung. Viele Jungen gingen nicht zur Schule. Auch im Haushalt haben Jungen im Allgemeinen keine Pflichten. Nein, den Haushalt mussten wir Mädchen machen: fegen, Wasser holen, kochen usw. Nur, wenn jemand nach Kumasi fahren musste, dann waren es die Jungen. Mir kam es schon damals merkwürdig vor, dass wir so viel machen mussten und die Jungs gar nichts. Bei Wɔfa Asik verstand ich es, er war körperlich stark behindert und hätte nichts machen können. Aber um den haben sich seine Brüder auch nicht richtig gekümmert. Er lag manchmal stundenlang in einer Position, manchmal auch eingenässt. Die Jungen zogen ihn nicht um oder wuschen ihn. Sie warteten immer darauf, dass wir Mädchen das machten. Meistens machte ich es. Ich leerte seinen Nachttopf aus und half ihm auch beim Essen, denn seine Finger waren stark verkrümmt. Er musste entweder gefüttert werden und konnte nur mit Mühe einen Löffel halten, den man ihm zwischen die Finger steckte. Er tat mir immer furchtbar leid, denn er war sehr abhängig und konnte nicht selbstständig leben. Das alles fällt mir ein, wenn ich an die Söhne meiner Tante Adwoa denke. Sie waren so fleißig wie sie selbst. Sie gingen zur Schule und nach der Schule

---

28 Akan-Name für eine weibliche Person, die am Montag geboren wird.

mussten sie der Tante genauso helfen wie ich. Das Kochen übernahmen die Tante und ich. Aber die Jungen halfen beim Stampfen des *Fufus* oder beim Wäschewaschen. Von Hand, mit einem Stück Seife und am Brunnen gezapftem Wasser. Meine Tante ließ sie nie einfach nur herumsitzen und faulenzen, keine Chance. Leider konnte ich das auch nie tun. Morgens, bevor ich zur Schule ging, musste ich Abenaa für den Tag vorbereiten. Dann brachte ich sie zu einer Nachbarsfamilie, wo sie bleiben konnte, während wir anderen zur Arbeit oder zur Schule gingen. Nach der Schule kriegte ich selbst eine große Schüssel mit Töpfen drin und musste versuchen, sie zu verkaufen. Ich kam oftmals erst in der Dunkelheit zurück. Es war eigentlich zu viel für mich, zum Spielen mit anderen Kindern hatte ich hier kaum Zeit und ich war ständig müde. Aber mein Leben machte mir Spaß. Meiner Tante war es sehr wichtig, dass wir alle jeden Tag in die Schule gingen. Zwar mochte ich die Schule selbst nicht – sie waren hier noch strenger als in Pramso – aber ich lernte schnell mich anzupassen. Und hier musste ich mich anpassen, hier konnte ich nicht so rebellisch sein wie in Pramso. Die Lehrer*innen waren hier viel autoritärer. Aber ich lernte auch sehr viel, viel mehr als in Pramso. Hier in Kumasi schrieben wir ständig Tests und ich war von 55 Kindern immer unter den besten zehn. Mein bestes Ergebnis war Platz zwei. Ich war so stolz auf mich selbst, denn diese Leistung hatte ich in einer fremden Umgebung geschafft. Am Abend strahlte meine Tante über das ganze Gesicht als sie das hörte. „Das hast du gut gemacht!", lobte sie mich und nahm mich in den Arm. Ich war völlig überrascht. Ich war noch nie in meinem Leben für etwas gelobt worden.

Wenige Tage später wurde ich mit einer großen Anzahl Töpfe zum Markt geschickt. Es war ein Samstag. Ich weiß noch, wie angespannt die Situation zu Hause war, denn seit Tagen hatte meine Tante kaum etwas verkauft. Das bedeutete, dass wir auch kein Geld hatten um Lebensmittel zu kaufen.

„Komm nicht zurück, ehe du nicht drei Töpfe verkauft hast", sagte Aunty zu mir. Sie sah an diesem Tag wirklich erschöpft aus. So hatte ich sie noch nie gesehen. Sie arbeitet zu hart, dachte ich. Der *Kumasi Market* war schon zum damaligen Zeitpunkt einer der größten, wenn nicht sogar der größte Markt in Ghana. Samstags war er völlig überfüllt, alle Händler*innen boten ihre Waren feil. Der Weg dorthin dauerte etwa eine Stunde. Ich musste die Wanne auf meinem Kopf abwechselnd mit einer Hand festhalten, denn ich hatte Angst, sie könnte herunterfallen. Wenn die Töpfe Beulen bekamen, kaufte sie niemand mehr. Oder man musste den Preis stark senken. Auf dem Markt angekommen, musste ich ständig aufpassen, nicht umgerannt zu werden. Zuerst schrie ich auch wie alle anderen und pries meine Töpfe an. Nach einer Weile aber merkte ich, dass es keinen Sinn hatte. Meine Stimme wurde ohnehin von den anderen Marktschreier*innen übertönt. Ich erkämpfte mir aber trotzdem einen Weg durch die Menschenmassen. Nach über vier Stunden hatte ich erst einen Topf verkauft. Es begann schon zu dämmern. Gleich würde es auf einen Schlag dunkel werden. Meine Einnahmen, das wusste ich, würden gerade mal für Reis, ein paar Tomaten und vielleicht noch ein paar Eier reichen. Obwohl mir meine Füße langsam wehtaten, konnte ich noch nicht zurück. Ich hatte meine Zielvorgabe – mindestens drei Töpfe – noch nicht erreicht. Ich blieb kurz stehen, setzte die Wanne ab und schüttelte meine Arme kurz aus. Mein Nacken begann schon zu schmerzen und ich massierte ihn kurz mit beiden Händen. Ich ging ein Stück geradeaus und bog dann nach rechts. Ich hatte Glück. Eine Frau winkte mich heran. „Hey, komm."

Ich ging auf sie zu.

„Was kostet ein Topf?", wollte sie wissen.

„Der kleine kostet zwanzigtausend *Cedis*[29]."

„So viel?" Ihre Augen weiteten sich vor Erstaunen.

„Te ɛboɔ no so kakra ma me."

Ich schüttelte den Kopf. „Ich kann den Preis nicht reduzieren. Das ist schon ein Angebot, weil ich gleich nach Hause will."

„Mh, o.k., *meretɔ baako*[30]", entschied sie sich schließlich. Ich freute mich. Dann musste ich nur noch einen Topf verkaufen und ich konnte nach Hause. Der Markt leerte sich zusehends, viele hatten einen kilometerlangen Weg nach Hause vor sich. Sie würden Stunden dafür brauchen. Auch ich sollte langsam nach Hause gehen. Ich ging ein Stück weiter und hatte wieder Glück. Dieses Mal winkte mich ein grauhaariger Mann heran. Er war groß und seine Nase erinnerte mich an die von Kwesi. Er hielt ein ganzes Bündel *Cedis*-Scheine in der einen Hand. Mit der anderen kratzte er sich am Bart, auch der war schon grau. Ich wollte die Wanne absetzen und dem Mann einen Topf verkaufen, doch der winkte ab.

---

29 Offizielle Währung in Ghana, 1 Cedi = 100 Pesawas.
30 Ich kaufe einen.

„Nein, nicht hier. Hier ist es zu voll. Wir gehen da drüben hin."
Er wies mit einer Handbewegung hinter sich und setzte sich auch schon in Bewegung. Ich weiß nicht warum, aber ich war innerlich alarmiert und hörte die Worte meiner Tante: „Folge niemandem und gehe mit niemanden irgendwohin, wenn du ihn nicht kennst. Gehe immer nur deinen Weg. Da gibt es schlimme Menschen da draußen, die nichts Gutes im Sinn haben."

Wir gingen zu einem kleinen Platz abseits des Marktes. Noch immer fuchtelte er mit den Geldscheinen herum. „Hier", sagte er, „hier kannst du die Wanne runter nehmen." Ich sah mich um. Rechts von mir war eine zwei Meter hohe Mauer, die mir die Sicht zum Markt versperrte. Um uns herum nur Müll und Dreck.

„Nimm die Wanne runter", befahl der Mann nun in einem ernsten Tonfall. Sein Lächeln war verschwunden. Irgendetwas an ihm war mir unheimlich. Aber die Vorfreude darauf, noch einen Topf zu verkaufen, war größer als meine Angst und so nahm ich die Wanne runter, holte einen kleinen Topf heraus und wollte ihn dem Mann reichen. Dann erinnerte ich mich an die Warnung meiner Tante, immer erst das Geld zu nehmen bevor ich die Ware übergab. Es gab nämlich Betrüger*innen, die sonst mit der Ware wegliefen.

Ich sah zu dem Unbekannten. *„Fa sika no ma me*[31]", forderte ich und deutete auf das Geld in seiner Hand.

„Das kriegst du gleich. Aber erst ziehst du dich aus. So ein schönes Kind bist du. Und so fleißig. Du sollst dein Geld kriegen. Und wenn du machst, was ich dir sage, kannst du den Topf sogar noch behalten."

Ich erstarrte bei dieser Aufforderung. Mich ausziehen? Niemals. Das würde ich ganz bestimmt nicht tun! Ich war bereits in so einer Situation gewesen. Mehrmals sogar. In Accra bei einem Onkel. Er hatte mich eines Abends – ich war gerade erst wenige Wochen bei ihm – zu sich gerufen. Nach einem kurzen Gespräch, das harmlos begann, hatte er sich plötzlich verändert und mir befohlen mich auszuziehen. Ich hatte mich anfangs geweigert, aber er hatte mir gedroht mir nichts mehr zu essen zu geben, wenn ich es nicht täte. Mehrere Tage lang hatte ich das durchhalten können. Hinter seinem Haus stand ein Mangobaum, davon hatte ich mich ernährt. Dann aber hatte ich irgendwann richtig Hunger bekommen und habe

---

31 Gib mir das Geld.

mich eines Abends doch ausgezogen. Er hatte angefangen mich anzufassen, auch zwischen den Beinen und hatte mir verboten irgendwelche Geräusche zu machen. Dann hatte er sich selbst ausgezogen und mir befohlen ihn anzufassen. Dabei gab er komische Laute von sich und verzog sein Gesicht. Er hatte mir verboten mit irgendjemandem darüber zu sprechen. Er würde mich suchen und bestrafen. Außerdem sei er Anwalt und alle hätten großen Respekt vor ihm. Er würde alles abstreiten und niemand würde mir glauben. Er würde dafür sorgen, dass man mich einsperrt, wenn ich es jemandem erzähle. Das war mehrmals passiert und ich hatte jedes Mal Angst gehabt, wenn er mich nur zu sich rief. Und jetzt stand mir dieser fremde Mann gegenüber und wollte, dass ich mich auszog. Ich schüttelte vehement den Kopf, ließ aber meine Stimme sanft klingen, als ich sagte: „Hier, nehmen Sie den Topf. Etwas Anderes habe ich nicht". Zwischen uns lagen vielleicht drei Meter, langsam kam er auf mich zu.

„Nun zier dich doch nicht so", befahl er.

„Du kriegst sogar noch mehr Geld, wenn du willst." Er holte aus der anderen Hosentasche weitere Scheine raus. „Du musst nur machen, was ich dir sage." Ich hatte Angst. Was sollte ich tun? Schnell schaute ich um mich, kein Mensch zu sehen. Doch, dort hinten lief gerade eine Frau entlang. Sollte ich schreien? Das würde auf diesem lauten Markt niemand hören. Ich bückte mich kurz zur Wanne runter, um Zeit zu gewinnen. Ich nahm einen großen Topf heraus. Ich wollte versuchen ihn damit zu verletzen, wenn er mir zu nahe kam. Der Mann war schon fast bei mir angekommen. „Komm, es geht ganz schnell", sagte er ruhig. Seine Stimme hatte einen säuselnden und süßlichen Klang angenommen. Oh Gott, hilf mir! Ich fing an, innerlich zu zittern, umklammerte den Griff des Topfes fester und schloss kurz meine Augen. Plötzlich hörte ich eine Stimme.

„*Wo reyɛ dɛn wɔ ha?*[32]"

Ich öffnete die Augen. Es war eine Frau mittleren Alters. Auf dem Kopf trug sie ein großes Tablett mit geschälten Orangen. In der Hand hielt sie ein Messer. Sie zeigte damit auf den Mann. „Was machst du hier mit dem Kind?" Der Mann wurde kurz unsicher, das konnte ich sehen. Dann lächelte er: „Wieso? Ich will doch nur einen Topf kaufen", verteidigt er sich.

---

32 Was machst du denn hier?

„Dann kauf ihn und lass das Kind in Ruhe. *Barima dwamanfoɔ*[33]." Sie ging noch einen Schritt auf ihn zu. Das Messer noch immer auf ihn gerichtet. In meinem Kopf legte sich schnell ein Hebel um und ich jammerte: „Er hat vorhin schon einen Topf von mir genommen und will mir aber das Geld nicht geben." Ich fing an zu schluchzen. „Meine Tante bringt mich um, wenn ich mit einem Topf weniger nach Hause komme und kein Geld mitbringe."

„Los, gib ihr das Geld!", befahl die Frau und ihre Stimme ließ keine Diskussion zu.

„Das ist eine Lüge. Ich habe ihr keinen Topf abgenommen", wehrte sich der Grauhaarige und fluchte.

„Ach nein? Und was bitte machst du dann mit dem Kind hier?" Ich schluchzte weiter. Die Frau wurde fuchsteufelswild. „Gib ihr das Geld, sonst wirst du was erleben!" Zu mir gewandt, fragte sie, wie viel es denn wäre. Dreißigtausend *Cedis* für einen großen Topf. „Los, wird's bald!" Die Messerspitze schien den Mann an der Schulter zu berühren. Nach einem kurzen Zögern besann er sich und reichte mir fluchend das Geld.

„Das wirst du mir büßen!", drohte er mir. „Ich werde dich erwischen." Er sah nicht so aus, als würde er Scherze machen. Schnell nahm ich die Scheine, hob meine Wanne auf den Kopf und ließ mich von der Frau wegführen. „Bist du o.k.?", wollte sie wissen. Ich nickte. „*Meda wo ase. Meda wo ase paa!*[34]" Diese Frau hatte der Himmel geschickt. Sie hatte mich vor dem Angriff des Mannes beschützt. Ich war so sehr erleichtert und dankte Gott im Stillen für diesen Engel. Außerdem hatte der Engel mir auch noch das nötige Geld beschert. „Wo wohnst du?", wollte sie wissen.

„Da", ich zeigte in irgendeine Richtung ohne zu wissen, wo ich mich befand. Erst jetzt merkte ich, dass es spät sein musste. Auf dem Marktplatz befanden sich nur noch wenige Leute. Wo zum Teufel war ich? Diese Seite vom Markt hatte ich noch nie betreten. Ich lief links über den Platz und überquerte an der Straße die Kreuzung. Nichts kam mir bekannt vor. Ich weiß nicht wie lange ich suchte, aber es war inzwischen stockfinster und kaum eine Menschenseele war auf der Straße. Wo war ich? Langsam bekam ich Angst. Gefühlt lief ich stundenlang durch mir unbekannte dunkle

---

33 Am ehesten zu übersetzen mit *Lustmolch* oder *Pädophiler*.
34 Vielen Dank!

Straßen, noch immer die schwere Wanne auf dem Kopf. Irgendwann tat mir alles weh. Ich fing an zu weinen. Mitten auf der Straße. Oh Gott, warum musste mir das passieren? Im Selbstgespräch beschwörte ich Gott mich aus dieser Misere zu holen und mir den Weg nach Hause zu zeigen.

„Hey, was ist denn los?" Neben mir stand eine alte Frau, die am Stock ging.

„Warum weinst du?"

„Ich habe mich verlaufen. Ich finde nicht mehr nach Hause", heulte ich und schluchzte noch mehr. Ich hatte große Angst, ich würde Ärger kriegen. Meine Tante wartete auf mich, wartete auf ihr Geld. Machte sich bestimmt auch noch Sorgen. Meine Nase lief, ich hob mein Shirt an und machte sie damit sauber.

„Wo wohnst du denn?", wollte die alte Dame wissen. Wie hätte ich es ihr denn beschreiben sollen? Unsere Straßen hatten weder Namen noch Schilder.

„Ich weiß nicht. Irgendwo bei der *Junior Secondary School*", weinte ich weiter.

„Nun hör doch erstmal auf zu weinen, wir werden dein Zuhause schon finden", versuchte sie mich zu beruhigen. Ich hörte auf zu weinen, bezweifelte aber, dass sie mir helfen konnte. Sie konnte kaum laufen. Wir gingen eine Weile nebeneinanderher und ich versuchte ihr zu beschreiben, was es alles bei uns in der Nähe gab. Doch sie schien die Gegend nicht zu kennen. Nach etwa einer Stunde hatten wir Aunty Adwoas Haus immer noch nicht gefunden. Als wir noch später vor einem Haus standen und sie darauf zeigte, schüttelte ich den Kopf. „*Dabi, mente ha.*[35]"

„Du nicht, aber ich."

Sie ging kurz in das Haus und kam mit einem Becher Wasser zurück. „Komm, trink erstmal was. Du bist ja völlig ausgetrocknet." Dann bot sie mir an, bei ihr zu bleiben. „Morgen, wenn es hell ist, finden wir bestimmt heraus, wo du wohnst."

„Das geht nicht. Meine Tante wartet auf mich. Ich muss noch heute nach Hause." Ein Mann kam aus dem Haus. Er war viel größer als die alte Dame „Das ist mein Sohn Kofi", stellte sie ihn vor. Er wird dich zur nächsten Polizeistation begleiten. Die werden mit dir den Weg finden."

---

35 Ich wohne hier nicht.

„Nein, nein, ich will nicht. Ich gehe allein zur Polizei. Er braucht mich nicht begleiten", sagte ich.

„Dann verläufst du dich noch mehr. Kofi begleitet dich. Hab keine Angst, er tut dir nichts", sagte sie, als hätte sie meine Gedanken gelesen. Sie klopfte ihrem Sohn auf die Schulter. „Bring sie dort sicher hin."

Dann tätschelte sie mir auf den Kopf, nickte und sagte: „Du wirst heute noch nach Hause kommen. Weine nicht. Gott ist bei dir." Ich hoffe, du hast recht, dachte ich. „*Meda wo ase*", sagte ich leise und schüttelte ihre faltige Hand. „*Nna ase*. Du wirst nach Hause kommen."

Bei der Polizeistation angekommen, verabschiedete sich Kofi. Ich bedankte mich auch bei ihm. Zwei Polizisten kümmerten sich nun um mich. Als sie mich aufforderten, zu erzählen, wieso ich den Weg nicht mehr nach Hause fand, brach ich erneut in Tränen aus. Ich war so verzweifelt und hatte solche Angst vor dem, was mich erwarten würde. Als sie mich wieder beruhigen konnten, musste ich beschreiben, wo ich wohnte. Ich musste alles beschreiben, was mir einfiel. „Du hast ja ein unglaublich gutes Gedächtnis", bemerkte der eine Polizist.

„Ja", bestätigte der andere. „Unglaublich, wie du dir das alles eingeprägt hast. So finden wir dein Zuhause sehr schnell." Was ich ihnen nicht sagte war, dass ich nur ein gutes Gedächtnis hatte, weil ich eine umso schlechtere Orientierung hatte. Um Strecken zu erinnern, musste ich mir ständig Bilder von meiner Umgebung einprägen, sonst würde ich mich dauernd verlaufen. Wenig später fuhren sie mich tatsächlich zu meiner *Junior Secondary School*. Von dort beschrieb ich ihnen genau den Weg, den ich jeden Tag nach Hause lief. Es verging keine halbe Stunde, da standen wir vor unserem Tor. „Wow, wir sind da", rief ich voller Freude. „Wir sind tatsächlich da!" Der Fahrer war schon ausgestiegen und öffnete das Tor. „Wir bringen dich rein."

„Nein bitte", bettelte ich, „bringt mich nicht rein. Ich kriege Ärger, wenn herauskommt, dass ich den Weg nicht mehr gefunden habe." Aber sie ließen sich nicht davon abbringen.

„Deine Tante muss wissen, was passiert ist."

Was soll ich sagen? Meine Tante begann zu schimpfen als sie mich sah. Dann aber hielt sie inne als sie merkte, dass ich nicht alleine war.

„Was hat sie angestellt!", fragte sie die zwei Polizisten.

„Nichts." Sie erzählten kurz, was passiert war. Meine Tante nahm mich in den Arm: „Du Arme", sagte sie nur mehrmals. Ich war völlig verwundert. Sie reagierte ganz anders als meine Oma. Die hätte mich erst mal bestraft.

Als die Polizisten weg waren, musste ich noch mal von meinen Erlebnissen am Tage berichten. Ihre Kinder saßen neben mir. Kaum hatte ich meine Erzählung beendet, da stand meine Tante auf und sagte: „Du musst morgen zehn gekochte Eier essen."

„Wieso das?"

„Du hast dich den ganzen Tag herumgetrieben. Ein Mann hatte Schlimmes mit dir vor und du bist von vielen Menschen angesprochen und angefasst worden. Böse Geister haben sich dir heute nähern können. Böse Geister, die dich verfolgen und Unglück in dein Leben bringen können. Die müssen wir vertreiben. Du musst zehn Eier essen, auf einmal. Sie reinigen deine Seele und vertreiben böse Gedanken und Geister."

Noch vor einigen Jahren hätte ich mich gefreut, zehn Eier essen zu dürfen. So selten hatte es sie gegeben und ich hatte sie geliebt. Doch nun befand ich mich in einer Ich-mag-keine-Eier-Phase. Ich glaube, ich hatte sie mir übergegessen. Wir einigten uns deshalb auf fünf Eier. „Besser als nichts", sagte meine Tante nur. Als ich ihr die Geldscheine gab, die ich dem Mann abgeknöpft hatte, sagte sie: „Das ist kein gutes Geld. Damit dürfen wir keine Lebensmittel einkaufen, sonst laden wir das Böse zu uns ein."

„Wofür werden wir es dann verwenden?"

„Für dein Schulgeld. Dafür ist es in Ordnung."

Nana Yeboah und der Tag, der alles veränderte

Eines schönen Tages, ich lebte nach dem Jahr bei Tante Adwoa und ihren drei Kindern wieder in Pramso, wartete mein Wɔfa Kweku vor der Schule auf mich. Ich war verwundert, denn mein Onkel hatte mich noch nie abgeholt. Er war der älteste Halbbruder meiner Mutter und ein wunderschöner Mann. Oh, wie habe ich ihn immer angehimmelt. Er hatte einen schlanken, muskulösen Körper und diese helle Haut, die fast alle Kinder meiner Oma hatten, alle, nur ich nicht. Ich war eine der wenigen, die so dunkel war. Ich wollte aber auch viel lieber so hell sein. Viele von uns fanden hellere schwarze Haut schöner als dunkle schwarze Haut. „Ama, *bra*!", rief er mir von weitem entgegen. Er machte hektische Handbewegungen, ich konnte sehen, wie eilig er es hatte.

„Was ist los?"

„Komm. Wir müssen ganz schnell nach Hause." Er zog mich auch schon am Arm. Wir rannten die Straße entlang und stiegen dann in ein *Tro-Tro*. Unterwegs erzählte er mir: „Wir müssen Fotos machen, die wir dann nach *Abrokyire* schicken müssen. Da ist ein Fotograf gekommen." *Abrokyire*. Dieser Ort, wo es vor lauter Geld wimmelte. Es kamen immer wieder Pakete aus *Abrokyire* für meine Familie an. Kleider, Parfums und manchmal auch Geld. Häufig kamen aber auch kleine Päckchen, in denen nur Kassetten waren. Nana sagte immer, die kämen von unseren Verwandten. Die hatten Nachrichten aufgenommen, die wir uns immer wieder anhören konnten. Da wir kein Telefon hatten, war das der einzige Weg, um uns Nachrichten zu schicken. Ich durfte mir die Audiokassetten nie anhören. Nur Nana und die älteren Jungs. Ich empfand das als unfair, ich wollte auch hören, was unsere Verwandten uns mitzuteilen hatten. Außerdem war ich neugierig auf die Kassette, ich wollte sehen, wie sie funktionierte, denn ich konnte mir überhaupt nicht vorstellen, wie aus dem grauen Plastikteil mit dem schwarzen Band Nachrichten kommen sollten.

Als wir zu Hause angekommen waren, begann das Prozedere, das ich schon so einige Male über mich hatte ergehen lassen müssen. Zuerst schrubbte Nana meine Haut so stark, dass ich hatte Angst, die oberste Schicht würde sich abschälen. Dann kämmte sie mir die kurzen Locken und cremte meine Haut mit *cocoa butter* ein, mein Gesicht sogar mehrmals. Es sollte schön glänzen. Anschließend suchten sie passende Kleidung für mich aus. Wɔfa Kweku hatte eine Hose mitgebracht. Sie war viel zu groß für mich. Ein Gürtel hielt die Hose in der Taille, die Hosenbeine schlugen wir mehrmals um. Eine Bluse war schnell gefunden, die Schuhe waren ein großes Problem. Ich hatte keine passenden. Ich lief doch ohne Schuhe, nur für die Schule hatte ich welche. Die im Haus vorhandenen Schuhe waren viel zu groß. Nana ging in ihr Zimmer und kam nach einer Weile mit kleinen schwarzen Sandalen zurück. „Hier, vielleicht passen sie." Sie hielt sie mir hin. Ich schaute auf die Schuhe, dann auf meine Füße und schüttelte den Kopf: „*Dabi, ɛnkɔ me*[36]."

„Wir haben keine anderen. Zieh sie trotzdem an." Widerwillig nahm ich die Sandalen und versuchte hinein zu kommen. „Zieh die Zehen vorne ein",

---

36 Die passen nicht.

befahl mir Nana, „dann geht es." Ich verzog schmerzerfüllt das Gesicht. Die Schuhe waren wirklich *viel* zu klein. Aber ich hatte keine Wahl. Ich tat, wie mir Nana befohlen hatte und rückte noch ein bisschen mit dem Fuß nach vorne. Irgendwie bekamen wir die Schnalle tatsächlich zu. Mein Onkel hatte sich inzwischen in Schale geworfen. Der Fotograf aus Kumasi hatte eine große Kamera dabei und es schien, als könnte der kleine Mann den Apparat kaum halten. Er gab uns Anweisung, wie wir uns hinzustellen hatten. Mein Wɔfa Asik beschwerte sich: „Warum werden von uns keine Fotos gemacht?"

„Sei kein Dummkopf!", entgegnete seine Mutter.

„Ama ist ihre Tochter, ist doch klar, dass Akosua von Ama ein Foto haben will."

„Und warum darf Kweku?" Auch Kwesi fand das ungerecht.

„Haltet alle den Mund. Er ist der Älteste und Ansehnlichste." Der bestimmende Tonfall von Nana erstickte jeden weiteren Widerstand. Meine beiden Onkel taten mir leid. Kweku bekam vom Fotografen den Tipp etwas in die Hand zu nehmen.

„Nein, das sieht doof aus", sagte er.

„Wie wäre es mit einem Briefumschlag?", schlug Kwesi vor. „Im Fernsehen halten Geschäftsmänner immer Briefe in der Hand."

„Als wenn du viele Filme geschaut hättest...", lachte Asik.

Nach einer Weile hatte Nana einen Umschlag aufgetrieben und gab das Kuvert meinem Onkel. Ich wurde ein paar Mal hin und her geschoben und wunderte mich, wie lange es dauerte, einfach mal ein Foto zu machen. Aber schließlich musste das Foto perfekt sein. Es ging ja nach *Abrokyire*. Und von *Abrokyire* waren wir abhängig. Von dort kam das Geld für die Schule, für Lebensmittel, sogar für Kassettenrekorder und andere Sachen. *Abrokyire* war gut für uns.

✶ ✶ ✶

Als ich an einem anderen, sehr warmen Tag aus der Schule kam, parkte ein Auto vor unserer Einfahrt. Es war aber nicht so ein schickes Auto, wie die, die man gelegentlich in Pramso sah. Dieses Auto hier war groß. Sehr groß. Es war bestimmt doppelt so hoch wie ein normales Auto. Ungefähr so wie ein *Tro-Tro*. Viele neugierige Kinder versuchten, ihre Nasen an den Scheiben platt zu drücken.

„Ama, *bra*", rief mir die jüngere Schwester meiner Freundin Afia zu und winkte mich heran. „Wow", staunte ich, als ich neben ihr und dem schicken Gefährt stand.

„Da ist jemand gekommen. So ein Mann."

„Ein Mann? Was für einer?", wollte ich wissen.

„Keine Ahnung. Er ist groß und alt." Afia deutete mit der Hand an, wie groß der Mann gewesen sein könnte. Dafür stellte sie sich auf die Zehenspitzen und streckte ihren ganzen Körper. „So", sagte sie. In dem Augenblick schubste ich sie an und sie fiel fast um. Wir mussten beide lachen. „Und wo ist der Mann jetzt?", wollte ich danach wissen. Sie schien über die Frage verwundert zu sein und zog eine Grimasse. „Na, bei euch im Haus."

„Was? Und das sagst du mir erst jetzt?", fauchte ich sie an.

„Wieso, wo soll er sonst sein?", grinste sie breit. „Das Auto steht doch vor eurem Haus."

Ich zog an ihrem Kleid. „Komm, *yɛn kɔ*![37]"

„*Dabi*, ich gehe da nicht rein. Ich bleibe beim Auto. Geh du nur."

Aber ich traute mich nicht. Im Schleichtempo näherte ich mich dem furchterregenden Tor, das mir schon so viel Leid gebracht hatte.

Jedes Mal, wenn ich durch dieses Tor gehen musste, erinnerte ich mich an die vielen Narben an meinem Bein. Und an Ingwer.

Dieses Mal hielten die trüben Gedanken aber nicht lange an, denn auf mich wartete eine Entdeckung. Meine Neugierde beschleunigte meine Schritte. Der Eingangsbereich unseres Hauses war voller Dorfbewohner*innen. Einige kannte ich, die meisten aber nicht. Sie waren da, weil sie entweder neugierig waren und wissen wollten, wer der Besucher war oder weil sie sich etwas davon versprachen. Ich drängelte mich durch die Menge hindurch und ging zur ersten Etage. Noch mehr Menschen. „Ama", rief es von irgendwoher. „Ama, komm." Ich schaute mich um. Bin ich gemeint? Amas gibt es hier zuhauf. Es ist der Name, den jedes Mädchen traditionell trägt, das in Ghana an einem Samstag geboren wird. Mir wurde erzählt, dass ich an einem Dienstag geboren wurde. Ich hätte also *Abenaa* heißen müssen. Da mein richtiger Name, den ich von meiner Großmutter väterlicherseits vererbt bekam und der als zweiter Vorname diente, Boaduwaa war, und

---

37 Lass uns gehen!

meine Mutter Abenaa Boaduwaa wohl nicht mochte, wurde ich kurzerhand Ama genannt. Schnell und unkompliziert.

„Ama, *bra ha*[38]." Als ich nach oben schaute, sah ich meinen Onkel Kwesi, der heftig mit den Händen gestikulierte. „Ama, Ama", kam es plötzlich aus allen Richtungen. Es dauerte eine Weile bis ich es in die zweite Etage schaffte, zum Empfangszimmer. Als ich bei Wɔfa Kwesi ankam, zog er mich hinter sich her. „Komm schnell. Du wirst nicht glauben, wer da ist." Seine Stimme überschlug sich vor Aufregung. Meine Nana empfing mich mit offenen Armen. Ich war total überrascht. Das tat sie doch sonst nie. Ängstlich drehte ich den Kopf zur Seite und schaute mich vorsichtig im Raum um. Neben vielen Kindern aus dem Dorf saßen hier zwei Freundinnen meiner Oma, der *Chief* und drei weitere mir unbekannte Menschen. Einer davon war eine imposante Erscheinung: Er war nicht so dünn wie die anderen beiden, dafür aber dunkler und trug einen gepflegten Vollbart und eine Brille. Man musste keine Hellseherin sein, um zu merken, dass es sich alles hier um diesen Mann drehte und dass er die ganze Aufregung verursachte. „Ama, das ist *Nana*[39] *Yeboah*", erklärte mir meine Oma. Zuerst dachte ich, ich hätte mich verhört. „*Me nana?*", frage ich erstaunt, denn diesen Großvater hatte ich noch nie gesehen. Nana Abena nickte. „Geh und begrüße ihn." Sie gab mir einen sanften Stoß nach vorne. Der Mann, der mein Großvater sein sollte, war bereits aufgestanden und breitete seine Arme aus. Skeptisch ging ich auf ihn zu und ließ mich vorsichtig in seine Arme fallen. „Ama", flüstert er. Wir standen eine ganze Weile so da, ohne dass er mich losließ. Immer wieder wiederholte er meinen Namen. „*Tena ase*[40]", sagte er zu mir und deutete auf den freien Stuhl neben sich. Ich setzte mich und schwieg. In dem Augenblick betraten zwei weitere Frauen den Raum. Sie trugen Schüsseln mit Reis, *Stew*[41] und gekochten Eiern. Mein Großvater erhielt zuerst eine Schüssel, dann die beiden anderen. Auch zwei Schalen mit Wasser zum Händewaschen. Eine kleine Box diente meinem Großvater als Tisch. Er drehte sich zu mir um, schob den Tisch näher zu mir heran und forderte mich auf: „Komm, iss." Er reichte mir eines der

---

38 Komm her.
39 Opa.
40 Setz dich hin.
41 Soße, z.B. aus Tomaten oder Okro.

Eier, die auf dem *Stew* lagen. Ich schaute meine Großmutter an. Sie zeigte keine Regung. Schließlich nahm ich das Ei und starrte es eine ganze Weile an bevor ich ohne jeden Genuss hinein biss. Der Mann schaute mich an und lachte. Er hielt mir das zweite Ei hin. Dieses Mal schüttelte ich ohne zu zögern den Kopf. „Iss vom Reis und dem *Stew*." Er selbst aß eine ganze Weile nichts, sondern beobachtete mich. Dann, als ich fast die Hälfte seines Essens verdrückt hatte, tauchten auch seine Hände in den Reis ein. Die Schüssel war schon bald leer und meine Oma gab ein Zeichen, noch mehr zu holen. Während des gesamten Essens wurde kaum ein Wort gesprochen. Laute Stimmen drangen nur von den wartenden und neugierigen Menschen nach oben. Ich verdrückte fast auch die zweite Portion allein. Nach dem Essen bekamen wir Wasser mit Seife, um die Hände zu waschen. Mein Opa deutete an, ich solle mich auf seinen Schoß setzen. Ich folgte seinem Wunsch. Meine Nana beobachtete uns die ganze Zeit kritisch, schwieg aber. Erst jetzt erklärte sie, warum mein Opa hier war: „Ama, Nana Yeboah wird dich mitnehmen." Sie schaute mich eindringlich an. Dann herrschte absolute Stille. Niemand sprach auch nur ein Wort. Alle Augen waren auf mich gerichtet.

„Mitnehmen? Wohin?", fragte ich völlig verwundert.

„Erst nach Accra für einige Tage oder Wochen", erläuterte der Mann selbst. „Und dann weiter."

„Weiter? Wohin denn weiter?" Noch immer war ich verwirrt.

„In ein anderes Land. Ganz weit weg von hier."

Seine Stimme klang jetzt ganz ernst. Es war ernst. Alle wussten das. Eine Weile sagte ich nichts.

„Warum soll ich denn in ein anderes Land?", fragte ich schließlich. Das Versprechen meiner Mutter mich nach *Abrokyire* zu holen, hatte ich schon lange vergessen. Sie war schließlich nicht gekommen und hatte auch sonst nichts von sich hören lassen.

„Ich will nicht hier weg. Ich lebe doch hier. Warum soll ich denn weg, Nana?" Flehend schaute ich meine Oma an.

„Du gehst mit ihm zu deiner Mutter."

Hatte ich richtig gehört?

„Zu wem?", fragte ich sicherheitshalber nochmal nach.

„Zu deiner Mutter!"

„Wo ist sie denn?"

Ich erinnerte mich an die wunderschöne Frau, die ich erst wenige Jahre zuvor kennen gelernt hatte. Ebenso das große Haus, in dem wir gewohnt hatten, an die schönen Kleider, die sie mir gekauft hatte, das leckere Essen, alles erschien mir so magisch zu sein. Und doch ... wollte ich weg von hier? Hier war mein Zuhause, hier lebten meine Freunde, hier kannte ich jeden Winkel, jeden Stein. Gleichzeitig sehnte ich mich danach, bei dieser Frau zu leben, die meine Mutter war. Das Leben bei ihr versprach viel besser zu sein. Immer etwas zu essen, immer schöne Kleidung, immer die Schule besuchen, in einem großen Haus mit Angestellten wohnen, einfach paradiesisch.

„Wohin werden wir denn gehen?", fragte ich noch einmal, obwohl ich die Antwort bereits kannte. Sie lautete immer gleich: „In das Land, wo es so kalt ist." Gern hätte ich gefragt, wie wir denn dorthin kämen, wenn es so weit weg war, wie alle immer behaupteten. Aber das traute ich mich nicht.

„Du gehst nächste Woche mit Nana mit", informierte mich meine Oma. Sie sagte es so, als wäre es die normalste Sache der Welt, dass ich mit einem fremden Mann mitging. Allein sein Bart machte mir Angst.

Erste Details wurden noch oben im Zimmer geklärt. Aber die Art und Weise wie sich meine Oma mit dem Mann unterhielt, mit dem sie ein Kind hatte, verstand ich nicht. Ich begriff nicht genau, was ausgehandelt wurde. Ich erfuhr nur, dass Nana Yeboah abreiste, aber in der Woche darauf zurückkehren würde, um mich mitzunehmen, ins Land der *Obronis*.

✳ ✳ ✳

Jahrelang träumte ich immer wieder den gleichen Traum, so auch in der Nacht, nachdem ich Nana Yeboah das erste Mal begegne: Ich befinde mich in einer riesengroßen Halle. Was ich hier will, weiß ich nicht. Zigtausende Menschen irren umher. Einige lachen. Andere schauen ernst drein. Wieder andere unterhalten sich einfach nur und zeigen keine Emotionen. Einige warten geduldig, andere laufen unruhig hin und her. Es sind Menschen aller Altersgruppen: Kinder, Erwachsene, Alte. Sie kommen scheinbar von überall her. Die meisten dieser Menschen sind hellhäutig, einige haben blonde, brünette oder schwarze Haare. Ich sehe sogar eine Frau mit roten Haaren. Ich bin überrascht, denn ich habe noch nie einen Menschen mit roten Haaren gesehen. Es gibt aber auch Menschen die ganz anders aussehen; solche, mit gelblicher Haut und feinem schwarzen Haar, das seidig glänzt. Ihre Gesichter sind flacher, ihre Haut scheint feinporiger. Auch solchen Menschen bin ich in meinem Leben noch nie begegnet. Sie sind kleiner als die meisten anderen Leute auf dem Marktplatz. Wo kommen sie her? Wer sind sie und warum sehen sie so anders aus? Mein Blick fällt auf eine Gruppe von Jugendlichen, die laut debattiert. Zwei von ihnen fallen auf: Sie sind dunkelhäutig. So wie ich. Ich schaue mich um. Gibt es noch mehr von ihnen? Tatsächlich: Es gibt noch ein paar. Meist sehe ich Männer. Aber auch Frauen und Kinder sind dabei. Dort drüben auf der anderen Seite steht ein alter schwarzer Mann mit einem Stock in der Hand. Er fuchtelt ganz komisch damit herum und ich denke, dass er bald sein Gleichgewicht verliert, wenn er nicht damit aufhört.

In der Halle ist es sehr laut. Stimmen dringen aus allen Richtungen in mein Ohr. Mal sind sie leise, mal sind sie extrem laut und klingen wie durch ein Mikrophon. Einige der lauten Stimmen wiederholen sich. Sie überlagern alles andere. Das Besondere an dieser Halle ist, dass es ganz viele Schienen nebeneinander gibt. Ab und zu kommt so ein Fahrzeug. Als *train* hatte jemand sie bezeichnet. Die Menschen warten scheinbar auf diese *trains*. Manche geduldig, manche ungeduldig auf die Uhr schauend. Der faszinierendste Moment ist, wenn plötzlich ein langer *train* einfährt. Mit einer enormen Geschwindigkeit tauchen sie plötzlich auf. Wenn sie stehen, gehen die Türen auf. Viele Menschen steigen aus, hektisch und drängend. Dann steigen viele wieder ein. Dann passiert etwas, was ich nicht verstehe: Es gibt einen lauten Pfiff und wie von Geisterhand schließen die Türen. Sie reagieren also auf das Geräusch? Sobald die Türen geschlossen sind, fährt der *train* wieder weg und nach ein paar Minuten kommt ein neuer.

Außer den Menschen und den *trains* gibt es auch viele Verkaufsstände wie sie auf dem Markt üblich sind. Überall an den Außenwänden hängen riesige bunte Plakate. Das ganze Treiben erinnert mich an den Marktplatz in Kumasi. Aber auf diesem hier transportieren keine Frauen und Kinder große Wannen auf dem Kopf. Auch gibt es keine Marktstände und laute Stimmen, die ihre Waren anpreisen. Aber beiden Plätzen ist gemein: Es ist laut, es ist bunt, es sind viele Leute auf engem Raum, die wild durcheinander laufen und herumstehen, es ist ein einziges Gewimmel und Gewusel und niemand scheint so richtig auf den anderen zu achten.

Ich schaue dem Treiben eine Weile zu, danach verschwimmen die Bilder vor meinen Augen zu einem bunten Bild aus spiralförmig angeordneten Farben, die sich immer schneller im Kreis drehen. Ich spüre, wie mir ganz

schwindelig wird und möchte mich an etwas festhalten. Aber da ist nichts. Im nächsten Augenblick verliere ich mein Gleichgewicht und falle. Ich spüre wie ich in einem Affentempo herunterstürze. Meine Hände versuchen wieder etwas zu ergreifen. Da gibt es immer noch nichts. Panik steigt in mir auf, ebenso die Angst vor dem Aufprall. Das bunte Farbengewirr dreht sich weiter vor meinen Augen. Irgendwann fühle ich nichts mehr. Keine Angst, keine Orientierungslosigkeit. Ich falle nur noch. Ich falle und falle ohne jemals irgendwo anzukommen. Dann wache ich auf. Schweißgebadet und außer Atem. Immer im gleichen Moment. Bald sollte ich den realen Ort zu diesem Traum finden.

Reisevorbereitungen und die kreative Geburtsurkunde

In der folgenden Woche ging alles sehr schnell. Es war einer der heißesten Tage des Jahres und das halbe Dorf hatte sich wieder in und um unser Haus versammelt. Mein Großvater brachte bei seinem nächsten Besuch eine kleine Tasche mit, in die meine Nana ein paar Dinge von mir eingepackte. „Die sind kaputt und das ist zu klein", stellte er fest. „Wir kaufen neue Kleidung." Viel befand sich nach dem Aussortieren nicht mehr in der Tasche. Die Verabschiedung von meiner Familie dauerte nicht lange. Zuletzt drückte mich meine Nana an sich und flüsterte mir ins Ohr: „Es ist kalt dort, sagt man. So kalt, wie du es noch nie erlebt hast. Du musst dich ganz dick anziehen, damit du nicht krank wirst." Sie schaute mich an. *„Emma wo werɛ mfiri yɛn*, Ama. Vergiss uns nicht. Schick uns was. Kleidung und Geld." Ich nickte nur. Ich verstand all das nicht. Ich verstand nicht, wohin ich gehen und wie ich was schicken sollte.

Wir gingen zum Auto. Alle Augen waren auf mich gerichtet. Ich wusste, dass ich in diesem Moment bestaunt und beneidet wurde. Die meisten Kinder hätten gern mit mir getauscht. Ihnen wäre es egal gewesen, wohin die Reise ging. Aber ich machte mir Gedanken, ich hatte Angst. Ich suchte Afia, aber konnte sie nirgends entdecken. Ich wollte mich doch auch von ihr verabschieden. Sie war die Einzige, die mich immer verstand. Die mir beigestanden hatte, wenn ich mich abends wieder auf Straße hatte erwischen lassen und am nächsten Tag meine Strafe erhielt. Sie hatte mich immer getröstet und zu mir gehalten. Wo war sie jetzt? Warum war sie nicht bei mir? Mein Großvater öffnete die hintere Autotür. Es gab viele Sitzplätze.

Ich blieb wie angewurzelt stehen, schaute noch mal zu meiner Oma und den Kindern, die um sie herum standen. „Steig ein", sagte Nana und mein neuer Opa fügte, als er meine Unsicherheit bemerkte, liebevoll hinzu: „Es ist alles gut. Es passiert nichts Schlimmes." Langsam stieg ich ein, setzte mich und blickte durch das Fenster in die vielen erwartungsvollen Gesichter. Es tat mir leid, dass ich etwas bekam, was sie nicht haben konnten. Aber ich wusste selbst nicht, ob ich das, was kommen würde, haben wollte. Ich wusste schließlich nicht was mich erwartete. Vielleicht waren sie am Ende diejenigen, die glücklicher wurden und ich war die, die sie beneiden würde. Wer wusste das schon.

„Hab keine Angst", beruhigte mich Nana Yeboah und ich konnte seine Besorgnis und auch eine gewisse Traurigkeit hören. Ich versuchte, ein fröhlicheres Gesicht aufzusetzen, damit er sich keine Gedanken um mich machte und setzte ein gequältes Lächeln auf. Er setzte sich nach vorne und das Auto rollte los. Die Menschenmenge teilte sich und gab den Weg frei. Laute Abschiedsrufe begleiteten uns. Die Menschen wedelten wild mit den Armen. Einige holten ihre Taschentücher heraus und winkten uns damit zu. Bewegungslos saß ich da und starrte sie nur an. Mir war schlecht, ich konnte kaum atmen. Ich konnte nicht denken. Wir waren vielleicht 400 Meter gefahren, als ich auf der linken Straßenseite ein Mädchen laufen sah. Sie schaute mich an und grinste. Es war Afia. „Halt an, halt an", rief ich laut. Mein Großvater gab dem Fahrer ein Zeichen. Ich stieg aus und lief Afia in die Arme. „Warum läufst du denn weg?", fragte ich sie. „Ich laufe doch gar nicht weg. Aber da waren so viele Menschen und ich wollte dich doch verabschieden. Deshalb bin ich vorgelaufen." Tränen kullerten mir über das Gesicht. „Ich will nicht weg. Ich will doch gar nicht irgendwo anders hin", sagte ich verzweifelt. Auch Afia weinte. Wir standen da und keine wollte die Andere los lassen.

„Es wird dir aber dort, wo du hingehst, bestimmt viel besser gehen als hier. Vielleicht hat dein Großvater so viel Geld und du kannst immer soviel essen wie du willst und auch immer zur Schule gehen." Sie sprach das aus, was sie auch für sich selbst gewünscht hätte. Wir gingen beide gern zur Schule. Lernen machte uns Spaß. Leider sind unsere Familien nicht so reich und manchmal konnten wir uns das Schulgeld nicht leisten. Wir hatten beide so manches Mal morgens am Straßenrand gesessen und die anderen Kinder auf dem Weg zur Schule beneidet. In solchen Momenten habe ich mir gesagt, wenn ich groß und reich bin, würde ich eine Schule bauen, damit andere Kinder lernen könnten und ihre Familien dafür nichts zahlen mussten.

„Ja, vielleicht", sagte ich nur.

„Komm, Ama, wir müssen los", unterbrach uns Nana Yeboah. „Wir haben noch einen langen Weg vor uns." Afia ließ mich los, ich hielt sie noch fest. „Geh, Ama. Geh und komm bald wieder." Ich ging. Aber ich kehrte nicht zurück. Ganze vierzehn Jahre nicht. Afia sah ich nie wieder.

Ich war wieder allein mit meinen Gedanken. Das Auto brauste an Häusern und Feldern vorbei. Wir fuhren eine ganze Weile die meist ungepflasterten Straßen entlang. Meist war es still. Ab und zu sprach Nana Yeboah mit dem Fahrer oder drehte sich zu mir um, um mich zu fragen, ob alles in Ordnung sei. Ich nickte jedes Mal nur. In Kumasi angekommen, machten wir eine kleine Rast. „Hast du Hunger?", wurde ich gefragt.

„*Dabi.*"

„Wir können hier etwas essen gehen. Was isst du denn am liebsten?"

„*Omotuo.*" Der Gedanke an die leckeren Reisbällchen mit der Erdnusssuppe ließen meine achterbahnfahrenden Gefühle erst mal pausieren. „Wir können schauen, ob wir *Omotuo* für dich kriegen", schlug der große Mann vor. Wir stiegen aus und der Fahrer fand einen kleinen Platz, auf dem zwei Frauen Essen verkauften. Mir lief das Wasser im Mund zusammen als der Geruch von Erdnusssuppe in meine Nase stieg. Mein Großvater bestellte *Omotuo* für mich, *Fufu* für sich und *Jollof rice*[42] für den Fahrer. Die Portion war riesig, aber ich konnte sie trotzdem aufessen. Und das, obwohl ich doch gesagt hatte keinen Hunger zu haben. Danach war mein Magen bis zum Anschlag ausgedehnt. Ich konnte kaum laufen, aber dafür war ich umso glücklicher. Die Autofahrt nach Accra dauerte noch viele Stunden und verlief ohne Zwischenfälle.

∗ ∗ ∗

In Accra hielten wir vor einem großen Tor an, das noch breiter und viel höher war als das in Pramso. Der Fahrer hupte kurz, das Tor öffnete sich. Ich konnte nur staunen. Das Haus war riesengroß, sehr schick und in

---

[42] Ein Reisgericht, bei dem der Reis in einer Tomatensoße gekocht und dadurch rot gefärbt wird.

einem zarten Grünton. „Das ist das Haus von Aunty Grace", erklärte Nana Yeboah. Daneben stand noch ein Haus, aber viel kleiner. Wir gingen aber in das große, wo wir von einer älteren Frau empfangen wurden. „*Akwaaba*[43] Ama!", begrüßte sie mich und hieß mich willkommen. „*Meda wo ase*", antworte ich schüchtern. Sie nahm mich an der Hand und führte mich im Haus herum. Sie zeigte mir eine große Halle mit vielen schönen Möbeln. „Wow, der ist aber groß", staunte ich und zeigte auf den Fernseher. „In Pramso hatten wir keinen eigenen." Die Frau lächelte. Auch die Küche war ein großer Raum mit vielen Geräten. Der Kocher hier war riesig und es waren auch gleich vier Stück in einem. Merkwürdig sah das Ding schon aus. Aunty Grace zeigte mir ein hübsches Zimmer mit Bett. „Hier wirst du schlafen", erklärte sie mir. „Ich?", frage ich erstaunt und erinnerte mich an die Zeit mit meiner Mutter. Auch dort hatte ich ein eigenes Zimmer für mich allein.

„Ja, du hast ein großes Zimmer für dich", lachte Aunty
„Und wo schläfst du? Und mein Opa?"
„Wir haben auch so große Zimmer für uns."
Aunty Grace ist sehr geduldig und nett. „Komm, ich zeige dir noch etwas." Sie ging in ein Zimmer, das direkt neben meinem Schlafraum lag. „Das ist das Bad." Ich schaute mich um. Alles war so neu hier. Da ist so ein Ding, das ich auch schon bei meiner Mutter gesehen hatte. Aus dem Ding kam Wasser heraus, wenn man es aufdreht. Das ist toll, dann muss man das Wasser nicht aus einem weit entfernten Brunnen holen. Außerdem steht hier eine Toilette, es gibt sogar Zeitungspapier zum Abwischen. „Die Toilette ist kaputt. Du musst mit dem Eimer Wasser abfüllen und dann hinein schütten, wenn du fertig bist." Sie merkte, dass ich nicht wusste, was sie von mir wollte. Sie setzte sich auf die Toilette und tat so als würde sie pinkeln. Dann nahm sie den Eimer, ließ Wasser hineinlaufen und schüttete es in die Toilette. „So musst du es machen. Meinst du, du kriegst das hin?"
„*Aane*[44]. Klar."
Ich war total glücklich, dass ich nicht zum Plumpsklo musste wie in Pramso. Dort hatte ich immer Angst gehabt, weil es dunkel darin war und

---

43 Willkommen!
44 Ja.

so viele Tiere herumschwirren, die einen nerven. Und dann lag das Bad auch noch direkt neben unserem Zimmer.

Meine erste Nacht in dem großen Bett war unbeschreiblich schön. Ich hatte so viel Platz! Der Raum war auch nicht so heiß wie in Pramso, weil ein Gerät neben dem Bett die ganze Zeit kühlere Luft ausströmte. Zuerst konnte ich kein Auge zumachen, weil das Gerät so laut war, aber irgendwann schlief ich dann doch ein.

Die nächsten Tage – oder waren es Wochen? – verliefen sehr hektisch. Wir waren ziemlich viel unterwegs, aber ich verstand kaum warum was um mich herum passierte. Sie sagten, dass ich irgendwelche Papiere für die Reise benötigte. Was das genau bedeutete, wusste ich nicht. Aber wir liefen von einem Ort zum anderen, machten Fotos, füllten Papiere aus und dergleichen.

Einmal mussten wir zu einer Behörde. Ein Mann am Schreibtisch schrieb etwas für uns auf. „Wann ist dein Geburtstag?", wollte er von mir wissen. Ich zuckte mit den Achseln. „Ich weiß es nicht", antwortete ich und schaute hilfesuchend meinen Großvater an. Nach meinem Geburtstag war ich bis zu diesem Tag noch nie gefragt worden. „Ihr Geburtstag ist am 12. Dezember", antwortet Nana Yeboah für mich. „Und das Jahr?" Nana schien kurz zu überlegen. „1982." Der Mann schrieb das auf und stellte weitere Fragen: Wo ich geboren sei, wer meine Eltern seien und warum ich verreisen wolle. Nun hieß es, dass ich angeblich in Accra geboren worden war. Ich wusste aber, dass es *nicht* stimmte. Meine Mutter und Nana hatten immer erzählt, dass ich im *Pramso Hospital* zur Welt gekommen war. Der Mann hätte also zumindest *Kumasi* oder sogar *Pramso* aufschreiben müssen. Als wir das Gebäude wieder verließen, fragte ich Nana Yeboah: „Welches Jahr haben wir jetzt?" Er war völlig überrascht. „Du weißt nicht welches Jahr wir haben?"

Ich war beschämt, schüttelte den Kopf und schaute auf den Boden. „1989." Er legte mir die Hand auf die Schulter, wie um mir zu sagen, dass es nicht so schlimm sei, dass ich es nicht wusste. Ich rechnete nach. Wenn ich 1982 geboren wurde und wir jetzt 1989 hatten, hieß das, ich war höchstens sieben Jahre alt. In Ghana kommt man mit sechs Jahren in die Schule. So ganz konnte das also nicht stimmen. Ich besuchte die Schule nicht erst seit einem Jahr. Aber da ich das alles nicht so richtig verstand, kein Zeitgefühl hatte und auch nicht wusste, warum zum ersten Mal in meinem Leben mein Geburtstag, mein Geburtsort und die Namen meiner Eltern für einen Fremden wichtig waren, stellte ich keine Fragen mehr. Ich wollte nicht, dass mein Großvater dachte, ich wäre dumm.

Wir gingen einkaufen. Ich bekam viele neue Kleidungsstücke. Mein Opa bestand immer darauf, dass wir Hosen kauften. Ich wollte lieber Röcke und Kleider. Ein Mädchen trägt doch keine Hosen, zumindest nicht so oft. Ich erinnerte mich noch gut an den Tag, an dem ich zum ersten Mal eine Hose trug. Ich war ungefähr fünf Jahre alt.

„Du brauchst warme Sachen. Dort, wo wir hingehen, ist es kalt und du wirst frieren", erklärte mir mein Opa.

„Gibt es denn da nichts zum Anziehen?", wollte ich wissen. „Doch, aber du musst doch was haben, wenn wir dort ankommen. Wenigstens ein paar Sachen. Deine Mutter hat dort auch noch einige Dinge besorgt." Wir liefen von einem Geschäft zum nächsten.

Das Beste an all dem Trubel war, dass ich immer etwas zu essen bekam, wenn ich Hunger hatte. Sogar wenn ich keinen Hunger hatte. Opa Yeboah fragte alle paar Stunden: „Willst du etwas essen?" oder „Hast du Hunger?" Selbst wenn ich keinen Hunger hatte, nicke ich meistens. Ich war so sehr daran gewöhnt viele Stunden ohne Essen auskommen zu müssen. Manchmal wusste ich auch nicht, wann die nächste Mahlzeit kommen würde. So nahm ich lieber alles mit was ich bekommen konnte. Morgens aß ich wieder Eier, gekocht oder als Omelette. Mittags gab es meistens Reis mit *Stew* oder Suppe mit irgendwas. Auch *Yam* aß ich gern, mit *Black Eye Beans*[45] und *Stew*.

Von der alten in die neue Welt

Irgendwann kam der Tag der Abreise. Spät abends brachte uns der Fahrer mit unserem ganzen Gepäck an einen neuen Ort. „Das ist der Flughafen", erklärte er mir, als er meine staunenden Augen sah. „Was ist das?" „Das ist ein großer Platz. Hier fliegen Flugzeuge ab."

„Flugzeug, was ist das?", frage ich leise und hatte Angst, dass auch der Fahrer dachte, ich wäre dumm, weil ich all das nicht wusste. „Hab Geduld.

---

45 Nierenförmige Hülsenfrucht, beigefarben mit schwarzem Fleck. Übersetzt: Schwarzaugenbohnen.

Das wirst du gleich sehen", sagte mein Großvater. Wir kamen in eine große Halle mit vielen Menschen. Sie gingen alle in verschiedene Richtungen und hatten viel Gepäck bei sich. Ab und zu hörte man laute Stimmen, die irgendetwas sagten, was ich nicht richtig verstehen konnte. „Komm, wir müssen hier lang", mein Opa zeigte auf eine Reihe wartender Menschen und reihte sich dort ein, während der Fahrer unser Gepäck holte. Wir mussten lange warten und als wir fast an der Reihe waren, zog Nana Yeboah zwei Dokumente heraus. Ich erkannte, dass eines davon mir gehörte. Wir hatten sie von dem Mann erhalten, der nach meinem Geburtstag gefragt hatte.

„Was ist das?"

„Ein Pass. Da steht alles Wichtige über dich drin. Das müssen wir ab heute immer mitnehmen und dürfen es nicht verlieren."

„Steht darin, dass ich in Accra geboren wurde?"

„Ja", bestätigte mein Nana.

„Aber ich wurde doch in Pramso geboren", widersprach ich.

„Das ist nicht so wichtig. Pramso kennt keine*r. Ab jetzt bist du in Accra geboren. Das ist besser für dich." Mehr sagte er dazu nicht, denn wir waren auch schon an der Reihe. Die Dame am Check-in überprüfte unsere Dokumente, knallte ein paar Stempel darauf, wickelte ein paar Bänder um unsere Koffer, die dann plötzlich verschwanden. „Kommen die Koffer wieder?", fragte ich meinen Großvater. „Die werden schon mal ins Flugzeug gepackt. Gleich können wir rein." Wieder dieses Wort: Flugzeug. Nach kurzer Wartezeit, strömten die Menschenmassen nur noch in eine Richtung, durch einen langen Gang; und auch das nur sehr langsam. Irgendwann standen wir vorne am Fenster und ich schaute in die Dunkelheit hinaus. Dort stand ein riesengroßer Vogel. So etwas hatte ich noch nie gesehen. Der hatte auch ganz komische Farben. Ein Vogel schien es auch gar nicht zu sein, dieser hier bewegte sich nämlich nicht und Menschen gingen hinein. Ich zupfte meinen Großvater an der Hose. „Was ist das, Nana?"

„Ein Flugzeug. Das ist das Ding, worüber ich vorhin sprach."

„Und was macht man damit?" Ich hatte Angst. Große Angst.

„Fliegen. Wir fliegen damit in das andere Land, das so weit weg ist."

„Ich muss also da rein und dann geht es in die Luft wie ein Vogel?"

„Ja", bestätigte er mir und streichelte mir über das Haar. „Und all diese Menschen kommen da auch rein?" Ich konnte mir immer noch nicht vorstellen, wie das Ding funktionierte.

„Ja, sie kommen alle mit. Da sind Sitzplätze drin und dann geht das Flugzeug in die Luft und fliegt. Es ist so wie ein Auto, nur fährt es nicht auf der Straße, sondern fliegt in der Luft." Stirnrunzelnd sagte ich: „Ich gehe da nicht rein. Ich gehe da bestimmt nicht rein. Wenn wir alle da nicht reinpassen, fällt es runter und wir sind tot."

„Es fällt nicht runter. Ein Vogel fällt doch auch nicht einfach runter und stirbt. Nur wenn es verletzt ist. Ein Flugzeug ist so gebaut, dass es so fliegen kann wie ein Vogel. Aber es kann nicht so leicht verletzt werden, weil es aus hartem Material besteht", erläuterte mir mein Opa.

Das alles überzeugte mich nicht. Je näher wir dem großen weiß blauen Vogel kamen, desto mehr Panik stieg in mir hoch. Als wir schließlich vor dem Eingang standen und reingehen sollten, riss ich mich von Opas Hand los und lief in die andere Richtung.

„Ama, komm zurück", schrie er. „Es passiert dir nichts und ich bin doch dabei."

Irgendjemand hielt mich plötzlich fest. Es war eine alte Frau, die fest zupackte, so dass ich kaum mehr zappeln konnte. Ihr Griff blieb hart bis mein Großvater bei mir war. „Schau, ich gebe dir etwas, damit wirst du überhaupt nichts merken, wenn wir da reingehen." Er holt eine kleine Flasche aus der Tasche, schüttete etwas von dem Inhalt in den kleinen Deckel und reicht ihn mir. „Trink", befahl er. Ich schaute ihn an und schüttelte den Kopf. Ich merkte, wie er langsam die Geduld verlor. „Komm trink es. Wir müssen da rein, sie werden nicht die ganze Zeit auf uns warten." Als er mein erneutes Zögern sah, fügte er hinzu: „Willst du denn gar nicht zu deiner Mutter? Sie wartet doch auf uns."

Nach diesen Worten war mein Widerstand gebrochen, ich öffnete langsam meinen Mund und er schüttete die bitter schmeckende Flüssigkeit hinein. „Komm noch mal", sagte er und füllte den Deckel erneut. Wir gehörten zu den Letzten, die das Flugzeug bestiegen. Zuerst bemerkte ich die Flugbegleiterinnen, die uns vorn beim Einstieg begrüßten. Sie waren *Obronis*, alle. Sie lächelten uns freundlich zu. Ich konnte kaum meine Augen von ihnen abwenden, so sehr faszinierten sie mich, so selten hatte ich hellhäutige Menschen in meinem Leben gesehen. Dann sah ich die vielen dicht aneinander gedrängten Reihen, voll mit Menschen. Weiter hinten waren auch einige *Obronis*. Wir liefen in ihre Richtung und nahmen auf den Sitzen direkt vor ihnen unsere Plätze ein. Mir wurde ein Gurt angelegt und eine Frau zeigte noch etwas, was ich aber nicht verstand. Sie legte eine Weste über ihren Kopf und zog an den Strippen. Dann tat sie so als würde sie in eine Röhre pusten. Ich verstand noch immer nichts. Aber ich wollte Nana Yeboah nicht fragen und ihn noch mehr nerven. Irgendwann rollte das Flugzeug los. „Lass uns beten", schlug mein Großvater vor. Wir schlossen die Augen und er bat Gott darum, dass alles gut gehen und wir heil in *Gyaamani*[46] ankommen mögen. *Gyaamani*. Da also flogen wir hin.

Der Flug dauerte viele Stunden, aber ich schlief lange. Ich bin sicher, es lag an der Flüssigkeit, die Nana mir gegeben hatte. Wenn ich nicht schlief, aß ich. In einigen Wachphasen bekam ich Angst, etwas könnte mit dem Riesenvogel passieren. Auch dachte ich an das, was mich erwartete, wenn wir unten ankamen. Ich schaute mich um. Die meisten Menschen schliefen, mein Opa auch. Mittlerweile war es draußen hell geworden. Zu Beginn des Fluges hatte mir mein Großvater erklärt, dass wir die Gurte anlegen müssten und nicht aufstehen durften, sobald die Symbole aufleuchteten.

Als wir im Landeanflug waren, ruckelte das Flugzeug ein bisschen. Ich rüttelte Nana wach und sagte voller Panik: „Wir stürzen ab."

Er brauchte eine Weile, um zu verstehen was ich wollte und was mit dem Flugzeug passierte. Dann schüttelt er den Kopf. „*Dabi, dabi*. Wir stürzen nicht ab, wir landen bald. Jetzt verliert das Flugzeug langsam an Höhe bis wir unten auf der Landebahn angekommen sind."

„Sind wir dann da?"

„Ja, dann sind wir bei deiner Mutter."

Plötzlich empfand ich wieder den tiefen Schmerz im Ohr, den ich auch beim Abflug und immer wieder zwischendurch gehabt hatte. Ich drückte Mund und Nase zu, so wie Opa es mir gezeigt hatte. Nach der Landung ging ein Seufzen durch die Menge. Als das Flugzeug schließlich parkte, klatschen alle laut. „*Praise the Lord*", riefen einige Stimmen. „Halleluja", antworten andere.

„Sie sind dankbar und erleichtert, dass wir heil unten angekommen sind", erklärte Nana. Ich bin es auch – und wie! Opa holte vor dem Aussteigen noch eine Jacke aus seiner Tasche und gab sie mir. „Zieh sie an. Du wirst sehen, es ist kalt draußen."

„Aber die Sonne scheint doch!"

---

46 Germany, Deutschland.

„Trotzdem. Hier ist es auch kalt, wenn die Sonne scheint." Ich hatte noch nie soviel Kleidung getragen: Eine lange Hose, etwas, das er Socken nannte, geschlossene Schuhe, eine Bluse, darunter ein Hemd, darüber eine Jacke. Ich fühlte mich total dick und unbeweglich. Die Passagiere wurden von der Crew verabschiedet. *„Auf Wiedersehen. Bye bye"*, sagten sie. Auf Wiedersehen? Ich hatte noch nie etwas gehört, das so geklungen hat. Ist das die Sprache, die sie hier sprechen? Wir mussten vom Flugzeug aus in ein anderes Fahrzeug wechseln. Es hatte viele Sitze und die Leute hielten sich an Stangen fest. „Was ist das und was macht es mit uns?"

„Es ist ein Bus. So sehen hier Busse aus. So wie ein *Tro-Tro*, nur größer. Es fährt uns zum Ausgang. Wir müssen dann unser Gepäck abholen", erläuterte mein Großvater. Als wir in die große Halle kamen, wo wir auf unsere Koffer warteten, kriegte ich einen riesigen Schreck. Ich traute meinen Augen kaum. Zum ersten Mal in meinem Leben sah ich ganz viele *Obronis* auf einem Haufen. Sie warteten aber nicht mit uns, sondern bei den anderen Laufbändern. Ich sah auch *Obroni*-Kinder. Sie liefen hin und her und lachten laut. Mein Großvater bemerkte meine Verwunderung. „Wir sind jetzt in Deutschland, „erklärt er mir. „Die Menschen, die hier leben und hier geboren sind, sind alle *Obronis*."

„Alle?", fragte ich erstaunt.

„Na ja, viele. Es gibt hier auch Leute wie wir. Die nicht hier geboren wurden, aber die hier leben wollen. Davon sind die meisten auch Obronis, aber manche sind auch aus den Ländern Afrikas. Es ist ganz einfach: So wie bei uns fast alle dunkel sind, so sind hier fast alle hell."

„Und warum?" Warum gab es hier denn nur *Obronis*? Wo waren unsere Leute?

„Gott hat es so gemacht. Warum wissen wir nicht."

„Hmm." Ich muss darüber nachdenken. Aber nicht jetzt. Jetzt ist es viel zu aufregend. Die schwarzen Bänder vor uns setzen sich in Bewegung. Ich fragte mich, wie die Koffer und Bänder alleine laufen konnten. Es war kein Mensch da, der sie schob. Es dauerte eine Weile bis unsere Koffer zu sehen waren. Opa legte alle Koffer auf einen Wagen, an dem ich mich festhielt, weil ich Angst hatte Nana Yeboah zu verlieren. Eine große Tür öffnete sich automatisch, und vor uns standen noch mehr Menschen. Sie starrten uns alle an. Das war richtig unheimlich. „Es sind Freunde und Verwandte. Sie warten auf die anderen Fluggäste, um sie abzuholen", erklärte mir Opa, der scheinbar meine Gedanken lesen konnte. „Ist meine Mutter auch irgendwo hier?" „Ja, irgendwo ist sie. Ich schaute mich in der großen Halle um, auf der Suche nach jemandem, der so aussah wie Maame. Zumindest so, wie ich sie in Erinnerung habe. Als ich sie das letzte Mal gesehen hatte, war ich sechs Jahre alt, das war nun schon einige Jahre her. Ich sah aber niemanden, den ich als meine Mutter hätte identifizieren können. „Schau, dort stehen sie", rief mein Großvater aufgeregt und zeigte auf zwei Frauen, die schon auf uns zukamen. Beide Frauen könnten meine Mutter sein, denn keine sah so aus, wie ich Maame in Erinnerung hatte. Eine der Frauen sah etwas älter aus. Ich wusste, dass meine Mutter knapp fünfzehn Jahre alt war bei meiner Geburt. So alt konnte sie deshalb noch nicht sein. *Ama* wird mein Name gerufen. „Ama." Die jüngere Frau, die ich für meine Mutter hielt, kam mit weit geöffneten Armen auf mich zu. Ich zögerte kurz, dann aber ließ ich mich von ihr umarmen. Sie hob mich hoch und wirbelte mich herum, sodass ich laut lachen musste. *„Me maame"*, rief ich schließlich aus. *„Me maame."* Ich strahlte über das ganze Gesicht. Ja, sie schien meine Mutter zu sein. „Ama, das ist Aunty Erica." Sie zeigte auf die ältere Frau neben sich. Auch sie begrüßte mich mit einer herzlichen Umarmung. *„Akwaaba!"*, sagte sie fröhlich. Sie hüpfte dabei auf und ab und klatschte in die Hände. „Akwaaba, Ama! Welcome."

Wir waren in Hamburg gelandet. Dort sollte sich mein Leben bald grundlegend ändern, in mehrfacher Hinsicht.

Teil II: Ankunft in einer fremden Welt

Moin Moin Gloria – Ama im Land der *Obronis*

Hier bin ich jetzt also. Im Land der *Obronis*. 1989. Mein Nana Yeboah sagt mir, dass man die Menschen hier nicht *Obronis* nennt, sondern „Germans" oder „Deutsche". „Aber nicht jeder, der weiß ist, ist auch ein Deutscher."

„Nein, was sind die anderen dann?"

„Na ja, du wirst sehr schnell feststellen, dass die Leute hier sehr unterschiedlich aussehen. Es gibt Leute, die aus anderen Ländern Europas kommen, zum Beispiel Spanien, Griechenland oder Italien. Andere kommen aus der Türkei und wieder andere aus China, Afghanistan oder anderen Ländern Asiens."

„Aber in Ghana kommen doch alle aus Ghana", erwidere ich.

„Meinst du?"

„Ja. In Pramso und Kumasi habe ich keinen getroffen, der nicht aus Ghana stammt."

„Vielleicht. Aber vielleicht hast du auch nicht erkannt, dass sie doch anders aussahen oder von woanders stammen. Es ist dir nicht aufgefallen. Auch in Ghana leben viele Menschen, die nicht dort geboren sind."

„Mhh", mache ich nur. Ich bin mit dieser Information überfordert und weiß nicht wie ich sie verarbeiten soll.

„Mach dir keine Sorgen", beruhigt mich mein Großvater, „du wirst all das bald erkennen und lernen." Ich nicke und bin ihm dankbar, dass er mich damit für den Moment in Ruhe lässt.

Wir wohnen in Hamburg. Das ist wie Kumasi eine große Stadt, sagt meine Mutter. Hier wohnen viele Ghanaer*innen und andere *foreigners*, deshalb sind wir auch hier. Unser „Dorf" heißt Billstedt, das um einiges größer ist als Pramso, 100.000 Einwohner*innen. Wir wohnen in einem Hochhaus. So ein großes Haus habe ich noch nie gesehen. Wir wohnen zusammen mit mindestens 80 anderen Familien. Unsere Wohnung, wie man es hier nennt, hat ein großes und ein kleines Zimmer, Küche und Minibadezimmer. Sogar einen Fernseher gibt es in unserer Wohnung, einen kleinen nur, aber dafür gehört er nur uns, da kommen keine Dorfbewohner*innen, um bei uns fernzusehen. Meine Mutter und ich teilen uns das kleine Zimmer mit einem Etagenbett. Mein Großvater schläft im großen Zimmer, das gleichzeitig unser Wohnzimmer ist. Unsere Wohnung ist viel kleiner als das Haus in Pramso, man kann nicht viel darin machen. Spielen und herumrennen geht hier gar nicht.

Ich bin total enttäuscht. In Kumasi hatte meine Mutter mich in so ein großes schönes Haus geführt. Auch in Accra bei Aunty Grace war das Haus noch viel größer. Ich hatte gedacht, ich würde hier auch so leben wie dort. Aber es kommt ganz anders.

In den nächsten Tagen und Wochen fühle ich mich einsam. Immer wieder frage ich Maame wann ich in die Schule gehen darf. Ihre Antwort ist immer gleich: In ein paar Wochen. Ich gehe also noch nicht in die Schule, weil ich erst angemeldet werden muss. Es gibt keine anderen Kinder, mit denen ich spielen kann. Es gibt nichts, was ich lernen kann. Keine Mathematik, nichts über die Natur.

Nebenan wohnt eine kinderreiche Familie. „Die kommen aus der Türkei", sagt Opa. Türkei? Ich habe keine Ahnung, was das ist. Die älteste Tochter ist etwas älter als ich. Sie hat aber leider kein großes Interesse daran mit mir zu spielen. Wahrscheinlich, weil ich noch kein Deutsch spreche. Ich muss diese Sprache unbedingt schnell lernen!

Hätte mich in diesen Tagen jemand gefragt, wie es mir geht, ich hätte es nicht beschreiben können. Es fragt mich aber ohnehin niemand. Binnen weniger Tage wurde mein bisheriges Leben völlig umgekrempelt. Alles, aber auch wirklich alles ist hier anders. Sogar mein Name. Ich heiße jetzt meistens nicht mehr *Ama*, sondern Gloria. So steht es in meinem Pass. Wenn mich jemand fragt, wie ich heiße, darf ich nicht mehr *Ama* sagen. Manchmal passiert es mir immer noch, aber meistens korrigiere ich mich schnell. Aber mein Name ist nicht das einzig Neue, auch die Kleidung der Menschen hier: Bei meiner Ankunft ist es Juli. Glaube ich zumindest, so genau weiß ich es nicht. Auf jeden Fall ist es nicht warm, aber es ist auch nicht so kalt, wie man mir in Ghana einreden wollte. Nur morgens, da braucht man wirklich eine sehr dicke Jacke. Mittags sieht man viele Menschen ohne Jacke. Manche tragen nur T-Shirts, aber so warm ist es für mich dann auch wieder nicht. Die Leute hier tragen gern Grau und Blau, diese Farbtöne, sehe ich am häufigsten. Schwarz mögen sie auch und eine Farbe, die Opa *beige* nennt. In Ghana bin ich immer ohne Schuhe herumgelaufen. Alle Kinder aus dem Dorf liefen barfuß. Hier macht das keine*r. Man sieht niemanden ohne Schuhe. Ich muss auch welche tragen. „Lederschuhe", sagt Opa. Ich hasse sie. Meine Füße fühlen sich nicht wohl darin. Sie schwitzen schnell und riechen unangenehm. Außerdem fühle ich den Boden nicht mehr, die Pflastersteine, kleine Steine auf dem Boden. Es ist merkwürdig. Es gibt viele Momente, in denen ich mir wünsche, ich wäre in Pramso. Ich könnte bei Regen draußen spielen, barfuß, und ich könnte mit den Leuten reden und mit anderen Kindern spielen.

An manchen Tagen bin ich traurig, immer dann, wenn mich niemand sieht. Manchmal im Bad, manchmal nachts im Bett. So bleibt meine Traurigkeit unentdeckt. Warum bin ich hier? Warum bin ich nicht in Pramso geblieben? Ich vermisse die Schule, ich vermisse es mit anderen Kindern zu lernen und auf dem staubigen Schulhof zu spielen. Ich vermisse meine Freundin Afia, ich vermisse die Menschen. Die lauten fröhlichen Stimmen. Die Farben. Unsere Kleidung. Morgens und abends vermisse ich die Wärme. Nicht mal die Sonne scheint hier gleich, sie scheint nicht so kräftig zu sein. Hier ist einfach alles anders. Alles ist fremd, alles riecht anders. Die Sprache hört sich komisch an, immer unbekannt, immer unverständlich. Wenn man in Pramso oder Kumasi als Kind irgendwo herumläuft oder spielt, wird man von wildfremden Menschen angesprochen. Alle reden irgendwie miteinander. Es hat sich immer so angefühlt als würde man sich kennen. Hier spricht mich niemand an, wenn ich irgendwo sitze oder gehe. Ich hätte ja auch nichts verstanden. Aber es wäre ein schönes Gefühl gewesen, wenn sie es einfach getan hätten. Ich fühle mich hier verloren. Wenn ich gedacht hätte im Paradies zu landen, so muss ich jetzt erkennen: Es ist keins. *Gyaamani* ist nicht das Paradies!

Diese negativen Gefühle dominieren aber zum Glück nicht immer. Das liegt vor allem an meiner Mutter. Sie kocht viel für mich, das ist schön. Ich kriege mehrmals am Tag etwas zu essen. Meistens kocht sie ghanaische Spezialitäten. Sie schmecken zwar, aber ganz anders als das, was Nana in Pramso immer zubereitet hat. Mein Opa sagt, ich wäre sehr klein für mein Alter und zu dünn, ich müsse deshalb sehr viel essen. Er kauft mir ab und zu ein halbes gegrilltes Hähnchen, das ich meistens mit Reis und selten mit Pommes essen muss. Anfangs finde ich es lecker, Pommes schmecken so ähnlich wie frittierter *Yam*. Schon bald aber mag ich das Hähnchen und die

Pommes erst recht nicht mehr. Am Schlimmsten aber ist der Tomatensaft, den ich gefühlt fast jeden Morgen trinken muss. „Du brauchst Vitamine, du hast Vitaminmangel. In dem Saft ist viel Gutes drin", wird mir erklärt. Ich habe keine Ahnung, was Vitamine sind. Ich weiß nur, dass mir jedes Mal schlecht wird, wenn ich das rote Zeug schlucken soll. Ein halber Liter, zwei große Gläser, an *vielen* Tagen. So was Scheußliches! Nein, das Paradies sieht anders aus. Und schmeckt bestimmt auch anders.

✳ ✳ ✳

Ich begleite meine Mutter und meinen Opa häufig zum Einkaufen. In unserer Nähe gibt es ein Geschäft, Wertkauf, dort kauft meine Mutter meistens die Dinge, die sie im Alltag braucht. Ich habe noch nie so etwas gesehen. Es ist ein überdimensional großes Haus, in dem man *alles* kriegt. Einfach alles: Kleidung, Lebensmittel, Pflegeartikel, Pfannen und Töpfe, sogar Waschmaschinen gibt es hier. Wir laufen lange mit einem Einkaufswagen durch die zahllosen Gänge, ich bin so glücklich darüber, dass ich den Wagen schieben kann. Wir gehen auch in die Obst- und Gemüse-Abteilung. Als ich eine mir bekannte Frucht sehe, schreie ich laut und aufgeregt: „Mango, Mango!"

„Willst du eine?"

Ich nicke und nehme eine von dem großen Stapel. Jedoch ist diese Mango hier nicht so wie ich sie mir vorgestellt habe. „Man kann sie ja gar nicht essen, sie ist klein und ganz hart."

„Ja, sie muss viele Tage liegen, bis sie reif ist." Ich lege sie enttäuscht zurück. Ich wollte doch heute eine Mango essen. Als nächstes gehen wir in die Spielzeugabteilung. Ich bin erstaunt, was es hier alles gibt. Die meisten Dinge kenne ich nicht. Es gibt Bauklötze, Legosteine, Barbies und andere Puppen. „Wir können dir eine Puppe holen, dann hast du was zum Spielen", schlägt meine Mutter vor. In Ghana hatten wir kein Spielzeug, wir haben immer mit Dosen Fußball gespielt oder mit Steinen. Oder wir haben uns *Oware*[47] nachgebaut, eines meiner Lieblingsspiele. Oft haben wir auch so getan als hätten wir eine Familie, die wir bekochen müssten und haben aus

---

47 Ein berühmtes Strategiespiel in Ghana. Die zwei spielenden Personen besitzen jeweils sechs Felder. Es gilt diese zu verteidigen und gleichzeitig die Felder der Gegnerin zu erspielen.

alten Materialien und Steinen eine Feuerstelle nachgebaut und die Dosen als Töpfe verwendet. Hier gibt es richtiges Plastikgeschirr im Miniformat, sogar Spielzeugstaubsauger und Waschmaschinen. Mein Opa hält eine Puppe hoch mit langen blonden Haaren und blauen Augen.

„Warum sind das alles *Obronis*-Puppen? Warum gibt es hier keine mit dunkler Haut?", frage ich. „Das haben wir uns auch schon so manches Mal gefragt", antwortet meine Mutter. „Das Land ist noch nicht so weit für Puppen mit dunkler Haut." Wir laufen gemeinsam die ganze Seite ab und betrachten das große Sortiment. „Hier, die ist dunkelhäutig", ruft meine Mutter plötzlich und reicht mir eine Barbiepuppe mit dunklen Haaren und einem etwas dunkleren Gesicht. „Was ist denn das? Das soll eine Puppe sein? Die ist ja ganz dünn. Bricht sie nicht durch, wenn ich mit ihr spielen will?", frage ich lachend.

Auch meine Mutter lacht. „Darf ich doch lieber eine große Puppe haben?"

Wir suchen weiter, finden aber keine mit dunkler Haut. Stattdessen kaufen wir eine hellhäutige mit braunen Haaren. Dazu noch Waschmaschine, Bügelbrett und Bügeleisen. Alles im Miniformat und aus Plastik.

***

Wir gehen jeden Sonntag in die Kirche, sie befindet sich im Stadtteil Wandsbek. Der Gottesdienst beginnt erst am Nachmittag, vorher müssen wir uns alle schick machen und alle Kleider bügeln. Meine Mutter trägt immer etwas Ghanaisches, ich meistens ein schlichtes Kleid oder Rock mit Bluse. Wenn es zu kalt ist, Hose und Pulli. Opa trägt immer Hosen mit bunten Hemden. Er hat keine Wahl, er kann ja schlecht auch einen Rock anziehen. In der Gemeinde sind fast nur Afrika-stämmige Menschen, die meisten aus Ghana. Die Pastorin ist eine Deutsche. Das finde ich anfangs komisch. Sie predigt auf Englisch und ein Ghanaer übersetzt auf *Twi*. Es wird viel gesungen, getanzt und in *Zungen geredet*. Ich weiß nicht, was das bedeutet und warum sie es tun. Als ich meine Mutter frage, antwortet sie: „Der Geist Gottes hat sie ergriffen. Sie sprechen nicht mehr unsere Sprache, sondern seine." Komische Sprache, denke ich. *Aklaba shitomosa milodrimose*, oder so ähnlich. Klingt nicht wirklich nach einer Sprache. Warum ergreift der Geist Gottes denn nur die Erwachsenen? Keines der Kinder redet in Zungen. Einige Erwachsene auch nicht. Die Menschen schütteln sich heftig, wenn sie ergriffen werden und schreien laut. Mir ist das alles zu merkwürdig und ich bin froh, wenn es vorbei ist. Die jüngeren Kinder können nach dem *Worship*[48] und vor der Predigt in die verschiedenen Kindergottesdienstgruppen nach unten gehen. Anfangs traue ich mich nicht, ich kenne doch niemanden. Deshalb bleibe ich bei Nana und Maame. Eines Tages will ich aber doch mit. Ein Mann fragt mich nach meinem Alter, damit er weiß, in welche Gruppe ich gehen kann. Ich schaue meine Mutter an, die daraufhin antwortet: „Sie ist sieben." Wieder werde ich jünger gemacht. Ich hätte gern gewusst, warum.

Wenn ich bei meiner Ankunft noch glaubte, dass es in Deutschland doch nicht so kalt ist wie gedacht, so sollte mich der Jahreszeitenwechsel schnell eines Besseren belehren. Mittlerweile ist es richtig kalt geworden. Ich habe das Gefühl, es wird Tag für Tag kälter. Ich muss viel mehr Kleidung anziehen. Es ist schrecklich. Jetzt langsam verstehe ich, was die Leute in Ghana gemeint haben, als sie mich vor der Kälte warnten. „Der Sommer ist jetzt fast vorbei", erklärt mir mein Großvater.

„Und was kommt dann?"

„Es wird langsam Herbst. Er ist kälter und regnerisch."

„Ja. Und die Bäume färben ihre Blätter. Warum ist es so?"

„Die Blätter verlieren zuerst ihr Chlorophyll. Das ist der grüne Farbstoff. Wenn der Herbst da ist, fallen sie runter, dann kommt der Winter, der noch kälter ist."

„Noch kälter? Kälter als jetzt?"

Nana nickt. „Noch viel kälter. Aber nach dem Winter kommt der Frühling. Er bringt wieder die Sonne und ein bisschen mehr Wärme mit, die Pflanzen fangen wieder an zu wachsen und zu blühen."

„Aber warum ist es so anders als bei uns? Wir haben nur Regenzeit und Trockenzeit."

„Gott hat es so gemacht. Wir wissen nicht warum. Der Mensch kann es nicht beeinflussen." „Hmm." Ich finde das alles mehr als sonderbar.

„Das kann ich mir nicht merken. Regen- und Trockenzeit ist einfacher", stelle ich fest.

„Das ist leicht, das Jahr hat zwölf Monate, drei davon sind Frühling, drei sind Sommer, drei sind Herbst und drei sind Winter", erklärt Opa „Es

---

48 Der Teil unseres Gottesdienstes, in dem gesungen und Gott im Gebet gepriesen wurde.

sind immer die gleichen Monate. Irgendwann weiß man das. So schwer ist es nicht."

Ich frage noch viele Sachen nach, zum Beispiel warum es denn nicht stark regnet wie bei uns und dann wieder aufhört. Stattdessen regnet es in Hamburg ständig. Aber immer nur ein bisschen. Gefühlt regnet es jeden zweiten Tag. Die Antwort meines Großvaters auf viele meiner Fragen lautet immer gleich: Gott hat es so gemacht. Wir müssen es so hinnehmen. Er wollte nicht, dass wir Menschen gleich sind und hat uns deshalb unterschiedlich gemacht. Er wollte nicht, dass die Länder und Kontinente gleich sind und hat auch sie verschieden gemacht. Zum Schluss jeder Erläuterung sagt Opa immer: „Und es ist gut so, dass es so ist, Ama. Er hat es gut gemacht." Als ich heute Abend im Bett liege, denke ich über Nanas Worte nach. Es ist wohl wirklich gut so, dass Gott nicht alles gleich gemacht hat. Sonst hätten wir nicht in ein anderes Land gehen können. Wenn wir überall so wenig Geld und Essen haben würden, hätten wir in Ghana bleiben müssen. Und wenn er die Menschen hätte gleich machen wollen, wären sie dann alle schwarz oder alle weiß oder eine der vielen Hautfarben dazwischen? Wahrscheinlich hatte Gott sich nicht entscheiden können wie der Mensch genau aussehen sollte. Also hat er alle Menschen und das Wetter verschieden gemacht.

✳ ✳ ✳

Unter der Woche gehen viele Kinder aus unserem Haus morgens in die Schule. Die Glücklichen. Ich will auch. Ich will endlich in die Schule! Opa hatte gesagt, wenn ich in Deutschland bin, kann ich immer in die Schule und kann so viel lernen wie ich möchte. Nun bin ich schon mehrere Wochen hier und darf wieder nur zusehen wie andere Kinder jeden Morgen in die Schule gehen. Das ist schlimmer als in Ghana. Als ich Nana wieder damit nerve, beruhigt er mich und sagt, dass ich auch bald hingehen werde. Sie müssen erst eine Schule für mich suchen.

„Das verstehe ich nicht. Warum musst du denn eine Schule suchen? In Billstedt gibt es doch ganz viele Schulen, ich kann da doch einfach hingehen."

„*Dabi*, Ama, so geht das hier nicht. Man muss erst mal bei der Behörde gemeldet sein. Dann wird einem eine Schule zugeteilt und bei der muss man sich dann registrieren."

„Das klingt sehr kompliziert. In Ghana kann man einfach zu einer Schule gehen, sich registrieren und fertig."

„Habe noch etwas Geduld. Wir tun alles, damit du bald in die Schule gehen kannst. Wir wollen auch, dass du lernen kannst." Nana streichelt mir über die Schulter.

Meine Mutter verlässt jeden Tag das Haus, weil sie zur Arbeit muss. Sie hat mehrere Jobs. Meistens ist sie Reinigungskraft, manchmal ist sie Nanny in einer Familie. Ab und zu darf ich Maame begleiten und manchmal unterstützt mein Opa meine Mutter bei den Reinigungsarbeiten oder nimmt ihr sogar etwas komplett ab, wenn es zu viel wird. Meistens bleibe ich mit Opa zu Hause, manchmal begleite ich aber Maame zu ihren Jobs. Wir fahren zum Beispiel in die Nähe wo Frau Pahlis wohnt, um dort im Hause einer Familie sauberzumachen. Frau Pahlis ist eine Freundin von Nana Yeboah, sie ist eine hellhäutige Deutsche und viel älter als er. An anderen Tagen putzen wir in verschiedenen Arztpraxen oder bei anderen Familien. Oft helfe ich meiner Mutter beim Putzen. Arztpraxen zu reinigen finde ich in Ordnung. Ich blättere auch gern in den Zeitschriften und schaue mir die Bilder an, die meistens Menschen zeigen. Mir fällt auf, dass sie alle hellhäutig sind.

Außerdem finde ich es merkwürdig wie viele Dekorationsgegenstände überall herum stehen. Absolute Staubfänger. Am Schlimmsten sind aber die Toiletten. Mich schüttelt es, wenn ich die Toiletten von anderen sauber machen muss. Ich frage mich wie meine Mutter es schafft. Sie verzieht nicht mal eine Miene.

„Warum machst du nicht nur Arztpraxen sauber, Mama?", frage ich sie eines Tages, nachdem wir das Haus einer Familie verlassen. „Sie sind doch von Anfang an viel sauberer und es steht nicht so viel herum."

„An die Arztpraxen kommt man nicht so einfach ran. Bei den Familien schon", sagt sie nur kurz. Wieso es so ist, erfahre ich nicht. Wenn ich groß bin, werde ich nicht die Wohnungen von anderen Menschen putzen, das nehme ich mir fest vor. Ich werde ganz bestimmt nicht eine Putzkraft. Ganz bestimmt nicht. Die *Obronis* können mal selbst ihre Häuser und Praxen putzen! Ich werde irgendwas Anderes machen. Was, weiß ich aber noch nicht.

Meine Mutter arbeitet ganz schön viel, rackern würde ich sagen, wenn ich das Wort schon kennen würde. Aber es ist nicht so, dass wir in Saus und Braus leben würden. Es sind Augenblicke wie diese, in denen ich daran denke, dass alle meine Freunde in Ghana und die Pramso-Kinder mich beneiden, weil ich nach *Abrokyire* geholt wurde. Sie denken, ich lebe im Paradies und Geld wächst hier auf Bäumen. Aber hier gibt es gar nicht so viel Geld wie alle denken. Meine Mutter macht für ein bisschen Geld den Dreck von anderen Menschen weg. Was Opa macht, weiß ich nicht. Es hat irgendetwas mit der Universität zu tun. Wir haben zwar das Nötigste zum Essen, aber wir sind nicht wohlhabend, noch lange nicht. Wenn sie wüssten, wie das Leben hier wirklich ist, wie schwer man sich alles erarbeiten muss, wie schlecht das Wetter ist, wie wenig fröhlich die Menschen hier leben. Wenn sie wüssten, wie man gemieden wird, wenn sie wüssten wie schlecht das Essen hier zum Teil schmeckt. Wenn sie all das wüssten, sie würden mich nicht beneiden. Bestimmt nicht.

Eines Tages fahren mein Großvater und ich allein zu einer Praxis, weil meine Mutter andere Termine hat. Wir haben verabredet, dass wir uns anschließend mit ihr an einem Bahnhof treffen. Als Opa und ich fertig sind, nehmen wir den Zug und fahren zum Hauptbahnhof. In der geschäftigen Wandelhalle gehen wir in die obere Etage um vor dem Eingangsbereich eines Restaurants auf meine Mutter zu warten. Ich spiele die ganze Zeit während Nana oben am Geländer steht und das bunte Treiben beobachtet. Als ich keine Lust mehr habe, allein zu spielen, gehe ich zu ihm. Ich lasse meinen Blick schweifen. Schweigend. Wie mein Opa. Was ich hier sehe, raubt mir den Atem. Ich sehe einen großen Marktplatz, an dem aber nichts verkauft wird. Er ist voller Menschen, die unruhig und hastig hin und her rennen. Ich sehe viele Metallschienen auf denen lange *trains* fahren, deren Türen wie von Geisterhand auf- und zugehen. Ich sehe kleine Häuser und Tonnen auf dem Marktplatz und darüber große bunte Plakate, auf denen *Iduna Nova* oder *Haspa* oder *Karstadt* stehen.

„Opa, Opa", rufe ich aufgeregt und zupfe meinen Großvater am Arm.
„Was ist denn, Ama?" „Opa, erinnerst du dich an den Traum, von dem ich dir erzählt habe?"
Er schaut mich verwundert an. „Welchen Traum meinst du?"
„Der, aus dem ich letztens schreiend aufgewacht bin. Wo Maame mich so lange beruhigen musste." Nana denkt kurz nach. „Meinst du den Traum, den du schon in Ghana so oft hattest und in dem du so lange gefallen bist? Wo alles so wild um dich herum war und du solche Angst hattest?"

„Ja, genau den."

„Was ist denn mit dem?"

„Weißt du noch? Ich hab dir doch erzählt, dass es wie ein Marktplatz war und es solche Metallschienen gab, auf denen komische Fahrzeuge fuhren und so?"

„Ja und was ist damit?"

„Das war gar kein Marktplatz. Ich weiß jetzt, was das alles war!" Ich springe vor Aufregung auf und ab. Mein Opa hält mich am Handgelenk fest.

„Was war es denn, Kleine?"

„Schau. Schau mal runter", sage ich und mache eine große kreisende Handbewegung. „Ich habe von dem hier geträumt."

„Jaaa?" Mein Großvater ist verwundert.

„Ja. Ganz bestimmt. Die langen Schlangen, das sind die Züge. Die Häuschen, das ist das, wo die Leute drin stehen, die die Ansage machen. Weißt du, die die sagen, man soll zurück bleiben. Und die Türen, die automatisch aufgehen, wie von Geisterhand geöffnet sahen sie in meinem Traum aus. Es passt alles zusammen. Es ist genau das gleiche Bild, das ich im Traum immer hatte." Mein Großvater hört sich geduldig alles an. Dann nickt er schließlich. „Ja, es kann sein. Du hast vom Hauptbahnhof geträumt."

„Aber wie kann es sein? Wie kann ich von etwas träumen, das ich gar nicht kenne?"

„Das war vielleicht so eine Art Vision. Du hast vielleicht in die Zukunft gesehen."

„So oft? Immer der gleiche Traum?" Dann fällt mir mein Absturz ein und die sich drehende Spirale. „Opa, ich glaube, von hier oben bin ich immer gefallen. Vielleicht habe ich immer hier gestanden wie wir jetzt und bin dann gefallen. Dann hat sich alles gedreht und ich bin vor Angst aufgewacht. Aber warum bin ich denn gefallen? Warum falle ich immer im Traum, Opa? Was hat das zu bedeuten?"

Mein Großvater scheint darauf keine Antwort zu haben.

Schule in Deutschland ist überhaupt nicht toll!

Nach nur wenigen Wochen in Billstedt steht eine erneute Veränderung bevor: Ein Umzug nach Wilhelmsburg. Meine Mutter und mein Opa finden, dass die Wohnung für uns drei zu klein ist. Sie haben lange nach einer anderen gesucht – wohl schon lange bevor ich in Hamburg angekommen bin – und eine mit drei Zimmern in Wilhelmsburg gefunden. Im Herbst 1989 ziehen wir in den Karl-Arnold-Ring, zweites Obergeschoss. Neben uns wohnt eine alte Frau. Frau Meyer. „Meyer mit y", sagt sie immer. Ich finde es witzig. Ich weiß ja sowieso nicht wie man sonst Meyer schreiben kann. Frau Meyer mit y ist bestimmt 75 Jahre, sagt Nana. Bei uns in Pramso wurden die Menschen meistens gar nicht so alt. Und diese Frau Meyer war dazu auch noch so fit. Frau Meyer ist super.

„Du musst in die Schule", sagt mir eines Tages mein Großvater. Wir stehen gerade in der Küche, meine Mutter ist nicht da. Opa kocht gerade Fisch-Tomaten-Stew mit Reis. Schön scharf und ich freue mich darauf. Eigentlich esse ich immer noch nicht gern Fisch, schon seit Jahren nicht. Aber Opas Fisch-Stew schmeckt mehr nach Tomatensoße, das mag ich gern.

„Siehst du das Gebäude da drüben?" Ich folge mit dem Blick seiner ausgestreckten Hand und sehe einen kleinen Kanal und daneben mehrere Gebäude. „Das ist eine Grundschule, da wirst du hingehen." Einerseits freue ich mich riesig, dass ich hier eine Schule besuchen darf, andererseits habe ich keine Ahnung davon, wie Schulen in Deutschland sind. In Ghana haben Schulen immer Spaß gemacht. Fast immer. Es gibt natürlich Situationen, die den Spaß verdorben haben. Wenn man Blödsinn gemacht hatte und bestraft wurde. Ich erinnere mich an die vielen Tage, an denen ich Schläge einstecken musste. Oder an das „Zwiebeln pflanzen" in anderen Klassen. Ich weiß nicht, ob es so etwas in Deutschland gibt und frage meinen Opa: „Ich habe noch nie gesehen, dass ein Kind hier geschlagen wird. Werden sie in der Schule bestraft, wenn sie etwas falsch machen?" „Du meinst mit Schlägen?" Ich nicke und bin gespannt auf die Antwort.

„In Deutschland ist es verboten. Es wurde auch mal gemacht, aber seit vielen vielen Jahren ist es verboten."

„In Ghana wird es immer noch gemacht", sage ich leise.

„Ich weiß. Und das ist nicht gut."

„Gibt es denn hier andere Strafen für Kinder?"

„Na ja, ich bin kein Lehrer, aber wenn ein Kind wirklich Mist baut und den Unterricht stört, wird es bestimmt auch hier bestraft. Manchmal wird es dann bestimmt aus der Klasse geschickt."

„Und dann?"

„Nichts dann. Es wird einfach nach draußen geschickt, damit es nicht stört."

„Es muss also nichts machen? Nur warten?"

„Wahrscheinlich ja", antwortet mein Großvater und scheint selber über den Sinn und Unsinn dieser Maßnahme nachzudenken.

„Dann kann die Schule nicht so schlimm sein. Dann will ich gern zur Schule gehen."

„Nicht so schnell, junge Dame", lacht der alte Mann. „Erst mal muss ich hingehen und ein paar Dinge fragen und dich anmelden. Du kannst da nicht einfach hingehen."

„Wie viel Geld kostet die Schule hier?", möchte ich wissen und habe die Vorstellung, dass sie viel teurer sein muss als in Ghana, weil meine Mutter ständig schimpft, dass alles so teuer ist. „Für die Schule muss man hier nichts bezahlen."

„Nein?"

„Nein, die Regierung zahlt alles." Ich frage nicht, wer oder was die Regierung ist. Das scheint etwas Kompliziertes zu sein. Allein das Wort schon. Stattdessen will ich wissen, wann ich denn nun in die Schule kann.

„Bald", sagt Opa nur, „sehr bald."

Es dauert tatsächlich nur wenige Tage, dann steht mein erster Schultag in Deutschland bevor. Ich muss früh aufstehen, aber nicht so früh wie in Ghana. Der Unterricht beginnt um acht Uhr und Opa hat mir gesagt, dass ich 7:45 Uhr aus dem Haus gehen soll. Da meine Mutter meist vor mir das Haus verlässt, passt Opa auf, dass alles in Ordnung ist. Ich merke sehr schnell, dass es ihm nicht gut geht. Schon seit einigen Wochen hat er immer wieder Schmerzen und ist zwischendurch immer wieder für einige Tage weg. An meinem ersten Schultag drückt er mir eine Box in die Hand. „Was ist da drin?", will ich wissen. „Brot für zwischendurch. In der Pause kriegst du bestimmt Hunger, dann kannst du es essen." Ich bin verwundert. In Ghana hatte ich nie so etwas wie eine Lunchbox bekommen. Man konnte sich was kaufen, wenn man Geld hatte. In der Nähe des Schulgeländes gab es Frauen, die in einer offenen Küche verschiedene Speisen anboten. Man konnte *Fried rice*[49] oder *Jollof rice*, *Bofrot* oder *Gari* kaufen.

---

49 Ein Reisgericht, bei dem der gekochte Reis zusammen mit anderen Zutaten (Eiern, Fleisch, Gemüse etc.) in der Pfanne gebraten wird.

Ich öffne die Dose, schaue hinein und verziehe das Gesicht. In der Box liegt dieses graue Brot, das meine Mutter immer isst und das sie mir mehrmals angeboten hat. Es schmeckt nach nichts. In Ghana ist Brot immer weich und süß. Hier ist es grau, hart und man muss erst etwas drauf machen, damit es nach was schmeckt. „Äh, ich komme schon ohne Essen aus."

„Da ist Margarine und Käse drauf." Opa versucht es mir schmackhaft zu machen. Aber ich winke ab.

„Margarine mag ich nicht, und Käse noch weniger."

„Das essen aber alle hier. Etwas anderes kann ich dir jetzt so schnell nicht mitgeben."

„Macht gar nichts, ich brauche nichts." Ich habe in Ghana so oft den ganzen Tag bis zum Abend nichts zu essen gehabt, da werde ich es ja wohl hier ein paar Stunden aushalten. Aber das sage ich nicht laut.

„Komm, nimm es trotzdem mit." Nana hält mir die Box und eine Trinkflasche hin. Ich tue ihm den Gefallen.

„Hey, warte, ich komme mit", schreit er hinter mir her.

„Wieso denn? Die Schule ist doch gleich da drüben, das kurze Stück schaffe ich ja wohl auch alleine."

„Es ist doch dein erster Schultag, da bring ich dich hin.

„Brauchst du nicht", rufe ich und schlage schnell die Tür hinter mir zu, noch bevor er widersprechen kann. Das Schulgelände kenne ich, weil ich Opa begleitet habe bei der Anmeldung. Der Schuldirektor hatte mir meinen Klassenraum gezeigt und meine Klassenlehrerin, Frau Wielke, kenne ich auch bereits. Zügig laufe ich voller Vorfreude zum Schulgelände. Am Eingang zum Schulhof bleibe ich stehen. Wie wohl meine Klassenkamerad*innen sein werden? Ich bete schnell, dass alles gut gehen möge und laufe dann in meine Klasse.

Schule ist alles andere als toll und macht auch überhaupt keinen Spaß. Ich bin in der ersten Klasse, obwohl ich viel größer und älter bin als alle anderen Kinder. Woher ich das weiß? Das sieht man doch. Und das hört man. Obwohl ich laut Opas Aussage wegen jahrelanger Mangelernährung sehr klein für mein Alter bin, überrage ich meine Klassenkamerad*innen um mindestens einen halben Kopf. Meine Stimme klingt auch anders als deren piepsige Stimmen. Überhaupt fällt mir auf, dass die Stimmen von weißen Leuten meist höher sind als die, die ich gewohnt bin. Zumindest nehmen meine Ohren das so wahr, vielleicht stimmt das aber auch gar nicht und die Tonlage und ihre Art zu sprechen war einfach nur ungewohnt.

Ich verstehe viele Dinge nicht, die wir im Unterricht machen sollen, auch die Lehrerin verstehe ich nicht. Manchmal kommt Frau Wielke an meinen Tisch und versucht mir etwas zu erklären. Am Ende habe ich meistens immer noch nicht verstanden, was sie von mir will. Nur Mathe, das kann ich gut. Das ist so einfach, was die da machen, dass ich mich zu Tode langweile. Ich frage oft, ob ich nicht andere Aufgaben kriegen kann. Manchmal gibt Frau Wielke mir ein paar neue Arbeitsblätter und sagt: „Das machen die Schüler in Klasse zwei und drei. Versuche es mal." Das einzige, was mich nervt ist, dass Frau Wielke mich zwingt, anders zu rechnen. Ich verstehe ihre Rechenwege manchmal nicht, aber ich komme zu den gleichen Ergebnissen wie sie. Warum kann sie mich nicht einfach so rechnen lassen wie ich es in Ghana gelernt habe?

Im Sportunterricht lachen mich die Jungs aus, weil sie schon durch mein T-Shirt sehen können, dass ich erste Brustansätze entwickelt habe. Auch einige Mädchen machen mit. Einmal habe ich einen Jungen geschlagen, weil er nicht aufgehört hat als ich ‚Stopp' gesagt habe. Björn ist daraufhin zu Frau Wielke gelaufen und die war ziemlich sauer auf mich. *Stopp.* Ich soll Stopp sagen, wenn mir etwas nicht passt, sagte sie. So etwas kannte ich in Ghana nicht. Hier sagt man Stopp, wenn jemand etwas macht, was man nicht will. Aber das bringt meistens gar nichts. Wofür gibt es denn Regeln, wenn sich keine*r daran hält? Das fällt mir in vielen Situationen auf. Die vielen Regeln, an die sich in der Schule viele nicht halten. Die Kinder sagen sogar: „Regeln sind dazu da um gebrochen zu werden." Mit dieser Einstellung wäre ich in Ghana nur in Schwierigkeiten gekommen oder aber in gar keine Schule. Weil ich nämlich aus der Klasse geschmissen worden wäre. Aber hier ist es egal. Man redet im Unterricht ohne sich zu melden? Egal. Man steht mitten im Unterricht auf und läuft zu seiner Freundin? Egal. Man fängt mitten im Unterricht an zu essen oder zu trinken? Egal. Na ja, ganz egal ist es vielleicht nicht. Meistens sagen die Lehrer*innen was. „Setz dich bitte hin" oder „Pack deine Flasche weg" oder so etwas. Aber wenn man das nicht macht, passiert meistens nichts. Dann sagen sie es nochmal. Vielleicht werden sie etwas ärgerlicher. Aber das ist für das Kind ja nicht so schlimm. Einmal muss eine Schülerin in eine Ecke gehen und sich mit dem Gesicht zur Wand stellen. Ich fasse es nicht. Was soll denn das für eine Strafe sein? Sich in die Ecke stellen. Und dann? Passiert ist danach nichts. Denn nach einigen Minuten kann sie sich wieder hinsetzen. Überhaupt habe ich das Gefühl, dass die Lehrer*innen an meiner neuen Schule ziemlich schwach sind. Sie drohen ständig mit irgendwelchen Strafen, aber die bleiben meistens aus. Und sie diskutieren ewig lange mit den Schüler*innen. Sie erklären einmal und nochmal und nochmal. Man muss nicht jedes Wort begreifen um zu verstehen, dass sie immer das Gleiche sagen. Immer wieder das Gleiche. Das Verhalten der Schüler*innen wird dadurch aber nicht besser. Außerdem ist es laut in der Klasse. Einige Kinder reden einfach wann sie wollen. Wenn wir still arbeiten sollen, tun sie das nicht. Das nervt. Und die Lehrer*innen machen nicht viel dagegen.

Einmal bin ich richtig verwundert. Ein Lehrer sagt zu einem Mädchen, das ständig Kaugummi kaut, dass er ihre Eltern anrufen wird. Was haben denn ihre Eltern damit zu tun?

„Wenn du nicht sofort aufhörst, rufen wir deine Eltern an und laden sie in die Schule ein.", droht er. Eltern in die Schule einladen? Davon habe ich noch nie gehört. Wozu soll das gut sein?

Also, nein. Schule macht kein bisschen Spaß. Wirklich kein bisschen, dabei hatte ich mich so darauf gefreut. Aber ständig werde ich wegen irgendwas ausgelacht. Entweder weil ich mit meinen kurzen Haaren wie ein Junge aussehe, weil mein Hintern groß ist oder weil ich ein Neger bin. So beschimpfen sie mich. Neger. Björn ist immer der Erste, der anfängt. Er findet aber immer ein paar Jungen, die mitmachen. Sie zeigen mit dem Finger auf mich und lachen und schreien „Du Scheiß-Neger." Anfangs weiß ich gar nicht, was das bedeutet. Als ich meine Mutter frage, ist sie empört: „Wer sagt das zu dir?"

„Einige in der Schule. Sie laufen immer in der Pause hinter mir her und rufen mich laut damit", berichte ich. Wir sprechen *Twi* zu Hause. Meine Muttersprache.

„Das dürfen sie nicht. Neger ist ein Schimpfwort, das sie immer für die Schwarzen benutzt haben, um uns schlecht zu machen. Sie dürfen dich so nicht nennen."

Als Björn und Ibrahim an einem anderen Tag hinter mir herlaufen und mich wieder mit Neger beschimpfen und Du-fickst-deinen-Vater rufen kehre ich das Spiel dieses Mal um. Als ich Björn erwische, schlage ich auf ihn ein. Er versucht sich zu wehren, aber ich bin stärker. Ich sehe gar nicht,

dass sich eine Traube von Kindern um uns bildet, die uns laut anfeuern. Ich schlage und trete ihn bis er aus der Nase blutet und sein Gesicht mit seinen Händen bedeckt. Plötzlich werde ich von hinten zu Boden gerissen. Ein Lehrer. Ich kenne ihn nicht. Aber er sieht böse aus.

„Was ist denn hier los?", schimpft er. Frau Wielke steht jetzt ebenfalls vor mir, neben ihr Ibrahim, der mich schadenfroh angrinst und mir die Zunge herausstreckt. „Gleich du bist dran."

„Keine*r ist hier gleich dran", schreit mich meine Lehrerin an. „Wie kommst du dazu, die Kinder zu schlagen."

„Sie rufen Neger, Neger, die ganze Zeit", verteidige ich mich. Auf Deutsch.

„Du darfst sie trotzdem nicht schlagen, Gloria. Du bist doch hier nicht in Afrika. Das ist hier verboten", sagt der Lehrer. Ich versuche zu erklären, dass sie mich die ganze Zeit auslachen und tyrannisieren. Aber es hilft alles nichts.

„Sie sind doch alle kleiner als du. Siehst du das nicht?", schreit Frau Wielke mich an.

„Wenn ich größer als sie, sie mich respektieren müssen. Sie nicht tun." Frau Wielke antwortet nur mit einem Kopfschütteln.

Es bleibt nicht die einzige Situation, in der ich ausgelacht, angespuckt oder geschlagen werde. Wann immer es geht, wehre ich mich. Mit Fäusten. Aber das alles erzähle ich zu Hause nicht. Denn wir haben andere Probleme. Opa ist krank. Ständig muss er ins Krankenhaus. Maame macht sich große Sorgen und dazu arbeitet sie noch viel. Mehr als vorher, habe ich das Gefühl. Sie ist ständig müde und erschöpft. Sie schreit mich oft an. Ich mag ihr nicht von der Schule und meinen Problemen erzählen. Was hätte es denn auch geholfen? Ich weiß, dass ich alleine damit klar kommen muss. In Ghana war es ja auch so. Du musst deine Probleme selbst lösen. Das kann niemand für dich tun.

Trotz der ganzen Schwierigkeiten lerne ich sehr schnell Deutsch und komme immer besser in der Schule mit. Ich finde auch meine erste Freundin, Betty. Sie geht in meine Parallelklasse und kommt auch aus Ghana. Wir verstehen uns auf Anhieb. Ich gehe nach der Schule oft mit zu ihr. Sie hat noch Geschwister, die aber selten zu Hause sind. Auch ihre Mutter habe ich noch nie gesehen, immer ist nur ihr Vater da. Betty ist schon etwas länger in Deutschland, versteht aber noch weniger Deutsch als ich und ist in der Schule auch viel schlechter. Aber Betty lernt auch nicht gern. Sie findet Schule einfach nur doof.

„Es ist alles so schwer, ich kann es einfach nicht."

„Nein, so schwer ist es nicht. Mathe ist ganz einfach. Und wenn wir die Sprache besser können, wird es auch in den anderen Fächern besser."

Inzwischen bin ich in der zweiten Klasse. Nach weniger als vier Monaten durfte ich überspringen. Im Kunstunterricht sollen wir ein Bild malen, das Thema habe ich vergessen. Ich finde das komisch, in Ghana haben wir im Unterricht nie Bilder gemalt. Ich kann auch überhaupt nicht malen. Aber unsere Kunstlehrerin, die gleichzeitig unsere Klassenlehrerin ist, hat viele Filzstifte auf den Tischen bereitgestellt.

„Kannst du mir mal bitte einen Stift geben?", fragt mich meine Sitznachbarin Manuela. Die Stifte stehen näher bei mir.

„Welchen denn?"

„Den hautfarbenen."

„Was für einen Stift?", ich habe sie nicht richtig verstanden.

„Na, den hautfarbenen Stift. Der, der fast die gleiche Farbe hat wie die Haut."

Ich greife in das Glas und gebe ihr einen Stift. Sie schaut mich irritiert an.

„Du bist ja völlig blöd", sagt sie.

„Wieso?"

„Du sollst mir Hautfarbe geben."

„Hab ich doch!"

Sie dreht sich zu ihrem anderen Sitznachbarn um und sagt: „Die ist ja völlig bescheuert. Sie weiß nicht mal, was Hautfarbe ist." Sie hält ihm den Stift entgegen.

„Ja, aber das ist doch braun", sagt Hannes. Sie lachen nun beide über mich.

„Ich sag doch, die ist voll bescheuert", wiederholt Manuela.

„Selbst bescheuert du", sage ich. „Ich dir Hautfarbe gegeben."

„Das ist doch keine Hautfarbe. Hautfarbe sieht doch ganz anders aus."

„Deine vielleicht", sage ich. „Meine ist so."

Mutterseelenallein

Als ich vom Spielen eines Tages mit Betty nach Hause komme, ist Opa unten im Keller und sucht etwas. Er holt eine Kiste mit allerlei Dingen raus und bringt sie in die Wohnung.

„Was ist in der Box drin, Opa?" Opa, das Wort hatte ich inzwischen auf Deutsch gelernt.

„Dekorationssachen."

„Was ist das?"

„Sachen, die man hinstellt, damit ein Raum schöner aussieht."

Im nächsten Augenblick hält er etwas hoch.

„Das ist ein Lichtbogen, Ama", erklärt Opa.

„Wofür ist das gut?" Er gibt mir keine Antwort, sondern zeigt es mir. Er geht zur Steckdose und steckt das Kabel rein. Die Glaskugeln leuchten wie Kerzen. Er stellt das Ding auf die Fensterbank. Danach holt er etwas raus, dass er Lichterkette nennt. Bald leuchtet unsere ganze Wohnung.

„Es ist Weihnachtszeit, Gloria". Manchmal nennt er mich Gloria, manchmal Ama. Es ist so als könne er sich nicht entscheiden.

„Zur Weihnachtszeit dekoriert man seine Wohnung mit Lichtern."

„Warum denn? Es gibt doch genug Licht an der Decke."

„Ich denke, die Menschen vermissen hier die Sonne, die bei uns zum Beispiel für Licht und Wärme sorgt. Durch die Dekoration möchte man sich alles gemütlicher und wärmer gestalten", sagt meine Mama.

Das leuchtet mir ein. Aber das Bogending finde ich trotzdem hässlich. Auch die Lichterkette und die anderen Sachen finde ich nicht schön. Das einzige, was einigermaßen passabel aussieht, ist ein großer Stern, der in einem Gelbton leuchtet.

„Opa, was ist Weihnachtszeit?"

„Weihnachten ist bald. Dann wirst du es erfahren."

„Komm, ich zeige dir etwas", sagt Maame. „Zieh dich schnell an!" Es ist schon dunkel. Wir spazieren in unserer Straße die Häuserblöcke entlang. Meine Mutter schaut immer wieder nach oben und sagt: „Schau da!" Erst da fällt es mir auf. In vielen Fenstern sind Dekorationslichter oder ein Lichterbogen. Auch Lichterketten, die in verschiedenen Farben blinken.

„Ich habe noch nie so etwas gesehen", stelle ich fest.

Bald war wirklich Weihnachten. Normalerweise wenn Opa *bald* sagt, dauert es noch eine Weile. Dieses Mal war bald wirklich bald. Nach nur drei Tagen war *bald* schon angekommen. Aber noch etwas ist da: der Winter. Das, wovor meine ganze Familie und alle Bekannten in Ghana mich gewarnt haben. Die Kälte. Sie kommt schleichend. Immer mehr muss ich anziehen, immer dickere Sachen. Dann aber friere ich nur noch, egal, was ich anhabe. Ich mag die Kälte nicht. Es ist viel schlimmer als alle gesagt haben.

Opa hat inzwischen noch etwas aus dem Keller geholt, das aussieht wie ein Baum. Aber ein kleiner.

„Was ist das?"

„Das ist ein Weihnachtsbaum."

„Aber es fühlt sich nicht so an."

„Es ist nicht lebendig."

„Das verstehe ich nicht."

„Gloria, es ist nicht echt. Es ist aus Plastik."

„Wer kauft denn einen Baum aus Plastik?", frage ich erstaunt.

„Na, siehst du doch. Wir!"

Später erfahre ich, was es mit dem Weihnachtsbaum auf sich hat. Opa erzählt mir, dass die Bäume normalerweise jedes Jahr gepflanzt werden. Fichte oder so ähnlich heißen sie. Kurz vor Weihnachten kaufen die Leute dann die Bäume und schmücken sie mit Kugeln, Sternen und dergleichen. Viele Leute nehmen auch echte Kerzen. Das findet Opa aber gefährlich. Denn wenn die Kerzen abbrennen und man passt nicht auf, kann der ganze Baum abbrennen oder sogar das ganze Haus.

„Es gibt schon mal Wohnungen und Häuser, die wegen einem Weihnachtsbaum plötzlich in Brand standen. Nach jedem Weihnachtsfest gibt es solche Zeitungsberichte."

Das ist aber nicht der einzige Grund für Opas Plastikbaum. Er findet es ganz einfach nicht richtig, dass Millionen Bäume nur für wenige Tage genutzt und hinterher wieder entsorgt werden. Das leuchtet mir total ein. Das finde ich auch nicht gut. Den Kunstbaum finde ich aber in dem Augenblick schlimmer. Der ist einfach nur hässlich. Dann doch lieber gar keinen Baum. Das sage ich Opa aber nicht.

Mein erstes Weihnachtsfest in *Gyaamani* ist schön. Als Nana sagt, dass Weihnachten Jesus Geburt gefeiert wird, erinnere ich mich daran, dass ich Weihnachten doch auch aus Ghana kenne. Aber da wurden keine Bäume hingestellt und geschmückt. Man war war einfach nur mit der Familie zusammen und hat sich *Afehyia pa!*[50] gesagt. In Ghana wie in Deutschland ist Weihnachten in jedem Falle ein Familienfest. Wir machen uns schick, gehen in die Kirche und essen zusammen, als wir zurückkommen. Mama hat gekocht und es duftet in der ganzen Wohnung. Nach dem Essen überreicht Maame mir etwas. Es ist in buntes Papier eingepackt.

„Ein Geschenk", sagt Opa. Ich kriege zum ersten Mal in meinem Leben ein Weihnachtsgeschenk. Ich meine richtige Geschenke, nicht nur ein Bonbon oder so. Das finde ich toll. Ich habe nichts für die beiden. Ich wusste ja nicht, dass man sich Geschenke macht. Und ich hätte sowieso kein Geld gehabt. Von Basteln hatte ich damals noch nichts gehört. Und gekonnt hätte ich es bestimmt auch nicht, ich hatte es schließlich nicht gelernt.

✳ ✳ ✳

Das war das erste und letzte Weihnachtsfest mit meiner Mutter. Nun ist sie weg. Sie ist einfach weg und hat mich hier allein gelassen. Als ich eines Tages aus der Schule komme, ist sie nicht mehr da. Vor einigen Tagen hatte sie mir erklärt, dass sie weggehen würde. „Ich muss zurück nach Ghana", hatte sie gesagt. Ich hatte nicht verstanden warum. Und wann, hatte sie auch nicht gesagt.

„Ich komme aber wieder. Ganz bald", hatte sie nur hinzugefügt. „Ich werde alles tun, um so schnell wie möglich wieder hier zu sein. Es wird nicht lange dauern", versprach sie.

Sie hat sich nicht einmal richtig verabschiedet. Erst Monate später erfahre ich, dass sie wahrscheinlich abgeschoben worden war. Ich verstehe es aber nicht. Ich verstehe nicht, warum man eine Erlaubnis braucht, um irgendwo leben zu dürfen. Ich bin so traurig, und auch fassungslos. Ich will, dass meine Mutter zurückkommt. Ich bin doch nur ihretwegen überhaupt hergekommen. Jetzt bin ich seit wenigen Monaten hier und sie ist weg. Was soll ich denn hier ohne sie? Ich will doch bei ihr sein. Doch stattdessen muss ich jetzt in den Kindergarten, wo ich nicht sein will. Opa ist oft krank und im Krankenhaus. Wenn er dort ist, kann er nicht auf mich aufpassen. Auch wenn er nicht im Krankenhaus ist, kann er ebenso wenig auf mich aufpassen. Also muss ich jetzt jeden Tag nach der Schule in den Kindergarten, wo ich Mittagessen bekomme, Hausaufgaben machen soll und erst am späten

---

50 Im übertragenen Sinne: Fröhliche Weihnachten.

Nachmittag nach Hause gehen kann. Im Kindergarten spielt niemand mit mir. Ich spreche die Sprache nicht gut. Die anderen Kinder können oder wollen sich nicht mit mir unterhalten. Manchmal versucht es jemand, aber dann geht die Person wieder weg. Es ist zu anstrengend. Ich will nicht hier sein, aber ich muss. Deshalb sitze ich die meiste Zeit in einer Ecke und höre mir Kassetten an. Sie haben viele Audio-Kassetten mit Geschichten, zum Beispiel *Freddy, der Esel*. Am Anfang verstehe ich die Inhalte der Hörspiele nicht mal. Aber nach wenigen Wochen kenne ich alle Folgen auswendig. Am Ende hilft Freddy mir sogar dabei Deutsch zu lernen.

Ich habe in Deutschland noch nie ein Krankenhaus gesehen, auch in Ghana war ich nur einmal in einem Krankenhaus als ich ungefähr fünf war. Ich erinnere mich an die Menschenmassen, die überall darauf warteten, behandelt zu werden oder wackelige Metallbetten, in denen kranke Menschen lagen. Das Unvergesslichste sind aber die Gerüche: eine stechende Mischung aus übel riechenden vereiterten Wunden, starkem Schweiß von zu vielen Menschen und etwas Essigartigem. Der Gestank bereitete mir Übelkeit.

Als ich im Juni 1990 das erste Mal ein deutsches Krankenhaus von innen sehe, bin ich völlig überrascht. Alle tragen weiße Kleidung, sogar die Schuhe sind weiß. Es riecht nicht nach Wunden oder Schweiß. Aber ein komisches Gefühl kriege ich trotzdem im Magen. Das kommt zum einen von diesem essigartigem Geruch, der auch hier allgegenwärtig ist. Und zum anderen von der unglaublichen Größe des Krankenhauses. Ich habe gleich das Gefühl, mich zu verlaufen. Hier ein Gang, da eine Abzweigung, an der Seite ein schmaler Flur und überall Leute, die geschäftig hin- und herlaufen. Dazu noch zuknallende Türen. Es ist ein Ohren betäubender Lärm, der mir große Angst macht. Am liebsten möchte ich mich umdrehen und wieder raus laufen. Aber mein Großvater liegt hier. Ich habe ihn seit Tagen nicht mehr gesehen, heute darf ich ihn besuchen. Frau Pahlis unterstützt ihn schon lange und holt mich heute ab. Ich weiß nicht, warum Nana Yeboah im Krankenhaus liegt. Ich kriege immer nur die Antwort „Er ist krank" und nehme an, dass man gar nicht weiß, was er hat.

Wir gehen gemeinsam zu einem riesengroßen Fahrstuhl. Ich habe ein bisschen Angst vor Fahrstühlen, weil ich sie nicht kenne und denke, sie würden irgendwo in großer Höhe stecken bleiben und ich käme nie wieder raus. Je näher wir Nanas Zimmer kommen, desto schneller möchte ich mich umdrehen und weglaufen. Ich weiß nicht, wie krank mein Opa ist und was mich erwartet. Aber die kranken Menschen, die ich aus Ghana kenne, haben immer ganz schlecht ausgesehen. Und meistens habe ich sie kurze Zeit später wieder getroffen, nur dieses Mal waren sie bereits tot.

Ich will den Moment der Begegnung so lange wie möglich hinauszögern und gehe nur sehr langsam auf die Zimmertür zu. Als wir schließlich sein Patientenzimmer betreten, bin ich perplex. „Wow", entfährt es mir. Auch das Zimmer ist riesengroß. Jeder hat hier sogar seinen eigenen Schrank. Unglaublich! Auf einer Fensterbank fällt mir ein Blumenstrauß besonders auf, weil er eine große strahlende Sonnenblume in der Mitte hat. Sofort verliebe ich mich in diese Blume, die das ganze Zimmer erhellt und einem das Gefühl gibt, irgendwo im Freien auf einer großen sonnigen Wiese zu sein. Ich kann meinen Blick nicht von dem Strauß abwenden und merke, wie sich mit jeder Sekunde meine Stimmung bessert. Total geflasht von der Sonnenblume bemerke ich nichts von den anderen Menschen im Raum. Erst als ein lautes „Hallo Gloria" erschallt, kehre ich gedanklich wieder ins Krankenhaus zurück. Langsam wandern meine Augen zu dem Bett am Fenster, der Patient schaut schon die ganze Zeit zu mir: mein Großvater. Nana strahlt mich an und winkt mich zu sich. Der Ausdruck in seinem Gesicht ist komisch und unerwartet. Er ist viel zu fröhlich für einen Kranken und er sieht auch gar nicht krank aus. Mir fallen die zwei Nadeln auf, die er im Arm hat und Beutel mit klarer Flüssigkeit, die langsam tropfenweise durch den dünnen Schlauch in seine Venen fließen. Was da wohl drin ist? Es sieht aus wie Wasser, so dünn und hell. Aber Wasser könnte er ja wohl auch trinken.

Langsam gehe ich auf meinen Großvater zu. Er klopft auf die Bettdecke und gibt mir das Zeichen, mich zu ihm zu setzen. Frau Pahlis hat inzwischen einen Stuhl herangezogen. „Ama, *bra me*[51]." Ich rutsche noch ein Stück weiter hoch und falle in seine geöffneten Arme. Ich bin total erleichtert, dass es meinem Großvater nicht so schlecht geht wie ich erwartet hätte. Und ich merke, dass ich ihn ganz schön vermisst habe.

„Es ist alles gut, Gloria. Ich darf bald wieder nach Hause."

„Wirklich?"

„Ja, wirklich."

---

51 Komm zu mir.

Ich glaube ihm nicht. Ich denke er spielt mir was vor. Er soll nicht sehen, dass ich mir Gedanken mache, also stehe ich auf und gehe kurz ins Bad. Als ich ins Zimmer zurückkomme, flüstern Frau Pahlis und Nana Yeboah in einem ernsten Ton miteinander und hören sofort wieder auf, als sie mich sehen. Was ist es, was sie vor mir verbergen wollen? Und warum sagt mir eigentlich niemand, was mein Großvater überhaupt hat?

„Ama, nimm!" Er hält etwas Goldenes in seinen Händen.

„Was ist das?" Es ist etwas Glänzendes in schönem Papier.

„Ein Sahnebonbon. Er wird dir schmecken. Nimm!" Ich öffne langsam das Papier und zum Vorschein kommt ein Bonbon, der fast die gleiche goldene Farbe hat wie das Papier selbst. Ich bin überrascht von der cremigen Süße des Bonbons. Sofort wird eine Erinnerung in mir wach: Ich sehe mich, wie ich hinter unserem Haus in Pramso mit Freunden an der Feuerstelle in einer kleinen Pfanne Bonbons mache, aus Kondensmilch und ein bisschen Zucker. Beides rührten wir in der Pfanne zusammen und während die Masse kalt wurde, formten wir mehrere Bonbons daraus, die wir dann genüsslich lutschten. Dieser Bonbon in meinem Mund schmeckt fast genauso. Ich rieche auf einmal den Duft der karamellisierten Kondensmilch und vergesse für einen Augenblick wo ich bin. Dieser Bonbon hier ist aber viel zarter und süßer als der selbstgemachte in Ghana. Aber man kann ihn nicht so lange lutschen, er löst sich einfach zu schnell im Mund auf. Mein Großvater gibt mir gleich noch einen. Als wir uns eine Stunde später verabschieden, drückt mir Nana Yeboah drei weitere Bonbons in die Hand. Jetzt erst lese ich, dass es *Werther's Echte* sind. Diese Bonbons gehören ab jetzt zu meinen Lieblingsbonbons.

Ich besuche Opa noch einige Male. Jedes Mal kriege ich die sahnigen Bonbons. Später erzählt mir Frau Pahlis, dass Opa auf der Intensivstation liegt. Ich weiß nicht was das ist. Erst viel später erfahre ich, dass dorthin diejenigen Menschen verlegt werden, denen es besonders schlecht geht. Also schlechter als allen anderen? Und was passiert mit ihnen dort? So richtig habe ich wohl nicht verstanden, was eine Intensivstation ist. Außer, dass ich meinen Großvater nicht mehr sehen darf. Keine Besuchs-Kinder, die jünger als 12 sind. Für mich ist das unsinnig. Gerade, wenn es einem Menschen schlecht geht, muss ihn doch seine Familie besuchen dürfen. Es wird ihm doch besser gehen, wenn er seine Familie um sich hat. Warum darf ich nicht zu ihm?!

An einem Dezembertag 1991 gibt es aber eine große Überraschung: Ich darf Nana Yeboah doch besuchen. Wieder holt mich Frau Pahlis ab. Frau Pahlis redet eigentlich gern und viel, aber heute auf dem Weg zum Krankenhaus spricht sie kaum ein Wort. Sie sieht traurig und mitgenommen aus. Das hat bestimmt etwas mit der Intensivstation zu tun, denke ich.

„Deinem Opa ging es die letzten Wochen sehr schlecht, Gloria. Sie nennt mich immer Gloria. „Sehr, sehr schlecht ging es ihm." Deshalb ist er ja auf dieser Station, denke ich. Frau Pahlis dreht sich um und sagt zu mir: „Jetzt geht es ihm aber besser. Er ist heimgeholt worden. Jetzt hat er keine Schmerzen mehr." Meine Gedanken rasen. Heimgeholt worden? In welches Heim denn? Ich verstehe das nicht. Warum ist sie denn so traurig und bedrückt, wenn es Nana Yeboah doch besser geht? Er darf sogar nach Hause? Ist Heim nicht Zuhause? Er darf nach Hause, bedeutet das bestimmt, was Frau Pahlis gesagt hat. Deshalb darf ich ihn besuchen, weil es ihm besser geht. Meine Stimmung hebt sich merklich und ich freue mich darauf, meinen Opa gleich zu sehen.

Als wir das Krankenhaus betreten, müssen wir nicht wie sonst mit dem Fahrstuhl in die obersten Etagen, sondern gehen nur eine Etage hoch. Wir müssen einen langen Flur entlang gehen, an dessen grauen Wänden hier und da mal ein Bild hängt, meistens mit einer Blume darauf. Bestimmt sollen diese Bilder ein bisschen Fröhlichkeit und Farbe in das sonst so triste Krankenhaus bringen. Aber es gelingt nicht, weil die Menschen sich wie Gespenster fortbewegen und zum Großteil auch wie solche aussehen. Das Krankenhaus ist wie ein Labyrinth, geht es mir durch den Kopf. Allein würde ich nicht hierher kommen, ich würde mich bestimmt verlaufen mit meinem schlechten Orientierungssinn.

Die ganze Zeit spricht niemand ein Wort. Am Empfangsbereich steht eine Schwester. „Wir wollen Yeboah besuchen. Seine Enkelin soll ihn noch einmal sehen", sagt Frau Pahlis. Sie nickt mit dem Kopf in meine Richtung. In einem angrenzenden Warteraum sitzen viele Menschen, fast alle schweigen vor sich hin. Und dann fällt mir das große Schild auf, das mit großen Lettern INTENSIVSTATION ankündigt. Intensivstation. Das ist das Wort, das Frau Pahlis benutzt hat. Was machen wir hier? Hier darf ich doch gar nicht hin! Ich bin nicht zwölf. Wird doch eine Ausnahme gemacht? Warum denn? Wir erhalten blaue Kittel, außerdem kriegen wir eine Haube für den Kopf, einen Mundschutz und Plastiküberzieher für die Schuhe. Wie im Film, denke ich und bin völlig fasziniert von unserem Umwandlungsprozess. Wir betreten einen Raum, in dem nur zwei Menschen liegen. Ich schrecke im ersten Augenblick zurück. Der Mann am anderen Ende des Raumes ist kaum zu sehen. Er ist gefühlt unter Tausenden von Schläuchen begraben. Rechts und links stehen verschiedene große Geräte, die mehrere Linien anzeigen. Die einen wellenartig, die anderen zickzackförmig und wieder andere fast gerade. Ab und zu piepst eines der Geräte und gibt einen hohen Ton von sich. Der Mann hat eine weiße Maske über Nase und Mund und liegt völlig regungslos da. Ich wende meinen Blick schnell zu meinem Großvater. Auch neben seinem Bett stehen unterschiedliche Gerätschaften, mit dem großen Unterschied, dass die Schläuche *auf* den Geräten liegen. Opa liegt ganz friedlich und still in seinem Bett. Er trägt ein kleines Lächeln auf den Lippen, so wie er es oft trägt, wenn ihn etwas innerlich belustigt. Ich setze mich auf einen Stuhl neben ihm, Frau Pahlis steht auf der anderen Seite.

„Hallo Nana, ich bin's, Ama", flüstere ich leise ohne zu wissen, warum ich eigentlich flüstere. Aber da außer dem Pfeifen und Piepen der Geräte alles ganz still ist, traue ich mich kaum, lauter zu sprechen. „Opa, ich bin hier. Ich durfte dich jetzt doch endlich besuchen."

Ich hatte gehofft, er würde die Augen aufmachen und mich anschauen. Aber das tut er nicht. „Opa, wie geht es dir? Frau Pahlis hat gesagt, dass es dir jetzt besser geht. Deshalb darf ich dich auch besuchen." In der Miene meines Großvaters rührt sich gar nichts. Nicht mal ein bisschen. Er schläft ganz tief, geht es mir durch den Kopf, das ist der Grund, warum er nicht antwortet. Wahrscheinlich träumt er gerade von etwas Lustigem und lächelt deshalb die ganze Zeit. Ein paar Minuten beobachte ich ihn nur, dann schaue ich Frau Pahlis an, die bewegungslos dasteht. Sie hat Tränen in den Augen und wischt sie mit der Hand weg. Warum sieht sie denn so traurig aus, wenn es Opa schon so viel besser geht?, wundere ich mich noch immer. Er sieht doch ganz glücklich aus. Ich schaue zu dem anderen Mann hinüber, der sich immer noch nicht rührt, und lasse meinen Blick durch den Raum schweifen. Hier hängen nicht einmal Bilder an den Wänden. Hier stehen nur die Betten und die Geräte, sonst nichts.

„Ama, wir müssen gehen", teilt Frau Pahlis mir mit.

„Warum? Wir sind doch gerade erst gekommen. Ich will noch ein bisschen bei Opa bleiben." „Auf der Intensivstation darf man nicht lange bleiben. Man darf die Menschen nur ganz kurz besuchen, weil es ihnen schlecht geht und sie ihre Ruhe brauchen."

Schweren Herzens gehe ich mit raus. Wir gehen wieder durch die Tür und ziehen unsere Schutzkleidung aus. Als Frau Pahlis ihre Sachen feinsäuberlich faltet und in einen großen Behälter legt, mache ich es ihr nach. Durch unzählige Türen und Flure gelangen wir schließlich wieder nach draußen, steigen ins Auto und fahren wieder nach Kirchdorf-Süd. Die ganze Zeit über spricht niemand. Erst als wir aus dem Auto aussteigen, sage ich: „Opa hat schön dagelegen. Er sah sehr zufrieden aus."

Am nächsten Tag kommt Tante Erica zu uns. Sie ist eine entfernte Verwandte von Opa, die sich in letzter Zeit ab und zu um mich kümmert. Frau Pahlis ist auch da. Wir sitzen im Wohnzimmer und ich erzähle ihr, dass ich Opa besuchen durfte.

„Eigentlich dürfen Kinder ja nicht auf die Intensivstation, aber gestern wurde eine Ausnahme für mich gemacht, weil ich Opa schon so lange nicht gesehen hatte." Ein skeptischer Blick wandert zu Frau Pahlis, die dies bestätigt, ein leichtes Kopfnicken statt einer Antwort.

„Es war schön, ihn zu sehen. Er hat ganz tief geschlafen und sah ganz friedlich aus."

„Er hat nicht geschlafen", sagt Frau Pahlis plötzlich. Erschrocken schaue ich sie an. „Doch, er hat doch geschlafen, seine Augen waren zu und er hat gelächelt."

„Verstehst du es denn nicht?!" Was soll ich denn nicht verstehen? Irritiert schaue ich Aunty Erica an. „Er hat geschlafen", wiederhole ich leise.

„Er hat nicht geschlafen, Gloria. Er ist tot!" Sie fängt an zu weinen.

„Nein, aber er hat doch geatmet und gelächelt", entgegne ich.

„Gloria, er ist von uns gegangen."

Ich schaue meine Tante flehend an. „Er ist doch nicht tot, oder Aunty?" Tränen laufen Erica über die Wangen und sie fängt leise an zu schluchzen. „Doch, Ama, er ist tot. Er hat uns verlassen."

„Das glaub ich nicht!", schreie ich.

„Ich glaube euch nicht. Er hat geschlafen, das hat man doch gesehen! Das konnte doch jede*r Blinde sehen!" Mein ganzer Körper bebt. Aunty Erica kommt auf mich zu, will mich in den Arm nehmen. Ich laufe aus dem Zimmer, knalle die Wohnzimmertür hinter mir zu und laufe in mein Zimmer. „Er hat geschlafen", flüstere ich. „Er hat doch nur geschlafen!" Ich weine. Aus dem Weinen wird ein tiefes Schluchzen. Mein ganzer Körper tut mir weh. Am meisten aber mein Herz. Ich halte mir die Brust, ich kann den Schmerz kaum ertragen. „Er hat geschlafen" sage ich immer wieder mantraartig. „Er hat bestimmt nur geschlafen."

Plötzlich Pflegekind

Nach der Beerdigung meines Großvaters besuchen mich Frau Pahlis und Aunty Erica oft in der Wohnung, die ich nun allein bewohne, meine Mutter ist ja immer noch weg. Manchmal gehe ich nach der Schule auch zu Frau Pahlis. Sie hilft mir bei den Hausaufgaben und beim Deutschlernen. Aber manche Aufgaben kann sie auch nicht lösen. Sie sagt, früher hat man vieles ganz anders gemacht. Ich muss auch immer bei ihr essen, sie kocht aber nicht so leckere Gerichte wie meine Mutter oder mein Opa, sondern für meinen Gaumen ziemlich seltsame Speisen, die ich überhaupt nicht so mag: Rosenkohl gehört dazu. Aus Höflichkeit esse ich aber mit. Sie trinkt immer schwarzen Tee oder Kaffee mit Kaffeeweißer. Manchmal löffele ich dieses Milchpulver pur, es schmeckt sehr eigenartig, aber irgendwie gut. Ein bisschen so wie Bonbonpulver. Dann habe ich wenigstens nicht mehr den Geschmack von Rosenkohl im Mund. An einigen Tagen kommt auch Aunty Erica nach der Schule vorbei, kocht mir etwas und geht dann wieder. An diesen Tagen hänge ich den ganzen Abend vor dem Fernseher, auch wenn am nächsten Tag Schule ist. Oft gehe ich erst frühmorgens um zwei Uhr ins Bett. Manchmal überhöre ich den Wecker um sieben Uhr und verschlafe. Ich fehle ziemlich oft in dieser Zeit in der Schule oder verspäte mich. Das scheint aber egal zu sein, niemand vermisst mich.

In der Zeit nach Nana Yeboahs Tod weine ich sehr viel. Aber nie vor anderen. Ich fühle mich von allen verlassen und von Gott bestraft. Ich wurde nach Deutschland geholt, damit ich ein besseres Leben habe, sagte Opa mal, als ich ihn danach fragte, warum ich Ghana eigentlich verlassen musste. Meine Mama wusste, dass ich in Ghana nicht immer zur Schule gegangen war. Sie wollten, dass ich eine gute Bildung erhalte, dass ich meine Zukunft selbst gestalten konnte und etwas aus mir werden würde. Meine Mama hatte es selbst so schwer gehabt und wollte mir das Leben erleichtern. Und nun saß ich hier fest. Und noch dazu mutterseelenallein. Was hatte ich Gott getan, dass er mir das alles antat? War ich nicht immer ein guter Mensch gewesen? Warum hatte er mir zuerst meine Mutter genommen? Nur ihretwegen war ich doch in *Gyaamani*. Und nun ist auch noch mein Opa weg. Der einzige Mensch, der mir jemals das Gefühl gegeben hatte, wirklich wertvoll zu sein. Geliebt zu sein. Gut zu sein wie ich bin. Der Einzige, der mir alle Fragen so lange beantwortete bis ich zufrieden war. Der nicht sagte „Sei still" oder „Jetzt reicht's" wie meine Lehrer*innen in Ghana, oder „Nun ist es aber gut" wie die Lehrer*innen hier. Warum war ich allein gelassen worden? Warum ging Gott so hart mit mir um? Gibt es überhaupt einen Gott, der zulässt, dass mit einem Kind so etwas geschieht? Haben am Ende die Menschen Recht, die nicht an einen Gott glauben?

Nach Nana Yeboahs Tod vergehen über zwei Monate, in denen das Jugendamt klären muss, was mit mir geschehen soll. Ich hätte nach Ghana zurück geschickt werden oder in ein Kinderheim kommen können. Aber niemand hat irgendeine Adresse von Verwandten in Ghana. Zu meiner Mutter besteht kein Kontakt, ebenso wenig wie zu meiner Nana in Pramso. Und in ein Kinderheim möchte ich auf gar keinen Fall. Eine langjährig befreundete Familie von Nana Yeboah und Frau Pahlis, erklärt sich bereit, mich als Pflegekind bei sich aufzunehmen. So kann ich die Schule weiter besuchen und in einer Familie leben. Ich kenne die Familie bereits, denn sie hatte uns im letzten Jahr zu einer Konfirmationsfeier eingeladen. Die beiden Eltern leben mit ihren Kindern außerhalb von Hamburg. Andreas (27) und Dorothea (25) leben bzw. studieren in anderen Städten. Klaus (knapp 18) und Bianca (16) leben noch zu Hause. Familie Reimers wohnt in Schleswig-Holstein und das ist ein großer Nachteil für mich, denn ich muss nun erneut umziehen.

An meinem letzten Schultag in Wilhelmsburg überreicht mir meine Lehrerin ein Geschenk. Es ist wunderschön eingepackt, mit buntem Papier und einer grünen Schleife.
„Darf ich es jetzt schon aufmachen?", frage ich. Sie nickt.
Vorsichtig öffne ich das Päckchen. Schließlich kommt ein Buch zum Vorschein. *Mio, mein Mio.* Von Astrid Lindgren. Das erste Buch, das ich selbst besitze. Vorsichtig berühre ich den Einband, voller Ehrfurcht.
„Freust du dich?", fragt meine Lehrerin. Ich nicke stumm. Ich freue mich wirklich über mein erstes Buch. Aber es löst auch Angst in mir aus. Es ist

einfach viel zu dick. 187 Seiten. Das schaffe ich nie, denke ich. Ich schlage eine Seite auf, Seite 26. Ein großes Bild und wenig Text. Mein Blick gleitet über den Text. Nein, das Buch kann ich noch nicht lesen, ich verstehe viele Wörter gar nicht. *Strohdach, Giebel, schwirrten.* Zu Hause angekommen liegt es lange Zeit auf meinem Schoß. Immer wieder streichle ich mit der rechten Hand darüber. Mein erstes Buch. Ich werde es irgendwann mal lesen. Irgendwann, wenn ich besser lesen kann.

Am 11. März 1991 ziehe ich um. Ich erinnere mich noch genau an diesen Tag. Frau Pahlis ist auch dabei. Ich möchte am liebsten weglaufen. Aber wohin? Ich will nicht in eine andere Familie. Ich will meine Mutter zurück. Und meinen Opa. Ich will nicht in einem Dorf wohnen, in dem nur hellhäutige Menschen leben. Ein Ort, wo ich meine Muttersprache *Twi* nicht mehr sprechen werde, sondern nur noch Deutsch. In dem ich nicht mehr *Omotou, Jollof rice* und *Fufu* essen kann, sondern Rosenkohl und Kartoffelpüree. Ich will das alles nicht. Aber niemand fragt mich, was ich will. Bei der Ankunft ist mir ganz flau im Magen, mein Körper fängt an zu zittern, ich weiß nicht, ob vor Kälte oder vor Angst oder beides. Aus dem Haus treten vier Menschen heraus, zwei Erwachsene und zwei Kinder. Die Kinder sind schon richtig groß. Die beiden Erwachsenen sind recht alt, so alt wie Nana Yeboah es war, wahrscheinlich sogar älter. Ich erinnere mich noch genau an die strahlenden Gesichter und die offenen Arme, mit denen Gisela und Jürgen Reimers uns empfangen. Für einen Augenblick beruhige ich mich.

Wenige Tage nach unserer Ankunft nimmt mich Bianca mit auf einen Spaziergang durch das Dorf. Sie möchte mit mir ihre Freundin Lisa besuchen.
 „Ist es weit von hier?", frage ich. Ich bin sehr müde und wäre am liebsten allein gewesen.
 „Nein, nicht mal fünf Minuten."
 „Wie alt ist denn deine Freundin?"
 „Sie ist in meinem Alter. Aber sie hat zwei Brüder und ihre jüngere Schwester Anne ist eher in deinem Alter."
 Wir stehen an einem großen Haus, das kleine Gartentor ist geöffnet. Als Bianca klingelt, öffnet ein Mann die Haustür. „Hallo Herr Faddala", begrüßt Bianca den Nachbarn.

„Das ist meine Pflegeschwester Gloria. Sie ist gestern angekommen. Wir wollen Lisa und Anne besuchen. Sind sie da?"

„Ja, kommt rein. Kommt rein." Er macht eine einladende Handbewegung.

„Hallo Lisa", begrüßt Bianca das Mädchen an der Treppe. „Da ist sie." Bianca zeigt auf mich.

„Das ist Gloria." Hinter Lisa kommt noch ein Gesicht zum Vorschein. „Das ist meine Schwester Anne." Das Mädchen ist etwas größer als ich und hat dunkle Haare. Anne und ich verstehen uns auf Anhieb. Sie wird meine erste und beste Freundin für die Zeit bei meiner Pflegefamilie. Wir können gut miteinander spielen. Aber egal, was wir in den kommenden Monaten und Jahren spielen – Hotel, Monopoly, das Schweinchen-Spiel oder auch Spiele auf der Straße – sie verliert so gut wie immer und ist jedes Mal frustriert. Wenn ich sie frage, möchte sie aber nie aufhören, sondern immer weitermachen. Anfangs finde ich das merkwürdig, dann gewöhne ich mich daran und freue mich, wenigstens so schnell eine so gute Freundin gefunden zu haben.

Rassismus überall

Das Haus von Familie Reimers ist recht groß. Es gibt eine große Küche, ein großes Esszimmer mit direktem Zugang zur Terrasse und zum Garten. Ich habe noch nie einen Garten gehabt. Es ist schön, aber ich stelle auch schnell fest wie viel Arbeit es macht. Zu viel für meinen Geschmack. Und Gartenarbeit macht überhaupt keinen Spaß. Im Wohnzimmer gibt es sogar ein Klavier! Musik fasziniert mich. In Ghana haben wir ständig musiziert. Meistens mit Trommeln, Glocken und Rasseln. Manchmal auch mit Dosen, Töpfen und was sonst noch gerade so da war. In Ghana war das aber eine ganz andere Musik als die, die ich in Deutschland so höre. Viel rhythmischer, lebendiger, lauter. Musik, zu der man immer getanzt hat. Zu der Musik, die Bianca, Gisela oder Andreas auf dem Klavier spielen, kann niemand tanzen, manchmal kann man aber dazu singen. Nur singe ich leider nicht so gut, ich treffe die Töne kaum, ich bin eher eine Tänzerin. Bianca kann hingegen richtig gut singen.

In der unteren Etage wohnt Klaus. In der oberen Etage des Hauses sind die übrigen Schlafzimmer. Ich kriege ein ganz kleines Zimmer, vielleicht sechs Quadratmeter groß. Immerhin passen aber ein Schreibtisch mit Stuhl, Bett, Kleiderschrank und ein winziges Regal hinein. Damit ist das Zimmer komplett voll. Neben mir haben meine Pflegeeltern ihr Schlafzimmer. Obwohl ich Bianca um ihr größeres Zimmer beneide, bin ich froh, dass ich wenigstens mein eigenes Zimmer habe, auch wenn es nur ein ehemaliger Abstellraum ist. Meine Pflegeeltern haben ein größeres Fenster für mich eingebaut und neue Möbel gekauft. Alles in weiß. Ich kriege ein paar Kuscheltiere und auch eine schöne Puppe. Sie hat zwar helle Haut, aber das macht mir dieses Mal nichts aus. Ich habe mich langsam an die *Obronis* gewöhnt. Meine Puppe hat dunkle Haare und Augen. Es vergeht kaum ein Tag, an dem ich in meinen ersten Monaten hier nicht mit meiner Puppe Jacqueline spiele.

Der Umzug bringt im Alltag viele kleine und große Veränderungen mit sich. Eine große Veränderungen gibt es zum Beispiel beim Essen. Bei Familie Reimers isst man nämlich morgens und abends Brot. Für die Schule gibt es ebenfalls Brot. Und natürlich muss da Butter drauf, denn Brot kann man nicht ohne Butter essen, finden meine Pflegeeltern. Ich mag Butter nicht, ich habe vorher nie Butter essen müssen. Doch jetzt muss ich es. Es gibt Streit deswegen. Ich tue dann immer so wenig aufs Brot wie möglich und kratze es dann immer noch ab. Trotzdem ist der Geschmack nicht wegzudenken und überträgt sich auf den Aufschnitt. In Ghana gab es keine kalten Mahlzeiten, nur warme Speisen mit scharfen und leckeren Gewürzen. Brot war, wenn überhaupt, nur ein Snack für Zwischendurch. Es war süß, weiß und sehr weich. Mit Margarine und dazu vielleicht Kakao. Das Brot hier schmeckt für mich anfangs nach nichts. Es ist grau oder braun und hart. Statt viel Reis wie vorher mit Opa und Maame gibt es jetzt oft Kartoffeln und manchmal Nudeln. Selbst der Reis bei meiner neuen Familie ist ganz anders.

Meine Pflegefamilie isst auch gern Süßes. Das kannte ich vorher weder aus Ghana noch aus meiner Zeit mit Maame und Nana. Kuchen und Kekse gehören genauso zum Alltag wie süßer Nachtisch. Es gibt so viele Dinge, die ich anfangs nicht kenne und die mir auch nicht schmecken. Ich lerne mit der Zeit aber vieles zu schätzen, was ich vorher nicht kannte wie z.B. verschiedene Käsesorten. Auch Farmersalat schmeckt mir nach kurzer Zeit sehr gut. Es erstaunt mich, dass ich mich nach wenigen Jahren an fast alle neuen Lebensmittel gewöhnen kann. Nur an Butter, Sahne und dergleichen kann ich mich einfach nicht gewöhnen.

Zu den großen Veränderungen gehört auch, dass ich nun eine andere Schule besuchen muss. Die Dorfgrundschule. Hier bin ich das einzige dunkelhäutige Kind, wahrscheinlich sogar die einzige Ausländerin. Ich werde in die dritte Klasse eingeschult, fühle mich dort aber sehr unwohl, denn die anderen Kinder sind viel kleiner als ich. Außerdem bin ich in Mathe viel besser als sie. Der Unterricht ist langweilig, daher träume ich viel. Nach nur einem Monat darf ich in die vierte Klasse wechseln, welche die Tochter unserer Nachbarn auch besucht. Plötzlich muss ich ganze Aufsätze schreiben. Das ist neu für mich. So einige Male verstehe ich die Themen total falsch und schreibe unpassende Geschichten. Aber ich habe eine blühende Fantasie und erfinde viel. Manchmal schreibe ich die Geschichten so, als wären sie wirklich passiert. Ich baue mir eine Traumwelt auf. Mehr als einmal gibt es richtig Ärger deswegen. Gisela ermahnt mich keine Lügen zu schreiben, das würden die Leute nicht verstehen. Sie nähmen meine Geschichten ernst. Und ich verstehe das Problem nicht. Erfundene Geschichten sind doch immer Lügen. Sie sind doch nie echt. Da kann ich doch auch mit einem Pontiac gefahren sein, der einen 12-Zylinder-Motor hat! Das war das Traumauto von meinem Opa. Er hat mir mal Bilder von sich in dem Auto gezeigt. So ein Auto möchte ich auch haben, wenn ich groß bin.

Die ersten Wochen werde ich ständig angestarrt. In den Pausen auf dem Schulhof ist es am schlimmsten. Einige Kinder machen dumme Bemerkungen über meine Haare.

„Die sehen ja gar nicht wie Haare aus", sagt ein kleiner Junge in der Pause.

„Nee, wie Draht", sagt ein Mädchen.

„Und sie wachsen wahrscheinlich gar nicht. Sie sind ja nicht mal lang", sagt ein anderer.

„Doch sie wachsen bestimmt. Alle Haare wachsen. Aber die wachsen nicht nach unten, sondern nach oben." Alle lachen. Ich finde die Bemerkungen nicht lustig. Je mehr die Kinder lachen, desto wütender werde ich.

„Aber ich habe Haare", sage ich. „Viel davon. Eure dünnen Teile, die da herunterhängen sind auch keine Haare."

Jetzt hören sie auf zu lachen. Sie schauen überrascht. So als hätte gerade ein Tier in Menschensprache mit ihnen gesprochen. Sie haben wohl nicht erwartet, dass ich sie verstehe, geschweige denn, dass ich antworten kann. Plötzlich kommt ein Kind von hinten und fasst meine Haare grob an. Ich drehe mich um und schlage um mich, aber ich erwische niemanden. Ich sehe nur, dass ein etwas größerer Junge wegläuft. „Fühlt sich an wie Wolle", schreit er über den ganzen Schulhof. Kurz überlege ich noch, ob ich ihm hinterher laufe und ihn auch an seinen Haaren ziehe. Ich bin eine schnelle Läuferin, ich hätte ihn bestimmt erwischt. Aber lieber nicht. Am Ende kriege ich ja doch nur Ärger.

Ich absolviere die dritte und vierte Klasse in nur drei Monaten und soll zusammen mit den anderen Viertklässlern nach den Sommerferien eine weiterführende Schule besuchen, obwohl meine Leistungen nicht so gut sind, wie sie für eine reibungslose Versetzung hätten sein müssen. Aber weder meine Lehrerin noch meine Pflegeeltern halten es wegen meiner Größe und meiner geistigen Reife – wie sie es nennen – für eine gute Idee, dass ich nach den Sommerferien in der vierten Klasse bleibe. Eine passende Schule zu finden ist jedoch eine schwierige Aufgabe. Zum einen gibt es in unserer Nähe keine so große Auswahl an Schulen wie in Hamburger Bezirken, zum anderen sind viele Schulen weit entfernt und das schränkt bereits die Wahl ein. Das größte Hindernis jedoch ist meine Schulempfehlung: Hauptschule. Ich will aber auf keine Hauptschule. Meine damalige beste Freundin Betty ist auf einer Hauptschule gelandet, ich glaube später sogar auf der Sonderschule, sie fand es schlimm dort. Von Hauptschulen weiß ich nur, dass man die Schüler*innen für dumm hält und dass die Absolvent*innen ohnehin später keine vernünftigen Berufe lernen und ausüben können. Meine Klasse hat immer über Hauptschüler*innen gelästert. Angeblich sind fast alle aggressiv und schwer erziehbar. Keine Attribute, mit denen ich mich hätte identifizieren wollen. Also auf keinen Fall die Hauptschule! Alle Kinder meiner Pflegeeltern sind oder waren auf dem Gymnasium. Nur mir soll es verwehrt bleiben. Das empfinde ich als ungerecht. Doch weiß ich, dass für das Gymnasium meine Noten hätten besser sein müssen. Außerdem spreche ich zwar inzwischen recht gut Deutsch, aber das Schreiben fällt mir noch immer schwer. Ich finde manchmal nicht die richtigen Wörter. Dann erfinde ich Wörter, die nicht existieren. Meine Lehrerin findet das gar nicht lustig.

Zu meinem Glück geben sich Gisela und Jürgen Mühe, nach alternativen Schule in der Umgebung zu suchen. Schließlich finden sie eine Gesamtschule. Eine Schule, auf der alle Abschlüsse möglich sind. Eine Schule für alle Kinder. Mit Bus oder Fahrrad ist sie einigermaßen gut erreichbar. Gisela erzählt mir, dass in den ersten Jahren alle dort gemeinsam im Klassenverband lernen, später werden die Kinder dann in den Hauptfächern in A-, B- und C-Kurse mit unterschiedlichen Leistungsniveaus zugeteilt. Ich weiß, dass ich hier die Möglichkeit habe, einen guten Abschluss zu machen, und das will ich auch. Ich will auch Abitur machen! Auch wenn das keine*r an meiner Grundschule für möglich hält: Ich schaffe das! Ich weiß das.

Der Wechsel an die neue Schule steht an. Ich glaube, normalerweise freuen sich Kinder auf diesen Tag. Eine neue Schule und das Gefühl, jetzt groß zu sein. All das empfinde ich nicht. Wieder neue Lehrer*innen, wieder Außenseiterin. Ich werde bestimmt wieder ausgelacht, geärgert oder gleich ignoriert. Ich hatte noch überlegt, ob ich für den ersten Schultag eine Krankheit simuliere, irgendetwas wäre mir eingefallen. Hauptsache nicht in die Schule. Aber dann wäre ich nur später eingeschult worden, ohne Feier. In der Klasse wäre ich noch mehr aufgefallen. Nein, es macht keinen Sinn. Dann schon lieber mit allen zusammen. Hilft ja alles nichts.

Es ist ein schöner Sommertag. Alles strahlt. Das wird ein guter Tag, denke ich. Ich ziehe meine neuen Kleider an. Zaghaft betrachte ich mich im Spiegel. Hübsch sehe ich aus, finde ich. Alles in Flieder und weiß. Nur meine Haare mag ich nicht. Afro. Ich sehe aus wie Michael Jackson damals bei den *Jackson Five*. Krauser Pelz, so hatte meine Grundschullehrerin meine Haare genannt. Was ein Pelz ist, weiß ich zu dem Zeitpunkt nicht. Aber ich habe scheinbar einen. Wie gern hätte ich mir die Haare flechten lassen. Aber meine Pflegemutter lässt mich nicht, das sei nicht kindgerecht. Auch darüber streiten wir oft. Denn mit Rastas wäre ich zumindest nicht ständig wegen meiner Haare ausgelacht worden.

Meine Pflegeeltern sind noch nicht fertig. Hoffentlich kommen wir dieses Mal pünktlich, denke ich. In meiner kurzen Zeit in Deutschland habe ich öfter gehört, dass man über Menschen vom afrikanischen Kontinent sagt, dass sie unpünktlich seien. Dann sind meine Pflegeeltern aber auch Afrikaner. Sie sind nämlich oft unpünktlich. Aber zu diesem wichtigen Ereignis werden sie es wohl schaffen? Ich betrachte mich noch einmal im Spiegel. Es wird alles gut gehen, flüstert mir eine Stimme zu. Ich versuche mich zu beruhigen. Meine Pflegemutter kommt aus dem Badezimmer, geschminkt, gestylt und parfümiert. Mir ist es ganz recht, dass es so lange gedauert hat bis alle fertig sind. Wir werden wahrscheinlich zu denen gehören, die in der letzten Minute erscheinen. Dann müssen wir wenigstens nicht so lange auf den Anfang der Feier warten.

Auf der Autofahrt fahren wir an einem Bahnhof vorbei. Ich präge mir die Strecke gut ein, weil mein Schulweg später per Bus und Bahn bis zu diesem Bahnhof verläuft und ich dann noch zu Fuß gehen muss. Ich sehe einige Leute, die mit ihren Kindern die Straße hoch laufen. Die kleinen Kinder sind meist kleiner als ich. Doch ich weiß, dass sie mit mir eingeschult werden.

Als wir in der Nähe der Schule parken, macht Jürgen den Kofferraum auf und überreicht mir eine Schultüte. Ich bin total überrascht.

„Für mich?"

Beide nicken. Ich hatte noch nie eine Schultüte bekommen.

Ich weiß, dass Kinder in Deutschland immer eine Schultüte bekommen, wenn sie in die erste Klasse eingeschult werden. Ich hatte keine bekommen. Mein Opa hat es wohl nicht gewusst. Oder wir hatten kein Geld dafür. Ich weiß es nicht. Diese Schultüte ist auch wirklich schön. Aber ich will nicht die einzige sein, die eine hat. Ich will nicht noch mehr auffallen. Von den Kindern, die in Richtung Schule gehen, tragen einige eine Schultüte, andere aber nicht.

„Können wir sie hier lassen?", frage ich. „Ich kann sie ja immer noch holen."

Verwundert schauen mich meine Pflegeeltern an. Damit haben sie nicht gerechnet, aber sie nicken trotzdem.

Wir beeilen uns ins Gebäude zu kommen. Die riesige Pausenhalle ist voller Menschen. Schulkinder, kleinere Geschwisterkinder, Eltern, Großeltern, Lehrkräfte. Viele Menschen, und alle plappern durcheinander. Was für eine Geräuschkulisse. Die vielen Menschen machen mich nervös. Ich mag keine großen Menschenansammlungen. Vor der Bühne sind etliche Reihen schwarzer Stühle aufgebaut. Es gibt auch eine improvisierte Theke mit Getränken und Kuchen. Wir müssen lange nach einem Platz suchen. Eine Stimme verkündet durch das Mikrofon: „Die Schüler, die eingeschult werden, bitte nach Möglichkeit hier vorne hinsetzen." Die Frau zeigt dabei auf die vorderen Plätze.

„Setz du dich mal da vorne hin", sagt mein Pflegevater und weist mit der Hand zur ungefähr neunten Reihe, wo noch ein Platz frei zu sein scheint. Ich schüttele meinen Kopf: „Ich möchte lieber bei euch bleiben."

„Wir schauen, ob wir etwas weiter hinten noch zwei Plätze kriegen. Wir gehen nicht zu weit weg", sagt meine Pflegemutter. Unsicher dränge ich mich zur anderen Seite, wo noch ein Platz frei ist. Wenig später kommt mein Pflegevater zurück.

„Wir sind dort hinten, ja?" Ich kann nur nicken.

Es wird ein wenig ruhiger als eine Frau plötzlich die Bühne betritt, die Schuldirektorin. Sie begrüßt die Schulanfänger*innen und die anderen Anwesenden, kündigt das Programm an, das die älteren Schüler*innen für uns vorbereitet haben und wünscht uns allen viel Spaß. Meine Nervosität legt sich ein wenig. Eine Klasse betritt die Bühne und singt:

Wir werden immer größer
Jeden Tag ein Stück
Wir werden immer größer
Das ist ein Glück
Große bleiben gleich groß
Oder schrumpfen ein
Wir werden immer größer
Ganz von allen.

Wir werden immer größer
Das merkt jedes Schaf
Wir werden immer größer
Sogar im Schlaf
Auch wenn man uns einsperrt
Oder uns verdrischt
Wir werden immer größer
Da hilft alles nichts.

Die nächste Strophe kriege ich nicht mehr so richtig mit. Denn irgendetwas Hartes trifft mich am Hinterkopf. Ich drehe mich um, will sehen, was es ist. Aber es ist relativ dunkel im Raum, man sieht nur undeutlich. Als ich wieder nach vorne schaue, betreten verkleidete Mädchen und Jungen die Bühne. Sie beginnen zu einem Popsong zu tanzen. Und wieder trifft mich etwas von hinten. Dieses Mal schmerzhaft. Doch ich sehe nichts. „Pssst, Nigger", höre ich jemanden hinter mir rufen. Zuerst ignoriere ich es. Dann aber trifft mich wieder eine kleine Kugel am Hinterkopf. Ich reibe mir den Kopf und bücke mich nach dem Gegenstand. Dieses Mal finde ich einen in Papier gewickelten Stein hinter meinem Stuhl. Ich versuche herauszufinden, wer ihn geworfen haben könnte. Vier Reihen weiter hinten sitzt ein Junge, der mir auffällt. Ob er das ist? „Hey, *Sonic*[52]", ruft eine Stimme leise und wieder kriege ich etwas an den Kopf. Wut steigt in mir hoch. Ich hatte ihnen doch gar nichts getan! Ich drehe mich gerade noch rechtzeitig um, um zu sehen, dass der Junge gerade wieder ausholt. Er ist nicht besonders groß. „Nigger", zischt er. Ich drehe mich nicht mehr um, stattdessen rutsche ich tiefer in den Stuhl und hoffe, dass ich nicht mehr getroffen werde.

Die Schuldirektorin hält mittlerweile eine Rede über den Zauber des ersten Schultages, die Aufregung der Kinder, die Erwartungen von Lehrer*innen, Eltern und Kindern und so weiter, blablabla. Was für ein Zauber des ersten Schultags! Es ist ganz zauberhaft mit Steinen attackiert und nach einer hässlichen Computerspielfigur gerufen zu werden, denke ich. Wirklich ganz zauberhaft! Ich werde noch einmal getroffen. Dann höre ich neben mir jemanden „Aua" rufen.

„Welcher Idiot schmeißt hier mit Steinen?", höre ich einen Jungen zwei Sitze neben mir laut fragen. Scheinbar hatte er einen Stein abgekriegt, der für mich gedacht war.

Eine Lehrerin kündigt gerade an, dass die Kinder von ihren jeweiligen Lehrkräften in ihre neuen Klassenräume gebracht werden. Die Eltern können kurz mitgehen und sich alles anschauen. Danach erwartet sie ein Buffet, um die Wartezeit zu verkürzen bis der Nachwuchs zurück kommt.

Ich sehe mir die anderen Einschulungskinder an. In der ganzen Aula scheine ich das einzige schwarzafrikanische Kind zu sein.

---

52 Eine Figur aus dem gleichnamigen Computerspiel von Sega.

Meine Klasse besteht aus 25 Kindern und die Frau mit der Begrüßungsrede ist meine zukünftige Klassenlehrerin, Frau Wellenbrink. Zu ihr gesellt sich ein junger und dynamischer Mann, Herr Johanson, als zweiter Klassenlehrer im Tutorenteam. Nachdem im Klassenraum alle ihren Platz gefunden haben, werden wir noch einmal von beiden Lehrenden begrüßt. Frau Wellenbrink hat eine sanfte und ruhige Stimme, Herr Johanson, um einige Jahre jünger, eine athletische Statur. Mein prüfender Blick bleibt bei einem Jungen haften, der am Fenster sitzt. Mein Herz beginnt schneller zu schlagen, als ich bemerke, dass es sich um dieselbe Person handelt, die mir die Steine an den Kopf geworfen hatte. Als unsere Blicke sich treffen, funkle ich ihn an. Na warte! Er setzt ein offenbarendes Lächeln auf und zieht eine Augenbraue hoch. Als ich mich umdrehe, höre ich Frau Wellenbrinks Bitte, dass wir uns kurz vorstellen mögen: wo wir wohnen und von welcher Grundschule wir kommen. Susan beginnt. Sie wohnt in einem Kinderheim. Susan und viele der anderen Mädchen kennen sich aus der gemeinsamen Grundschulzeit. Der größte Junge in der Klasse ist Goran, aus dem ehemaligen Jugoslawien. Das größte Mädchen der Klasse bin ich. Naomi fällt mir auf, weil sie die Kleinste in der Klasse ist und eine der wenigen, die nicht blond ist. Als ich an der Reihe bin und mich vorstellen soll, ist meine Kehle staubtrocken. Erst bekomme ich keinen Ton raus, alle schauen mich an. Dann reiße ich mich zusammen: „Ich heiße Gloria, bin neun Jahre alt und komme aus Ghana. Ich wohne bei einer Pflegefamilie."

„Neun? Das kann doch gar nicht sein. So groß ist doch niemand mit neun", ruft ein Klassenkamerad.

„So steht es in meinem Pass", antworte ich nur.

Unsere Schule ist besonders fortschrittlich, wenn man die Zeit und vor allem den Ort bedenkt. Sie arbeitet nach einem neuen Konzept, das sich *Individualisierung und Differenzierung* nennt. Das bedeutet, dass jedes Kind dabei unterstützt werden soll, das jeweils bestmögliche Ergebnis zu erreichen und einen Abschluss zu machen, der den eigenen Fähigkeiten entspricht. Dafür arbeiten wir unter anderem mit Wochenplänen: In einem Fach erhält man für eine oder mehrere Wochen einen Plan, meistens zu einer ganzen Themeneinheit. Dieser Plan besteht aus einer Anzahl an Pflichtaufgaben, die von allen am Ende der Einheit erledigt worden sein müssen. Dann gibt es noch eine Anzahl an Wahlpflichtaufgaben, von denen man sich aussuchen kann welche und wie viele man macht. Meistens waren zwei Wahlpflichtaufgaben Pflicht, man konnte aber auch mehr machen oder sogar alle.

Ich bin keine schnelle Arbeiterin. Beim Schreiben gebe ich mir Mühe, nicht so viele Fehler zu machen wie in der Grundschule, aber das kostet mich sehr viel Zeit. Deshalb schaffe ich in der Schule nicht so viel. Will ich aber die Pläne rechtzeitig erfüllen, so muss ich oft auch zu Hause arbeiten. Obwohl wir offiziell wenig Hausaufgaben bekommen, weil wir eine Ganztagsschule sind, sitze ich oft zu Hause an meinem Schreibtisch, um Aufgaben zu beenden. An einem dieser Tage kommt meine Pflegemutter gerade in mein Zimmer, als ich meine Schulsachen zusammen packen will.

„Hast du deine Hausaufgaben fertig?", möchte sie wissen.
„Das sind keine Hausaufgaben. Ich arbeite freiwillig."
„Was machst du denn?"
„Das war Deutsch. Der Wochenplan."
„Zeigst du mir das mal?" Eigentlich möchte ich ihr das nicht zeigen, aber ich hole trotzdem die Sachen wieder aus meinem Ranzen.
„Was ist mit diesen Aufgaben hier? Die sind nicht als erledigt abgehakt."
„Die muss ich nicht machen."
„Warum nicht?"
„Sie sind Wahlpflicht. Davon muss ich nicht alle machen."
„Gloria, aber die solltest du machen."
„Aber warum denn? Ich kann sie nicht alle schaffen. Ich habe die letzten Tage jeden Tag an dem Wochenplan zu Hause gearbeitet. Jetzt habe ich alle Aufgaben gemacht, die ich morgen abgeben muss."
„Willst du was erreichen in deinem Leben?", fragt mich Gisela.
„Was? Ich erreiche doch was!"
„Ja, aber willst du wirklich was erreichen? Willst du gut sein?"
Ich nicke. Na klar will ich gut sein. Wer will denn nicht gut sein?
„Wenn du was erreichen willst, Gloria, musst du gut sein. Du musst besser sein als die anderen. Du musst alle Aufgaben machen, nicht nur die Pflichtaufgaben, sondern auch die Wahlpflichtaufgaben."
„Aber die habe ich doch gemacht."
„Du musst sie alle machen. Nicht nur zwei."
„Alle? Das schaffe ich nicht, das ist zu viel", protestiere ich.

„Ja, alle. Sie sind eine gute Übung. Wenn du alle machst und das kannst du, dann wirst du wirklich gut."

„Aber für heute reicht es doch, ich habe wirklich viel gearbeitet."

„Mach doch eine kleine Pause. Und dann arbeitest du weiter und machst so viel wie du noch schaffst."

Als meine Pflegemutter mein Zimmer verlässt, bin ich wütend. Ich hatte schon genug für die Schule getan. Ich habe ohnehin das Gefühl, dass niemand aus meiner Klasse soviel tut wie ich. Einige müssen es auch nicht, die können einfach immer alles. Einige sollten etwas tun, Yarek, Heidi und Goran, aber die tun scheinbar nie etwas. Obwohl ich mich über meine Pflegemutter an diesem Abend ärgere, setze ich mich nochmal an meinen Schreibtisch. Am Ende sind fast alle Aufgaben des Wochenplans erledigt. Nur eine verstehe ich einfach nicht. Und von dem Tag an, erledige ich immer alle Wahlpflichtaufgaben. Na ja, fast immer.

Als ich in dieser Nacht im Bett liege, kann ich lange Zeit nicht einschlafen. Nach einer Weile mache ich Licht an, bin auf der Suche nach einer Beschäftigung, die mich müde werden lässt. Mein Blick fällt auf ein Buch im Regal. *Mio, mein Mio.* Ich zögere kurz, dann nehme ich das Buch und beginne den Klappentext zu lesen. Nach dem zweiten Satz stutze ich. In dem Buch geht es um einen Jungen, der auch bei Pflegeeltern wohnt. Hatte meine Grundschullehrerin mir deshalb dieses Buch geschenkt? Ich beginne zu lesen. Mit jeder Seite werde ich tiefer in die Handlung gezogen. Ich kann gar nicht mehr aufhören. Als mir irgendwann die Augen zufallen, ist es kurz vor vier. In zwei Stunden klingelt mein Wecker.

Wer ist meine Familie?

Im Englischunterricht haben wir das Thema *My family*. Wir müssen ein Bild von uns und unseren engsten Familienmitgliedern malen. Wir Kinder in der Mitte und um uns herum Mama, Papa, Geschwister, Großeltern, Tanten und Onkel. Wir können selbst entscheiden, wie viele Personen wir malen. Anschließend sollen wir alle beschreiben, dazu können wir mit einer Textschablone arbeiten. Darauf sind Vorformulierungen wie *My name is...* oder *My brother is... years old*.

Ich bin hin- und her gerissen. Welche Familie soll ich beschreiben? Meine Pflegefamilie oder meine Herkunftsfamilie? Das Problem ist, dass ich über meine biologische Familie gar nicht viel weiß. Niemand hat mir gesagt, wie alt mein Großvater genau war. Über meine Pflegefamilie hatte ich da schon mehr Informationen, aber sie ist ja nicht meine *richtige* Familie. Alle anderen Kinder arbeiten schon fleißig, nur ich bin unschlüssig. Frau Wellenbrink kommt an meinen Tisch.

„Was ist denn los, Gloria?"

„Ich weiß nicht, was ich machen soll", flüstere ich, damit mich sonst niemand hört.

„Meinst du, du hast die Aufgabe nicht verstanden?"

„Doch, doch. „Aber welche Familie soll ich denn nehmen? Ich habe doch zwei. Oder wenn man es richtig sieht, habe ich keine."

Ich schaue meine Lehrerin verzweifelt an. Sie legt mir eine Hand auf die Schulter und sagt leise: „Welche ist dir denn gerade näher? Gibt es eine, die dir im Moment mehr im Herzen ist?" Ich nicke. „Dann nimm die, in Ordnung?"

Erleichtert über ihre Hilfe begebe ich mich nun an die Arbeit und schreibe einen Text. Besonders lang wird er nicht. Als Geburtsdatum nehme ich das aus meinem Pass, auch wenn offensichtlich ist, dass das nicht stimmen kann; Gisela hat schon mit meiner Lehrerin darüber gesprochen. Als Bild male ich mich mit meinen Eltern, meinem Großvater und meiner Großmutter mütterlicherseits. Gegen Ende des Unterrichts gehen einige Kinder nach vorne. Sie zeigen ihre Bilder und beschreiben sie auf Englisch. Frau Wellenbrink hilft immer wieder bei den Formulierungen. Irgendwann bin ich an der Reihe.

„Gloria, would you like to tell us something about your family?"

Ich verziehe das Gesicht. Aber Frau Wellenbrink nickt mir aufmunternd zu. Ich will ihr einen Gefallen tun. Unsicher lese ich meinen Text vor: „My name is Gloria. I come from Ghana. My birthday is on the 12th December 1982. This…", ich zeige auf die Frau neben mir, die auf meinem Bild zu sehen ist, „… this is my mother. Her name is Akosua. She is 23 years old."

Das schallende Gelächter der Kinder unterbricht mich an dieser Stelle. Ich schaue mich unsicher um. Nina lacht nicht, Susan auch nicht. Aber die meisten anderen schon. Was war denn so lustig?

„Das kann doch gar nicht sein", ruft Holger.

„Dann hätte sie dich ja mit vierzehn Jahren bekommen", stellt Naomi fest. „Das geht ja gar nicht", kommentiert Henning. „Meine Mutter ist 45. Die wäre ja dann schon Oma."
Frau Wellenbrink ermahnt die Klasse mehrmals zur Ruhe.
„Das kann schon sein, dass Glorias Mutter besonders jung war. In anderen Ländern sind viele Frauen nicht so alt wie hier, wenn sie ihr erstes Kind kriegen. Auch in Deutschland gibt es Frauen, die sehr früh schwanger werden", erklärt sie mit starker Stimme. Einige Kinder werden leise, andere lachen immer noch. „Aber so jung kriegt doch niemand ein Kind", sagt Tim.
Mir ist das alles sehr peinlich. Ich möchte mich nur noch verkriechen. „Liest du uns deinen Text weiter vor, Gloria?", bittet Frau Wellenbrink. Ohne auf mein Bild oder meinen Text zu schauen, sage ich nur schnell: „This is my father. This is my grandmother and this is my grandfather. Finish." Dann setze ich mich, ohne auf eine Reaktion zu warten.

In dieser Nacht weine ich mich in den Schlaf. Das blöde Familienportrait reißt alte Wunden auf. Ich vermisse meine Familie mehr als jemals zuvor. Zum ersten Mal wird mir wirklich bewusst, dass mein Großvater nie wieder zurückkehren wird. Bei seiner Beerdigung vor knapp zwei Jahren hatte ich nicht mal richtig weinen können. Viele hatten sich darüber gewundert. Fakt ist: Kaum jemand kann sich vorstellen wie sehr ich Nana Yeboah geliebt habe. Ich hatte es ja selbst nicht begriffen, denn dieses Gefühl hatte ich zuvor noch nie jemandem gegenüber empfunden. In dieser Nacht, in der ich die Trauer über seinen Tod nachhole, wird mir auch bewusst, was ich am meisten vermisse. Niemand hatte jemals so viel mit mir gelacht wie mein Nana. Niemand hatte mir so viel beigebracht wie er. Niemand hatte mir jemals das Gefühl gegeben als Mensch gut zu sein. Gut, so wie ich bin. Ich musste mich nicht verändern, ich musste nur ich sein. Das hatte ich von ihm gelernt. Er hatte mir immer Recht darin gegeben, die Dinge zu hinterfragen, neugierig zu sein sei etwas Gutes, ich sollte meine Neugierde beibehalten. Ich solle nie aufhören zu fragen, wenn mir Antworten fehlen. Ich solle nie aufhören zu lernen. Egal wie alt man ist, es sei nie zu spät seine Ziele zu verfolgen, seine Träume zu verwirklichen. Ach, ich lernte so viel von ihm. Viele seiner Sätze waren nur Nebenbemerkungen in Gesprächen. Aber ich hatte sie mir trotzdem eingeprägt. Wir hatten nur etwas mehr als ein Jahr zusammen gelebt, aber ich lernte so unendlich viel von ihm.

So viel fürs Leben. Er brachte mir zum Beispiel auch Fahrrad fahren bei. Aber wie. Bei den Erinnerungen daran muss ich lachen und höre für einen Augenblick auf zu trauern. Wir haben viele, viele Stunden in einem Park mit einem hügeligen Waldstück geübt. Anfangs konnte ich die Balance nicht halten und bin schnell hingefallen. Manchmal weinte ich, bat Nana aufhören zu dürfen. Aber er ließ mich nicht und als es zu dämmern begann, hatte ich es geschafft den Berg runterzufahren ohne dass ich die Bäume als *Auffangnetz* verwendete. Ich hatte balancieren gelernt. Jetzt musste es nur noch auf der Straße klappen. Dafür brauchte ich dann zwar noch drei weitere Übungstage. Aber danach konnte ich Fahrrad fahren, so sicher und gut wie Kinder, die das im Kindergartenalter lernen.

Drei gegen Eine

Meine aktuelle Lebenslage ist gerade wenig attraktiv. In meiner Pflegefamilie gibt es – wie in anderen Familien vielleicht auch – häufig Konflikte. Ich fühle mich unverstanden und ungerecht behandelt. In der Schule werde ich oft rassistisch beschimpft, ständig erlebe ich körperliche Übergriffe, so dass ich häufig stürze und andere über mich lachen. Außerdem gibt es Lehrer*innen, die mich spüren lassen, dass sie mich nicht mögen und mir schlechtere Noten geben, als ich im Vergleich zu den anderen verdient hätte. Herr Michaelsen ist so einer. Deshalb mag ich sein Fach Erdkunde nicht. Ich mag auch nicht wie er über Entwicklungsländer spricht und ständig Ghana als Beispiel verwendet und mir dann diesen *gewissen* Blick zuwirft. Und so flüchte ich mich immer mehr in die Welt meiner Bücher. Ich lese praktisch alles: *Fünf Freunde, Die drei Fragezeichen, Die Kinder von Büllerbü, Die Krabbenbande, Hanni und Nanni*, einfach alles. Am Anfang lese ich nur dünne Bücher, nicht mehr als 200 Seiten. Doch nach kurzer Zeit kann ich auch dicke Bücher lesen. Die besten deutschen Autoren sind für mich Michael Ende, Paul Maar, Klaus Kordon und später auch Hermann Hesse. Die *Sams*-Bücher lese ich alle, ebenso *Momo, Lippels Traum* und – mein absolutes Lieblingsbuch zurzeit – *Die unendliche Geschichte*. Anfangs kriege ich viele Bücher von meinen Pflegeeltern und Freunden geschenkt, zu Weihnachten oder zum Geburtstag. Später leihe ich mir von anderen Kindern Bücher aus und noch etwas später kriege ich einen Bibliotheksausweis. Ich lese häufig heimlich bis in die frühen Morgenstunden, mit der Taschenlampe unter meiner Decke, damit meine Pflegemutter den Lichtstrahl unter der Tür nicht sieht, wenn sie unten an der Treppe steht und kontrolliert. Als mein Wecker an diesem Novembermorgen 1992 um Viertel vor sechs klingelt, habe ich wieder nur zwei Stunden geschlafen und schaffe es nicht rechtzeitig aufzustehen. Ohne Frühstück und Pausenbrot verlasse ich das Haus um zur Schule zu fahren, als der Bus gerade um die Ecke kommt. Ich sprinte los und habe den hinteren Teil des Busses knapp erreicht, als er abfährt. Ich schlage mit der Hand auf das Heck und brülle: „Hey, bleib stehen." Doch der Bus ist weg. Ich bin mir sicher, dass der Fahrer mich gesehen hat. Das habe ich schon einige Male erlebt. „Scheiß-Kerl", schimpfe ich. „Mist! Mist! Verdammt!"

Aus den Augenwinkeln sehe ich unseren Nachbarjungen Finn an seinem Hauseingang stehen, schadenfroh grinsend. Er macht mir und Familie Reimers von Anfang an das Leben schwer. Wann immer er kann, stört er Anne und mich beim Spielen draußen, beschimpft mich oder spuckt mich an. Über eine lange Zeit hängt er eine Fahne der *FAP*[53] in seinem Fenster. Und einmal hat er sogar ein Hakenkreuz an eines unserer Fenster gesprüht. Zumindest glauben wir, dass er es war. Wer sonst? Als ich zurück zu unserem Haus gehe, zischt er laut: „Typisch Neger. Immer zu spät." Ich zögere kurz, ob ich reagieren soll. Aber so einem Vollidioten noch Aufmerksamkeit schenken? Zeitverschwendung! Ich ignoriere ihn und denke lieber darüber nach, was ich jetzt machen soll. Normalerweise, wenn ich den Bus verpasse, fahre ich mit dem Fahrrad. Aber es ist noch dunkel. Das spricht gegen das Rad. Sollte ich meine Pflegeeltern wecken? Nein, das geht nicht. Leider habe ich in letzter Zeit etwas häufiger den Bus verpasst und meine Pflegeeltern haben mich schon mehrmals zur Schule gefahren. Vor zwei Wochen hatte Gisela gesagt: „Das nächste Mal, wenn du den Bus verpasst, fahren wir dich nicht. Das musst du dann selbst schaffen." Also, wecken kann ich die beiden nicht. Das gibt nur Stress. Bleibt nur das Fahrrad. Ich habe inzwischen schon so viel Zeit mit Nachdenken und Herumstehen verloren, dass ich nur noch 30 Minuten Zeit habe bis der Unterricht beginnt. Und durchgefroren bin ich auch schon. Ich gehe zum Fahrradschuppen, der so voll gestellt ist, dass es eine ganze Weile dauert,

---

53 Die rechtsextremistische *Freiheitliche Deutsche Arbeiterpartei* wurde 1979 gegründet und 1995 als Verein (da keine Anerkennung als Partei) verboten.

bis ich die in sich verhakten Drahtesel voneinander lösen kann. Und noch mehr Zeit verloren, denke ich. Meine Pflegeeltern besitzen einfach zu viele Gegenstände. Überall steht etwas im Weg. Als ich abfahren will, merke ich, dass zu wenig Luft in den Reifen ist.

„Scheiße, auch das noch", fluche ich laut. Jetzt gerate ich wirklich unter großen Zeitdruck. Zum Glück ist eine Luftpumpe direkt am Fahrrad befestigt. Schnell, schnell, treibe ich mich an. Komm schon! Endlich ist das Fahrrad aufgepumpt. Ich rase los und erreiche die lange Straße, die durch das ganze Dorf führt, 7:10 Uhr mittlerweile. Nur noch zwanzig Minuten. Wenn ich mich beeile, schaffe ich es. Zum Glück ist die Straße sehr gut beleuchtet, denn meine Lampe ist nicht so stark. Schnell habe ich den Dorfausgang erreicht, vor mir liegt nun ein kurzes Stück Landstraße. Auf dieser Strecke gibt es kaum Laternen, hier liegt ein Baumschulgebiet. Ein bisschen mulmig ist es mir immer, wenn ich hier abends vorbei fahre. Dieses Mal ist es auch unheimlich. Wenn einem hier etwas passiert, kriegt niemand etwas davon mit. Ich habe schon fast die Hälfte der Landstraße hinter mir. Vor mir sehe ich einen Pfad, der in das Baumschulgebiet führt. Ich verlangsame mein Tempo, bin total außer Atem. Plötzlich trifft mich ein sehr harter Gegenstand von vorn. Ich werde rücklings vom Fahrrad geschleudert. „Aaahhh." Was war das? Der Aufprall auf dem Asphalt tut irre weh. Beim Fallen versuche ich noch, mich mit der Hand abzustützen, wie ich es beim Karate gelernt habe. Es gelingt mir aber nicht. Stattdessen habe ich jetzt stechende Schmerzen im Hand- und Ellenbogengelenk. Schnell schaue ich mich um. Ich glaube drei Gestalten zu sehen. Die Gesichter kann ich nicht erkennen, ich weiß nicht, ob sie Masken tragen. Es ist zu dunkel und ich habe ohnehin schlechte Augen. Noch während ich am Boden liege, trifft mich ein erster Tritt in den Bauch. Weitere Tritte folgen. Wieder schreie ich auf. Gleichzeitig versuche ich mit den Händen mein Gesicht zu schützen.

„Scheiß Neger", höre ich eine Stimme, die ich nicht kenne.

„Dich fick ich." Das kommt von der gleichen Person. Die wollen mich vergewaltigen, denke ich panisch. Ich zittere am ganzen Körper. Bitte, Gott, lass das nicht zu. Bitte, lieber Gott, hilf mir. Ich werde hoch gerissen und festgehalten. Eine andere Person schlägt mich mit der Faust. Ich versuche mich zu wehren, schlage wie wild um mich. Ich kriege etwas zu fassen und reiße daran. Ich bekomme noch mehrere Tritte in den Rumpf. „Wir müssen zusehen, dass wir die Scheiß-Neger aus unserem Dorf bekommen. Sonst bekommen sie hier womöglich noch Kinder. Die vermehren sich wie die Karnickel", höre ich eine andere Stimme sagen. Was dann passiert, weiß ich nicht mehr. Ich verliere mein Bewusstsein.

Als ich wieder meine Augen öffne, scheint einige Zeit vergangen zu sein. Neben mir steht ein Mann. Ein Sanitäter.

„Sie kommt gerade wieder zu sich", ruft er in Richtung eines Krankenwagens. Es haben sich einige Leute versammelt. Außer den beiden Sanitätern und dem Fahrer des Krankenwagens stehen da noch zwei weitere Männer. Ich habe üble Schmerzen am ganzen Körper.

„Was ist passiert?", frage ich leise. Das Sprechen tut mir sehr weh, vor allem meine Rippen brennen. „Sie wurden eben hier gefunden", erklärt mir der Sanitäter.

„Der Mann", er zeigt mit dem Finger in Richtung eines Mannes, der neben seinem Auto steht, „hat Ihr Fahrrad auf der Straße gefunden. Er hat angehalten, weil es ihm merkwürdig erschien. Da fand er Sie auf dem Bürgersteig zur Baumschule."

Der Mann kommt zu uns herüber. Er ist groß, hat dunkles Haar und ist sehr korpulent. Er macht ein besorgtes Gesicht.

„Wie geht es Ihnen?" Ich zucke mit den Schultern. „Ich weiß nicht. Ich habe überall Schmerzen."

„Was ist denn passiert? Wer hat Sie so zugerichtet?"

Wieder zucke ich mit den Achseln. In der linken Hand hält er meine Brieftasche, in der rechten meine Krankenversicherungskarte.

„Sind Sie Gloria Boateng?" Ich nicke.

„Mein Kollege hat bereits Ihre Daten aufgenommen. Wir werden Sie jetzt ins Krankenhaus fahren."

„Ich will nicht ins Krankenhaus. Ich muss doch zur Schule. So schlimm ist es nicht." Doch selbst meine Sprache ist sehr wackelig. Drei Männer blicken mich von oben an. „Sie müssen untersucht werden. Wir wissen nicht, was Sie haben, aber eine Gehirnerschütterung scheint es auf jeden Fall zu sein."

Das ist die Stimme des zweiten Sanitäters.

„Gibt es jemanden, den wir benachrichtigen sollen?"

„Ja, meine Pflegeeltern."

Ich gebe ihnen die Nummer. Zu dem Mann, der mich gefunden hat, sagt er schnell: „Sie bleiben bitte hier bis die Polizei kommt."

„Können Sie aufstehen?"

Beim ersten Versuch knicken meine Beine gleich wieder weg. Der zweite Sanitäter ist schnell genug an meiner Seite und zusammen hieven sie mich auf die Trage und in den Krankenwagen. Noch bevor wir losfahren können, kommen zwei Peterwagen an und vier Personen steigen aus. Eine Polizistin geht direkt zu den Sanitätern und stellt ihnen einige Fragen. Zwei Polizisten sprechen mit dem Mann, der den Krankenwagen angerufen hat. Ich höre nur wie er berichtet: „Ich war auf dem Weg zur Arbeit und fuhr wie immer über diese Landstraße. Es war merkwürdig, denn ich sah schon von weitem etwas auf der Fahrbahn liegen. Zuerst wollte ich, wie alle anderen vor mir, einfach ausweichen und vorbei fahren. Aber dann sah ich, dass es sich um ein Fahrrad handelte. Die Art und Weise wie es auf der Straße lag, nicht am Rand, sondern so als hätte jemand einen Unfall gehabt, ließ mich anhalten. Ich fuhr an die Seite und schaute mich um. Da sah ich diese junge Frau bei der Baumschule. Es sah alles nach einem Unfall aus. Ich sprach sie an und als sie nicht reagierte, rief ich den Krankenwagen."

„Haben Sie denn sonst irgendetwas gesehen?"

„Es war noch recht dunkel. Soviel kann man aus der Entfernung gar nicht sehen", erwiderte der Mann.

„Ich meine, haben Sie andere Menschen hier gesehen. Haben Sie gesehen, was sich hier abgespielt hat?"

„Nein, es waren keine anderen Menschen da. Ich fand nur das hier."

Er reicht dem einen Polizisten einen kleinen Gegenstand. „Wissen Sie von wem der ist?", will der prompt wissen.

„Jedenfalls nicht von dem Mädchen. So was ist nicht an ihrer Kleidung dran, wie ich gesehen habe. Aber es lag neben ihrer geöffneten Hand."

Die Fahrt ins Krankenhaus kommt mir sehr lang vor. Ständig bleiben wir stehen. Es herrscht viel Verkehr auf den Straßen. Die Ampeln scheinen auch auf rote Welle geschaltet zu sein, denn der Fahrer schimpft darüber, dass er ständig bremsen muss. Dabei bin ich doch gar nicht so schwer verletzt.

Irgendwann parken wir an der Klinik, die Tür wird aufgerissen. Auf einer Trage werde ich in die Notaufnahme gebracht. Bei der Aufnahme gilt es Formulare und Formulare und noch mehr Formulare auszufüllen.

„Der Papierkram nervt mich am meisten an unserem Beruf", sagt der junge Sanitäter zu seinem Kollegen.

„Man gewöhnt sich daran", erwidert der.

„Nee", der erste lacht. „Ich nicht. Ich gewöhne mich nie dran. Bin ja nicht erst seit gestern im Dienst. Aber nerven tut es mich noch immer."

Irgendwann sind alle Formalitäten erledigt und ich bin offiziell im Krankenhaus aufgenommen.

Nach den Untersuchungen werde ich auf die Station verlegt.

„Sie werden aber wohl noch einige Tage hier bleiben müssen", teilt mir eine Schwester mit und stellt mich auf dem Gang ab, da mein Bett noch nicht fertig ist. Jeder Atemzug tut mir weh. Ich bin müde und möchte die Augen zumachen. Irgendetwas in mir sagt jedoch, dass ich wach bleiben sollte. Ich will nicht wieder das Bewusstsein verlieren. Krampfhaft kämpfe ich gegen die Müdigkeit an. Ich weiß nicht so genau, wann ich es aufgebe, aber ich stehe ziemlich lange auf dem Krankenhausflur.

Später kommen meine Pflegeeltern ins Krankenhaus. Sie sind entsetzt, als sie erfahren was passiert ist.

„Welche Menschen machen so etwas?", fragt Gisela.

Sie kommt zu mir, streichelt meinen Kopf.

„Ich glaube, das war Finn", sage ich.

„Wie?"

„Du hast gefragt, wer so etwas macht. Ich denke, das war der Finn mit seinen Freunden."

„Wie kommst du darauf?"

Ich erzähle den beiden von meiner Begegnung mit dem Nachbarsohn bei der Bushaltestelle. „Er hat gesehen wie ich den Bus verpasst habe."

„War sonst noch jemand auf der Straße aus der Nachbarschaft?", möchte Jürgen wissen.

Ich schüttele den Kopf. „Ich habe niemanden gesehen. Er ist der Einzige, der mich heute morgen gesehen hat."

In dem Augenblick klopft es an der Tür. Zwei Polizisten betreten das Zimmer, ich muss erneut schildern was sich zugetragen hat.

„Mögen Sie die Schule, Frau Boateng?", fragt einer der Polizisten.

„Wieso das denn?"

„Gehen Sie gern zur Schule? Sind Sie eine gute Schülerin?"

„Und ob sie eine gute Schülerin ist", antwortet Gisela für mich.

„Was hat das mit dem Unfall zu tun?", will Jürgen wissen. Die Polizisten antworten nicht. Stattdessen fragt der andere, etwas kleinere: „Schreiben Sie vielleicht heute eine Klassenarbeit?"

„Nein." Ich verstehe die Welt nicht mehr.

„Wozu ist das wichtig? Finden Sie lieber heraus, wer ihr das angetan hat!", fordert Jürgen.

„Sie können sich nicht vorstellen, wie viele Jugendliche solche Unfälle vortäuschen, weil sie eine Klassenarbeit nicht schreiben und deshalb nicht in die Schule gehen wollen."

„Das hat unsere Gloria gar nicht nötig."

„Sie ist eine gute Schülerin und hat bisher jede Klassenarbeit bravourös gemeistert."

„Und wie erklären Sie sich dann ihre Rippenbrüche und die Gehirnerschütterung?", fragt die Krankenschwester, die gerade ins Zimmer tritt. Der Polizist antwortet nicht, sondern holt einen Plastikbeutel aus seiner Tasche. Darin befindet sich ein dunkelblauer, mittelgroßer Knopf.

„Der ist am Unfallort gefunden worden. Ist der von ihnen?"

„Nein, wieso?"

„Na, der lag wohl neben Ihnen, der Ersthelfer hat ihn gefunden."

„Den Knopf habe ich einem der Angreifer abgerissen, die mich attackiert haben. Ich wollte mich verteidigen und hatte ihn plötzlich zwischen meinen Fingern."

„Woher wissen Sie, dass es Männer waren?"

„Keine Ahnung. Sie waren recht groß. Und zwei haben gesprochen. Die Stimmen klangen tief und dunkel."

„Dann ist der Knopf also nicht von Ihrer Jacke?"

„Sie hat doch eben gerade gesagt, dass der Knopf nicht von ihr ist." Mein Pflegevater schüttelt den Kopf über so viel Ignoranz.

„Kannten Sie die Täter?"

„Das weiß ich nicht. Ich habe ihre Gesichter nicht gesehen."

„Haben Sie Feinde? Gibt es jemanden, der Ihnen das angetan haben könnte?"

„Sie hat doch keine Feinde", stellt meine Pflegemutter fest.

„Aber es gibt Menschen in unserem Dorf, die mich nicht gerade willkommen heißen."

„Was heißt das konkret?"

„Wir haben Gloria vor zwei Jahren als Pflegekind aufgenommen. Wir erleben schon einige Anfeindungen seit dem." Es entsteht eine betretene Stille.

„Ich weiß, wem der Knopf gehört", sage ich schließlich.

„Wem denn?"

„Dem Nachbarjungen Finn. Er trug einen dunkelblauen Wollmantel, als er mir heute morgen begegnete."

„Dann statten Sie ihm mal einen Besuch ab und finden Sie heraus, ob dem jungen Mann ein Mantelknopf fehlt", schlägt Jürgen vor. Er gibt den ermittelnden Beamten die Kontaktdaten.

Wir erfahren einige Tage später, dass Finn alles abgestritten hat. Er habe auch für die Tatzeit ein Alibi nachweisen können.

Der besagte Mantel wird nie gefunden.

Familienleben mit Licht und Schatten

Bei Familie Reimers starten wir immer mit einem gemeinsamen Frühstück ins Wochenende. Das ist ein Familienritual. Es gibt Brot und meistens auch Brötchen, Farmersalat, Käse, Wurstaufschnitt und allerlei Süßes wie Honig, Marmelade und Zuckerrübensirup. Ich habe inzwischen auch mehr Lebensmittel kennengelernt. Käse liebe ich mittlerweile sogar, am meisten Leerdammer und den richtig alten Gouda. Ich mag sogar süße Aufstriche wie Honig, nur mit Butter kann man mich immer noch jagen.

Doch leider muss samstags auch das Haus sauber gemacht werden. Das sorgt fast jede Woche für Zündstoff, weil sich nicht alle Familienmitglieder gleichermaßen an der Hausreinigung beteiligen wollen. Das stört mein Gerechtigkeitsempfinden. Gisela scheint das nie zu bemerken. Manchmal denke ich aber, dass sie das sehr wohl merkt und dass es ihr schlichtweg egal ist.

Die Aufgaben werden jeden Samstag neu verteilt. Manchmal muss ich die Treppen fegen und wischen und die Bäder sauber machen, ein anderes Mal muss ich das Esszimmer aufräumen und staubsaugen. Eines Tages entbrennt erneut ein heftiger Streit, in dessen Verlauf ich – wie so oft – die Lauteste bin. Der Konflikt wird im Flur ausgetragen und Gisela bekommt es irgendwann mit.

„Hört auf euch zu streiten und macht endlich das Haus sauber", sagt sie zu uns.

Als ich mich wegen der Aufteilung und der Umsetzung der Aufgaben beschwere, erwidert sie: „Mir ist es egal, wer was macht und wer was nicht macht. Ihr seid alle dafür verantwortlich, dass das Haus sauber gemacht ist. Jeder hat seinen Teil zu erledigen. Und ihr kommt nicht raus ehe das nicht gemacht ist."

Tränen der Wut steigen mir in die Augen. „Aber ich habe gleich eine Verabredung mit Samira. Ich muss gleich los."

„Dann fange besser gleich an", gibt sie zurück und geht ins Esszimmer, wo sie gerade an dem Tisch sitzt und Briefe schreibt. Jürgen bekommt von alldem nichts mit, er ist vor einer halben Stunde zum Einkaufen gefahren.

Langsam löst sich die Situation schließlich auf.

Ich bin so wütend und schließe mich im Badezimmer ein. Es ist so ungerecht. Ich fühle mich allein gelassen und ungerecht behandelt. Wie so oft in solch kleineren oder größeren Konfliktsituationen sehne ich mich nach meiner Mutter und meinem Großvater. Ich sehne mich nach jemanden, der mich beschützt oder mich wenigstens tröstet. Warum lebt mein Großvater nicht mehr? Wo ist meine Mutter?

Irgendwann schnappe ich mir Handfeger und Schaufel und fange an die Treppen zu fegen. Doch meine Verabredung mit Samira kann ich an diesem Tag vergessen. Denn die Hausreinigung wird vorher nicht fertig werden.

Bitter enttäuscht setze ich mich in mein Zimmer und schreibe meiner Freundin einen Brief. Ich berichte ihr von den Ungerechtigkeiten, die mir passieren und wie schlecht es mir damit geht. Wie sehr ich mich manchmal nach Ghana zurücksehne und am liebsten dorthin zurück gehen würde. Ich schreibe ihr wie schlecht es mir in der Schule geht, wie ich von einigen Jungen regelmäßig beleidigt, bespuckt und geschubst werde auf dem Pausenhof. Manchmal lauern sie mir auch nach dem Unterricht auf. Ich schreibe, dass ich die Schule ganz und gar nicht mag. Ich schreibe mir in diesem Brief alles von der Seele, insgesamt zwölf handgeschriebene DIN-A4-Seiten. Das tut so gut. Es sortiert ein wenig meine Gedanken.

∗ ∗ ∗

Sommer 1995. Gisela ist gerade im Wohnzimmer, als das Telefon klingelt. Ich bin im Esszimmer, wo ich mit Jürgen ein Spiel spiele. Das macht mir viel Spaß, in Ghana haben Erwachsene nicht mit uns Kindern gespielt. In dieser Familie wird aber recht viel miteinander gespielt. Nach fünf Minuten kommt Gisela zu uns herein. Sie sieht ein bisschen blass aus, denke ich und frage mich, was los sein mag. „Es ist jemand am Telefon für dich, Gloria", sagt sie.

„Wer denn?" Komisch, sonst sagt sie ja auch gleich, wer dran ist und nicht nur *jemand*. Es muss schon eine ungewöhnliche Person sein.

„Deine Mutter."

„Wer?"

„Akosua."

Ich bin fassungslos. Sie hätte auch ebenso gut sagen können, dass mein verstorbener Großvater am Telefon sei, das hätte mich nicht weniger gewundert.

„Wo ist sie?"

„Am Telefon. Geh schnell. Sie wartet."

Ich stehe widerwillig von meinem Stuhl auf. Ich verstehe das alles nicht. Das passt ganz und gar nicht zusammen. Sehr langsam und mit zitternden Händen nehme ich den Telefonhörer vom Sekretär.

„Hallo?", spreche ich vorsichtig hinein.

„Hello", kommt ebenso einsilbig die Antwort.

„Hier ist Gloria. Wer ist da?" Ich habe automatisch Deutsch gesprochen.

„Gloria, it's your mother", sagt die Stimme am anderen Ende. Sie kommt mir zwar bekannt vor, aber ist sie wirklich die meiner Mutter? Der Mutter, die in Ghana lebt und in all der Zeit meine Briefe nie beantwortet hat? Der Mutter, nach der ich mich die letzten fünf Jahre so sehr gesehnt habe? Deren Nähe ich gebraucht hätte? Der Mutter, die scheinbar kein Interesse an mir und meinem Leben hat? Meine Gedanken kreisen und kreisen, bis ich mich schließlich etwas fange.

„Which mother?"

„Maame Akosua", antwortet sie leise. Dann Stille. Auf beiden Seiten.

„Hello?" Sie meldet sich wieder als erste. Die Art wie sie ihren Namen ausgesprochen hat. Ihre Stimme. Ja, das ist sie. So spricht nur sie.

„Is it really you?"

„Yes, it's me."

„Where are you? Are you calling from Ghana? Why didn't you call earlier? Why haven't you contacted me all these years? Why now?" Die Worte sprudeln nur so aus mir heraus.

„No, I am not in Ghana." Sie ist dann bestimmt in England, geht es mir durch den Kopf. Ich hatte zwischendurch von Tante Erica gehört, dass meine Mutter versucht hätte nach England zu gelangen, um von dort ein Visum für Deutschland zu kriegen.

„Where are you then?"
„I'm in Germany."
„What? Where are you?"
„In Deutschland", antwortet sie nur.
„Was? Seit wann das denn?"
„I came to Hamburg some months ago."
„Really?"
„Yes." Sie freut sich. Ich fasse es kaum.
„I want to see you", sagt sie.
„I talked to Gisela and she allowed me to visit you this weekend." Sie sagt es so, als hätte jemand gesagt ‚Ich gehe mit meinem Hund spazieren.
„When?", will ich nur wissen. Ich merke, dass gerade alles über mir einzustürzen droht.
„On Saturday. I will come on Saturday afternoon."
„Great", sage ich. Ich gebe mir alle Mühe *happy* zu klingen. Aber meine Stimme klingt eher gepresst.
„Alright. See you on Saturday." Ich will das Gespräch beenden. Ich kriege keine Luft mehr. „How are you?", fragt sie in dem Augenblick.
„Fine", antworte ich schnell. Wie sollte es mir sonst gehen, wenn meine Mutter, die laut allen offiziellen Papieren „unbekannt verzogen ist", sich nach fünf langen und einsamen Jahren meldet und mir mitteilt, mich in fünf Tagen besuchen zu kommen? Es musste mir doch gut gehen. Das tut es aber nicht. Ich bin verwirrt. Sehr sogar. Etwas geht mir nicht aus dem Kopf. Meine Mutter hat gesagt, sie sei schon seit Monaten in Hamburg. Seit Monaten! Wo war sie denn in all diesen Monaten? Sie ruft *jetzt* an, um mich zu besuchen. Warum? Ich stelle mir vor, ich hätte ein Kind, das irgendwo bei einer fremden Familie in einem fremden Land lebt. Das erste, was ich im Land täte, wäre doch, das Kind anzurufen. Zu ihm gehen. Ich würde es doch auf der Stelle sehen wollen. Meine Mutter hatte *Monate* vergehen lassen. Wer weiß wie viele ...

Der Samstag kommt. Die Zeit vergeht nur schleppend. Wenn wir Besuch erwarten, ist im Haus Großputz angesagt. Heute stört es mich aber nicht sonderlich, zum einen ist es für meine Mutter und zum anderen vergeht die Zeit dann schneller. Ich frage mich, was ich anziehen soll. Ich weiß nicht, ob ich mich schick machen soll. Am Ende ziehe ich eine Jeanshose und eine sommerlich bunte Bluse an. Dann klingelt es plötzlich an der Tür.

Ich stehe oben an der Treppe, vor meiner Zimmertür.

„Hallo, Gisela", höre ich kurz darauf eine Stimme. Sie ist nervös, denke ich. Ihre Stimme zittert ein wenig.

„Hallo Akosua, komm herein." Auch Jürgen schüttelt meiner Mutter die Hand. Akosua tritt in den Flur und schaut sich vorsichtig um.

„Wo ist denn Gloria?", fragt Gisela.

„Ich komme", rufe ich laut. „Ich bin gleich da." In Wirklichkeit würde ich am liebsten gar nicht runtergehen. Ich möchte hier oben bleiben, ich will die Frau nicht sehen, die irgendwie meine Mutter ist und irgendwie auch nicht. Was, wenn sie enttäuscht von mir ist? Was, wenn sie mich nicht mag? Ich sehe inzwischen ganz anders aus als früher. Ich bin gewachsen. Vor allem in die Breite. Ich habe bei meiner Pflegefamilie so viel Gewicht in wenigen Jahren zugelegt, dass ich in der Schule auch noch deswegen gehänselt werde. Zuerst lachten sie über meine Haare und nannten mich *Sonic*, dann lachten sie über meine „Wurstlippen" und jetzt lachen sie über meinen dicken Hintern und rufen mich Entenarsch. Wie würde meine Mutter auf mich reagieren?

„Gloria. Wo bist du denn?" Gisela steht unten an der Treppe. Sie sieht mich an, bemerkt mein Zögern. Ich gehe langsam die Treppen runter. Stufe für Stufe. Immer mehr kommt von unserem Gast zum Vorschein. Auf den letzten Stufen werde ich noch langsamer. Ja, das ist sie. Wie soll ich sie denn begrüßen? Händedruck? Umarmung? Wir waren uns schließlich wieder fremd geworden. Dann sehe ich, dass sie ihre Arme geöffnet hat und lasse mich von ihr umarmen.

„Maame", rufe ich. *„Me maame."*

Sie drückt mich fest an sich.

„Ama", sagt sie. „Ama Moroba." Wir müssen beide lachen. So hatten mich Frau Pahlis und ihre Freundin immer genannt, weil sie meinen zweiten Namen Boaduwaa nicht aussprechen konnten. Das Eis zwischen uns beginnt langsam, aber merklich zu schmelzen.

✳ ✳ ✳

Gisela hat sich über die Jahre Gedanken gemacht, wie wir herausfinden können, wann ich wirklich Geburtstag habe. Sie möchte, dass wir das falsche Geburtsdatum im Pass ändern lassen. Es war immer schon offensichtlich, dass es falsch ist. In meiner Anfangszeit in Deutschland habe ich noch behauptet, ich wäre so jung wie in meinen Dokumenten steht. Musste ich. Mein Großvater hatte mir eingeschärft, diese Daten zu benutzen. Nachdem meine Mutter abgeschoben wurde, durfte ich nie über sie sprechen. Strikt verboten. Ich sollte immer sagen, sie sei unbekannt verzogen. Mein Vater ist laut meinen Papieren 1989 ums Leben gekommen. Also in dem Jahr, in dem ich nach Deutschland immigrierte. Ich weiß lange Zeit nicht, warum das alles so in den Dokumenten steht. Gisela erklärt es mir eines Tage: „Wahrscheinlich hätte Yeboah nicht die Vormundschaft für dich erhalten, wenn er all das nicht behauptet hätte." Und Jürgen ergänzt: „Wer weiß, ob du hättest in Deutschland bleiben dürfen, wenn sie gewusst hätten, dass deine Mutter in Ghana ist. Wir haben das Szenario mitgemacht, weil wir wollten, dass du in Deutschland bleiben kannst." Ich erinnere mich daran, dass Frau Pahlis mal gesagt hat, dass ich womöglich nach Ghana hätte zurückgehen müssen, wenn man gewusst hätte, wo meine Mutter lebt. „Sag immer, du kennst ihren Wohnort nicht und hast auch keinen Kontakt zu ihr." Stimmt ja sogar, habe ich damals gedacht. Da meine Mutter nun in Hamburg ist, nimmt Gisela mit ihr die Änderung meines Geburtsdatums in Angriff. Als wir Akosua fragen, wann ich eigentlich geboren bin, ist sie zuerst unsicher. „I was fourteen years old, almost fifteen. It must have been 1979. Yes, I remember." Aunty Erica hatte auch mal 1979 als mein mögliches Geburtsjahr genannt, weil ihr Sohn im selben Jahr geboren worden sei.

„And which month? Which day?", möchte ich wissen.

„I think it was in August. That day it was very, very hot in Pramso. We went to the Pramso hospital."

„You and Nana?"

„Yes. I think it was ending of August." Nach einigem Überlegen fügt sie unsicher hinzu: „Maybe 28th August."

„Are you sure?", hake ich nach.

„I will call Nana for a confirmation. We will know it very soon." Wenige Wochen später steht fest, dass ich wahrscheinlich am 28. August 1979 geboren wurde. So genau weiß es niemand. Ich habe eher das Gefühl, dass meine Mutter den Augustmonat mag und sie will, dass ich im Sommer Geburtstag habe. Es vergehen viele Monate bis meine neue Geburtsurkunde aus Ghana kommt, die meine Mutter organisiert hat und weitere Wochen bis mein neuer Reisepass ankommt. Ich bin völlig aus dem Häuschen. Mir gefällt mein neues Geburtsdatum: 28.08.1979. Ich bin mit einem Schlag um drei Jahre gealtert. Das soll man mir erst mal nachmachen.

Goodbye Reimers, Hello Wohnheim

Mit den Jahren ist mein Wunsch nach mehr Selbstbestimmung immer stärker geworden. Anfang 1997 – ich bin gerade siebzehn – fällt meine Entscheidung, auszuziehen. Ich habe genug von meinem Leben in einem Dorf, in dem ich die Einzige bin, die sichtlich eine andere Herkunft hat. Genug von einem Dorf, in dem samstags ab 14 Uhr kein Bus mehr fährt. Einfach trostlos für Jugendliche. Einem Dorf, in dem ich selbst nach sechs Jahren immer noch so etwas wie ein Alien bin. Anfangs zögert Gisela, als ich mit ihr über meinen Wunsch spreche. Nach einigen Tagen stimmt sie dann aber zu. Ich glaube, sie merkt auch, dass sie erschöpft ist. Vielleicht spürt sie, dass sie sich selbst jahrelang überfordert hat mit einem Pflegekind, das noch dazu aus einem anderen Kulturkreis stammt und dann mitten in der Pubertät ist. Ein dunkelhäutiges Kind, das nicht überall willkommen geheißen wird. Wir waren alle in der einen oder anderen Situation damit überfordert worden. Die Sachberaterin des Jugendamtes schlägt ein betreutes Wohnheim vor, da ich noch nicht volljährig bin.

Die Zeit bis zum Umzug will gar nicht vergehen. Stunden erscheinen wie Tage und Tage wie Monate. Irgendwann aber ist es soweit. Daniela, eine Betreuerin aus dem Wohnheim, kommt mit einem Sprinter um meine Möbel zu transportieren. Ich habe mit Gisela und Jürgen abgesprochen, dass ich alles mitnehme, was tatsächlich mir gehört, d.h. was meine Pflegeeltern für mich gekauft haben, als ich hier vor genau sechs Jahren einzog: Mein Bett, mein kleiner Schrank, mein Schreibtisch mit Schreibtischstuhl. Geschirr habe ich kaum, nur drei Becher, die ich mal zum Geburtstag oder als Weihnachtsgeschenk bekam. Gisela möchte mir etwas mitgeben, aber da es im betreuten Wohnheim eine voll ausgestattete Gemeinschaftsküche gibt, brauche ich nicht sofort Geschirr und Besteck. Ich werde mir später einfach Neues kaufen. Meine Kleidung füllt kaum drei Koffer und so ist der ohnehin eher kleine Transporter fast leer. Dieser Anblick ist schon ein wenig deprimierend.

Die große Verabschiedung. Wir haben besprochen, dass ich allein mit Daniela fahre und meine Pflegeeltern später vorbei kommen. Jürgen will mir dann beim Möbelaufbau helfen. Es ist ein merkwürdiges Gefühl, mich von der Familie verabschieden zu müssen. Ein bisschen schmerzhaft. Und gleichzeitig bin ich gespannt auf das, was kommt. Denn es ist Zeit für Veränderung, Zeit für mehr Autonomie. Es sind genau die vier Personen da, die mich bereits bei meinem Einzug empfangen hatten: Gisela, Jürgen, Bianca und Klaus. Ich verabschiede mich bei jedem Einzelnen und danke ihnen für ihre Unterstützung.

Als nach den Kindern Jürgen an der Reihe ist, sage ich leise: „Danke, dass du mit mir gespielt hast." Er lacht.

„Ja, spielen konnten wir beide gut." Am liebsten Yatzee, das Spiel mit den zwölf Würfeln. Stunde um Stunde haben wir zwei gespielt. Die ersten Tränen kullern mir über die Wangen. Schließlich wende ich mich Gisela zu. Als ich sie umarme, kann ich meine Tränen nicht mehr zurückhalten.

„Ich weiß, dass ich kein einfaches Kind war. Es tut mir leid, dass ich dir soviel Sorgen bereitet habe. Es tut mir leid, dass ich dich manchmal belogen habe. Ich wollte all die Schwierigkeiten nicht. Wirklich!" Auch Gisela hat Tränen in den Augen. Sie drückt mich fest an sich.

„Wir haben beide unser Bestes gegeben, nicht wahr?"

„Ja, das haben wir."

Noch immer einander umarmend, flüstere ich: „Danke, dass du mich bei euch aufgenommen hast. Was ihr für mich getan habt, das hätte kaum eine andere Familie getan. Es war für mich nicht immer einfach, aber ich bin euch wirklich sehr dankbar!"

Daniela startet den Motor, ich folge ein paar Minuten später. Die Fahrt verbringen wir schweigend. Ein neuer Lebensabschnitt liegt vor mir. Mal wieder.

Obwohl ich meinen Auszug herbeigesehnt habe, bin ich doch auch traurig, die Familie zu verlassen. Sechs Jahre. Das ist eine lange Zeit, die ich so schnell nicht vergessen werde. Jahre der Freude, der Gemeinschaft, der Förderung, aber auch Jahre der Auseinandersetzungen und das Aufeinanderprallen von persönlichen Vorstellungen, Kulturclash und Konflikte zwischen zwei Generationen. Es war eine Zeit der Herausforderungen, aber auch eine Zeit der Entfaltung. Vor allem sprachlich. Sechs Jahre bei Familie Reimers und viele Bücher haben dazu geführt, dass ich die deutsche Sprache besser beherrsche, als die meisten Deutschen, die ich kenne. Doch mein Opfer dafür ist groß: Ich spreche kaum noch *Twi*. Meine Erstsprache habe ich mit den Jahren verlernt. Nach vielen Jahren ohne Praxis und stattdessen das Erlernen von drei europäischen Fremdsprachen in der Schule ist leider fast nichts mehr vom *Twi* übrig. Wenn ich mal auf Ghanaer*innen treffe, schäme ich mich. Denn meistens sprechen sie *Twi* mit mir. Ich verstehe sie zwar, aber ich kann nicht gut antworten. Als ob man mir den Mund zugeklebt hat. Ich muss mich oft deswegen verteidigen; die Menschen verstehen nicht, dass ich aus Ghana komme, aber nicht mehr *Twi* sprechen kann. Ich fühle mich ohne meine Muttersprache nicht mehr wie ich selbst. Ich fühle mich nicht mehr ganz. Es schmerzt mich. Ich fühle mich nicht deutsch und nicht ghanaisch. Der letzte Rest, der mich mit meinem Land verbunden hat, verschwindet nun fast ganz. Wie soll ich jemals nach Ghana zurückkehren? Wie soll ich mich mit meiner Nana und den anderen in Pramso unterhalten?

Mein neues Zuhause ist eine Einrichtung der AWO in Kooperation mit dem Jugendamt. Es ist eine betreute Wohngruppe für Jugendliche und junge Erwachsene, die aus unterschiedlichen Gründen hier wohnen wollen oder müssen. Wir leben in einem dreistöckigen Haus mit verschiedenen Trakten und sehr vielen Räumen. Das Besondere an diesem Projekt ist, dass nicht nur die jungen Menschen hier wohnen, sondern auch die Betreuer*innen haben ein eigenes möbliertes Zimmer. Am Wochenende hat immer jemand Dienst, auch nachts. In der Woche ist nicht immer pädagogisches Fachpersonal anwesend. Die Betreuer*innen sind Ansprechpartner*innen für alles und sollen uns junge Menschen dabei unterstützen, selbstständig zu werden und auf eigenen Beinen zu stehen oder aber bei der Bewältigung verschiedener Problemlagen helfen.

Wohnen in der Jugendwohnung ist ein ganz anderes Wohnen als bei meinen Pflegeeltern, das merke ich schnell. Es ist so eine Art WG für meist sozial benachteiligte Menschen, die oft aus anderen Ländern stammen. Es sind Menschen, die häufig keine Familien haben oder deren Familien sich nicht um sie kümmern. Viele von ihnen haben keinen Schulabschluss und stecken gerade in irgendwelchen Maßnahmen des Arbeitsamtes. Manchmal sind es aber auch Ausländer*innen mit unsicherem Aufenthaltsstatus, die kurz vor der Abschiebung stehen und bei denen man nicht weiß, wie es weitergeht. In jedem Fall ist es eine „Auffangstation für Gestrauchelte".

Zu diesen Gestrauchelten gehöre nun auch ich. Das Gute daran ist: Ich fühle mich nicht so.

Alle haben hier ein eigenes Zimmer. Wir teilen uns eine riesige Küche mit Essbereich, ein großes Badezimmer mit Waschmaschine und Trockner, Terrasse und Garten hinter dem Haus sowie ein großes Wohnzimmer, in dem sich meistens die Betreuer*innen aufhalten, weil es gleichzeitig ihr Büro ist. In jedem Trakt, der immer zwei oder drei Zimmer umfasst, gibt es noch ein Duschbad, und einige haben auch eine kleine Küchenecke in ihren Zimmern. Da mein Zimmer direkt bei der Küche liegt, habe ich keine Kochnische. Zum Glück, denn mein Zimmer gehört ohnehin zu den kleinsten im Haus.

Das Leben hier ist recht einfach strukturiert: Jede*r von uns erhält eine wöchentliche Summe, um sich Nahrung zu kaufen. Zusätzlich gibt es einen monatlichen Betrag für Kleidung und Schulmaterialien. Das Essensgeld wird immer mit Quittungen abgerechnet. In der Küche kann sich jede*r eigene Mahlzeiten selbst zubereiten, zum Wäschewaschen hängt ein Plan aus, in den man sich eintragen kann.

Hier wohnen insgesamt sieben Jugendliche und junge Erwachsene, vier stammen aus dem Ausland. Mein Zimmer ist unten, in einem Trakt, in dem noch zwei andere Mädchen leben. Eines davon heißt Janina. Sie ist drei Jahre älter als ich und völlig verwahrlost. Janina ist ein richtiger Messie. Alles liegt herum. Nichts wird weggeräumt oder gewaschen. Janinas Zimmer ist schräg gegenüber von meinem. Jedes Mal wenn sie ihre Tür öffnet, weht der Gestank zu mir. Es ist wirklich eklig. Sie selbst auch. Seit Monaten versucht Daniela, die meine und Janinas Bezugsbetreuerin ist, das Mädchen dazu zu bewegen, ihr Zimmer aufzuräumen. Sie wollen es neu gestalten. Aber solange Janina keine Anstalten macht, dabei mitzuhelfen, werden sie auch nichts machen. Janina macht momentan nichts, beruflich gesehen. Sie hat keinen Schulabschluss und hat viele berufsvorbereitende Maßnahmen abgebrochen. Sie hat einen kleinen Sohn, der woanders lebt und selten bei ihr ist. Glaube ich.

Im Zimmer nebenan wohnt Silvia. Sie ist das dickste Mädchen, das ich jemals gesehen habe. Ich hätte mir nicht vorstellen können, dass jemand so dick sein kann. Mit ca. 1,50 m Größe ist sie um einiges kleiner als ich, wiegt aber das Doppelte. Silvia macht gerade eine Lehre in einer Konditorei. Das ist aber nicht der Grund für ihre Körperfülle, denn sie hat schon vorher so ausgesehen, sagt sie. Sie muss immer um halb vier Uhr morgens aufstehen. Das beeindruckt mich sehr: Es erfordert doch enorm viel Disziplin.

Oben wohnen die vier männlichen Mitbewohner. Zwei Jungen aus dem Iran, die uns Mädchen permanent anbaggern. Ihr Asylantrag läuft noch und man weiß nicht, was aus dem Verfahren wird. Vermutlich werden sie demnächst abgeschoben. Man hat das Gefühl, dass sie deshalb so richtig auf den Putz hauen wollen. Sie sind ständig unterwegs, kommen oft später als erlaubt und sind dann noch manchmal betrunken. Trotzdem bestehen sie immer darauf, strenge Muslime zu sein. Ich habe schon so manches Mal mit ihnen diskutiert, weil ich nicht verstehe, wie ihr strenger Glaube und ausschweifender Lebenswandel zusammenpassen. Na ja, jeder Mensch macht sich seine eigene Religion. Von den zwei anderen Jungen, einer aus Afghanistan und ein Deutscher, habe ich lange Zeit überhaupt nichts mitbekommen.

In diesem Wohnheim habe ich das Gefühl, mit lauter Abgehängten der Gesellschaft zusammen zu leben. Ich erkenne, dass Menschen, um die sich niemand richtig kümmert, wie Janina, einfach keine Chance haben ihren Weg zu finden. Andererseits bemüht sie sich ja auch nicht ernsthaft. Ich erkenne mehr denn je, dass ich meinen Weg fortführen muss. Dass ich mich, trotz neuer Freiheit und Selbstbestimmung, nicht von der Schule und meinem Streben nach einem höheren Abschluss für ein zufriedenstellendes Leben abbringen lassen darf.

Eigentlich

Seit einigen Monaten habe ich einen Freund, Miroslav, genannt Miro. Er ist Serbo-Kroate und zehn Jahre älter als ich. Ich lerne ihn auf einer Party kennen. Miro wohnt in einem Hochhaus direkt neben einem Bahnhof, seine Wohnung besteht aus nur einem Zimmer mit winziger Kochnische und einem engen Duschbad. Beim Fenster stehen ein abgenutztes Sofa und zwei alte Stühle, deren Polsterungen sich gerade verabschieden. Dazu ein Fernseher auf einem Sideboard. Statt einem Bett liegt eine große Matratze auf dem Fußboden in einer Nische. Diese Wohnung ist die kleinste, die ich jemals gesehen habe. Dazu ist sie sehr spartanisch eingerichtet.

Eines Abends nimmt mich Miro mit zu einem Sit-in bei seinem Freund Sasha. Es wird wie immer viel zu viel getrunken und geraucht. Für mich ist es eine Welt, die ich nicht verstehe, denn Alkohol und Zigaretten schmecken einfach nur widerlich. Ich kann kaum nachvollziehen, warum die Menschen nicht die Finger davon lassen.

Da im Wohnzimmer geraucht wird und ich irgendwann keine Luft mehr bekomme, verziehe ich mich in die Küche. Dort sind bereits drei weitere Leute: zwei Frauen und ein Mann. Der Mann stellt sich als Boris vor.

„Ich bin Gloria", sage ich und gebe ihm die Hand.

„Steffi", sagt die Frau neben Boris. Sie scheint ihr wirkliches Alter unter einer dicken Schicht von Make-up verbergen zu wollen.

„Und ich bin Siggi", sagt die dunkelhaarige, etwas kleinere Frau, die sich gerade am Waschbecken mit Leitungswasser versorgt.

Eine Weile stehe ich nur so herum und verfolge ihr Gespräch. Siggi erzählt davon, dass sie gerade kaum mehr Kohlenhydrate esse um abzunehmen. Das sei gerade total hip.

„*Low Carb* kommt aus Amerika. Die Stars dort machen das schon total lange. Jetzt schwappt es endlich auch zu uns."

„Ich kann mir nicht vorstellen, dass es so gesund ist", sage ich.

„Wieso das denn nicht? Es ist bewiesen, dass Kohlenhydrate dick machen."

„Das glaube ich nicht. Alles und nichts macht dick. Es kommt auf so viele Faktoren an, ob ein Mensch dick wird."

„Aber *Low Carb* funktioniert. Vor allem, wenn man abends Kohlenhydrate weglässt."

„Kann sein. Aber eigentlich braucht der Körper doch Kohlenhydrate. Sie sind nicht per sé ungesund. Wenn man viel Vollkornprodukte isst und regelmäßig Sport macht, kann man sie doch getrost essen."

„Nee, nee, sie machen dick. Ich kann dir mehrere Bücher zeigen, die das beweisen. Und beim Abnehmen sind sie nicht hilfreich."

„Was isst man denn stattdessen?", frage ich.

„Na ja, man soll mehr Produkte essen, die viel Eiweiß enthalten, Fleisch und Fisch."

„Ob das so gesund ist, wenn man viel Fleisch und Fisch isst? Wird man dann satt? Isst man dann nicht auch mehr Fett? Das kommt doch meistens mit fettigen Soßen. Das kann doch auch nicht gut sein, für die Umwelt schon ganz und gar nicht."

„Na ja, man soll es ja nicht lebenslänglich machen. Nur für die Diät", wendet Steffi ein.

„Und was kommt danach?", fragt Boris.

„Ja genau, nach der Diät isst man dann wieder alles wie vorher und nimmt wieder zu", sage ich.

„Jojo-Effekt", lacht Boris.

„Ich glaube immer noch, dass es beim Abnehmen vor allem darauf ankommt, gesund und vielfältig zu essen. Und die Energiebilanz ist auch nicht unwichtig, also dass man mehr Energie umsetzt, als man aufnimmt", wende ich ein.

Das Gespräch plätschert noch eine Weile dahin, Siggi steigert sich weiterhin total in die *Low-Carb*-Idee. Plötzlich fragt Boris: „Sag mal, Gloria, woher kommst du *eigentlich*?"

Ich bin völlig verdattert. „Wie, woher komme ich *eigentlich*? Wofür ist das wichtig?"

„Na ja, du sprichst so gut Deutsch."

„Ja und? Du doch auch."

„Bist du hier geboren?"

Am liebsten würde ich mich umdrehen und die Küche verlassen, das wäre aber unhöflich. Ich habe die *Woher-kommst-du-eigentlich-Frage* so satt. Ich weiß nicht, ob es noch eine Frage gibt, die mir seit meiner Ankunft in Deutschland öfter gestellt worden ist. Es ist egal wo ich bin, egal in welchen Kreisen ich mich bewege, irgendwann fragt mich garantiert jemand woher ich eigentlich komme. Das schlimmste an der Frage ist das Wort *eigentlich*. *Woher kommst du?*, höre ich auch oft. Auch ich frage manchmal Leute im Gespräch. Vor kurzem z.B. habe ich einen Musiker kennengelernt, der für einen Auftritt in Hamburg war. Er sprach Deutsch, aber mit einem ganz anderen Akzent, den ich nicht kannte. Da wollte ich auch wissen, woher er kommt. Aber *eigentlich*? Ich weiß auch nicht so genau, was mich an dem Wort stört. Es ist vielleicht nur ein Lückenfüller. Man sagt doch oft: „Eigentlich finde ich das gut." Eigentlich bedeutet aber, da ist ein kleiner Haken an einer Sache. Wenn man eigentlich etwas gut findet, dann findet man es nicht hundertprozentig gut, sondern es stört einen noch etwas daran. Man kann es also nicht ganz annehmen. Wenn man jemanden fragt, woher sie eigentlich kommt, dann hat es etwas von: *Du siehst zwar so aus wie von hier, aber du kannst nicht von hier sein.* Oder: *Du sprichst zwar fließend Deutsch, aber du bist nicht von hier.* Oder: *Bilde dir nicht ein, dass du eine von uns bist, das bist du nicht, auch wenn du unsere Sprache sprichst.*

Woher kommst du eigentlich? hat etwas Ausgrenzendes an sich. Ich kann die Frage nicht leiden. Und erst recht nicht die Menschen, die sie stellen.

„Warum willst du das wissen?", frage ich statt eine Antwort zu geben.

„Na ja", er wirkt für einen kurzen Moment unsicher. „Ich frage nur, weil man es bei dir nicht hört."

„Dann ist es doch nicht wichtig, oder?"

„Ja, aber man sieht doch, dass du nicht von hier bist. Deshalb frage ich."

„Ach was! Woran denn?"

Steffi drückt sich an mir vorbei, um auf die Toilette zu gehen. Siggi fingert nervös an ihrem Glas herum.

„Jetzt werd nicht albern. Man sieht es doch!"

„Woran? An meiner Nase?"

„Nee, an deiner Hautfarbe. Was soll das, Gloria?", giftet er und schaut zu Siggi.

„Mach doch nicht so ein Fass auf. Er will doch nur wissen, wo du *ursprünglich* her kommst", sagt diese.

„Ja, und wenn ich aus Deutschland komme?" Siggi und Boris werfen sich genervte Blicke zu.

„Aber das kann doch...", setzt Boris an.

„Nee, lass mal stecken", unterbreche ich ihn, drehe mich um und laufe zu den Raucher*innen ins Wohnzimmer.

Diese Frage verfolgt mich. Leute wie Boris kreuzen noch so manches Mal meinen Weg.

Das neunte Kind und seine pubertären Zeiten

Das Bild der Schülerschaft an meiner Schule hat sich in den letzten sechs Jahren erheblich geändert. Inzwischen haben wir mehr ausländische Schüler*innen wegen der Kriege im ehemaligen Jugoslawien und in Afghanistan. Auch in unserer baptistischen Kirchengemeinde haben wir neue Mitglieder. Da ich die Jungschar, die Jugendgruppe der Kirchengemeinde ehrenamtlich mitbetreue, habe ich auch mit einigen von ihnen zu tun. Um sie zu unterstützen, biete ich Nachhilfeunterricht an. Kostenlos, denn Geld haben sie dafür nicht. Viele Stunden versuche ich ihnen und ihren Eltern, die kaum Deutsch sprechen, das deutsche Schulsystem zu erklären. Es ist nicht einfach, denn einige der Kinder und Jugendlichen sind schwer traumatisiert. Sie bringen schlimme Erlebnisse aus dem Krieg mit und haben überhaupt nicht den Kopf frei zum Lernen. Ich betreue Teenager, die nach wenigen Monaten den Nachhilfeunterricht abbrechen. Andere wiederum sind unglaublich ehrgeizig. Der Kontakt zu Menschen aus anderen Kulturkreisen tut mir unheimlich gut. In Gesprächen stellen wir oft fest, dass es so manche Gemeinsamkeit auch zu meiner ghanaischen Kultur gibt. Der Wert der Familie und der Zusammenhalt der Menschen sind in diesen Ländern ebenso hoch wie ich es in Ghana erlebt habe. Man sorgt mehr füreinander. Auch der Respekt, den man – gerade älteren – Menschen entgegen bringt, die Achtung, die sie allein auf Grund ihrer langjährigen Lebenserfahrungen verdienen, ist viel höher als das in Deutschland der Fall ist. In dieser Zeit lerne ich auch Familie Baktash kennen: Vater, Mutter und acht Kinder. Eine der Töchter taucht eines Tages in der Baptistengemeinde auf. Sie spricht kaum Deutsch, aber wir schaffen es uns zu verständigen und sie lädt mich zu sich nach Hause ein. Meinen ersten Besuch dort werde ich nie vergessen. Die Mutter hat stundenlang in der Küche gestanden und viele Köstlichkeiten zubereitet, von denen ich nicht genau weiß, wie sie richtig geschrieben werden. Vielleicht so: *Qabuli Palaw, Sabzi Korma, Tadjiki Palaw, Ashak, Badenjan Borani* und *Qorme Kofta*. Es ist im Wohnzimmer eine große Decke auf dem Teppich ausgebreitet, wo die Speisen für alle vorbereitet sind.

„Komm, setzen", sagt die rundliche Frau mit den wunderschönen Rehaugen und macht eine einladende Handbewegung. Wir setzen uns alle direkt auf den Boden kreisförmig um die Speisen und dann geht es los. Alle füllen sich etwas auf den Teller. Zwar liegen Gabeln und Löffel bereit, aber schon bald lege ich beides zur Seite und esse den Reis und die Soßen mit den Fingern. Die Mutter ist überrascht.

„In Ghana haben wir immer mit den Fingern gegessen", erkläre ich ihr. „Und die Speisen erinnern mich an unsere in Ghana, vor allem die Gewürze."

Besonders lecker finde ich *Ashak*, die gefüllten Teigtaschen. Aber auch der gewürzte Reis ist toll, wären da bloß keine Rosinen drin.

Die Mutter strahlt über das ganze Gesicht. „Wir auch essen mit Hand."

Von diesem Tage an bin ich das neunte Kind der Familie. Die Mutter kocht für mich, wenn ich da bin und ich gebe Nadia und Latif Nachhilfeunterricht und mache mit ihnen Hausaufgaben. Als ich Latif irgendwann frage, warum sie als muslimische Familie in die Baptistengemeinde gehen, sagt er: „Unser Vater hat uns dazu gezwungen. Für eine bessere Integration, sagt er." Latif und Nadia werden gute Freunde von mir und ich genieße jede Minute in ihrer Familie. Wenn ich bei Familie Baktash bin, fühle ich mich ein bisschen wie in Ghana.

✳ ✳ ✳

In meinem Wohnheim gibt es im Prinzip nur eine Regel: Halte alle Regeln ein! Diese Regel hat viele andere Subregeln, die definieren, was alles einzuhalten ist: Rechne das Essensgeld ab, gehe regelmäßig zur Schule oder zu deiner Ausbildung, sei in der Woche um 20 Uhr im Haus und am Wochenende um 22 Uhr und bleibe dort. Wenn du mal am Wochenende irgendwo übernachten willst, informiere vorher die „Aufsicht". In der Woche woanders übernachten, ist grundsätzlich nicht gestattet, Ausnahmen sind möglich.

Wenn ich aus meiner Zeit in Ghana eines gelernt habe, dann das: Halte einfach Regeln ein, wenn du in Ruhe gelassen werden willst. Und das will ich. Ich möchte, dass man mich hier so leben lässt wie es mir passt. Dafür halte ich alle Regeln strikt ein, ein positiver Sonderfall zwischen den pädagogischen Herausforderungen. Nicht nur meine Regeltreue macht mich besonders, sondern auch die Tatsache, dass ich absolut selbstständig bin und auf niemanden angewiesen. Ich koche mir mein Essen selbst, räume mein Zimmer auf, wasche regelmäßig meine Wäsche und gehe zur Schule. Niemand muss mich an etwas erinnern, niemand muss mich unterstützen. Ich mache alles ganz selbstverständlich. Dazu kommt noch, dass ich wohl die einzige Bewohnerin bin, die überhaupt das Abitur anstrebt. Die anderen haben maximal einen ESA[54] oder nicht mal Ambitionen dafür.

So anpassungsfähig und lernwillig wie mich das Leben inzwischen gemacht hat, finde ich im Wohnheim einen Weg besser mit dem Essensgeld zu haushalten und ein bisschen zu sparen. Ich denke immer öfter an meine Zukunft und daran, dass es niemanden gibt, der mich unterstützen würde, z.B. in finanzieller Not.

Am Anfang hatte ich nie das Bedürfnis, in der Woche nachts wegzubleiben. Nach der Schule gehe ich selten zu Freundinnen, sondern komme nach

---

54 Erster allgemeinbildender Schulabschluss, früher: Hauptschulabschluss.

Hause um noch Hausaufgaben zu machen oder für Klausuren zu lernen. Es fällt mir teilweise nicht mehr so leicht wie früher gute Noten zu kriegen. Ich muss mehr dafür tun. Ich habe meine erste Vier in Mathe geschrieben und auch mündlich bin ich gerade nicht so gut. Auch Biologie bereitet mir Probleme. Ich finde die Themen langweilig und das Fach ist pures Auswendiglernen. Nur die Themen *Experimentelle Mikrobiologie* und *Genetik* sind spannend. Da ich viel zu Hause bin und für die Schule arbeite, brauche ich irgendwann wieder etwas Abwechslung. Zwar verbringen Miro und ich fast jedes Wochenende miteinander, aber das reicht mir irgendwann nicht mehr. Ich möchte auch in der Woche bei ihm sein, zumal seine Wohnung viel näher an meiner Schule liegt als das Wohnheim. Es würde mir mehr als die Hälfte meines Schulweges ersparen, wenn ich bei ihm bliebe. Lange Zeit reiße ich mich zusammen und unternehme keinen Versuch, in der Woche bei ihm schlafen zu können. Irgendwann aber wird der Wunsch so stark, dass ich nach Wegen suche. Wie kann ich abends verschwinden, ohne dass es jemand merkt? Wichtig ist, dass ich beim Zapfenstreich auch im Wohnheim gesehen werde. Aber ich muss es schaffen, danach wieder wegzukommen. Ungesehen.

Ich probiere mein Glück, als eines Abends Daniela wieder Dienst hat. Ich unterhalte mich lange mit ihr im Wohnzimmer. Der Plan ist, sie so einzulullen, dass sie am Ende nicht mehr so aufmerksam ist. Ich gebe mir wirklich Mühe, scheitere aber buchstäblich auf dem letzten Meter. Ich werde an der Haustür erwischt.

„Wo willst du hin?", sagt eine Stimme hinter mir. Der Ton ist scharf. Vor lauter Schreck lasse ich meine Tasche fallen und schreie „Aua", als sie direkt auf meinem Fuß landet. Panik macht sich in mir breit. An der Stimme erkenne ich sofort, wer das ist. Ich drehe mich um. Vor mir steht Daniela. Ein Satz mit X, das war wohl nix.

Umzug – again

Ich bin zu selbständig für das Wohnheim, ich brauche keine Fachleute als 24/7-Betreuung. Daniela setzt sich dafür ein, dass ich nach wenigen Monaten wieder umziehen kann. Eine passende Wohnung zu finden, die ich mir mit dem Geld der Jugendhilfe und meinem Nebenjob leisten kann, ist nicht so einfach. So beschließen wir, nach einem Zimmer zur

Untermiete zu suchen. Wie der „Zufall" es so will, erfährt die Sekretärin meiner Schule etwas von meiner Wohnungssuche. Sie hat eine große Drei-Zimmer-Wohnung mit großer Küche, Bad und separatem Duschbad. Frau Homer ist fast sechzig Jahre alt und wohnt alleine. Sie lädt mich zu sich ein, mir die Wohnung anzuschauen. Sie wohnt einen Katzensprung von meiner Schule entfernt – und auch von Miro. Als ich die Räume sehe, bin ich begeistert. Bereits am nächsten Tag unterschreiben wir den Vertrag. Nur wenige Wochen später ziehe ich bei Frau Homer ein und merke schnell, dass das Wohnen zur Untermiete ein guter Übergang in die Selbstständigkeit ist: Man ist schon für vieles allein verantwortlich, aber nicht für alles rund um die Wohnung. Das hätte mich wahrscheinlich doch überfordert. Frau Homer ist eine entspannte und tolerante Mitbewohnerin. Denn in dem Alter hält nicht jeder den Trubel aus, den eine Jugendliche mit sich bringt.

Doch ich habe es unterschätzt wie es für mich ist, bei jemandem zur Untermiete zu wohnen. Vor allem, wenn es sich dabei um eine ältere Dame handelt, bei der man sich doch um mehr Rücksicht bemüht. Frau Homer erlaubt mir alle Räume mitzubenutzen, außer ihrem Schlafzimmer natürlich. Letztendlich sind es aber doch ihre Räume und ins Wohnzimmer traue ich mich kaum, geschweige denn auf ihrem Sofa zu sitzen und mich wie zu Hause zu fühlen. Auch die Küchenbenutzung fühlt sich ein wenig eigenartig an, wenn ich die ganze Zeit das Geschirr und Besteck einer „Fremden" benutze. Und natürlich kann ich nach dem Kochen nicht die Sachen einfach mal stehen lassen, nur weil ich keine Lust auf den Abwasch habe. Alles muss genauso weggeräumt werden wie es war. Ich fühle mich dadurch ein bisschen wie ein Gast, wie jemand auf der Durchreise, der nicht sicher weiß, wo er hin will. Dazu kommt noch, dass ich abends nicht so laut sein und nicht so lange aufbleiben kann, ohne mich in meinem Zimmer aufhalten zu müssen. Deshalb entscheide ich mich, einen Teil meiner Zeit in meinem neuen Domizil und den anderen Teil bei Miro zu verbringen. Dort ist es zwar sehr klein, aber es ist in Ordnung und ich fühle mich da etwas freier. Aber auf Dauer muss doch eine eigene Wohnung her. Meine Mutter, die inzwischen in Hamburg-Altona lebt, erzählt mir beiläufig, dass in ihrem Haus eine Wohnung frei wird.

„Ungefähr sechzig Quadratmeter sind es", sagt sie.

„Na, dann ist sie bestimmt zu teuer und kommt nicht in Frage."

„Ein bisschen teurer als die hier ist sie schon." Sie meint ihre Maisonettewohnung. Der Keller ist ausgebaut, so dass die Wohnung sich auf zwei Etagen verteilt. Sie ist hier mit ihrem Mann eingezogen, der inzwischen in Ghana lebt.

„Würdest du denn mit mir in einem Haus wohnen wollen?", fragt sie skeptisch. Wir wissen beide, dass unsere Beziehung nicht die ist, die wir uns wünschen. Wir sind Mutter und Kind, ja. Aber es ist nach all den Jahren, die wir voneinander getrennt waren und in denen jede mit sich und ihren Problemen zu kämpfen hatte, eine große emotionale Distanz entstanden. Ich bin oft von ihr und ihrem Verhalten enttäuscht, weil sie sich nicht wirklich so verhält, wie ich mir eine liebende und fürsorgliche Mutter vorstelle und wünsche. Umgekehrt ist auch sie wahrscheinlich traurig, weil ich mich nicht regelmäßig bei ihr melde. Sie hat es nie ausgesprochen, aber ich glaube, sie hat das Gefühl, in meinem Leben gäbe es keinen Platz für sie. Es ist alles so verfahren. Ich habe mich so viele Jahre nach ihr gesehnt. Vor allem nach dem Tod meines Großvaters. Doch sie war nicht da und auf meine Briefe, die ich ihr nach Ghana schrieb, erhielt ich keine Antwort. Dann plötzlich war sie aufgetaucht und es war ganz anders als erhofft. Sie war eine Fremde für mich. Auch ich war fremd für sie. Trotzdem verband uns eine gegenseitige Sehnsucht nacheinander und die Hoffnung, es könnte eine Annäherung geben. Es gab keine. Jetzt überlege ich. Will ich wirklich mit meiner Mutter im gleichen Haus wohnen? Vielleicht ist es die Chance, die wir beide brauchen?

„Na klar. Die Gegend hier ist super. Multikulti und mitten drin im Leben", antworte ich deshalb mit leuchtenden Augen.

„Dann würden wir aber übereinander wohnen!", stellt sie fest.

„Ich könnte es mir schon vorstellen, dass es gut mit uns geht", behaupte ich ohne lange darüber nachgedacht zu haben.

„Hauptsache, wir müssen nicht zusammen wohnen", sage ich noch schnell und lache dabei. Sie lacht mit. Aber wir wissen beide, wie es gemeint ist und sind einer Meinung. Ich dachte immer, ich wäre ordentlich. Meiner Mutter würde meine Ordnung aber nie reichen. Sie würde durchdrehen.

„Wir könnten ja überlegen, ob du dann nicht meine Wohnung kriegst und ich nehme die andere", bietet meine Mutter mir an. Ich bin überrascht.

„Willst du denn umziehen?"

„Ich hatte mir Gedanken gemacht. Die Wohnung oben ist einfach schöner, nicht so verkommen, wie diese hier."

Wow, diese schöne Wohnung nennt sie verkommen? Für mich wäre sie der absolute Traum.

„Wie teuer ist sie denn?" „Kalt kostet sie 580 Mark[55], aber mit den Nebenkosten 720."

„Das ist zu teuer. Das Jugendamt wird nicht so viel zahlen. Auch mit meinem Job reicht das nicht." Ich rechne kurz nach.

„Mehr als sechshundert kann ich mir nicht leisten."

„Ich übernehme dann die restlichen 120", sagt Maame Akosua spontan. Ich traue meinen Ohren nicht.

„Jeden Monat?"

„Ja, ich gebe dir jeden Monat die fehlende Summe. Dann geht es, oder?"

Ich bin unsicher, was ich davon halten soll. Sie ist es auch.

„Hast du denn das Geld?"

Das Bild, das ich von meiner Mutter habe, ist das einer Frau, die hart für jeden Cent arbeiten muss. Als Nanny, Reinigungskraft, Haushaltshelferin und wer weiß was noch. Als Ausgleich für die Schufterei sammelt sie Handtaschen und Schuhe. Eine solch große Sammlung habe ich noch nirgends gesehen. Aber trotzdem ist sie eine Frau auf hartem Sparkurs, die eines Tages ihr Leid hinter sich lassen und sich stattdessen ihren Traum von einem angenehmen Leben in Ghana erfüllen möchte.

„Ja, kann ich. Ich verdiene doch genug."

„O.k.", sage ich vorsichtig, „Wenn du das wirklich machen will, dann gerne. Ich weiß aber nicht, ob das Amt das mitmacht."

„Ich kann mit der Hausverwaltung sprechen. Ich bin mit dem Geschäftsführer befreundet. Wenn ich ihm die Situation erkläre, lässt er sich bestimmt darauf ein, dass in deinem Vertrag nur die Sechshundert stehen. Die restliche Summe überweise ich jeden Monat direkt an ihn."

„Das wäre natürlich super!" Ich springe hoch und umarme sie. Sie strahlt vor Glück. Und ich kann meins kaum fassen.

Der Umzug nach Altona ist total aufregend. Meine erste eigene Wohnung. Ganz allein nur für mich.

---

55 Mark/Deutsche Mark – Währung in Deutschland vor Einführung des Euros.

Meine Mutter schafft es tatsächlich mich die ersten Monate finanziell zu unterstützen, dann kriegt sie das nicht mehr hin. Die Gründe dafür nennt sie mir nicht, ich bin wirklich enttäuscht, mal wieder. Ich gerate in einen Mietrückstand. Wenn ich dann sehe, dass sie sich eine neue Tasche oder neue Schuhe gegönnt hat, werde ich schon wütend. Nun bin ich ständig knapp bei Kasse und muss noch mehr arbeiten. Neben dem regelmäßigem Sporttraining und Arbeit habe ich kaum noch Zeit für Schulaufgaben.

Dieser ohnehin schon angespannten Situation setzt sie eines Tages noch die Krone auf:

Sie kommt zu mir in die Wohnung und hat ein Geschenk für mich. Es ist nicht eingepackt, sie versteckt es zuerst hinter ihrem Rücken. Dann überreicht sie es mir. Das eine ist eine große Flasche. Orange-weiß, knalliges Design.

„Creme?", frage ich.

„Ja, und Seife."

„Danke. Aber ich habe meine Creme, mit der ich ganz zufrieden bin."

„Das ist aber eine besondere Creme. Sie ist gut."

„Ja? Was kann sie denn?"

„Sie macht die Haut heller."

„Wie macht sie die Haut heller?"

„Sie bleicht sie."

„Aber meine Haut ist gut. Ich brauche keine hellere Haut", stelle ich fest.

„Nein, deine Haut ist nicht gut."

„Was ist an meiner Haut bitte nicht gut?"

„Du bist zu dunkel!", sagt sie.

„Ich bin zu dunkel? Zu dunkel wofür?"

„Einfach zu dunkel. Du bist so dunkel wie dein Vater!", sagt sie vorwurfsvoll.

„Und was ist daran schlimm?"

„Das ist nicht schlimm. Aber das ist auch nicht gut. Probiere die beiden Produkte doch einfach mal aus. Sie sind sehr pflegend. Viele unserer Leute benutzen solche Produkte. Und vielleicht magst du sie ja am Ende auch."

Ich mache die Flasche mit der Creme für eine Schnupperprobe auf. Der beißend-saure Geruch, der mir in die Nase steigt, ist total unangenehm und erinnert mich an die Haarcreme zum Haare glätten, nur schlimmer. Pure Chemie, pures Gift. Aber vielleicht denkt meine Mutter, wenn ich schon meine Haare glätte, dann gehe ich auch noch einen Schritt weiter und möchte mir die Haut bleichen. Ich weiß, dass viele Menschen mit dunkler Haut sich bleichen, auch einige aus meinem Freundes- und Bekanntenkreis tun das. Aber bis zu dem Tag war mir nie der Gedanke gekommen, dass ich das auch tun sollte.

Viele Wochen stehen die beiden Produkte in meinem Badezimmer, ohne dass ich sie verwende. Eines Tages bin ich dann doch neugierig. Ich seife mir Gesicht und Hals mit der Seife ein und lasse sie, wie meine Mutter sagte, 15 Minuten einwirken, bevor ich sie abwasche. Zuerst fühlt sich mein Gesicht total ausgetrocknet an, dann heiß. Ich habe das Gefühl, als würde ich verbrannt werden, also wasche ich mir schnell das Gesicht und trage die Creme auf, in der Hoffnung, dass sie meine Haut beruhigen würde. Doch die Hoffnung wird nicht erfüllt. Die Creme ist noch schlimmer als die Seife. Abgesehen davon, dass sie wirklich stinkt, wird meine Haut schon nach wenigen Sekunden richtig heiß und spannt total. Zudem ist die Creme orange und färbt am Hals mein Unterhemd ein. Ich kann mir gut vorstellen, dass diese Creme es schafft mich heller zu machen, sie wird mir regelrecht mein Melanin wegätzen. Ich hatte mich schon vor einiger Zeit gefragt, warum meine Mutter noch heller war, als ohnehin schon. Aber mir waren auch nicht die dunklen Flecken vor allem an ihren Beinen entgangen. Jetzt wurde mir bewusst, dass es das Werk solcher Produkte gewesen sein muss.

Als ich meine Mutter das nächste Mal treffe, möchte ich ihr beide Produkte zurückgeben.

„Wirklich Maame, ich brauche sie nicht. Ich fühle mich gut wie ich bin. Ich war immer schon dunkel und finde es nicht schlimm. Früher in der Pflegefamilie und in der Schule, hatte ich eine lange Phase, in der ich auch hell sein wollte. Ich wollte so sein wie die Anderen. Da hätte ich mir so eine Creme vielleicht gewünscht. Das hätte mir viel erspart. Aber jetzt brauche ich sie nicht mehr." Meine Mutter nimmt sie nicht zurück, sondern versucht, mich zu überreden sie weiter zu verwenden, damit sie ihre Wirkung entfalten könne. Ich bin im ersten Augenblick schockiert, dann wütend.

„Weißt du, du bist meine Mutter. Ich habe mich so viele Jahre nach dir gesehnt, nach deiner Liebe, nach deinem Schutz, nach Anerkennung. Danach, bei dir zu sein und schöne Dinge mit dir zu erleben, so wie viele andere Mädchen es mit ihren Müttern tun. Aber du warst nicht da. Das war schlimm für mich. Viele Jahre lang habe ich darunter gelitten. Ich wusste nicht wer ich war, wo ich hingehörte und vor allem zu wem. Jetzt bist du wieder da. Du bist zurück, wir wohnen sogar in einem Haus. Darauf habe ich mich total gefreut. Ich dachte, das ist eine Chance für uns beide. Und deine erste Amtshandlung ist es, mir nach all den Jahren zu erzählen, ich wäre zu schwarz und müsste meine Haut bleichen?"

Meine Mutter ist eine wortgewandte Frau und hat sonst auf alles eine Antwort. Jetzt schweigt sie nur. Ich bin mir sicher, dass sie mein Verhalten und meinen Tonfall als respektlos empfindet. Von meiner Nana im Pramso hätte ich dafür heftige Prügel kassiert.

Als sie weiter nichts sagt, fahre ich fort: „Du willst mir also sagen, ich wäre nicht gut so wie ich bin? Ist das alles, was du mir zu sagen hast?"

„Du hast das missverstanden, Gloria. Mach doch nicht wegen Creme und Seife so ein Theater."

„Daran gibt es nichts misszuverstehen. Du solltest als Mutter zu mir stehen", antworte ich, und gehe. Unfassbar! Meine eigene Mutter!

Meine Schule wechsele ich trotz des Umzugs nicht, denn ich habe keine Lust auf noch mehr Veränderungen. Ich brauche wenigstens eine Konstante in meinem Leben. Außerdem befürchte ich, dass ein Wechsel sozial schwer zu verdauen sein wird und am Ende meinen Abschluss gefährden würde. Da ich aber nun einen weiten Schulweg von Altona nach Schleswig-Holstein habe, verbringe ich viel Zeit und viele Nächte bei Miro. Vielleicht streiten wir uns deshalb so oft. Er trinkt und raucht zu viel. In letzter Zeit redet er immer häufiger davon, eine Familie haben zu wollen. Außerdem will er unbedingt auswandern. In seiner Heimat hat er Ingenieurswesen studiert, in Deutschland ist seine Qualifikation aber nicht anerkannt. Deshalb arbeitet er in Schnelsen in einer Imbissbude. Er schimpft oft, weil er mit seinen Fähigkeiten gezwungen ist, einen solchen Job machen zu müssen, der nicht einmal viel Geld einbringt. Das frustriert ihn zunehmend. Und mich auch. Miro sieht in diesem Land keine Zukunft. Deshalb zieht er auch nicht um. Eine teure Wohnung kann er sich nicht leisten und seine Wohnung will er nicht renovieren. Aber eine Familie, die will er haben. Und zwar mit mir. Ich bin völlig überfordert mit dem Gedanken. Ich weiß manchmal nicht, ob er realisiert, dass ich erst achtzehn bin. Unsere Streits häufen sich, er hat das Gefühl, ich würde ihn nicht brauchen, nicht lieben, würde unabhängig sein wollen. Das Gefühl habe ich nicht. Im Gegenteil, ich bin gern mit ihm zusammen. Ich kann mir nur noch keine Gedanken um eine eigene Familie machen. Ich muss erst mal mein eigenes Leben auf die Reihe kriegen. Ich muss meine Schule beenden. Das hat höchste Priorität. Ich brauche irgendwas, worauf ich stolz sein kann. Noch habe ich nichts. Und in Deutschland bist du nur das wert, was schwarz auf weiß irgendwo auf einem Dokument steht. Ich bin also immer noch ein Nichts. Vor allem mit meiner Herkunft. Aber ein Abitur. Das würde mich zu Etwas machen. Darauf würde ich stolz sein.

Miro und ich sind ungefähr ein Jahr zusammen, als wir beschließen uns zu trennen. Es ist eine rationale Entscheidung. Wie schlimm die Trennung für mich wirklich ist, merke ich in den folgenden Monaten. Ich liebe Miroslav mehr als ich mir und ihm jemals hätte eingestehen wollen. Ich vermisse ihn wie blöd, aber zu ihm zurückkehren kann ich nicht.

Manchmal ist es unheimlich so allein in der großen Wohnung. Vor allem dann, wenn es dunkel ist. Heute ist einer dieser Tage. Ich stehe im Wohnzimmer meiner neuen Altonaer Wohnung im Hamburger Westen. Ich fühle mich eigentlich sehr wohl hier. Doch inzwischen ist so viel passiert in meinem Leben. Ich habe so viele Ängste entwickelt. In Ghana hatte ich kaum vor irgendetwas Angst, nicht mal vor Schlangen. Na ja, nur manchmal vor Nanas Strafen. Aber hier... hier habe ich vor so einigem Angst. Und die Dunkelheit... ja, sie spielt dabei eine besondere Rolle. Ich schaue aus dem Fenster in unseren tristen Innenhof. Alles dunkel. Ich drücke mein Gesicht an das Fensterglas, um zu sehen, ob sich jemand im Innenhof befindet. Nein, es scheint nicht so. Es ist mir ein bisschen unheimlich. Manchmal hätte ich gern einen Freund, der bei mir wohnt. Der abends zu Hause ist. So ganz spießig, morgens zur Arbeit und abends daheim. Doch den habe ich nicht. Auch darüber freue ich mich manchmal. So habe ich wenigstens meine Ruhe. Aber eben nur manchmal. Jetzt gerade nicht. Ich vermisse Miro. Er hatte mir immer das Gefühl gegeben mich beschützen zu können. Ob er mich auch vermisst? Ich schaue auf die Uhr in der Küche. 22 Uhr. Peter sollte jetzt da sein. Peter. Ja, das ist eine Geschichte für sich. Ich habe ihn über Miro kennen gelernt. Damals habe ich gesagt, ich könnte niemals mit Peter zusammen sein. Zusammen sind wir auch nicht so richtig. Wir turteln nur seit einigen Monaten ein bisschen miteinander. Nichts Ernstes. Normalerweise gehe ich zu ihm in seine kleine Wohnung in Eimsbüttel. Doch heute möchte er gern kommen. Er ist doch sonst immer so pünktlich, denke ich. Wo bleibt er bloß? Just in dem Augenblick klingelt das Telefon. Das ist er. Na, wenigstens ein Anruf. Im gleichen Augenblick denke ich daran, wie sehr ich mich verändert habe. Früher war es mir egal, ob jemand pünktlich kam oder nicht. Und anrufen? Wenn ich zu Hause war, war ich eben zu Hause. Da brauchte niemand anrufen, nur weil er zu spät kam. Doch inzwischen waren die *grauen Herren*[56] auch in meinem Leben am Werk. Zeit ist immer knapp und die Menschen haben Besseres zu tun als sinnlos zu warten. Auch ich. Wie traurig. Und das nennt sich Industrie- und Wohlstandsgesellschaft, eine reiche Nation: Eine Uhr besitzen alle, nur Zeit hat niemand. In Ghana war es umgekehrt gewesen. Kaum jemand hatte eine Uhr, aber Zeit hatte man immer. Ghana – ja, ich vermisse dieses Land manchmal. Die Menschen. Die Sonne. Die Wärme. Das Spielen auf den Straßen von Pramso, das Füreinander-da-Sein.

„Ich komme ein bisschen später", sagt Peter. „Ich hoffe, es ist in Ordnung."

Am liebsten hätte ich gerufen „Nein, ist es nicht!" Doch ich tue es nicht. Er kann nicht wissen, dass ich mich fürchte.

„Ist schon in Ordnung. Bis gleich."

Wie oft man sich und anderen wohl etwas im Leben vormacht? Ich glaube, dass mindestens ein Achtel des Lebens darin besteht, Gefühle zu verbergen, zu überspielen, zu unterdrücken, mein Gegenüber vom Gegenteil zu überzeugen. Gewagte These. Woher die Statistik stammt? Keine Ahnung. Habe ich mir ausgedacht.

Noch immer stehe ich am Fenster. Bewege mich langsam weiter. Es wird unheimlich. Ich gehe ins Wohnzimmer und schaue mir mein Aquarium an. Das Licht ist bereits ausgegangen dank Zeitschaltuhr, doch sehe ich die gleichen Guppys, Platys und Mollys hin und her schwimmen. Leise. Ungestört. Einige stehen quasi im Wasser. Schlafen. Träumen. Ich sollte auch ins Bett gehen, denke ich. Das tue ich in solchen Augenblicken der Angst immer. Schnell Zähne putzen, in die Decke einkuscheln, Augen zu und irgendwann einschlafen. Fliehen. Entkommen. Da Peter keinen Schlüssel hat, kann ich mich nicht schon hinlegen. Ich muss warten.

Plötzlich reißt mich die Türklingel aus meinen Gedanken. Sie ist sehr laut, das stört mich schon seit langem, leider kann man sie nicht leiser einstellen. Ich schaue auf die Uhr: 23:30 Uhr. Kommt hin, das ist Peter. Na

---

56 Figuren aus dem Buch *Momo* von Michael Ende.

endlich. Schnell gehe ich zur Wohnungstür. Mein Herz fängt an zu rasen. Zum einen, weil ich wegen Peter plötzlich aufgeregt bin. Zum anderen, weil ich weiß, dass ich keine Angst mehr haben muss und mich freue. Ich betätige den Summer und lausche. Normalerweise höre ich die Haustür unten aufgehen. Meine Wohnung befindet sich im Hochparterre. Hier hört man jedes Geräusch, vor allem die vielen Autos und Busse. Ebenso wie die Schritte vorbeigehender Menschen im Hausflur. Angestrengt lausche ich, doch ich höre kein Geräusch unten. Ich betätige den Summer erneut. Nichts zu hören. Komisch, denke ich. Und sogleich kehrt meine Angst zurück. Ich muss an das letzte Gespräch mit meinen Nachbar*innen denken. Weil das Drogenberatungszentrum nebenan ist und sich viele Abhängige vor unserer Haustür herumtreiben, wurde beschlossen die Haustür unten nach 21 Uhr immer abzuschließen. Uns Mieter*innen sind mehrmals wirklich finstere Gestalten begegnet. Außerdem finden wir ständig Nadeln, Alkoholflaschen und allerlei Equipment vor unserer Haustür. Die letzten Wochen hat das gut geklappt. Tatsächlich ist die Tür immer verschlossen gewesen, wenn ich spät nach Hause gekommen war.

Die Klingel tönt zum dritten Mal. Als ich erneut den Öffner betätige und keine Tür aufgehen höre, bin ich überzeugt, dass die Haustür abgeschlossen ist. Ich nehme meinen Schlüssel, öffne meine Wohnungstür und will nach draußen ins Treppenhaus treten. Doch soweit komme ich nicht. Im Bruchteil einer Sekunde sehe ich mehrere schwarz maskierte Gestalten. Im nächsten Augenblick sehe ich schon nichts mehr. Wie Hagel prasseln die Schläge auf meinen Körper. Ich schreie. Ich schreie so laut ich kann. Ich spüre mehrere Hände in meinem Gesicht, an meinem Kopf, Tritte in meinen Bauch. Ich kann nicht mehr denken. Schützend versuche ich mein Gesicht zu bedecken. Doch meine Hände werden festgehalten. Jemand tritt mir mit Wucht in den Unterleib.

Oh Gott, die bringen mich um. Die wollen mich umbringen, schießt es mir durch den Kopf. Vor Schmerz sacke ich zusammen. Ich versuche zu schreien. Ich weiß nicht, ob ich einen Schrei herausgebracht habe. Ich liege am Boden, schmecke Blut. Ich merke wie das Blut aus meiner Nase in den Mund läuft. Ich liege da, bewege mich nicht mehr.

Ich denke, vielleicht hören sie auf, wenn ich mich tot stelle.

Doch sie hören nicht auf. Sie treten mir immer und immer wieder in die Rippen. Schmerzen durchzucken meinen Körper. Schmerzen, die ich nicht kenne. Eine ganze Weile prügeln sie auf mich ein. Dann verliere ich das Bewusstsein. Wie lange? Ich weiß es nicht. Als ich zu mir komme, höre ich ein leises Flüstern. Verstehen kann ich nichts. Ich spüre einen Tritt in den Rücken. Ich liege bei meinen Treppenstufen, die in den unteren Teil der Wohnung führen. Dort befinden sich Bade- und Schlafzimmer sowie eine Kammer. Beim nächsten Tritt purzele ich die ersten drei Stufen herunter. Irgendjemand zieht mich an meinen Haaren. Zerrt mich die Treppe runter. Ich höre jemanden schnaufen, lausche nach Stimmen. Doch es sind keine zu hören. Ich liege am Ende der Treppenstufen. Mein Leben, es ist bald vorbei, denke ich. Dann erneut Fußtritte, überall am Körper. Ich schreie nicht mehr. Ich spüre nichts dabei. Es ist nur noch ein monotones Gefühl. Es ist aus. Jetzt ist alles vorbei. Ich sterbe, denke ich.

Plötzlich ist es vorbei. Die Tritte hören auf. Einer der Maskierten macht die Tür zu meiner kleinen Kammer auf, ein anderer zieht mich an den Füßen hinein. Die Tür wird von außen abgeschlossen. Ich höre wie der Schlüssel abgezogen wird. Ich höre leise Stimmen. Sehr leise. Zu leise. Ich liege nur da, auf einem alten Teppich. Meine Augen sind zugeschwollen, ich kriege sie nicht auf. Überall spüre ich Blut, aus der Nase, aus dem Mund. Ich höre, wie die Täter oben mit meinem Schlüssel spielen. Ich habe sehr viele Anhänger dran, weil ich früher so schnell Schlüssel verloren habe. Seit der Schlüssel laut und schwer ist, höre ich ihn immer, wenn er herunterfällt. Auch jetzt. Er fällt zu Boden. Im nächsten Augenblick fällt meine Wohnungstür ins Schloss. Auch die Haustür höre ich. Dann startet ein Auto und braust mit hoher Geschwindigkeit davon.

Ich liege da. In der Kammer. Ganz still liege ich da. Für ein paar Minuten passiert nichts. Dann wieder ein Geräusch. Von einem Motor. Mir stockt der Atem. Todesangst überkommt mich als ich genau den gleichen Motor auf mich zukommen höre, der gerade weggefahren ist. Sie kommen zurück, weil sie dich umbringen wollen. Sie haben es sich anders überlegt. Ich zittere am ganzen Körper. Rege mich nicht. Ich höre wie die Wohnungstür wieder aufgeht. Schubladen von meinem Schreibtisch werden aufgerissen. Küchenbesteck fällt zu Boden. Es ist ein lautes Durcheinander. Und plötzlich wieder das Geräusch des Schlüsselbundes, der erneut zu Boden fällt. Die Haustür schlägt krachend zu.

Sind sie weg? Sie sind weg. Sie sind weg. Und ich lebe. Dann sinke ich erneut in eine tiefe Bewusstlosigkeit.

Als ich wieder zu mir komme, zittere ich am ganzen Körper. Alles brennt vor Schmerz. Am ganzen Körper. Ich kann mich nicht bewegen. Ich habe Angst. Große Angst. Es gibt kein Licht. Ein paar Tage vorher war die Glühlampe kaputt gegangen. Ich hatte mich nicht gleich darum gekümmert. Es war nicht so wichtig gewesen. Irgendwann setze ich mich langsam auf, spüre den alten Teppich, den ich vor einigen Tagen zusammengerollt und in die Kammer verbannt hatte. Links neben mir der Staubsauger. Langsam fange ich an zu weinen. Ich spüre Tränen, die sich mit dem Blut vermischen. Ich weine und weine. Ich schluchze. Warum habt ihr mich nicht umgebracht? Warum seid ihr nicht einfach wieder nach unten gekommen und habt mich erschossen? Wozu lasst ihr mich hier? Ich schreie innerlich, schreie aus Angst, aus Verzweiflung.

Ein winziger Lichtstrahl dringt von draußen durch das Fenster. Doch die Kammer liegt im Souterrain, viel Licht ist es nicht. Langsam gewöhnen sich meine Augen ein wenig an die Dunkelheit. Ich höre auf zu weinen. Ich kann nicht mehr. Und ich will nicht mehr. Ich will nur noch sterben. Ich lege mich wieder hin. Langsam. Ich warte. Einfach nur warten. Wie viel Zeit in der Zwischenzeit vergeht, weiß ich nicht. Lange liege ich da. Nichts passiert. Ich warte. Vielleicht kommt der Tod und holt mich. Doch er kommt nicht. Ich lebe immer noch. Ich weiß nicht, wann ich beschlossen habe, nicht mehr auf den Tod zu warten. Ich will nicht länger in der Kammer eingesperrt sein. Es ist zu dunkel, ich will raus. Ich will die Kammer verlassen, doch ich weiß nicht wie. Ich rüttele an der Tür, anfangs zaghaft, weil mein ganzer Körper vor Schmerzen brennt. Dann rüttle ich immer stärker, doch die Tür gibt nicht nach. Ich nehme den Staubsauger und werfe ihn immer wieder gegen das Schloss. Lange Zeit passiert nichts. Ich setze mich hin. Es bringt alles nichts. Die Kammer wird immer enger. Meine Kehle schnürt sich zu und ich bekomme eine Panikattacke nach der anderen. Ich muss hier raus. Ich muss hier raus. Ich muss hier ganz schnell raus! Entschlossen stehe ich auf. Mit der Schulter voran renne ich gegen die Tür. Ich brülle vor Schmerz. Doch das hindert mich nicht. Erneut mit dem Staubsauger konfrontiert, gibt die Tür langsam auf. Nach einigen Anläufen kracht die Tür schließlich aus den Angeln und ich falle unsanft darauf. Langsam krieche ich die Stufen hoch. Im Wohnzimmer befindet sich mein Telefon in der Nähe meiner Haustür. Ich weiß, ich muss Hilfe rufen. Ich erfühle die Tasten, denn sehen kann ich sie kaum. Was muss ich wählen? Wie war nochmal die Notrufnummer, die man schon als Kind auswendig lernen muss? Mir fällt keine Nummer ein, die ich hätte wählen können. Warum fällt mir keine Nummer ein? Lange Zeit liege ich vor dem Telefon. Eine Nummer, ich brauche eine Nummer. Irgendwann nehme ich den Hörer in die Hand und wähle die einzige Nummer, die mir zum Glück doch noch einfällt: die Nummer meines Ex-Freundes. Es klingelt lange bis er sich meldet.

„Hallo, Miro hier."

Ich sage nichts.

„Hallo, wer ist da?", fragt er immer wieder. Ich starre nur auf den Hörer.

„Ich höre jemanden schwer atmen. Wer ist da bitte?" Er schreit jetzt schon fast in den Hörer.

„Miro. Ich. Hilfe. Bitte. Ich." Mehr kann ich nicht sagen. Erneut verliere ich das Bewusstsein. Dieses Mal für sehr lange Zeit.

Als ich wieder zu mir komme, liege ich im Krankenhaus in Altona. Neben meinem Bett steht Peter. Meine Augen sind stark zugeschwollen und ich sehe nicht viel. Ich fange an zu weinen. Ich weine und weine und höre nicht mehr auf.

Nach dem Überfall in meiner Wohnung bin ich nicht mehr ich selbst. Ich habe zum wiederholten Mal Selbstmordgedanken. Ich bin lebensmüde, im wahrsten Sinne des Wortes. Die Angst wird zu meiner ständigen Begleiterin, sie regiert mich von innen und außen. Ich habe Angst, wenn ich das Haus verlasse, habe Angst, wenn ich von draußen nach Hause komme. Ich habe Angst in die Schule zu gehen. Abgesehen von Schule und Arbeit bin ich kaum unter Menschen, ich habe Angst vor ihnen. Habe Angst, mich zu unterhalten und etwas von mir preis zu geben, das sie dann gegen mich verwenden könnten. Ich leide unter Verfolgungswahn. Ständig fühle ich mich von Schatten verfolgt. Wenn ich unterwegs bin und Schritte hinter mir höre, kriege ich Panik, weil ich das Schlimmste befürchte. Ich kann nachts nicht mehr schlafen, ich kann mich kaum auf irgendetwas konzentrieren. Die Dunkelheit ist das Schlimmste. Unser Haus hat diesen Innenhof, den ich direkt von meinen Küchenfenstern aus sehen kann. Um Wäsche zu waschen, muss ich den Innenhof queren, weil der Wäschekeller nur so zu erreichen ist. Jedes Mal, wenn ich zufällig durch das Küchenfenster schaue, habe ich das Gefühl, jemand wäre im Innenhof. Dort steht jemand, hält sich versteckt und wartet bis es dunkel ist, um mich zu überfallen. Wenn es draußen dunkel ist, höre ich eigenartige Geräusche, die vom Hof zu kommen scheinen. Wenn in der Wohnung das Licht brennt während es draußen dunkel ist, habe ich Angst, dass jede meiner Bewegungen beobachtet wird. Ich kaufe mir deshalb Gardinen für das Küchenfenster. Das aber verstärkt meine Angst nur noch mehr. Ich habe nun das Gefühl, die Gefahr nicht mehr zu sehen. Wenn ich sie nicht sehe, kann ich aber auch nicht rechtzeitig ausweichen. Durch die Gardinen ist meine Sicht eingeschränkt. Die Geräusche sind trotzdem da, meine Angst potenziert sich. Ich werde langsam verrückt.

Auch Bahnfahren wird zum Alptraum. Überall sind Menschen, die ich nicht kenne. Sie alle sind eine Gefahr. Wer weiß, ob sich nicht jemand in der Menschenmenge versteckt und mich dann verfolgt? Ich habe das Gefühl durchzudrehen. Ich muss langsam in die Psychiatrie. Ich sehe keinen Sinn mehr in meinem Leben, keinen Sinn darin, all diese Dinge erleben zu müssen. Ich zweifle daran, dass es einen Gott gibt. Ein Gott würde mir das nicht zumuten. Nicht nach all dem, was ich bisher ohnehin schon erleben musste. Ein Gott würde das nicht zulassen, er würde nicht dabei zuschauen, wie ich zugrunde gehe. Es gibt wahrscheinlich keinen Gott. Es ist nur ein Glaube. Man kann an ihn glauben, aber man kann es auch lassen. Ich will es ab jetzt lassen.

Wochen und Monate vergehen mit diesen Gedankengängen. Ich verzweifle. Ich verzweifle an meiner inneren Einsamkeit. Ich sterbe an meinen Ängsten. Ich empfinde kaum noch Freude für irgendwas. Bei allem, was mir in meinem bisherigen Leben passiert ist, habe ich dennoch immer an das Gute im Menschen geglaubt. Ich habe wildfremde Menschen kostenlos in meiner Wohnung aufgenommen und ständig anderen Menschen in Not beigestanden. Ich habe geglaubt, dass es nur die Lebensumstände, die Erziehung, die Lieblosigkeit der Gesellschaft sind, die die Menschen negativ beeinflussen. Ich habe aber immer eine grundsätzlich positive Einstellung zu Menschen gehabt, war ihnen gegenüber immer offen gewesen. Jetzt bin ich das nicht mehr. Sie sind böse und falsch. Sie sind Schläger, Monster, Tyrannen und Vergewaltiger. Sie tun sich gegenseitig weh, töten sich, misshandeln ihre Kinder, lügen und betrügen. Sie sind schlecht. Der Mensch ist abgrundtief schlecht!

Zum ersten Mal in meinem Leben will ich auch nicht in die Schule gehen. Ich sehe keinen Sinn darin. Es gibt nur wenige Menschen, die mich in der Schule vermissen, wenn ich dort nicht auftauche, denke ich. Gibt es überhaupt jemanden? Ich schwänze einige Tage, bleibe im Bett. Verfluche das Leben, verfluche meine Eltern, die nicht für mich da waren. Schimpfe auf meinen Großvater, der einfach weggestorben ist. Ich mache meinen Pflegeeltern Vorwürfe, dass sie es nicht geschafft haben, mir das Gefühl zu geben, dass ich wirklich zu ihnen gehöre. Ich hadere mit mir und der ganzen Scheiß-Welt. Irgendwann habe ich so lange in der Schule gefehlt, dass ich ein Attest brauche. Also gehe ich zu meinem Hausarzt. Der gibt mir aber nicht einfach die Bescheinigung, sondern möchte wissen, was mit mir ist. Er verstrickt mich in ein langes Gespräch, in dem ich immer wieder ausweichend antworte. Am Ende gibt er mir das Attest. Er sagt, ich leide an einer Posttraumatischen Belastungsstörung. Was auch immer das ist, ich will es nicht wissen. Zum Teufel, verzieht Euch doch alle! Ich bekomme noch eine Überweisung und zwei Adressen. Ich solle einen Psychologen aufsuchen, eine Therapie würde mir helfen. Als ich zu Hause bin, zerreiße ich die Überweisung und werfe die Adressen in den Müll. Ich brauche doch keinen Seelenklempner. Ich brauche nur mein Bett. Und den Tod. Ja, den Tod brauche ich. Ich warte jetzt auf ihn.

Teil III: Glaube an dich selbst, wenn niemand an dich glaubt

Folgenreiche Begegnung

Nach dem Überfall in meiner Wohnung lebe ich sehr zurückgezogen. Ich nehme keine Einladungen von Freund*innen und Bekannten an. Ich gehe nicht zu Klassenkameraden, bleibe allen Partys fern. Zur Schule schleppe ich mich zwar wieder, aber ich gehe immer direkt nach Hause und bin viel allein. Dann, eines Tages treffe ich zufällig eine Bekannte, die ich sehr mag: Carolina. Sie ist eine talentierte, begnadete Sängerin. Wir reden nur kurz miteinander, aber es ist ein nettes Gespräch.

„Ich feiere meinen Geburtstag diesen Samstag. Hättest du Lust zu kommen?", fragt sie mich am Ende der Unterhaltung.

Ich schüttele den Kopf. „Mir ist gerade nicht nach Gesellschaft."

„Ach, komm schon, Gloria. Es wird total schön. Ich würde mich wirklich freuen", bettelt sie. „Ich weiß nicht", antworte ich immer noch unsicher. Ich mag Carolina unheimlich gern.

„Du musst die Entscheidung nicht jetzt treffen. Aber versprich mir, dass du es dir noch überlegst, ja?"

Ich nicke.

Wer einsam ist und Menschen meidet, wird noch größere Einsamkeit erleben. Deshalb zwinge ich mich, mich weder weiterhin in Selbstmitleid zu baden noch meinen Gedanken hinzugeben. Ich beschließe zu Carolinas Geburtstagsfeier zu gehen, wenn ich eine Begleitung finde. Mein Kumpel Masud, ein hochintelligenter, junger Mann aus Afghanistan, holt mich von dem Restaurant ab, in dem ich arbeite und begleitet mich. Es ist schon spät als wir, mit leckerem Essen bepackt, die Feier erreichen. Carolinas Wohnung ist voller Menschen. Wir kennen kaum jemanden. Wir lernen an dem Abend viele interessante Leute kennen, unterhalten uns angeregt und haben großen Spaß. Einer von ihnen ist Zazu, blonde kurze Haare, mittlere Größe. Wir unterhalten uns den ganzen Abend über Musik, Kunst, verschiedene Kulturen, über Afrika und die deutsche Außenpolitik, über die Kunst zu Leben und zu Lieben. Es gibt wohl kaum ein Thema, das wir an diesem Abend nicht besprechen. Wir lachen viel miteinander, über die Menschen, über uns, über das Leben. Das Bemerkenswerte ist, dass er zu allem etwas zu sagen hat und es scheinbar nichts gibt, worüber er sich noch keine Meinung gebildet hat. Er ist Berufskraftfahrer, arbeitet momentan für ein Kurier-Unternehmen. Er versteht sich aber mehr als Künstler. Musiker, Maler, was auch immer. So genau weiß er das wohl selbst nicht. Zazu hat einen Dialekt, den ich nicht einordnen kann, der mich aber sehr belustigt. Er erinnert mich an zwei Hafenarbeiter, die auch so geschnackt[57] haben.

So interessant der Austausch mit den verschiedenen Leuten ist, irgendwann ist es früh morgens, ich bin müde vom langen Tag und möchte endlich in mein Bett.

„Gibst du mir deine Telefonnummer?", bittet Zazu mich.

„Wieso?"

„Wieso denn nich? Würd dich gern wiedersehn."

Ich lehne ab.

„Wieso denn nich?"

„Ich kenne dich doch gar nicht."

„Genau das kann man doch ändern." Er grinst schelmisch. Ich muss lachen, über die Art und Weise, wie er seinen Kopf schräg legt und mir unter seiner Mütze in die Augen blickt. „Komm schon, Gloria! War doch nett heut Abend, oder etwa nich?"

„Doch, total. Ich hatte echt Spaß."

„Na also!"

„Ja, ist ja gut. Aber ich gebe dir nicht meine Nummer. Wenn du willst, kannst du mir deine geben. Ich meld mich dann bei dir."

Er fängt an zu lachen. „Ist klar. Machste ja eh nich."

„Versprechen tu ich's nicht, aber wahrscheinlich melde ich mich schon."

„Wirklich? Rufst mich bestimmt an?"

„Ja, ich ruf dich an. Wirklich!" Zazu ist zufrieden und schreibt mir seine Nummer auf.

„Ruf mich morgen an, o.k.?"

Ich nicke nur.

Als ich mit Masud draußen bin, fragt er besorgt: „Du hast ihm doch nicht etwa deine Nummer gegeben?"

---

57 Norddt. für reden.

„Wieso denn nicht?"

„Er ist doch gar nicht dein Typ. Ist nett, aber nicht gerade gebildet", stellt er fest.

„Wie willst du denn das beurteilen können? Ich habe doch den ganzen Abend mit ihm geredet, nicht du. Und wer ist denn schon mein Typ?!"

„Ja, aber hast du gehört, wie er spricht?"

„Schon. Was ist denn dabei? Klingt doch lustig."

„Trotzdem hättest du ihm nicht deine Nummer geben sollen", insistiert Masud.

„Hab ich doch auch gar nicht. Aber danke, dass du dir Gedanken machst."

Ich boxe ihn in die Seite. „Schau her", sage ich und halte etwas hoch.

„Was ist das?"

„Seine Nummer. Ich habe seine Nummer bekommen."

Die folgenden Tage geht mir Zazu nicht aus dem Kopf. Irgendwas hat der Kerl an sich. Vielleicht ist es seine unkonventionelle Art. Er ist Künstler. Ist frei, lebt ohne Zwänge, ohne große Pflichten und Verantwortung, hat keine Lust, sich anzupassen. Das wirkt zumindest so. Er ist aber vor allem eins: Überlebenskünstler. Das merkt man. Er macht hier mal dies und da mal das und so richtig irgendwo angekommen ist er nicht. Ich frage mich, ob er es nicht will oder nicht kann. Was mich verwundert hat, ist seine Affinität zu afrikanischen und lateinamerikanischen Kulturen und sein profundes Wissen darüber. Ein komischer Kauz ist das, denke ich immer wieder. Irgendwann greife ich zum Telefon und wähle seine Nummer. Es hat kaum geklingelt, da nimmt er den Anruf entgegen.

„Ja?", fragt eine verschlafene Stimme. Intuitiv schaue ich auf die Uhr. Es ist 14:30 Uhr. An einem Sonntag.

„Oh, habe ich dich geweckt? Sorry, das wollte ich nicht." Dann fällt mir ein, dass ich gar nicht gesagt habe, wer ich bin.

„Hier ist Gloria."

„Is schon gut. Bin spät ins Bett. Bin aber schon wach."

Danach klingst du aber nicht, denke ich.

„Wollen wir uns treffen?", schlägt die schlaftrunkene Person am anderen Ende vor.

„Wann?"

„Heute Abend."

Ich zögere. Was habe ich schon zu verlieren? Wovor habe ich denn Angst? So schlimm kann es wohl kaum werden.

„Ist gut. Machen wir."

„Ich komm zu dir, wenn's dir recht ist."

„Kein Ding." Ich gebe ihm meine Adresse.

„Kannst bis Altona fahren, von dort aus sind es nur wenige Minuten zu Fuß."

„Weiß ich", sagt er nur kurz. „Bin dann um 18 Uhr da, o.k.?"

„O.k. Bis später dann."

Zazu kommt in den nächsten Monaten oft zu mir und bleibt über Nacht. Es ist, als würden wir zusammen wohnen. Was zuerst im Rahmen der Zweisamkeit beginnt, wird später aufgebrochen. Wir entführen uns gegenseitig in die eigene Welt. Als bestünde eine einvernehmliche implizite Regel, gehen wir beide weit genug, damit die andere Seite eine Vorstellung von uns bekommt. Wir gehen aber nicht so weit, uns komplett zu offenbaren. Es gibt Geheimnisse, es gibt Unausgesprochenes, es gibt verschlossene Schranken, auf beiden Seiten. Und das ist gut so. Wir beantworten nur Fragen, die wir beantworten wollen, erzählen nur das, was zu teilen uns wichtig erscheint. Wir genießen was wir haben, akzeptieren was wir kriegen. Seine Nähe tut mir gut. Ich fühle mich sicher, wenn ich mit ihm zusammen bin. Obwohl wir sehr verschieden sind und unsere Vorstellungen von dem, was wir im Leben wollen, stark differieren, finden wir zueinander. Wir passen nicht zusammen, das ist uns beiden klar, und doch können wir nicht voneinander lassen. Wir sind zwei verlorene Seelen im Kosmos, individuell verschieden, mit eigenen Problemen und Sehnsüchten. Wir suchen die Harmonie, die Geborgenheit, die Einfachheit im Sein. Wir suchen uns. Unseren Halt finden wir nur in der Zuneigung des Alter Ego. Wir sind auf eine undefinierbare Art und Weise voneinander abhängig und miteinander verschmolzen. Unser Zusammensein ist komisch, mir scheint als liefe er vor etwas weg. Was das sein könnte, weiß ich nicht. Wovor ich weglaufe, weiß ich aber genau: die Realität. Noch immer habe ich den Überfall in meiner Wohnung und die Folgen nicht verarbeitet. Wenn ich mit Zazu zusammen bin, muss ich nicht daran denken. Für den Moment ist es gut. Mehr noch: Es ist schön.

Bittere Erkenntnis

Ich bin mit Betty verabredet, meiner allerersten Freundin, die ich seit der Grundschule in Wilhelmsburg kenne. Inzwischen hat sie einen Sohn und wohnt in einem Frauenhaus im Hamburger Norden. Ich habe sie mehrmals dort besucht. Die Frauen wohnen hier aus unterschiedlichen Gründen: Manche von ihnen haben sehr früh ein Kind bekommen und können es nicht alleine versorgen. Aber es gibt auch Frauen, die ihr Zuhause wegen häuslicher Gewalt verlassen haben und hier Zuflucht suchen. Sehr traurige Schicksale habe ich dort kennen gelernt. Ich bin im Frauenhaus vielen Frauen begegnet, die keinen Schulabschluss, geschweige denn eine abgeschlossene Ausbildung haben. Betty erging es ähnlich. Nach dem Schulbesuch hatte sie versucht, ihren Weg zu finden. Wie sich herausstellte, war das schwieriger als sie dachte und so brach sie bei der nächsten Gelegenheit den Versuch ab. Als ich das letzte Mal im Frauenhaus war, teilte sie mir mit, dass sie eine Ausbildung als hauswirtschaftliche Gehilfin oder so ähnlich machen möchte. Hoffentlich ist sie dieses Mal zielstrebiger und hält bis zum Ende durch, dachte ich.

Immer wenn ich an Betty denke, projiziert mein Gehirn das Bild, wie ihr knapp zweijähriger Sohn die ganze Zeit vor dem Fernseher sitzt. Die Lautstärke ist auch alles andere als erträglich, vor allem für junge Ohren. Ich habe ihr mehrmals vorgeschlagen, mit ihm nach draußen zu gehen, zum Spielplatz oder für einen Spaziergang. Aber das hat sie in den meisten Fällen abgelehnt. Wir haben stattdessen etwas zu essen gekocht und sind in ihrem Zimmer geblieben, bis ich es nicht mehr ausgehalten und das Haus verlassen habe.

25. Juli, ein warmer und sonniger Sommertag. Wir treffen uns am Bahnhof Feldstraße. Sie wollte so gern mit ihrem Sohn auf den Hamburger Dom gehen. Ich habe zugestimmt sie zu begleiten, obwohl ich es nicht für richtig hielt, mit einem so jungen Kind über den Dom zu schlendern. Es ist laut dort, zu viele Reize, akustisch und optisch der Overkill. Aber ich will ihr den Gefallen tun, sie muss mal raus aus dem Frauenhaus, mal andere Gesichter sehen. Das verstehe ich. Ich sehe sie schon von weitem winken. Sie freut sich sichtlich.

„Hey, na wie geht's?"
„Gut, und was ist mit euch?"

Wir sprechen immer Deutsch, wenn wir uns treffen. Mein *Twi* ist inzwischen so schlecht, dass ich mich nicht einmal traue mit Betty zu sprechen. Sie lacht mich jedes Mal aus, wenn ich auch nur drei Sätze sage. Ich fühle mich dann erbärmlich.

„Ama, was hast du denn heute bisher gemacht?", will sie wissen.

„Ach. Nichts Besonderes."

„Du machst mal nichts Besonderes? Wie geht das?"

„Häh, wie meinst du das?"

„Na ja, ich meine, du machst immer was. Entweder du arbeitest oder lernst oder machst Sport oder musizierst oder so was. Irgendwas machst du doch immer."

„Heute nicht. Ich hab heute nur meine Wohnung sauber gemacht. Und herumgetrödelt. Musste mal sein. Brauch ich auch ab und zu." Sie lacht laut los.

„Das kannst du?"

„Ja, ich weiß, das kennt ihr von mir nicht. Aber ich mache es ständig, genau wie andere Menschen auch. Warum ist es bei mir bloß was Besonderes?!"

Kopfschüttelnd und lächelnd geht sie voran, den Kinderwagen vor sich herschiebend. Wir gehen an einer Waffelbäckerei vorbei, wo man allerlei Fettiges und Süßes kaufen kann.

„Lass mich mal was kaufen", sagt Betty.

„Was? Wir sind doch grad erst angekommen. Wart doch noch ein bisschen, lass uns weitergehen, weiter vorne kommen noch ganz viele Bäckereien."

„Aber wieso denn? Ich kann mir doch jetzt was kaufen und später noch mal."

So siehst du auch aus, denke ich. Betty hat in den letzten Jahren stark zugenommen, aber sie muss es selbst wissen.

„Willst du auch was?"

„Nee, noch nicht. Später vielleicht."

Sie kommt zurück mit einer großen Tüte Schmalzgebäck und reichlich Puderzucker als Topping. Sie hält ihrem Sohn die Tüte hin, der sich ein großes Stück heraus nimmt, um es gleich vor Schmerz fallen zu lassen.

„Sie sind zu heiß für ihn", bemerke ich entsetzt.

Ich greife in die Tüte, nehme ein Stück, puste sowohl den Zucker weg als auch das Stück kalt und gebe es dem Kleinen. Er stopft sich das ganze Teil auf einmal in den Mund und fordert sofort mehr, ohne auch nur gekaut zu haben. Ich warte noch ein bisschen, bis ich das zweite Stück nehme. Wir gehen an einem Kettenkarussell vorbei, wo gerade *Sing Halleluja* von Dr. Alban gespielt wird. Ich fange an mitzusingen und mich rhythmisch zu bewegen, es verbreitet umgehend gute Stimmung. Als ich den Shaker sehe, möchte gern fahren

„Magst du ihn?"

„Nee, ich gehe nirgendwo rein."

„Wieso das denn?"

„Ist mir zu schnell. Da hab ich Angst. Und außerdem wird mir schlecht."

Ich muss schmunzeln. Sie geht mit ihrem Kleinkind auf den Dom. Er ist zu klein, um irgendwo mitzufahren und sie hat Angst vor dem lahmen Shaker.

„Verstehe ich nicht. Warum gehst du dann auf den Dom?"

„Na ja, einfach nur um spazieren zu gehen. Spaziergänge sind sonst immer so langweilig. Aber auf dem Dom oder in Kaufhäusern nicht. Ich mag die Stimmung hier. Außerdem esse ich Sachen, die ich sonst nicht esse." Sie lächelt breit und zeigt auf die leere Tüte mit Schmalzgebäck.

„Wow, das ging aber schnell. Aber du hast Recht, man muss sich so was auch mal gönnen."

Wir biegen um die Ecke und gehen auf eine Bude zu, in der Maiskolben verkauft werden. Ich gehe und hole mir einen Kolben, aber ohne alles, einfach pur. Ich verstehe nicht, wie man in Deutschland den Mais mit Butter essen kann. Eine wirklich eklige Vorstellung. Außerdem gibt es Varianten mit Salz und Knoblauch. Man kann aber auch wirklich jedes Lebensmittel ruinieren. In Ghana aßen wir sie *naturell*, nur gekocht. Mais braucht nichts drauf. Oft wurde er auch gegrillt, dann sind die Körner aber richtig hart und kross, so dass man lange kauen muss. Ich mag ihn aber am allerliebsten gekocht, die besten Genüsse sind oft die *einfachen* Dinge. Dieser Kolben ist leider total weich. Der ganze Geschmack ist im Sud verloren gegangen. Schade eigentlich. Nicht mal Mais können die Deutschen kochen, denke ich.

„Was ist?", will Betty wissen, die mich scheinbar beobachtet hat.

„Nichts. Der Mais ist eklig."

„Du bist aber auch krüsch", wirft sie mir vor.

„Was bin ich?"

„Krüsch. Du bist krüsch."

„Und das bedeutet?"

„Wählerisch. Dir schmeckt dies nicht und das nicht."

„Stimmt doch gar nicht!"

Betty lacht. Sie lacht überhaupt gern und viel.

„O.k., ein bisschen vielleicht. Aber ich esse ihn ja auf. Look!"

Wir sind kaum hundert Meter gegangen, da zupft mich Betty am Arm.

„Hey, schau mal." Ich folge ihrem Blick und bleibe wie erstarrt stehen. Ein Pärchen kommt Hand in Hand in unsere Richtung geschlendert. Er, ungefähr 1,75 m groß, mittelblondes Haar, beigefarbenes Cap. Die dunkelhäutige Frau an seiner Seite ist um einiges kleiner. Ihr Haar trägt sie als Rastas, die nach hinten zu einem Zopf gebunden sind. Die Frau ist mir gänzlich unbekannt. Doch der Mann, den kenne ich. Sehr gut sogar.

Er hat mich noch nicht gesehen, geht es mir durch den Kopf. Ich überlege umzukehren und doch in Richtung Ausgang zu laufen, doch ich zögere schon zu lange. Im selben Augenblick sieht er mich. Panik macht sich in ihm breit und Verzweiflung steht ihm ins Gesicht geschrieben. Schnell dreht er sich in alle Richtungen um. Es ist deutlich, dass er nach einer Ausweichmöglichkeit sucht, um die Begegnung mit mir zu vermeiden. Die Frau an seiner Seite kriegt von alledem nichts mit. Betty setzt ihren Weg mit langsamen Schritten fort und ich folge ihr zögerlich. Als der Mann bemerkt, dass die Begegnung unausweichlich ist, verlangsamt er sein Tempo. Es scheint, als überlege er, mich einfach zu ignorieren und vorbei zu gehen. Betty geht jedoch zielstrebig auf ihn zu, so dass wir irgendwann – mir kommt es so vor, als wären Stunden vergangen – voreinander stehen. Ich bin nicht in der Lage zu reden, aber das brauche ich auch nicht, Betty übernimmt das für mich.

„Hallo", sagt sie in einer völlig normalen Stimme. So, als wäre die Situation keineswegs außergewöhnlich.

„Hallo", sagt der Mann. Es sollte beherrscht klingen, doch das tut es nicht. Ich kriege immer noch nicht den Mund auf. Meine Kehle ist staubtrocken.

Die Frau wirkt misstrauisch.

„Who's that?", will sie wissen und deutet mit dem Kopf in meine Richtung. Sie muss gemerkt haben, dass es hier um mich geht und dass der Mann an ihrer Seite jeden Blickkontakt mit mir zu vermeiden sucht.

„Yes, and who is THIS?", frage auch ich und blicke die Frau an. Unsere Blicke treffen sich und obwohl wir uns nicht kennen, wissen wir beide, dass wir uns besser niemals begegnet wären.

„Gloria, this is Alexandra. My …". Er zögert. „My wife."
Wie angewurzelt steht er da, mit unbewegter Miene.
„Alex, this is Gloria. My …"
Ich warte. Aber den Satz beendet er nicht. Er schaut nur auf den Boden.
„Dein was?", frage ich. Meine Stimme überschlägt sich förmlich.
„… A friend", vollendet er seine Aussage.
„Aah, a friend", äffe ich ihn nach, „eine Freundin. So, so."
In mir stürzt alles zusammen. Hat er eben ‚my wife' gesagt und in Richtung der Frau geblickt? Habe ich mich womöglich verhört? Was klingt denn noch so ähnlich wie ‚wife'? Mir fällt kein anderes Wort ein. Ach doch, life. Aber das war's nicht. Meine Gedanken rasen.
„Come, Alex, let's go." Der Mann zieht die Frau am Arm. Sie wehrt sich anfänglich ganz leicht, lässt sich aber dann doch mitziehen.
Ich beobachte, wie die beiden an uns vorbei gehen. Ich bin unfähig, mich von der Stelle zu rühren, ich kann keinen klaren Gedanken fassen.
„Gloria. Komm!" Das ist Betty. Ich habe sie total vergessen. Jetzt ist sie diejenige, die mich am Arm zieht, um mich zum Weitergehen zu bewegen.
„Was war das denn eben?", wundere ich mich. „Was hat er eben gesagt? My wife?"
„Wusstest du das nicht?" Betty scheint nicht sonderlich überrascht zu sein.
„Wusste ich WAS nicht?", fauche ich sie an.
„Wusstest du nicht, dass er verheiratet ist?"
Ich verstehe die Frage nicht. Hätte ich es wissen müssen? Und woher überhaupt? Was sollte die Frage.
„Wie meinst du das, ob ich es nicht wusste? Soll das heißen, dass du es gewusst hast?"
Betty nickt und guckt betreten.
„Und woher?"
„Von deiner Feier letzten Monat."
„Von der Feier?", frage ich ungläubig.
„Hat er es dir bei der Feier erzählt?"
„Nein."
Jetzt verliere ich endgültig meine Geduld. „Und woher weißt du es dann?", frage ich gereizt. „Man konnte es sehen", sagt sie leise.
„Was?"
„Man hat es gesehen."

„Woran hat man es denn gesehen? Ich hab es aber nicht gesehen. Was hätte ich denn sehen müssen?"

„Den Ring!" Betty weiß jetzt nicht mehr, wie sie sich verhalten soll. Sie wird immer unruhiger und scheint sich in ihrer Haut nicht mehr wohl zu fühlen, geschweige denn in ihrer Rolle als Hiobs-Botschafterin.

„Betty, welchen Ring meinst du?"

„Den, den er bei der Feier am Finger hatte."

„Er trug bei der Feier einen Ehering? Ich habe keinen an seinem Finger gesehen."

„Da war aber einer. Jeder konnte ihn sehen!"

Mehr sagt Betty nicht. Sie lässt mich mit meinem Gedankenkarussell allein. *Jeder konnte ihn sehen* hämmert es in meinem Kopf.

Alle haben ihn gesehen. Alle wussten, dass Zazu verheiratet ist. Nur *ich* nicht.

Wieder ein Tag, der alles verändert

Die Herbstferien sind vorbei. Das gilt leider auch für meinen Spanien-Urlaub mit Victoria. Es war so schön in der Sonne Barcelonas. Wir sind viel ausgegangen, waren am Strand, haben uns ins Nachtleben gestürzt. Doch eines hatte sich nicht gelegt: die ständige Müdigkeit. Ich esse zwar nicht mehr so komische Sachen wie vor kurzem in Paris, aber ich bin einfach öfter müde und komme morgens kaum noch aus den Federn. Das ist kein guter Start für das letzte Schuljahr. Dreizehnte Klasse. Abiturjahrgang. Ich habe es tatsächlich trotz Hauptschulempfehlung bis hierher geschafft. Jetzt gilt es noch, das letzte Schuljahr vernünftig abzuschließen und die Prüfungen zu bestehen, vor denen ich großen Respekt habe. Abitur. Das schaffen nur die wirklich intelligenten Menschen. Die, deren Mütter und Väter Ärzt*innen, Anwält*innen und Lehrer*innen sind. Abitur, das war nichts für mich. Das hatte man mir einige Jahre einreden wollen. Und irgendwann hatte ich es auch geglaubt. Aber ich hatte es gewollt. Ich wollte unbedingt zeigen, was in mir steckt. Ich wollte allen zeigen, dass sie mich mal kreuzweise konnten: den Lehrer*innen, die es mir in der Schule schwer machten. Den Schüler*innen, die mich hänselten. Den Menschen, die mich fragten, woher ich *eigentlich* käme, die mir nichts zutrauten und mir damit sagten, ich sei keine von ihnen. Ich hatte mich einen Jahrgang nach dem anderen hochgearbeitet. Ich hatte es von Anfang an geschafft, in den meisten Fächern in die C-Kurse zu kommen. Das waren die Kurse für die leistungsstärkeren Schüler*innen. Mit den Jahren hatte ich gemerkt, dass ich intelligenter war, als viele gedacht hätten. Als ich selbst gedacht habe. Hm, Abitur – das würde ich wohl trotzdem nicht schaffen. Aber was soll die Panik? Bis dahin sind es noch viele Monate und schließlich hat alles andere ja auch bis jetzt funktioniert. Warum sollte ausgerechnet jetzt etwas schief gehen? Das Abitur. Ich will es unbedingt. Ich will zu den Besten eines Jahrgangs gehören. Ich will Nana Yeboah stolz machen, der immer zu mir gesagt hat: „Lerne, Ama. Lerne soviel wie du kannst. Man kann dir jederzeit dein Geld nehmen, deine Kleidung. Ja, sogar deine Würde. Aber was du im Kopf hast, das kann dir keine*r nehmen." Ich hatte früh begriffen, dass Bildung ein Privileg war. Ein Privileg der Reichen. Gleichzeitig öffnet Bildung Türen. Die Türen der Zukunft. Ich wollte nicht vor verschlossenen Türen stehen. Ich wollte eine echte Wahl. Die hatte nur jemand mit Bildung und Wissen. Die Freiheit der Wahl, Entscheidungen zu treffen. Ohne Bildung war man eingeschränkt. Ich habe das früh verstanden. Ich brauchte das Abitur. Ich würde es schaffen. Was konnte denn schon schief gehen?

Die Antwort auf diese Frage erhalte ich vier Tage später. Nach der Schule habe ich einen Termin beim Gynäkologen, Dr. Loretti. Er betreut mich bereits seit vielen Jahren. Als ich ihn am 4. November 1999 aufsuche, geschieht das mit der Vorstellung, dass ich wieder Eisenmangel habe und mich daher ständig erschöpft fühle. Im Wartezimmer muss ich lange warten, wie immer, wenn man keinen festen Termin hat. Endlich wird mein Name aufgerufen. Ich gehe ins Behandlungszimmer. Dr. Loretti ist noch nicht da. Ich schaue mich um. Es hängen immer noch die gleichen Schaubilder des weiblichen Körpers an den Wänden, ebenso wie Informationen über notwendige Voruntersuchungen. Wie oft hatte ich das alles schon gelesen? Und dennoch: Vor lauter Langeweile lese ich es jetzt noch einmal.

„Hallo Frau Boateng." Mein Arzt kommt endlich. Es ist für mich immer noch komisch mit ‚Frau' angeredet zu werden. Ich fühle mich dabei immer alt. „Wie geht es ihnen?" Das macht die Standardbegrüßung von Dr. Loretti fast perfekt, denke ich. Fehlt nur noch das *Was führt Sie zu mir?*.

„Was führt Sie zu mir?", kommt prompt der Gesprächseinstieg. Alles wie immer.

„Ich hatte Ihnen bei meinem letzten Besuch nach den Sommerferien erzählt, dass ich ständig müde bin. Ich hatte gehofft, dass es besser würde. Aber es ist eher schlimmer geworden."

„Wie äußert sich das?"

„Früher wurde ich einfach im Laufe des Tages müde. Ich begann sogar, mich ab und zu mittags hinzulegen, weil ich den Tag sonst nicht gut überstanden hätte. Jetzt komme ich morgens ganz schwer hoch. Ich habe das Gefühl, meine Beine sind aus Blei. Außerdem kriege ich die Augen kaum auf."

„Hat sich irgendetwas an Ihrem Lebensstil verändert in letzter Zeit?"

„Nein. Eigentlich nicht."

„Sie fühlen sich also morgens matt. Sonst noch irgendwas Ungewöhnliches?"

Dr. Loretti nimmt sich immer sehr viel Zeit für seine Patientinnen. Deshalb mag ich ihn so gern.

„Na ja, als ich im Oktober in Spanien war, hatte ich ganz oft Appetit auf Speisen, die ich sonst überhaupt nicht so gern gegessen hätte."

„Was denn zum Beispiel?" Seine Gesichtszüge haben wieder etwas Väterliches.

„Eigentlich esse ich nicht so gern Pizza. Und wenn, dann nur selbst gebackene. Solch labbriges Zeug von irgendeinem Straßenverkäufer habe ich nie gekauft. Aber in Spanien bin ich einige Mal daran vorbei gekommen und der Geruch, von dem mir normalerweise übel geworden wäre, erschien mir total angenehm. Ich hatte auf einmal richtig Lust auf eine Pizza und habe mir an mehreren Tagen eine geholt. Sie schmeckte nicht besonders gut, aber sie befriedigte mich auf eine merkwürdige Art."

Dr. Loretti runzelt seine Stirn und sieht nachdenklich aus.

„Ist es immer noch so?".

„Nicht mehr so stark. Aber schon ein bisschen. Ich ernähre mich seit vielen Jahren relativ gesund. Ich liebe Gemüse und Salate. Aber momentan kann ich das Grünzeug nicht mehr sehen. Ich esse das nur noch, weil es vernünftig ist, nicht weil ich wirklich will."

Eine sehr lange Pause entsteht. Der Arzt betrachtet mich eingehend. Seine Falten im Gesicht verändern ihre Position. Schließlich fragt er: „Kann es sein, dass Sie schwanger sind?"

Die Frage verschlägt mir die Sprache.

„Nein, das kann nicht sein."
„Und wieso nicht?"
„Sie haben mir doch erzählt, dass ich wahrscheinlich keine Kinder kriegen könnte. Haben Sie es vergessen?"
„Hmm." Wieder entsteht eine lange Pause.
Und fragt weiter: „Verhüten Sie?"
„Ja, außerdem benutzen wir immer zusätzlich Präservative."
Soll ich ihm erzählen, dass das Kondom an dem einen Tag kaputt gegangen ist? Ich erinnere mich noch, wie Zazu geflucht hatte, als wir das zum Schluss festgestellt hatten.
„Frau Boateng, lassen Sie uns vorsichtshalber einen Schwangerschaftstest machen", schlägt Dr. Loretti vor.
„Setzen Sie sich bitte noch mal ins Wartezimmer. Wir brauchen noch eine Urinprobe."
Im Wartezimmer hänge ich meinen Gedanken nach. Was, wenn der Arzt recht hat und ich schwanger bin? Ach was! Er hat doch selbst gesagt, eine Schwangerschaft würde schwierig werden. Außerdem, wie wahrscheinlich ist es schwanger zu werden, wenn man doppelt verhütet? Ich versuche mich zu beruhigen. Aber so richtig ruhig werde ich nicht. Im Gegenteil. Panik steigt in mir hoch. Dreizehnte Klasse. Abitur. Wie soll ich das mit einer Schwangerschaft machen? Wie soll ich in die Schule gehen, im Unterricht aufpassen? Wie soll ich die Prüfungen schreiben? Oh, Gott, bitte mach, dass ich nicht schwanger bin. Bitte, tu mir das nicht an. Bitte…!
„Frau Boateng bitte", schallt es durch den Warteraum.
Ich bleibe sitzen. Ich will den Test nicht machen. Ich weiß, dass ich nicht schwanger bin. Wozu also das Ganze? Ich konnte ebenso gut nach Hause fahren.
„Frau Boateng zur Rezeption bitte." Nun etwas eindringlicher.
Auf das Ergebnis zu warten ist die größte Qual. Schlimmer als jede Prüfung. Meine Gedanken überschlagen sich noch immer. Totales Chaos in meinem Kopf. Es mögen zehn Minuten vergangen sein, als Dr. Loretti mich wieder ins Behandlungszimmer ruft.
Er braucht nichts zu sagen. Ein Blick in sein Gesicht spricht Bände.
„Oh Gott, nein!"
Meine Beine knicken weg. Dr. Loretti ist schnell an meiner Seite und stützt mich. Langsam bringt er mich zur Liege, ich setze mich hin.

„Das kann nicht sein. Das kann unmöglich wahr sein", flüstere ich.
Und etwas sage ich lauter: „Sie haben doch gesagt, eine Schwangerschaft würde schwierig werden."
Dr. Loretti schweigt.
Bitte, tu' mir das nicht an, denke ich.
Ich weiß selbst nicht, wen genau ich damit meine. Vielleicht geht das an Gott, vielleicht an Zazu, vielleicht an das Kind in mir. Wahrscheinlich jedoch ist, dass es an mich selbst gerichtet ist.
„Lassen Sie uns das mit dem Ultraschall überprüfen."
Die Fragerunde geht weiter.
„Sie besuchen noch immer die Gesamtschule? Welche Klasse?"
„Dreizehn."
„Dann machen Sie in ein paar Monaten Abitur?"
„Normalerweise ja."
„Haben Sie noch Kontakt zu Ihren Pflegeeltern?"
„Ja, aber keinen besonders intensiven."
In der Kabine schaue ich mir meinen Körper kurz an. Ich hatte in den letzten Wochen ein wenig zugenommen. Aber das hatte ich meiner veränderten Ernährung zugeschrieben. Außerdem hatte ich in den Sommer- und Herbstferien weniger Sport gemacht. Ach ja, der Sport: Ich würde keinen Sport mehr machen können. Aber ich bin nicht schwanger! Mein Bauch ist immer noch ganz flach, auf mein Six-Pack bin ich immer stolz gewesen. Mein sportlicher Körper hatte mir in der Schule meinen Ruf als Fitness-Guru beschert. Nein, ich kann gar nicht schwanger sein.
Der Arzt schweigt und blickt jetzt bekümmerter.
„Wenn meine Berechnungen stimmen, sind Sie bereits Ende des dritten Monats oder Anfang des vierten. Das würde auch zu Ihren Befindlichkeiten passen."
Das kann nicht sein, hämmert es mir durch den Kopf. Ich wache gleich auf und werde merken, dass alles nur ein Traum war, wie schon so oft in meinem Leben.
Ich bin eine starke Träumerin und habe oft Träume gehabt, die ich für real hielt, weil sie so alltagsnah waren. Irgendwann habe ich jedoch festgestellt, dass es nur ein Traum war. Manchmal direkt nach dem Traum, manchmal aber auch Tage oder Wochen später, wenn ich mit jemandem im Gespräch darüber war und er mir dann sagte: „Nein, Gloria. Das haben

wir gar nicht gemacht", oder „So war es überhaupt nicht", oder „Da waren wir noch nie zusammen."

Ich habe als Kind manchmal Dinge erzählt, die andere für bewusste Lügen hielten. Ich war oft davon überzeugt, dass sie wahr waren, dabei hatte ich sie manchmal nur geträumt. Aber das hier scheint so real, zu real. Dabei möchte ich dieses Mal wirklich gern aufwachen, aus diesem Alptraum.

„Schauen Sie mal her." Dr. Loretti holt mich aus meinen Gedanken zurück. Er dreht den Bildschirm zu mir herum.

„Sehen Sie das hier? Das ist Ihr Kind."

Ich bin erstarrt. Das glaube ich nicht. Es ist tatsächlich so etwas wie ein kleines Wesen. Man sieht einen großen Kopf und einen Körper daran. Dass da etwas heran wächst, ist klar erkennbar. Ich fange an zu weinen.

„Wie soll ich das bloß hinkriegen?", schluchze ich.

Der Arzt hätte unsicher wirken können in dieser Situation. Doch das ist er nicht. Zum Gespräch setzen wir uns an seinen großen Schreibtisch.

„Was ist mit dem Vater des Kindes."

„Wir sind nicht mehr zusammen."

Wieder fange ich an zu schluchzen. Ich habe das Gefühl gleich in Ohnmacht zu fallen.

„Haben Sie niemanden, der Ihnen beistehen kann?" Seine Art hat etwas Beruhigendes. Ich schüttele den Kopf. Leise füge ich hinzu: „Ich habe nur meine Freunde."

„Sind das denn gute Freunde? Kennen Sie sich schon lange?"

In diesem Augenblick wünsche ich mir, dass ich einen Vater hätte, der so ist, wie Dr. Loretti. Warum habe ich niemanden, der sich so sehr um mich bemüht? Ich fühle mich so allein. So leer. So wahnsinnig müde.

Plötzlich kommt mir ein Gedanke.

„Kann ich das Kind abtreiben?" Diese Frage habe ich fast herausgeschrien.

„Abtreiben?" Dr. Loretti scheint verwirrt. „Wollen Sie das wirklich machen?"

Wie komme ich bloß auf diesen Gedanken? Ich bin immer gegen Abtreibungen gewesen.

„Ich weiß nicht. Ich weiß es einfach nicht. Ich weiß gerade überhaupt nichts mehr!"

„In Deutschland ist eine Abtreibung rechtswidrig. Aber bis Ende des dritten Monats ist eine Durchführung möglich und bleibt straffrei."

Er redet noch weiter, irgendwas von Beratung und anderer Arzt, aber ich höre nicht mehr richtig zu.

Das war's, denke ich. Das war's mit dem Abitur.

Insgesamt bin ich an diesem Tag über zwei Stunden dort. Irgendwann ist alles vorbei und ich kann gehen. Nur noch als ein Schatten meiner selbst verlasse ich die Praxis, ich weiß gerade gar nicht, wohin. Zuerst wandere ich an den wenigen Geschäften vorbei, die es am Bahnhof gibt: Supermarkt, Blumenladen, Bäckerei. Ich gehe zur S-Bahn runter. Ich warte gefühlt eine Ewigkeit. Sitze im letzten Waggon, ganz hinten. Ganz still sitze ich da. Allein. Ich merke nicht, dass andere Fahrgäste dazu steigen und sich in meinen Bereich setzen.

„Kann ich Ihnen helfen?", fragt eine Frau. Ich sehe sie an und doch sehe ich sie nicht.

„Ist etwas mit Ihnen?", wiederholt sie. Jetzt erst sehe ich sie richtig an.

„Meinen Sie mich?"

„Warum?"

„Weil Sie weinen."

Dieses Mal ist sie diejenige, die erstaunt und verwirrt ist. Ich habe nicht gemerkt, dass mir die ganze Zeit Tränen über die Wangen gelaufen sind.

„Es ist alles in Ordnung."

„So sehen Sie aber nicht aus", bemerkt sie. Jetzt erst schaue ich mir die junge Frau genau an: Sie hat ein schmales, feines Gesicht, dunkle große Augen, mit trauriger Mimik. So, als würde sie gleich selbst anfangen zu weinen.

„Möchten Sie vielleicht reden?", versucht sie es weiter. Sie kann höchstens 25 Jahre alt sein, wahrscheinlich aber jünger.

„Nein, Sie haben recht", sage ich leise, „es ist nichts in Ordnung. Aber Sie können mir nicht helfen." Und schnell füge ich noch hinzu: „Danke."

Wenig später steigt sie aus und ruft mir noch zu: „Was auch immer es ist, es wird wieder gut. Glauben Sie nur daran. Was noch nicht gut ist, wird gut. Alles wird gut. Bestimmt!"

Die Türen schließen hinter ihr und ich sehr ihr noch eine Weile nach bis sie aus meinem Blickwinkel verschwindet. Ohne es zu merken, sitze ich über zweieinhalb Stunden in der Bahn. Ich muss einmal die Strecke Neugraben – Pinneberg und zurück gefahren sein. Ich fahre bis Altona und gehe nach Hause.

Eine Schwangerschaft ist gar nicht so ohne. Ich hatte gedacht, da sie so lange unbemerkt verlaufen ist, würde das auch die nächsten Monate so weiter gehen. Das ist aber ein Trugschluss. Plötzlich wird mir regelmäßig übel. Normalerweise ist dies in den ersten drei Monaten so, weil sich der Körper hormonell umstellen muss. In meinem Fall ist die Gewöhnungsphase im Prinzip vorbei, aber meine Psyche hat wohl auch noch ein Wörtchen mitzureden. Und das heißt für mich: Erbrechen, teilweise an den unpassendsten Orten, gern auch mal in der Bahn. Für einige Wochen bleibt kaum etwas lange im Magen, was ich esse. Von vielen Gerüchen wird mir speiübel.

In anderen Umständen zum Abitur

Ich möchte umziehen. Ottensen ist ein toller Stadtteil, wenn man alleine lebt und mitten im Trubel sein will. Doch es ist nicht der richtige Ort, um mein Kind groß zu ziehen. Ich brauche grüne Flächen, auf denen das Kind spielen kann, Wälder und Parks, um Spaziergänge zu machen und kleine Straßen und auch weniger Lärm. Die Wohnungssuche ist strapaziös. Der Bauch wird dicker, der Atem kürzer. Ich bekomme eine Absage nach der anderen. Hamburg-West fällt irgendwann aus meinem Suchkreis raus. Eimsbüttel, Neustadt, Barmbek, Winterhude. Überall kriege ich Absagen. Entweder ich scheitere an der Einkommenshürde, da ich als Schülerin noch Unterstützung vom Amt erhalte oder ich scheitere am Schwangersein, am Frausein allgemein oder – wahrscheinlich am häufigsten – am Schwarzsein. Ein Verwalter sagte mir: „Ich hätte Ihnen die Wohnung gern gegeben. Aber als ich Sie beim Wohnungsbesitzer mit Ihren Unterlagen vorgeschlagen habe, hat er den Kopf geschüttelt. Keine Schwarzen, hat er gesagt. Als ich gesagt habe, dass Sie schwanger sind und die Wohnung dringend brauchen, sagte er nur ‚Schlimmer als eine schwarze Person ist nur eine schwarze Person mit Kind'". Dem Mann war anzusehen, dass es ihm leid tat mir nicht die Wohnung geben zu können. Ich muss meinen Suchkreis ausdehnen, obwohl ich wegen meiner Schule eigentlich nicht zu weit wegziehen sollte. Nach wirklich vielen Wohnungsbesichtigungen finde ich schließlich in Harburg-Heimfeld eine Wohnung. Noch weiter weg von meiner Schule hätte ich innerhalb Hamburgs kaum ziehen können. Ich werde jeden Morgen über sechzig Minuten zur Schule pendeln müssen. Aber egal. Wohnung ist Wohnung. Und diese hier ist gut. Knapp 60 qm,

ein großes und zwei halbe Zimmer, faire Miete. Passt. Ich kenne Harburg ganz gut, weil meine beste Freundin Samira hier seit Jahren wohnt und ich oft bei ihr war. Aber der Stadtteil hat einen Ruf, den nur noch Wilhelmsburg und Mümmelmannsberg toppen können: Sozialer Brennpunkt, viele Ausländer*innen, überwiegend Menschen aus bildungsfernem Milieu. Wer also etwas auf sich hält, zieht nicht hierher, sondern höchstens an den Stadtrand, wo die Mittelschicht ihre Häuser baut, die Grenze zu Niedersachsen. Nun, dazu gehöre ich nicht. Das ist auch nicht weiter schlimm, schließlich möchte ich kein Haus mit Garten, sondern nur eine kleine Wohnung für mich und mein Kind.

Nach dem Umzug merke ich, dass ich sehr gerne hier in Harburg wohne. Aber es gibt zwei Probleme. Erstens: Die Supermärkte und anderen Läden sind nicht wie gewohnt gleich um die Ecke wie in Ottensen früher. Zweitens: Harburg ist wirklich sehr weit weg von meiner Schule. Ich brauche im Vergleich zu Altona über 40 Minuten länger mit Bus und Bahn. Gerade morgens ist es wirklich schlimm. Die Gerüche in den öffentlichen Verkehrsmitteln lösen bei mir jedes Mal extremen Brechreiz aus. Die Menschen stinken nach Schweiß, Alkohol, Zigaretten oder nach zu starkem Parfum. Außerdem ist die Luft abgestanden und da die Tage kalt sind, öffnet auch niemand für mich freiwillig das Fenster. Im Gegenteil. An einem Morgen mache ich das Fenster auf. Eine ältere Dame, die mir gegenüber sitzt, steht sofort auf und macht das Fenster mit Schwung wieder zu. Ich schaue sie finster an und mache das Fenster wieder auf.

„Es ist kalt", schnauzt sie mich an.

„Ja, und es stinkt", entgegne ich.

Sie schaut mich verständnislos an. „Es zieht", stellt sie fest und macht das Fenster wieder zu.

„Wie kann es denn ziehen?", frage ich erstaunt. „Es ist doch kein anderes Fenster auf."

Ich merke, dass ich keine Lust und Kraft habe, eine lange Diskussion zu führen, weil es mir an diesem Morgen einfach nicht gut geht.

„Wenn die Tür auf ist." Das sagt sie mit einer Betonung, die man auch so übersetzen könnte: Mensch, bist du blöd. Kapierst wohl nichts.

„Mir ist speiübel und wenn Sie nicht möchten, dass ich Ihnen vor die Füße kotze, dann lassen Sie das Fenster auf", warne ich sie in einem scharfen Ton. Mit diesen Worten stehe ich wieder auf und öffne das Fenster.

Sie schaut irritiert an mir herunter. So, als würde sie nach etwas an mir suchen. Da es aber kalt ist, ich viele Kleiderschichten übereinander und eine weite Jacke trage, sieht man nicht wirklich, dass ich *guter Hoffnung* bin. Dennoch gibt sie Ruhe. An der nächsten Station steigt sie aus und ich sehe, wie sie schnell zum nächsten Waggon läuft. Auch gut. Problem gelöst für heute.

Ein anderes Mal passiert es mir tatsächlich, dass ich mich in der Bahn übergeben muss. Wie so oft ist der Zug total überfüllt und ich kriege keinen Sitzplatz. Auch wenn mein Bauch noch nicht so groß ist, fällt mir das lange Stehen sehr schwer. Mein Rücken schmerzt unglaublich. „Könnte ich mich bitte irgendwo hinsetzen?", frage ich deshalb in das Abteil.

Keine Reaktion.

„Ich muss mich bitte dringend hinsetzen", wiederhole ich etwas lauter.

„Es ist doch kein Sitz mehr frei", sagt ein etwas älterer Mann. Ein anderer fügt hinzu: „Das sehen Sie doch!"

„Ja, sehen tue ich das sehr wohl. Deshalb habe ich ja um einen Platz gebeten", antworte ich schnippisch.

Und noch ein drittes Mal fordere ich die Fahrgäste auf: „Kann mir jemand bitte einen Sitz frei machen?"

Ich habe bewusst nichts von der Schwangerschaft erwähnt. Ich teste immer wieder, was die Menschen zu tun bereit sind, wenn sie keine Erklärung dafür haben oder ihnen eine unmittelbare Motivation fehlt. Ich habe aber oft festgestellt, wie auch in diesem Fall, dass man ihnen den Grund immer sagen muss. Also füge ich laut hinzu: „Ich bin schwanger und kann nicht mehr stehen." Irgendjemand ruft von hinten: "Eine Schwangerschaft ist doch keine Krankheit!", und lacht sich halbtot über seine schlaue Bemerkung. Viele lachen mit ihm. Eine unglaubliche Wut erfüllt mich in solchen Momenten, aber ich habe gelernt, dass es keinen Sinn hat, solche Gespräche fortzusetzen. Einige Köpfe drehen sich zu mir um, in Erwartung eines verbalen Schlagabtausches. Doch ich bleibe still. Inzwischen sind wir schon auf der Veddel angekommen und noch immer habe ich keinen Sitzplatz. Die Türen gehen auf und wieder zu. Neue Fahrgäste steigen ein und man wird noch enger zusammengedrückt. Schließlich höre ich ganz leise eine junge Frau rufen: „Sie können gern meinen Sitz haben, ich muss sowieso gleich aussteigen." In den Gängen stehen viele Menschen und es dauert eine Weile bis ich mich zu ihr durchdrängeln kann. Ich habe fast den Sitz erreicht, als eine ältere Frau sich ausgerechnet dort hinsetzt, obwohl sie gerade erst zugestiegen ist. Genervt rufe ich ihr zu: „Das ist mein Sitz."

„Wieso? Er ist frei und ich bin zuerst hier."

„Er ist nicht frei. Er wurde für mich frei gemacht", entgegne ich nun richtig sauer.

„Geben Sie der jungen Dame bitte ihren Sitz. Ich bin gerade für sie aufgestanden!", sagt die junge, vielleicht türkisch-stämmige Frau. Doch die alte Frau denkt nicht daran. Laut, so dass alle es hören können, sagt sie: „Das fehlt uns noch, dass wir aufstehen, um einem Neger Platz zu machen."

Alle verstummen. Niemand sagt etwas. Tränen der Wut füllen meine Augen. Ich fühle, wie die Übelkeit stärker wird, der Brechreiz ist einfach zu groß.

„Ich muss spucken", rufe ich und versuche mir einen Weg zur Tür zu bahnen. Doch soweit komme ich nicht. Ich fühle, wie ein Schwall meine Kehle hochschießt. Ich bücke mich schnell und im nächsten Moment ergießt sich mein Erbrochenes über alles in meiner Nähe.

„Iiih" und „Igitt" höre ich mehrere Stimmen rufen.

„Jetzt kotzt sie auch noch hier herum", schreit ein Mann hinter mir. Ich sehe nicht viel, einige Schuhe hat es erwischt. Ein Hosenbein wohl auch.

„Es tut mir leid", sage ich leise und versuche mich mühsam aufzurichten.

Eine Frau hakt mich unter und hilft mir bis zur Tür, die sich gerade öffnet. Station Hammerbrook, ich steige aus. Ich setze mich auf den Boden, wühle meine Taschentücher und die große Wasserflasche aus meinem Rucksack. Auch meine Schuhe sind in Mitleidenschaft gezogen. Ich reinige zuerst mich und dann meine Schuhe. Ich spüle meinen Mund aus und spucke auf die Gleise. Einige Wartenden beobachten mich. Ich trinke einige Schlückchen und fühle mich schon etwas besser. Nach meinem unfreiwilligen Zwischenstopp komme ich mal wieder zu spät in die Schule. Zum Glück fragt mich an diesem Tag niemand nach dem Grund. Ich hätte beim Erzählen entweder einen Wutanfall oder Heulkrampf bekommen.

Die letzten Wochen vor Tag X

Inzwischen bin ich fast im 7. Monat. Zum Glück habe ich keine Essgelüste mehr. Unmengen Snickers, Cheeseburger und später auch wieder kiloweise Salate habe ich verdrückt. Vorbei ist allerdings auch die Zeit, da alle erstaunt ausriefen: „Was? Du bist im fünften Monat? Wo hast du denn das Kind versteckt?" Mein Baby ist ewig zu klein gewesen. Ständig bin ich beim Arzt für Kontrollen. Ich habe früh Wehen bekommen und hänge regelmäßig im Krankenhaus am Tropf. Ich habe inzwischen gar nicht mehr das Gefühl überhaupt noch Schülerin zu sein, weil ich mehr im Krankenhaus bin und beim Arzt als in der Schule. Dementsprechend sehen meine aktuellen Noten auch aus. Ich schreibe Klausuren teilweise ohne den Lernstoff vorher mitzubekommen oder ohne gelernt zu haben. Nun gut, ich gebe zu, letzteres ist nichts Besonderes und nicht erst durch die Schwangerschaft entstanden. Früher war ich sehr ehrgeizig und wollte mir und meiner Umwelt etwas beweisen. Beweisen, dass ich trotz Hauptschulempfehlung auch eine gute Gesamtschülerin sein kann, ja dass ich es sogar bis in die Oberstufe schaffe. Nun, dort bin ich inzwischen angekommen. Seitdem bin ich etwas entspannter. Ich lasse auch mal die Schule oder einzelne Stunden ausfallen. Das hätte ich mich die ersten acht Schuljahre nicht getraut. Ich gehe auch mal entspannt in eine Klausur und probiere aus, wie weit man damit kommt. Und ich versuche auch mal unerlaubterweise zu *luschern*[58]. Anders gesagt: Ich werde mutiger. Ich lerne aus Erfahrungen, den von anderen allerdings. Ich werde auch ungeduldiger. Meine Nächte werden zusehends schlafloser.

Für meinen ersten Spitzelversuch wähle ich eine Geschichtsklausur, Thema Nationalsozialismus. Aus einem Buch über den Zweiten Weltkrieg schreibe ich mir die wichtigsten Daten auf Blätter aus Recyclingpapier, mit Bleistift, denn auf dem grauen Papier fallen die Bleistiftspuren kaum auf. Ich schreibe auf jeder Seite nur wenige Notizen und nur im Bereich der Seitenränder, die Schreibflächen brauche ich für den eigentlichen Text, den ich dann während der Klausur verfasse. Die vorbereiteten Blätter lege ich zwischen unbeschriebenes Papier, insgesamt zehn Blätter. Für diese Klausur, quasi als Vorbereitung für die Abiturprüfung in wenigen Wochen, dürfen wir noch unser eigenes Papier verwenden. Mehr als zehn Blätter nehme ich nicht mit in die Prüfung, das wäre sonst zu auffällig. Ich bin in Englisch und Geschichte für meine kurzen Aufsätze bekannt, meistens schreibe ich in fünf Stunden nicht mehr als fünf bis sechs Blätter. Für Texte in epischer Breite sind andere in meiner Klasse zuständig. Für

---

[58] Norddt. für heimlich gucken.

die Klausur müssen wir unsere stabile U-Sitzform auflösen, so dass jeder Tisch isoliert im Raum steht. Mit mächtigem Herzklopfen gehe ich auf meinen Tisch zu. Dafür muss ich an meinem Geschichtslehrer vorbei. Ich habe wahnsinnig Angst, dass Dr. Kies, der vorne am Lehrerpult noch die Kopien ordnet, meinen Herzschlag hören könnte und dann sofort wüsste, was ich vorhabe. Er schaut auch tatsächlich auf, als ich an ihm vorbei gehe.

„Guten Morgen, Gloria, wie geht es Ihnen?" Seit der zwölften Klasse werden wir von einigen Lehrern gesiezt, andere belassen es, nach unserer Zustimmung, bei dem alt bewährten Du.

„Eigentlich ganz gut. Nur wenig geschlafen", antworte ich.

„Konnten Sie sich denn trotz des Trubels ein bisschen auf die Klausur vorbereiten?", möchte er wissen und schaut auf einmal besorgt.

„Ja. Ich bin heute gut vorbereitet", beeile ich mich zu sagen.

„Na dann, viel Erfolg!"

An meinem Tisch hole ich alles heraus, was ich für die nächsten fünf Stunden benötige: eine große Flasche Mineralwasser, Obst und ungefähr acht Scheiben unterschiedlich belegtes Vollkornbrot. Meine Freundin Lilli sagte mir mal, sie wüsste nicht, wie ich überhaupt bei Klausuren zum Schreiben komme bei dem, was ich alles in den wenigen Stunden an Nahrung verdrücke. Das ist bei mir aber normal. Die meiste Zeit esse ich, wenn ich nicht esse, kann ich nicht denken. Oder anders gesagt, Ich schreibe ja ohnehin relativ wenig, was soll ich also mit der restlichen Zeit anfangen, wenn nicht essen? Ob Giuliano schon da ist? Ich kann ihn nirgends sehen. Gestern hat er gesagt, eventuell käme er nicht. Ich habe versucht, ihm zu erklären wie wichtig diese Klausur ist und dass er mich doch nicht im Stich lassen könne. Nach den Lebensmitteln packe ich nun auch die Schreibutensilien aus. Die ersten und letzten Seiten sind leer und auch in der Mitte habe ich einige unbeschriebene Blätter platziert. Ich rücke alles noch etwas zurecht und bin dann fertig. In diesem Augenblick kommt Giuliano herein. Er nickt mir mit einem beruhigenden Blick zu, als wollte er sagen „Keine Aufregung. Wird schon gut gehen."

„Wir wollen gleich beginnen", ermahnt Dr. Kies den Nachzügler, kontrolliert noch einige Tische, am ersten blättert er den Papierstapel mit dem Daumen durch. Am nächsten nimmt er die Federmappe hoch, schaut kurz darunter. Dann prüft er einige Stifte.

„Heute dürfen Sie noch das letzte Mal Ihr eigenes Papier verwenden. Bei der Abiturprüfung in vier Wochen kriegen Sie gestempeltes Papier von der Schule gestellt."

Er geht weiter durch die Reihen.

Ich beobachte ihn angstvoll. Das hat er bisher noch nie bei einer Klausur gemacht. Ich bete stumm, dass er bei mir nur die Federtasche hochnimmt oder aber an meinem Tisch vorbei geht, so wie er es gerade mit Annas Tisch macht. Wenn er meine Blätter in die Hand nimmt… Oh weia, daran darf ich nicht denken. Das wird er nicht tun. Das darf er nicht. Schreck lass nach.

„Sollte jemand kein Papier haben, so kann er sich welches von vorne nehmen. Ich habe ausreichend mitgebracht."

Nun hat er meinen Tisch erreicht. Er streckt seine Hand aus und mir bleibt das Herz fast stehen, weil ich denke, er greift nach dem Papier. Stattdessen nimmt er meine Brotdose hoch und grinst. „So machen Sie es richtig, Sie müssen für zwei essen."

Ich atme einfach nur erleichtert auf, dass mein Lehrer meinen Betrug nicht entdeckt hat. Meine Notizen bringen mir kaum etwas. Herr Kies stellt wie immer komische Fragen und leider habe ich mir zu den meisten seiner Ausführungen keine Stichpunkte gemacht. Für die meisten Fragen muss ich mir also selbst was ausdenken. Ich habe nicht das Gefühl, dass ich gescheite Antworten gebe. Bei Aufgabe drei sollen wir eine Karikatur beschreiben und interpretieren. Bei diesem Bild fällt mir fast gar nichts ein und so schreibe ich nur vier deskriptive Sätze hin. Insgesamt habe ich es auf immerhin vier Seiten gebracht. Hauptsache geschafft. Die restliche Zeit vertreibe ich mir damit, meine Spitzelnotizen von einigen der Blätter auszuradieren.

Die Klausurzeit ist noch lange nicht zu Ende, einige schreiben noch. Irgendwann halte ich es nicht mehr aus, so untätig herumzusitzen. Ich stehe auf und melde mich ab, um auf die Toilette zu gehen. In der Kabine lese ich die vielen Texte auf der Tür und den Toilettenwänden. Plötzlich fällt mein Blick auf etwas, das unten rechts in der Ecke liegt. Es ist ein Buch. Ich lehne mich weiter vor: Abiturwissen-Deutschland nach 1933. Wieso liegt hier ein Buch im Waschraum? Ob es jemandem aus der Tasche gefallen ist? Ausgerechnet das Buch zum Thema unserer heutigen Klausur? Das wäre ja ein komischer Zufall. Von wegen Zufall. Volle Absicht. Eine viel bessere Idee als meine. Plötzlich fällt mir ein, dass die Zeit, die man auf der Toilette ist, aufgeschrieben wird. Herr Kies hatte uns ausdrücklich gebeten, unsere Zigaretten- oder Toilettenpausen so kurz wie möglich zu halten. Das Buch blättere ich schnell im Stehen durch. „Das gibt's ja gar nicht!" Das Buch enthält Karikaturen, eine davon sogar aus unserer Klausur. Schnell überfliege ich den Text auf der nachfolgenden Seite. Da kriege ich doch glatt noch Input für eine weitere Seite.

Tag X

Samstagnacht, zwei Uhr morgens. Ich kann nicht schlafen. Alles tut mir weh: Bauch, Rücken, Kopf, einfach alles. Die Wehen sind wieder ziemlich stark. Ich werde noch verrückt, kann kaum noch stehen. Ist es soweit? Ist das der Moment, in dem ich ins Krankenhaus gehen muss? Woher weiß man überhaupt, wann es soweit ist? Ich bin allein. Wie so oft. Ich bin einsam. Wäre jetzt nicht der Moment, wo man Freund*innen und Familie um sich haben sollte? Tja, meine Freund*innen sind seit der Schwangerschaft auf Distanz gegangen und eine richtige Familie habe ich nicht. Zumindest keine, die immer für mich da ist. Ich fühle mich unendlich einsam. Leer. In einer Fachzeitschrift lese ich schnell etwas über Wehen nach. „Fahren Sie in die Klinik, wenn die Wehen im Abstand von fünf Minuten kommen". Ich stoppe die Zeit zwischen den Wehen. Drei Minuten. *Time to rock'n roll.*

Ich bin unschlüssig, was ich nun als Nächstes tun muss. Dabei fällt mir ein, dass die Wohnung weder aufgeräumt noch sauber ist. Ich will auf keinen Fall, dass mein Kind in ein staubiges Zuhause kommt! Es ist nie zu spät für den Nestbautrieb. Da muss das Krankenhaus eben noch eine Weile warten. Wohnzimmer, Küche, Bad, Kinderzimmer, alles im Schnelldurchgang aufhübschen und putzen. Vieles in meiner Babyausrüstung ist von Bekannten geschenkt, aber reichen wird es noch lange nicht für die ersten Monate. Die Bettwäsche ist völlig verknautscht, das geht ja gar nicht. Also noch schnell bügeln und danach die Wiege fertig machen. Ich merke, wie mir langsam die Puste ausgeht und muss eine kurze Pause machen. In dem ganzen Trubel habe ich die Wehen fast vergessen, nun machen sie sich wieder bemerkbar. Ich habe das Gefühl, dass die Abstände kürzer sind. Die Stoppuhr bestätigt meine Intuition: Alle zwei Minuten, höchste Zeit, ins Krankenhaus zu gehen. Der Boden, shit, der Boden, fällt mir plötzlich ein. Du musst den Boden noch saugen. Meine Nachbarn werden es ja wohl nachts nicht hören, oder? In 20 Minuten bin ich durch die ganze Wohnung gehuscht. Die Wehen sind aber nun nicht mehr wegzudenken.

Schnell noch den Klinikkoffer packen. Auch erledigt. Gemeldet bin ich im Perinatal Zentrum in Altona, allerdings brauche ich mit Bus und Bahn über eine Stunde. Außerdem ist die Anbindung so früh morgens wahrscheinlich schlecht. Bleibt nur die Nummer des Ärzte-Notrufs.

„Guten Morgen, was kann ich für Sie tun?"

„Hallo, ich bin schwanger und muss ins Krankenhaus und weiß nicht wie."

„Sagen Sie mir bitte wo Sie wohnen und in welchem Krankenhaus Sie gemeldet sind? Haben Sie schon Wehen?" möchte die beruhigende Stimme wissen.

„Ja, ganz stark."

„In welchen Abständen kommen sie ungefähr?"

„Alle zwei Minuten."

„Wirklich?" Sie klingt geschockt. „Wenn dem so ist, dann müssen Sie ganz schnell ins Krankenhaus. Wieso haben Sie so lange gewartet? Sie hätten schon längst einen Krankenwagen rufen können."

„O.k., dann mache ich das jetzt." Ich will gerade auflegen.

„Warten Sie. Ich schicke einen Krankenwagen zu Ihnen und Sie machen sich schnell fertig. Aber beeilen Sie sich."

Nach fünf Minuten klingelt es an der Haustür. Durch die Gegensprechanlage höre ich zwei Männerstimmen. „Frau Boateng, die Tür ist abgeschlossen."

„Bin gleich da." Wie schwer der Koffer doch geworden ist, obwohl ich nur wenig eingepackt habe. Als ich unten die Tür aufschließe, schreit mir ein dunkelhaariger Mann entgegen: „Sind Sie verrückt geworden? Sie hätten den Koffer oben lassen müssen." „Wir hätten ihn geholt", pflichtet ihm sein Kollege mit den roten Haaren bei.

„Nun, jetzt ist er da und wir können los", entgegne ich ruhig. Ich merke, wie nun langsam die Angst in mir hoch kriecht. Angst vor dem Geburtsschmerz, Angst davor, mit dem Kind überfordert zu sein, Angst vor dem Alleinsein mit ihr. Es wird ein Mädchen, meine Tochter. Wenn der Ultraschall nichts übersehen hat.

„In welches Krankenhaus sollen wir Sie bringen?"

„Ins Perinatal Zentrum nach Altona."

„Das können Sie vergessen!"

„Das schaffen wir nicht und das dürfen wir auch nicht. Wir müssen in solchen Fällen immer die kürzeste Strecke fahren. Sind Sie denn in keinem anderen Krankenhaus gemeldet?", möchte sein Partner wissen.

„Doch im AK Harburg."

Die Fahrt dauert keine zwei Minuten. Auf der Station nimmt mich eine freundliche Krankenschwester in Empfang und zeigt mir die wichtigsten Räume. Ich richte mich ein, so gut es eben geht. Mein Körper brennt vor Schmerz.

Im Kreißsaal treffe ich Dr. Thiel, ich kenne ihn vor anderen Voruntersuchungen.

„Hallo Frau Boateng. Wie geht es Ihnen?".

„Nicht so gut. Die Wehen sind sehr stark."

Es folgt die übliche Kreißsaalroutine.

„Ich möchte auf keinen Fall einen Kaiserschnitt. Ich möchte die Geburt nach Möglichkeit so natürlich wie möglich hinter mich bringen."

Der Tag vergeht ohne dass das Kind geboren wird. Ich erlebe eine Schmerzphase, die mir jeden Nerv raubt.

„Frau Boateng, es scheint sich wieder um einen Fehlalarm zu handeln. Wenn sich nichts verändert, können Sie wieder morgen nach Hause. In Ordnung?"

Ich nicke.

Am Nachmittag kommt meine Freundin Samira vorbei. Wir schnacken ein bisschen. Später kommt auch noch Zazu vorbei.

„Und, was ist jetzt Stand der Dinge?", fragt er, so als ob er immer auf dem aktuellen Stand wäre. In Wirklichkeit haben wir uns seit vier Wochen weder gesehen noch gesprochen. Unser letztes Treffen war mehr als unschön. Wir hatten uns in meiner Wohnung gestritten, wie immer. Am Ende hatte ich ihn wild beschimpft und ihn aus der Wohnung geworfen. Er bräuchte sich nie wieder zu melden. Zum Teufel mit ihm. Auch das kurze Gespräch heute spiegelt unser Verhältnis, belanglose, distanzierte Worte.

Am frühen Abend brechen Samira und Zazu auf, aber kaum sind die beiden weg, geht alles ganz schnell. Also zurück zum Kreißsaal, und nicht zuletzt: meine Freunde wieder anrufen.

So lange es am Anfang gedauert hat, so schnell geht es jetzt. Meine Geburtshelfer*innen begleiten mich so wunderbar, und dann höre ich den

Schrei, *ihren* ersten Schrei. Meine Tochter. Sie schreit lauter als ich. Ich habe es geschafft. Sie hat es geschafft.

Kurz darauf kommen auch Monica und meine Pflegeeltern, um das Kleine zu begrüßen.

Als ich am nächsten Tag meine Tochter das erste Mal im Inkubator[59] sehe, kommen mir Tränen. Zwischen vielen Schläuchen versteckt liegt das dünne kleine Ding. Die Beine und Arme sind so zierlich, dass man das Gefühl hat, sie könnten bei jeder Bewegung und Erschütterung einfach durchbrechen. Mir wird in diesem Moment bewusst: Sie ist ein Geschenk. Ein Geschenk, das mir aber nicht gehört. Sie ist das Wertvollste in meinem Leben. Sie ist ein Juwel unter den Juwelen. Von der ersten Minute an weiß ich, dass ich dieses Kind mehr brauche als sie mich, dass dieses Kind mein bisheriges Leben verändern wird. Dass sie mich verändern wird.

Ich merke bei all meinen Gedanken gar nicht, wie eine Krankenschwester in den Raum kommt und plötzlich neben mir steht. Ein Gedanke beschäftigt mich besonders.

„Ich habe Zweifel daran, dass es wirklich meine Tochter ist."

„Wieso das?" Die Schwester schaut mich völlig verwundert an.

„Sie ist so hell. Sie ist zur Hälfte ein ghanaisches Kind. Wieso ist sie so hell? Kann es sein, dass man sie vertauscht hat?"

Die Krankenschwester lacht. „Nein, alle Babys sind hell, wenn sie zur Welt kommen. Selbst das dunkelste afrikanische Baby. Es gibt natürlich Unterschiede. Aber relativ hell sind sie alle. Die Farbe entwickelt sich erst bei Sauerstoff- und Lichteinfluss mit der Zeit."

„Saraphina. Das ist ein wunderschöner Name. Ich habe ihn noch nie gehört. Hat er eine Bedeutung?"

„Ja. Saraphina", ich betone das scharfe S und rolle das R wie es sich ursprünglich gehört. „Es kommt von Serafin bzw. Serafim, wie es in der Bibel heißt. Es sind sechsflügelige Engel. Erzengel, die den Herrn loben. Es gibt eine Hierarchie von Engeln und die Serafim sind die höchsten, danach kommen die Cherubim und andere. Der Name Serafin bzw. Serafina taucht im Hebräischen, Italienischen und Spanischen auf. *Ser* bedeutet im Spanischen das Wesen und *fin* bedeutet fein. Im Hebräischen bedeutet Seraph *der Funkelnde, der Feurige.*

---

59 Brutkasten.

Back to school

Heute habe ich eigentlich Schule. In zwei Wochen schreibe ich meine erste Abiturprüfung und wir sind jetzt in der letzten Phase der Vorbereitung. *Wir*, das gibt es gar nicht mehr. Denn schon seit meinem letzten Trimester und natürlich nach der Geburt kann ich kaum Zeit mit meinen Mitschüler*innen verbringen, geschweige denn mit ihnen lernen. Ich muss mich aus meiner Peer Group ausschließen. Ich habe das Gefühl durch das Baby in eine ganz andere Welt katapultiert worden zu sein. Der Alltag sieht völlig anders aus, ich setze Prioritäten, die die anderen nicht mehr verstehen. Selbst meine beste Freundin Samira ist seit einiger Zeit auf Distanz gegangen. Ich fühle mich oft wirklich allein gelassen. Aber jammern hilft nicht, davon wird es nicht besser. Es muss weitergehen. Um aber wenigstens in der Schule nicht noch mehr Fehlzeiten anzusammeln und inhaltlich ein bisschen von den Vorbereitungen mitzubekommen, habe ich mir vorgenommen, *ASAP* hinzugehen, as soon as possible. Schon drei Tage nach der Entbindung bin ich wieder in der Schule. Mein ehemaliger Mathe- und Klassenlehrer, Herr Johanson, gratuliert mir als Erster.

„Es war bestimmt nicht einfach bis hierhin in deinem Leben. Aber du hast es geschafft. Den Rest schaffst du jetzt auch noch."

Ich sehe in seinen Augen die Anerkennung, die mir so gut tut. Später treffe ich Herrn Ahrenfelde, den Schuldirektor. Er ergreift meine Hand und schüttelt sie herzlich.

„Wir haben es im Kollegium besprochen", teilt er mir mit. „Sie können die Prüfungen verschieben, wenn es Ihnen jetzt zu viel wird." Auch Frau Brummer, meine Englischlehrerin, hat mich bereits auf dieses Thema angesprochen. Das Abitur verschieben? Ich denke nicht einmal zwei Minuten darüber nach. Es kommt ganz einfach nicht in Frage. Ich habe so lange für meinen Weg gebraucht, habe so vieles an dieser Schule ertragen müssen. Ich kann es nicht riskieren jetzt auszusteigen. Und was habe ich dann am Ende? Nichts!

„Nein, ich will das Abitur jetzt machen. Zusammen mit den anderen. Wenn ich es jetzt nicht mache, dann mache ich es wahrscheinlich gar nicht mehr. Ich kenne mich. Außerdem ist es doof nachher alleine zu fiebern."

„Gut. Wir werden Sie unterstützen, wo wir können", verspricht mir Herr Ahrenfelde. „Und wenn Sie es sich doch anders überlegen, sagen Sie uns rechtzeitig Bescheid." Das werde ich nicht, denke ich.

„Ich schaff's schon", sage ich.

„Daran zweifelt hier niemand", sagt er mit Nachdruck. Herr Ahrenfelde ist ein Mann, den man einfach mögen muss: ruhig, besonnen, fair, engagiert und ehrgeizig. Er ist in allem die Ruhe selbst. Er ist einer, vor dem man Respekt hat.

„Bringen Sie mal ein Foto mit. Wir sind doch stolz auf das allererste Baby unserer Schule."

Meine Klasse hat eine große Überraschung für mich vorbereitet. Am Ende des Schultages erhalte ich einen Rucksack mit vielen Fächern für die Baby-Ausrüstung und die sind sogar gefüllt. Ich freue mich riesig über dieses tolle Geschenk und bin ganz gerührt.

Dass die Geburt meiner Tochter eine große Sensation ist, spüre ich die kommenden Tage ganz besonders. Mir wird ständig von jemandem gratuliert, selbst Leute, die ich überhaupt nicht kenne. Das Gesamtschul-Baby ist in aller Munde. Das geht mir schon bald auf die Nerven. Ich werde nur noch über das Baby definiert. Alle fragen danach, wie es der Kleinen geht. Alle wollen wissen, wie es mir geht und wie ich damit klar komme. Niemand bietet mir seine Hilfe an. Man wird gehypt, aber die Arbeit muss man selbst machen.

Mit dem Gesamtschul-Baby verhält es sich ein bisschen so wie mit anderen Sensationen. Am Anfang kriegen es alle mit und reden von nichts Anderem, nach wenigen Tagen haben es alle wieder vergessen. Übrig bleibt mein Alltag. Ich pendele zwischen Schule, Krankenhaus und Wohnung. Ich gehe jeden Tag nach der Schule ins Krankenhaus, bin rechtzeitig dort für ihre 16-Uhr-Mahlzeit. Auch um 20 Uhr und um 24 Uhr stille ich meine Tochter noch. Dann gehe ich nach Hause ins Bett, schlafe drei Stunden und bin für ihre Vier-Uhr-Mahlzeit wieder da. Um kurz nach sechs Uhr verlasse ich das Krankenhaus, um zur Schule zu gehen. Für die Zeit dazwischen habe ich eine Pumpe mit nach Hause bekommen, so dass Saraphina die Muttermilch mit der Flasche erhält.

Nach einigen Tagen macht sich das Klinikpersonal Sorgen um mich.

„Bleiben Sie doch zu Hause. Sie müssen nicht um Mitternacht hier sein", bietet mir Dr. Faust an. „Sie sollten ein bisschen mehr schlafen."

„Ich möchte aber bei meiner Tochter sein. Ich kann zu Hause sowieso nicht schlafen, wenn ich weit weg bin und meine Gedanken um sie kreisen."

„Aber sie brauchen Schlaf. Lassen Sie zumindest die letzte Tagesmahlzeit sausen. Sie kann einmal mehr die Flasche kriegen. Sie nimmt sie doch an."

„Ja, aber optimal ist es nicht. Wozu haben wir denn Brüste bekommen? Doch nicht um sie durch Flaschen zu ersetzen. Außerdem bin ich so viel weg. Durch das Stillen kann ich ihr wenigstens näher sein."

„Hmm." Er gibt auf. „Passen Sie nur auf sich auf. Wenn Sie uns hier zusammen klappen, nützt es niemandem was."

„Keine Angst, so schnell klappe ich schon nicht zusammen. Dann wäre ich in meinem Leben nicht soweit gekommen."

Ich lächle ihn an. Aber es ist eines dieser aufgesetzten Lächeln, denn die bleierne Müdigkeit überschattet alles. Ich bin kurz vor einem Zusammenbruch. Nur eingestehen kann ich es mir nicht.

Was mich am meisten belastet, ist nicht der mangelnde Schlaf. Am meisten Sorgen mache ich mir darüber, wie es wird, wenn ich mit dem Baby plötzlich alleine zu Hause bin. Dadurch, dass sie etwas früher gekommen ist als geplant, habe ich nicht einmal Zeit gehabt, die Babyausstattung zu komplettieren. Es reicht gerade so für eine sparsame Grundausstattung.

Alles in mir ist total diffus. Einerseits sehne ich den Tag herbei, an dem ich mein Baby mit nach Hause nehmen darf, dann muss ich nicht mehr dauernd hin und her pendeln. Aber andererseits verursacht der Gedanke an genau diesen Tag einen Wirbelsturm der Angst. Vielleicht sollte ich auch mit meinem Kind in so ein Frauenheim gehen wie Betty? Dann wäre ich wenigstens nicht ganz allein mit ihr.

∗ ∗ ∗

Bevor es aber soweit ist und ich Saraphina mit nach Hause nehmen darf, muss ich meine erste Abiturprüfung im Fach Englisch hinter mich bringen. Themen sind u.a. die Bücher *Pygmalion* von Georg B. Shaw und *Educating Rita* von Willy Russel. Ich entscheide mich in der Prüfung schnell für Letzteres, eine Komödie in zwei Akten. Wir dürfen ein *monolingual dictionary* benutzen. Anfangs denke ich, es würde vieles erleichtern, wenn man Wörter nachschlagen kann, und mache es auch ganz fleißig. Später realisiere ich aber wie viel Zeit es in Anspruch nimmt und da mir genau diese Zeit wegläuft, arbeite ich überhaupt nicht mehr mit dem Wörterbuch. Stattdessen schreibe und schreibe ich. Über Rita bzw. Susan, die ohne Schulabschluss nun einen universitären Abschluss anstrebt, um durch Bildung mehr Selbstbestimmtheit und Anerkennung zu erreichen. Am Ende habe ich über zehn Seiten geschrieben, mein Handgelenk tut höllisch weh und ich habe trotzdem eine komplette Aufgabe nicht geschafft. Dennoch gehe ich aus der Prüfung mit dem Gefühl, dass es ganz gut gelaufen ist.

Ich bin nie eine Überfliegerin in der Schule gewesen. Ich war immer so in der oberen Mitte. Mit etwas Mühe kann ich auch zur unteren Spitze aufsteigen, aber diese Mühe kann ich im letzten Schuljahr nicht aufbringen. Allein meine vielen Fehltage verschlechtern meine Leistungen. Am schlimmsten ist es in Wirtschaftspolitik. Ich habe immer eine Eins gehabt, in Klasse 13 ist es zunächst eine Vier. Es macht mir viel aus, denn dadurch wird mein Abiturschnitt schlechter. Aber ich kann es nicht ändern.

Nach drei Wochen wird Saraphina aus der Klinik entlassen. Gisela und Jürgen holen mich ab, worüber ich mich sehr freue, weil ich dann nicht mit dem Kind alleine bin. Sie laden mich in Eißendorf in ein chinesisches Restaurant ein und ich kann erst mal durchatmen. Selbst nachdem wir alle längst aufgegessen haben, zögere ich die Zeit im Restaurant hinaus. Schließlich bringen sie mich nach Hause und bleiben auch dort noch ein bisschen bei mir. Dann bin ich plötzlich allein. Allein mit einem Kind, das ständig schreit, Koliken hat und nachts nicht schläft. Allein und unendlich einsam.

Die erste Nacht ist noch relativ ruhig. Die dann folgenden drei Nächte sind die Hölle. Saraphina schreit ununterbrochen und ich muss ständig aufstehen. Egal, was ich mache, sie ist unruhig. Ich habe keinen sehr tiefen Schlaf und schiebe ihre Wiege ins Kinderzimmer.

Am Sonnabend vor meiner Geschichtsprüfung habe ich große Schmerzen und rufe die Hebamme an. Die Schmerzen in der Brust deutet sie als Mastitis, eine Entzündung in der Brust. Sie rät mir, ins Krankenhaus zu gehen, was ich auch einen Tag später wirklich tue, zu groß sind meine Schmerzen. Wie soll ich so mein Abitur schreiben? Ich habe große Angst durchzufallen. Im Krankenhaus warte ich ewig. Ich sitze wie auf heißen Kohlen, in wenigen Stunden schreibe ich eine Prüfung, die für mich lebenswichtig ist. Aber das interessiert hier keinen.

„Im Prinzip kann man nicht so viel machen. Sie müssen die Brust massieren. Es gibt in der Apotheke gute Öle. Die Knoten lösen sich dann langsam von alleine", sagt der behandelnde Arzt.

Es gibt nichts gibt, was man in dieser Nacht gegen meine Schmerzen unternehmen kann. Um zwei Uhr morgens verlasse ich den Saftladen.

✴ ✴ ✴

Heute ist wieder Prüfungstag. Um sechs Uhr verlasse ich das Haus, weil ich später Theresa am Bahnhof in der Nähe meiner Schule treffe. Sie hat mir freundlicherweise angeboten, Saraphina zu betreuen, während ich in der Schule bin. Ich packe schnell die komplette Ausrüstung für den Tag ein. Aber heute komme ich zu spät los. Der Heimfelder Bahnhof ist nicht barrierefrei und ich finde wieder niemanden, der mir hilft, mit dem Kinderwagen die vielen Treppenstufen zu überwinden. Es ist amüsant, was die Menschen alles für Krankheiten haben, wenn man sie um Hilfe bittet. In der rappelvollen S-Bahn gibt es morgens kaum Platz für eine Kinderkarre, geschweige denn einen Sitzplatz. Ich weiß, dass Saraphina vor Hunger brüllt und da die Leute nervös werden und mich dadurch verrückt machen, bitte ich einen Fahrgast aufzustehen, damit ich das Kind stillen kann. Mitten im Abteil, obenrum halb entblößt, sitze ich morgens um sechs Uhr umgeben von wildfremden Menschen in der Bahn und stille meine Tochter. Die Leute wissen gar nicht wo sie hinschauen sollen. Die Blicke erfüllen mich mit Scham. Ich tue aber so, als wäre das Ganze das Natürlichste auf der Welt. Und das ist es schließlich auch. So manche Werbung zeigt deutlich mehr Haut.

Die Übergabe mit Theresa geht ganz schnell. Ich brauche den Fußmarsch zur Schule, um etwas wacher zu werden. Leider hilft das heute nicht viel. In der Geschichtsprüfung schlafe ich immer wieder ein. Irgendwann steht mein Lehrer Dr. Kies neben mir, legt mir die Hand auf die Schulter und sagt: „Frau Boateng, sind Sie o.k.? Sie sollten schreiben, sonst schaffen Sie es nicht mehr." Ich nicke nur erschöpft und schaue auf mein Blatt. Viel steht da noch nicht über die Zeit nach dem Zweiten Weltkrieg. Ich hole mein Lunchpaket heraus. Energie tanken. Dann lege ich los. Ich verfasse erst mal etwas über die *Stunde Null*, die Rolle der Alliierten und die Situation des deutschen Volkes. Zur Karikatur fällt mir aber so gar nichts ein. Ich beginne mit einer Beschreibung. Das ist immer gut, denke ich mir. Danach ist aber auch Schluss mit sinnvollen Einfällen. Dann eben nicht! Man kann ja nicht zu allem etwas zu sagen haben, tröste ich mich. Zum Glück ist die restliche Zeit auch recht schnell abgelaufen. Nach der Prüfung erfahre ich von meinen Klassenkamerad*innen, was ich alles hätte schreiben können. Scheinbar wurden seit der Abiturvorbereitungsklausur mehrere Karikaturen im Unterricht besprochen. Schade nur, dass ich an diesen Tagen wieder gefehlt habe. Mir ist in dem Augenblick alles egal, mein Ehrgeiz macht gerade Urlaub.

Für meine letzte schriftliche Prüfung in Religion kann ich mich gut vorbereiten. Da ich das Thema ziemlich genau kenne, schreibe ich eine kleine Hausarbeit über Ökumene und interreligiöse Verständigung. Wenn Saraphina schläft, hole ich das Abstract hervor und lerne stur die Seiten auswendig. Am Anfang gelingt es mir nicht sonderlich gut. Meine Konzentrationsfähigkeit ist seit der Geburt noch schlechter als vorher. Manchmal fallen mir auch einfach die Augen vor Müdigkeit zu. Aber diese Prüfung muss einfach gut werden, damit mein Durchschnitt irgendwie akzeptabel bleibt. Also reiße ich mich zusammen und nutze jede verfügbare Minute. Die Prüfung verläuft recht gut. Ich reproduziere so ziemlich genau die acht Seiten, doch bin ich im Abrufen sehr langsam und gerate zwischendurch unter Zeitdruck. Für die Schlussformulierung bleibt am Ende zu wenig Zeit, aber ich bin mir sicher, dass die Arbeit mit mindestens *gut* beurteilt wird. Warum eine reine Reproduktionsleistung für die höchste aller Schulprüfungen ausreicht, sei an dieser Stelle mal dahin gestellt.

Zwischen den schriftlichen und mündlichen Prüfungen liegen mehr als zwei Monate. Der Unterricht läuft in dieser Zeit eingeschränkt weiter. Wir machen viele Ausflüge und einige Tage fallen komplett aus oder wir haben inoffiziell frei. Viele Schüler*innen haben sich in Arbeitsgruppen organisiert, um sich auf die letzten Prüfungen vorzubereiten. Ich gehöre keiner Gruppe an. Ich habe weder Zeit, noch Lust. Stattdessen verbringe ich viel Zeit mit Saraphina. Wenn ich zum Unterricht gehe, dann nur für wenige Stunden, in denen ich sie entweder mitnehme oder Theresa gebe. Wie sehr mir Theresa und ihre Familie in dieser Zeit beistehen, kann ich kaum beschreiben. Sie hat vier eigene Kinder und kümmert sich um uns als wären wir Kind Nummer fünf und sechs. Mit viel Geduld und Flexibilität geht sie auf uns ein. Ich kann immer nur „Danke" sagen. Immer und immer wieder. Wenn ich sie bei der Abholung umarme, kommen mir fast jedes Mal die Tränen, weil ich nicht glauben kann, was sie für mich tut. Sie lädt mich oft auch ein, um mich zu bekochen. Das entspannt mich sehr. Und sie kümmert sich um Saraphina. Für wenige Wochen ersetzt Theresa mir die Mutter, die ich nicht habe. Ohne ihre Hilfe hätte ich diese Zeit nicht so durchgestanden.

✴ ✴ ✴

Die Zeit bis Juni vergeht ziemlich schnell. Noch immer schreit mich meine Tochter jede Nacht mehrfach aus dem Schlaf. In der Nacht vor der mündlichen Matheprüfung werde ich beim dritten Mal Aufstehen richtig wütend, als sie nicht wieder aufhören will. Ich gehe in ihr Zimmer, schreie sie an: „Hör auf. Hör doch endlich auf!"

Ich fange an zu weinen.

„Was soll ich denn noch machen. Ich mach doch schon alles." Saraphina schreit noch mehr. Ich gehe zurück in mein Zimmer, werfe die Tür zu, lege meinen Kopf unters Kopfkissen und versuche ihr Geschrei zu ignorieren. Das gelingt mir aber nicht besonders. Ich stehe auf, gehe wieder in ihr Zimmer. Tränen der Verzweiflung fließen über meine Wangen als ich am Rande eines Nervenzusammenbruchs flehe: „Hör auf zu schreien, Saraphina. Sei doch endlich still. Ich kann nicht mehr."

Ich streichle ihr zartes Gesicht und trockne ihr die Tränen, während dicke Tränen über mein eigenes Gesicht laufen. Dann nehme ich sie mit in mein Zimmer. Irgendwann schlafe ich mit ihr auf dem Arm ein und wache erst auf als mein Wecker klingelt. Kurz: Eine Horrornacht, wie sie vermutlich viele junge Eltern mal erleben.

In der Schule bin ich an diesem Tag ein nervliches Wrack. Giuliano steht vor dem Eingang und warte auf mich.

„Wie geht…?", will er wissen und gerät ins Stocken, als ich näher komme.

„Scheiße", antworte ich. Obwohl das überflüssig ist. Mein Gesicht spricht Bände.

„Sieht man", stellt er fest. „Du hast noch nie so blass ausgesehen."

Einige Mitschüler, die an uns vorbei gehen, fangen an zu lachen.

„Ha, was für ein Komiker", sagt einer.

„Gloria und blass", ruft ein anderer aus. „Sehr witzig." Sie können sich kaum einkriegen.

„Dilettanten!", sagt Giuliano. „Vollidioten. Haben von Tuten und Blasen keine Ahnung und lachen sich tot."

Er hält mir einen Snickers-Riegel.

„Ich bin doch nicht mehr schwanger", wehre ich ab.

„Nee, aber es gibt Zeiten, da braucht man sie trotzdem." Er lacht: „Und ich glaube, jetzt ist so eine Zeit."

Ich reiße den Riegel aus seiner Hand und stopfe ihn mir in einem Zug in den Mund. „Was ist los?"

„Hab nicht geschlafen, die Nacht war nicht gut", antworte ich kurz.
„Konntest du dich auf die Prüfung vorbereiten?"
Ich verziehe das Gesicht: „Wie denn und vor allem wann?"
„Wird schon."
Der unverbesserliche Optimist. Es gibt kaum einen Menschen, der so positiv ist wie Giuliano. Mit viel Geduld und Ausdauer schaut er immer in die Zukunft. Manchmal ist er zu optimistisch und wird dadurch faul.
„Wir kriegen das schon hin. Ist ja bald vorbei", setzt er nach.
„Ist gut, Giuliano, hör auf zu nerven."
Giuliano hat seine Prüfung kurz nach mir und begleitet mich nach oben zu unserem Klassenraum, wo meine Prüfung stattfindet. Meine Prüferin ist Frau Lessing, zum Prüfungskomitee gehören aber auch Herr Johanson und zwei weitere Personen. Die Tür wird geschlossen und Frau Lessing steht vor mir.
„Wie geht es Ihnen?"
Ich schaue ängstlich in die bekannten und fremden Gesichter, die erwartungsvoll in meine Richtung blicken. unvermittelt breche ich in Tränen aus. Mein ganzer Körper wird durchgeschüttelt, so heftig als würde ich jeden Augenblick das Gleichgewicht verlieren.
„Was ist denn los?", fragt Frau Lessing besorgt. Sie ist eine zierliche Frau. Heute aber wirkt sie stark und ich bin diejenige, die Schutz braucht.
„Was haben Sie denn?"
„Ich kann nicht mehr. Ich kann einfach nicht mehr", presse ich leise hervor. Es vergehen einige Minuten, in denen Frau Lessing auf mich einredet.
„Wir können die Prüfung verschieben, wenn Sie sich nicht gut fühlen. Das ist kein Problem."
Das sind genau die richtigen Worte. Die, die ich nicht hören will. „Nein, ich will sie nicht verschieben. Nicht jetzt auf den letzten Metern", antworte ich schnell.
„Ich mach das jetzt. Ich schaff das."
„O.k."
„Sollen wir dann loslegen?" Sie stellt mir das Prüfungskomitee und den Ablauf vor. Anschließend werde ich von einem anderen Lehrer gefragt, ob ich mich im Stande sehe, die Prüfung zu absolvieren.
„Das ist eine Frage, die wir immer stellen müssen", erklärt Herr Johanson mir.

„Die Antwort wird protokolliert und entscheidet darüber, ob die Prüfung durchgeführt wird."

„Mir geht es gut. Ich kann die Prüfung ablegen", antworte ich laut und mit gestärkter Stimme.

„In Ordnung", sagt Frau Lessing erleichtert, „dann starten wir."

Ich erhalte die Aufgaben und etwas Zeit, mir alles anzuschauen und Vorüberlegungen anzustellen. Dann muss ich sie vorrechnen.

„Womit wollen Sie anfangen?"

„Mit Wahrscheinlichkeit." Ich schreibe zuerst die Aufgabe an die Tafel und beginne die ersten Rechenschritte. Schon hier merke ich, dass ich überhaupt keine Ahnung davon habe, was die Aufgabe von mir will.

„Ich kann das nicht. Ich habe keine Ahnung davon", sage ich niedergeschlagen.

„Doch, Sie können es. Der erste Schritt war doch gut. Überlegen Sie, was passiert mit…" Solche und ähnliche Unterstützungen erhalte ich immer wieder in der gesamten Prüfung. Ich werde auf diese Weise sicher durch die Prüfung geleitet.

„War das jetzt so schlimm?", fragt Frau Lessing als es vorbei ist und ich auf die Note warten muss.

„Nein, eigentlich nicht."

Zum ersten Mal bringe ich an diesem Tag so was wie ein Lächeln zustande.

„Aber Sie haben mir ja auch ganz schön geholfen."

„Das tun wir aber bei allen. Jeder ist doch nervös. Das ist normal."

Nur wenig später ist auch Giulianos Prüfung beendet und wir gehen gemeinsam mit anderen aus der Klasse auf den Pausenhof.

„Und wie lief deine Prüfung?", will Giuliano wissen. „Ich habe dich noch nie so blass gesehen wie eben als du in den Raum gingst."

Lilli lacht.

„Was?"

„Ja, sie war wirklich blass", erläutert Giuliano ernst.

„Schon klar!" Lilli macht eine wegwerfende Handbewegung.

„Und? Wie war sie nun?"

„Na ja, ging so. Ich habe erst mal einen Heulkrampf bekommen, dann wollten sie, dass ich die Prüfung abblase und am Ende war's ganz o.k."

„Wie viele Punkte hast du denn bekommen?", fragt Lilli.

„Neun."

„Und du?" Lilli hatte ihre P4-Prüfung in Biologie.

„Fünfzehn", sagt sie lächelnd.

„Du Streberin", rufen Giuliano und ich unisono und lachen. Er kommt zu mir, umarmt mich kurz. „Wir haben es geschafft", sagt er. „Wir haben das Abitur tatsächlich geschafft."

„Wieso? War doch klar, dass wir es schaffen", sagt Lilli.

„Ja, bei euch beiden vielleicht. Aber dass ich es schaffe, war bestimmt nicht klar."

Mein Sabbatical lichtet den Nebel

Ich habe mein Abitur in der Tasche. Die kleine Ama aus Pramso hat den höchsten deutschen Schulabschluss geschafft! Ich kann es immer noch nicht glauben. Und es ist auch niemand da außer Guiliano, der sich mit mir freut. Das macht mich traurig. Aber viel Zeit zum Traurigsein bleibt nicht. Wie geht es jetzt weiter? Was soll ich nun mit meinem Leben anfangen? Studium? Aber was? Ausbildung? Ich wollte mal Krankenschwester werden, bis ich nach einem Praktikum im Krankenhaus „kuriert" war. Danach wollte ich Anwältin werden. Ein dreiwöchiges Praktikum in einer Sozietät machte mir aber auch das madig. Danach hatte ich nur noch einen Wunsch: Schauspielerin. Aber mit Kind? Und ohne regelmäßiges Einkommen? Alle rieten mir davon ab.

In meinem Sabbatical nach der Schule wird deutlich, dass nur eine Ausbildung in Frage kommt. Ich brauche etwas, womit ich mein Kind möglichst schnell ernähren kann. Aber genaue Vorstellungen davon, welche Ausbildung ich absolvieren möchte, habe ich nicht. Meinen Weg finde ich durch Zufall.

Damit ich eine Ausbildung beginnen kann, brauche ich einen Kindergartenplatz für Saraphina. Die Plätze sind rar und man wartet teilweise monate- oder gar jahrelang darauf. Eine Tagesmutter kommt nicht in Frage. Ich möchte, dass meine Tochter in einer großen und möglichst multinationalen Gruppe aufwächst. Sie soll lernen mit allen auszukommen. Einige Eltern sind noch vor mir auf der Warteliste und so nutze ich die Zeit, mich ein bisschen umzuschauen im Jugendamt. Ich sehe ein überdimensionales Plakat, das besonders auffällt, weil es überhaupt nicht hierher passt. Darauf stellt sich die Staatliche Fremdsprachenschule und ihre Ausbildungsgänge vor: Fremdsprachenkorrespondentin bzw. staatlich geprüfte Fremdsprachenassistentin kann man dort werden. Ich weiß nicht genau was man im beruflichen Alltag tatsächlich macht, aber es hört sich gut an. Meine Vorstellung ist, dass man viele Übersetzungen macht, aber auch Projektkoordination und eben Korrespondenz. Eine Mischung aus allem. Die Ausbildung findet entweder ein- oder zweijährig statt. Abiturient*innen mit entsprechenden sprachlichen Vorkenntnissen können sie in einem Jahr absolvieren. Das klingt erst mal gut: eine anerkannte Ausbildung in nur einem Jahr. Und dann auch noch mit Sprachen.

Eine Woche später suche ich die Fremdsprachenschule auf und erfahre, dass die Anmeldefristen längst abgelaufen sind. Ich komme auf die Nachrückliste. In einem Test werden meine Fremdsprachenkenntnisse in Englisch, Spanisch und Französisch ermittelt. Es geht vor allem darum, ob Französisch oder Spanisch meine zweite Fremdsprache sein wird. Davon ist es abhängig, in welche Klasse ich eingestuft werde.

Alles läuft rund. Ich kriege den Kindergartenplatz für Saraphina, die Eingewöhnungszeit dort verläuft ohne Probleme, da sie sich in der neuen Umgebung schnell wohlfühlt. Saraphina fremdelt nicht und ist mit ihren knapp anderthalb Jahren sehr wortgewandt.

Bis August hat sich noch niemand von der Fremdsprachenschule gemeldet. Inzwischen bin ich aber auf Platz 7 der Warteliste.

„Viele wollen eigentlich studieren und tragen sich nur sicherheitshalber in unsere Ausbildungsgänge ein. Wenn sie dann den Studienplatz kriegen, fangen sie die Ausbildung nicht an", erklärt mir die freundliche Sekretärin.

„Sie haben sehr gute Chancen auf einen Platz", versichert sie mir.

„Aber die Ausbildung beginnt doch schon nächsten Monat. Wann kriege ich denn Bescheid?"

„Es kann wenige Tage vorher sein. Es hängt davon ab, wann sich die Bewerber*innen abmelden."

Zwei Tage vor meinem Geburtstag erhalte das lang ersehnte Schreiben. Ich habe einen Platz an der Fremdsprachenschule, die nur vier Tage später beginnt. Welch ein Geburtstagsgeschenk! Ich bin in die Spanisch-Klasse aufgenommen worden, weil ich im Aufnahmetest in Spanisch besser abgeschnitten habe als in Französisch. Das ist für mich umso schlimmer, als dass ich tatsächlich sehr schlecht Spanisch spreche. Kein Wunder: Ich hatte ja nur ein Jahr Spanisch in der Schule, Französisch dagegen vier Jahre. Sprachlich fühle ich mich schnell überfordert, weil meine Mitschüler*innen Spanisch-Muttersprachler*innen oder Leute mit sehr viel Spracherfahrung sind. Auch die Lehrerin ist *Native Speaker*. Ich möchte aber nicht so schnell aufgeben. Zumal ich in Susan eine tolle Kameradin gefunden habe. Leider muss ich später doch in die Französisch-Klasse wechseln. Spanisch mit *Native Speakers* schaffe ich einfach nicht.

Die Fremdsprachenausbildung ist eine große Herausforderung. Aber die Abiturzeit war vergleichsweise um einiges härter. Das Schlimmste aber ist der Lernstoff. Ich muss zum ersten Mal in meinem Leben so richtig lernen. Ich meine, *wirklich* lernen. Ich merke sehr schnell, dass ich die Schule nicht einfach so nebenbei machen kann. Wir haben neue Fächer wie EDV[60] und ETV[61] und lernen viel über Computer. Ich lerne mit dem 10 Finger-System professionell zu tippen, wie man Kalkulationen erstellt und – ebenfalls neu – Buchhaltung. Das mag ich besonders gern, denn Buchhaltung ist pure Mathematik, Zahlenakrobatik liegt mir. Spanisch wird zu einem weiteren Lieblingsfach. Das liegt auch an unserem Lehrer Señor Martinez, ein unglaublicher Mensch. Klein, stets adrett in Anzug und Krawatte gekleidet und enorm witzig. Er versteht es, so zu unterrichten, dass man Freude an der Sprache hat, er vermittelt uns die spanische Lebenslust und Leichtigkeit. Trotzdem fordert er uns heraus. Ich muss richtig, richtig arbeiten. Vokabeln, Textarbeiten in allen Varianten. Aber die Arbeit macht überwiegend Spaß. Wir haben zwei Englischlehrerinnen, die neben der Sprachvermittlung auch wirtschaftliche und kaufmännische Fächer unterrichten: Marketing, Personal, Büromanagement.

Es ist sehr schwer alles allein mit Saraphina zu managen. Wenn ich sie vom Kindergarten abhole, ist sie noch so energiegeladen. Ich aber bin jeden Tag völlig erledigt. Am liebsten würde ich mich nachmittags ausruhen. Aber das geht mit einem Kleinkind nicht. Sie kann sich noch nicht allein beschäftigen. Ich bringe ihr bei, auch mal allein zu spielen. Anfangs ist sie zickig, sie schreit und versucht meine Aufmerksamkeit zu bekommen. Aber ich bleibe konsequent. Wenn ich in der Küche koche, muss sie im Wohnzimmer allein spielen. Ich lasse sie manchmal eine Weile herumnör-

---

60 Elektronische Datenverarbeitung.
61 Elektronische Textverarbeitung.

geln. Mit der Zeit schafft sie es immer besser kurze Zeiten für sich allein zu nutzen. Zum Lernen komme ich aber nicht, wenn sie da ist. Weder ist die Zeit dafür da, noch ist meine Konzentration gut genug. Ich muss lernen, wenn sie schläft. Am liebsten würde ich selbst jedes Mal schlafen, aber das geht nicht. Ich muss drei Fremdsprachen lernen, auch für EDV und ETV muss ich viel tun. Chronischer Schlafmangel ist in dieser Zeit quasi mein zweiter Vorname, und das, obwohl ich gar nicht so viel Schlaf brauche. Fünf gut geschlafene Stunden reichen mir, aber auf die komme ich kaum. Ich wünsche mir eine Oma, eine Oma für mein Kind. Dann hätte ich Saraphina ab und zu für ein paar Stunden dort abgeben können. Aber da ist keine Oma, meine Mutter will keine Oma sein. Die Beziehung zwischen uns gibt das nicht her.

Die Ausbildung an der Staatlichen Fremdsprachenschule belastet mich auch finanziell. Ich muss nach der Schule mein Kind abholen und betreuen, es bleibt also keine Zeit zum Arbeiten. Ich habe von meinem früheren Nebenjob im Restaurant einiges gespart, von dem wir überwiegend leben. Außerdem erhalte ich Wohngeld. Ganze 50 Euro, der Wahnsinn! Wir haben gerade so das Existenzminimum, und wie teuer das Leben mit einem Kind ist, spüre ich jeden Tag. Trotz sparsamem Haushaltens bleibt am Ende des Monats einfach nichts übrig. Wenn ich dann zusätzliche Lernmaterialien für die Schule brauche, verzweifle ich noch mehr. Ich bekomme Existenzängste, die manchmal so stark sind, dass sie mich lähmen. Ich kriege dann kaum noch Luft. Teilweise bin ich deswegen dauerhaft so gereizt, dass mich jede Kleinigkeit explodieren lässt. Viele aus meinem sozialen Umfeld denken, ich sei immer ein *sunshine girl*, hätte immer gute Laune und wäre unheimlich stark. Ich könnte einfach alles ertragen. Das ist nicht wahr. Das ist ganz und gar nicht wahr. Ich kann nicht alles ertragen. Ich kann gerade gar nichts ertragen. Mir wird alles zu viel, ich habe Angst zu versagen, habe Angst die Ausbildung nicht beenden zu können. Und ich habe ständig ein schlechtes Gewissen Saraphina gegenüber. Es zerreißt mich, dass sie so lange in der Kita sein muss, dass ich so wenig Zeit mit ihr habe. Und selbst wenn wir zusammen sind, sind meine Gedanken häufig woanders. Hier eine Hausaufgabe, da eine Klausur, dann noch Einkauf, Haushalt und Papierkram. Ich kann es nicht allen recht machen, Saraphina nicht, meinen Ansprüchen nicht und genug Zeit für die Ausbildung habe ich auch nicht. Aber ich kann mich mit niemandem darüber austauschen. Die Leute haben kein Ohr dafür, sie sind alle so sehr mit sich selbst beschäftigt. Und wenn man dann doch mal etwas anspricht, höre ich Phrasen wie „Ach, du schaffst es schon", „Ist doch bald vorbei" oder „Saraphina wird auch älter. Es wird einfacher". Also mache ich weiter. The show must go on.

Eines Tages, ich muss eine Powerpoint-Präsentation erstellen, muss ich mir eingestehen, dass ich Hilfe brauche. Ich benötige schon seit Beginn der Ausbildung einen Computer mit Drucker und Scanner, doch ich konnte mir das nicht leisten. Manchmal bin ich in ein Internetcafé gegangen und habe dort Hausaufgaben gemacht. Das wird aber mit Saraphina immer schwieriger, abgesehen davon, dass es auch teuer auf Dauer ist. Also nehme ich all meinen Mut zusammen und bitte meine neue Freundin Valentina mich finanziell zu unterstützen. In Deutschland sagt man, bei Geld höre die Freundschaft auf. Ich habe diese Einstellung zwar nicht, aber ich weiß, dass viele so denken. Ich möchte diese Freundschaft nicht aufs Spiel setzen, aber allein kriege ich es nicht hin. Valentina ist alleinstehend, verdient als Buchhalterin in einem renommierten Hotel genug Geld. Ich bin froh, dass sie sofort zusagt mir zu helfen und mit mir in ein Elektro-Fachgeschäft geht. Sie schließt einen Ratenzahlungskredit ab und kauft mir die Geräte. Die Raten überweise ich ihr jeden Monat. Dieser Schritt belastet mich zwar finanziell zusätzlich, aber er vereinfacht so vieles für meine Ausbildung, dass ich am Ende einfach nur froh bin die Geräte gekauft zu haben.

Für die Abschlussprüfungen lerne ich Tag und Nacht. Manchmal schlafe ich nur zwei Stunden oder gar nicht. Ich pauke Englisch-, Französisch- und Spanischvokabeln, lerne Formeln zur Nutzung von Excel und schmeiße für Bilanztabellen mit Zahlen nur so um mich.

In der Woche vor den Prüfungen bin ich besonders angespannt. Mit Kind komme ich einfach weniger zum Lernen als meine Klasse, denke ich zumindest. Auf jeden Fall lerne ich weniger als ich gern möchte. Und Saraphina ist zurzeit auch schlecht drauf. Klar, sie spiegelt ja auch immer meine Befindlichkeiten. Bin ich angespannt, so ist sie das auch und das macht es mir noch schwerer. Momentan ist sie zudem auch noch recht launisch. Ich brauche dieses letzte Wochenende zum Lernen und überlege, wer mir Saraphina vielleicht abnehmen könnte. Ihren Vater erreiche ich nicht, also rufe ich meine Mutter an. Ich habe sie bis zu diesem Tag noch nie um Hilfe bei Saraphinas Betreuung gebeten. Sie hat sich auch nie angeboten, das macht es mir noch schwerer sie darum zu bitten. Hinzu kommt noch, dass unser Verhältnis nach wie vor distanziert ist. Aber, ob sie will oder nicht, sie ist nun mal die Oma. Auch wenn Saraphina sie nicht Nana nennen darf, sondern Aunty sagen muss.

Aber egal wie man sie nun betitelt, ein bisschen unterstützen könnte sie mich doch. Vielleicht macht sie das, wenn ich sie explizit darum bitte, vielleicht hat sie das Gefühl, dass ich sie nicht brauche, denke ich. Also schnappe ich mir am Freitag vor meiner ersten Prüfung das Telefon und rufe sie an. Nachdem wir uns zuerst über einige andere Themen ausgetauscht haben, frage ich sie direkt, ob sie mir Saraphina am Samstag abnehmen kann.

„Ich würde sie morgen Mittag zu dir bringen und entweder am Abend abholen oder Sonntagmorgen, wenn sie Lust hat, bei dir zu übernachten und es dir nicht zu viel wird."

„Morgen sagst du? Nein, morgen geht nicht."

„Warum denn nicht?"

„Da habe ich schon etwas vor."

„Was denn?", möchte ich wissen, obwohl ich weiß, dass mir diese Frage nicht zusteht. Meine Mutter muss mir nicht sagen, was sie wann macht. Aber es macht mich schon neugierig zu wissen, was wichtiger sein könnte als *einmal* der eigenen Tochter zu helfen, indem man das Enkelkind zu sich nimmt.

„Morgen bin ich auf einer Party eingeladen. Herr Stanic hat das von langer Hand organisiert und ich habe da schon zugesagt."

Herr Stanic ist der Hausbesitzer der Altonaer Wohnung und der ehemalige Vermieter meiner Mutter und mir.

„Na ja, aber eine Party kannst du doch absagen. Partys kann man oft feiern, aber meine Abschlussprüfung ist nur einmal."

„Nein Gloria, ich kann die Party nicht absagen. Sie ist mir wichtig und ich habe schon zugesagt. Du hättest mich früher fragen müssen."

„Weißt du, ich verstehe es nicht, dass du eine blöde Party deiner eigenen Familie vorziehst. Ich habe dich nie im Hilfe gebeten, nie! Jetzt frage ich dich einmal und du sagst mir wegen einer Party ab. Das verstehe ich nicht", sage ich und merke gleichzeitig, dass es keinen Sinn hat zu diskutieren.

Als ich auflege, stehe ich noch lange kopfschüttelnd neben dem Telefon. Ich fasse es einfach nicht. Wen sollte ich jetzt um Hilfe bitten? Freunde hatte ich nur wenige. Seit Saraphinas Geburt haben sich etliche Freundschaften einfach aufgelöst. Und die paar, die mir geblieben sind, trauen sich das teilweise nicht zu mit einem Kleinkind so lange allein zu sein. Ich lerne immer öfter, dass ich einfach keine Erwartungen an andere Menschen stellen darf. Das führt häufig zu Enttäuschungen. Man muss sich das Leben so aufbauen, dass man es allein meistern kann. Wenn dann jemand da ist und hilft, gut. Wenn nicht, dann nicht. Nun denn, dann muss ich es auch dieses Mal eben allein schaffen.

Die schulinternen Prüfungen bestehe ich gut, ebenso die externen Prüfungen der Hamburger Handelskammer und die der *London Chamber of Commerce and Industry*. Nach weniger als einem Jahr verlasse ich die Schule mit meiner ersten formalen Berufsqualifikation, einigen neu geschlossenen Freundschaften und einem optimistischen Blick in die Zukunft. Ich glaube, das Jahr an der Fremdsprachenschule war gefühlt das längste in meinem Leben. Aber die Zeit hat ihren Tribut gefordert. Saraphina und ich haben beide sehr gelitten. Aber am Ende bin ich sehr stolz auf mich. Wenn es bloß jemanden gäbe, der dieses Gefühl mit mir teilen könnte ...

Alltagsrassismus am Arbeitsplatz

Meine Ausbildung als Fremdsprachenkorrespondentin hat sich gelohnt. An meinem vorletzten Schultag informiert uns eine Mitarbeiterin von der Universität Hamburg darüber, dass in ihrem Fachbereich dringend und *ASAP* eine fremdsprachliche Angestellte gesucht wird. Viele Absolventinnen aus meiner Stufe bewerben sich, so auch ich. Und, yeah!, ich bekomme die Stelle und trete sie im September 2002 an! Es ist immer aufregend etwas Neues im Leben anzufangen und nicht zu wissen, was genau es ist. Ich leite als fremdsprachliche Angestellte das Sekretariat einer Professorin, die den Fachbereich leitet. Ich bin also Sekretärin mit Upgrade und muss Veranstaltungen organisieren, Assistenz in Beratungen, Lehre und Forschung leisten, Dienstreisen abrechnen, studentische Hilfskräfte betreuen und vieles mehr. Meine Vorgesetzte ist – euphemistisch formuliert – eher schwierig. Unser Arbeitsalltag sieht so aus: Man wird angeschrien, erniedrigt, vor anderen bloßgestellt, herumkommandiert, herabgewürdigt. Wenn sie freundlich ist, wirkt das wie eine Fake-Freundlichkeit. Ich frage mich manchmal, was in ihrem Leben wohl falsch gelaufen ist, dass sie so ein Mensch geworden ist.

Aber die tollen Arbeitszeiten entschädigen am Anfang vieles. Ich bringe Saraphina um neun Uhr entspannt in die Kita, arbeite von zehn bis 14 Uhr und hole sie um 15 Uhr wieder ab. *Work-Life-Balance* wie sie besser kaum sein könnte.

Einige Wochen an der Uni liegen hinter mir und ich entscheide mich eines Tages früher mit meiner Arbeit im Sekretariat zu beginnen, damit ich hinterher noch viel vom Tag habe, ich will mehr Zeit mit Saraphina draußen verbringen. Gerade schließe ich meine Bürotür auf, als mich ein Mann, der einige Türen weiter entfernt steht, anspricht.

„Sie sind heute aber spät hier", sagt er lächelnd. Ich erkenne ihn wieder. Er ist Doktorand bei einem anderen Professor.

„Ich verstehe nicht", antworte ich.

„Ich stelle nur fest, dass Sie heute spät dran sind", wiederholt er. Ich bin etwas irritiert.

„Nein, das bin ich ganz und gar nicht. Ich bin heute extra früher gekommen. Normalerweise fange ich später an."

„Komisch, wenn ich sonst komme, sind Sie entweder schon fertig oder sogar längst weg."

„Tut mir leid, ich weiß überhaupt nicht wovon Sie sprechen. Ich fange normalerweise erst um zehn Uhr an."

„Mhh, gestern haben Sie mein Büro schon vor acht Uhr gereinigt. Da bin ich mir sicher. Als ich kam, waren Sie gerade fertig."

„Sie scheinen mich zu verwechseln. Ich bin nicht die Reinigungskraft."

„Nein?"

„Nein! Ich bin fremdsprachliche Angestellte in der Forschungsstelle."

„Oh, eh … es ist … ich dachte nur …"

„Ach, kein Problem, ich bin ein Multitalent. Ich reinige Ihnen auch nebenbei Ihr Büro. Ein Anruf genügt. Ich weiß nur nicht, ob Sie sich meinen Stundensatz leisten können", sage ich, gehe in mein Büro, schließe die Tür hinter mir. Wieder so eine grässliche Situation. Ich könnte Bücher damit füllen.

* * *

Meine Arbeit an der Universität lässt mich hungrig werden, wissenshungrig. Mitzuerleben, wie sich unsere Doktorand*innen in ihre Forschungen vertiefen, wie sie an Kolloquien und Tagungen teilnehmen, wie die Studierenden Vorlesungen und Seminare besuchen und sich in Cafés darüber austauschen, all das verstärkt meine innere Unruhe. Ich möchte auch dazu gehören! Möchte auch in Vorlesungen mit schlecht klingenden Titeln sitzen, in Arbeitsgruppen Präsentationen vorbereiten und Tutorien besuchen. Mein Verlangen, zu den Akademiker*innen zu gehören, steigert sich mit jedem Arbeitstag. Doch innerlich glaube ich nicht daran, dass ich das Zeug dazu habe. Sie scheinen hier alle so viel klüger zu sein, so viel mehr auf dem Kasten zu haben. Außerdem wüsste ich gar nicht, was ich studieren könnte.

Eines Tages erhalte ich eine Anfrage für einen Lehrauftrag an einer Schule. Die Behörde sucht dringend eine Englischlehrerin für einige Monate. Ich beschließe Saraphina an einigen Tagen länger in der Kita zu lassen und den Auftrag anzunehmen. An meinem ersten Tag am Gymnasium nimmt mich ein Kollege zur Seite und sagt: „Gloria, es ist eine schlimme Klasse, in die sie dich stecken. Niemand von uns kommt mit denen klar. Die Klassenlehrerin, die auch Englisch unterrichtet hat, ist gerade mit einem Burn-out ausgefallen. Lass es nicht zu, dass sie dich auch noch verheizen."

Zwar weiß ich zu dem Zeitpunkt nicht genau was ein Burn-out ist, aber ein bisschen Angst macht mir der Mann schon. Wie sich herausstellt, ist die Klasse aber keineswegs schlimm für mich. Ich komme mit den Jugendlichen von Anfang an wunderbar zurecht. Wie ich das geschafft habe? Ich stelle klare Regeln auf, einige erarbeiten wir uns auch gemeinsam. Sie halten sich fast immer respektvoll an „mein Regelwerk". Und ich bin konsequent und transparent. Das scheint den meisten zu gefallen. Das ist mein Schlüsselmoment, an dem ich mich entschließe, meinen Bildungshunger zu stillen. Denn nun weiß ich auch wie: Ich werde auf Lehramt studieren.

Der Plan zur Rückkehr

Seit meinem neuen Studium bin ich nicht mehr gereist, nicht mal einen Trip habe ich unternommen, dazu fehlen mir schlicht die finanziellen Mittel. Das Studium frisst meine letzten Ersparnisse auf, die Verwaltungsgebühren sind hoch und ich benötige auch einiges an Material. Das verschlingt alles, was nicht gerade für Lebensmittel gebraucht wird. Irgendwann merke ich, dass ich eine Auszeit brauche, ich möchte mit Saraphina verreisen und beginne Geld für eine Reise zu sparen. Aber wohin? Als ich eines Nachts wieder einen Traum habe, der sich seit meiner frühen Kindheit wiederholt und in dem ich von Löwen verfolgt werde, muss ich an mein Heimatland denken. Wie wäre es, dorthin zu reisen? Seit 14 Jahren lebe ich inzwischen in Deutschland und bin nie mehr nach Ghana zurückgekehrt. Zuerst ging das nicht, weil ich einen unsicheren Aufenthaltsstatus hatte. Später hatte ich kein Geld für Reise und Impfungen. Und ein bisschen Angst spielte da auch noch mit. 14 Jahre sind eine lange Zeit. Ich hatte mehr Zeit in Deutschland verbracht, als ich in Ghana gelebt hatte. Ich hatte mich verändert, das Land und meine Familie und Bekannten sicherlich auch. Ghana war mir fremd geworden. Das war die eine Seite. Die andere Seite von mir sehnte sich jedoch jahrelang immer wieder danach zurück zu kehren. Ich vermisste so vieles: die Sonne, die Wärme, die Leute, das Essen, frische Kokosnüsse, Mangos und gegrillte Maiskolben. Was man hier bekam, war einfach nicht vergleichbar. Ich vermisste den Staubgeruch auf den Straßen, wenn es zu regnen begann und der Staub aufgewirbelt wurde. Ich vermisste das unbeschwerte Miteinander, unsere Art der Emotionalität, unser Temperament beim Sprechen. In Deutschland musste man ständig leise sprechen. War man etwas lauter, emotionaler, galt das gleich als aggressiv. Das war mir oft passiert. Sogar in der Bahn beim Telefonieren beschweren sich wildfremde Menschen, wenn man laut spricht. Ich wurde auch mit Saraphina mehrmals angemotzt, wenn sie in der Bahn herumlief oder laut sang. „Das ist hier kein Spielplatz", hieß es dann immer. Solche Reaktionen machen mich immer wieder sprach- und fassungslos und ich bin mir sicher: In Ghana würde mir so etwas sicher nicht passieren. Irgendwann ist meine Sehnsucht stärker als meine Angst. Der Wunsch, Saraphina das Land zu zeigen, in dem auch ihre Wurzeln liegen, wird größer. Ich erzähle meiner Mutter von meinem Wunsch nach Ghana zu reisen. Sie ist sofort Feuer und Flamme. Da sie sowieso bald wieder nach Ghana will, schmieden wir den Plan gemeinsam zu reisen. So hätte ich jemanden zur Unterstützung. Als der Entschluss endgültig gefasst ist und ich mich langsam auf die Reise vorbereite, merke ich wie ich immer nervöser werde. Eines Tages spreche ich meine Mutter wegen meiner mangelnden *Twi*-Kenntnisse an.

„Mach dir keine Sorgen. Das wird schon gehen. Du sprichst gut Englisch, damit wirst du in Ghana schon klar kommen."

„Ja, aber nicht in Pramso. Die meisten Menschen dort sprechen kaum Englisch. Nana auch nicht. Sie wird enttäuscht sein, wenn sie merkt, dass ich ihr nicht antworten kann."

„Ja, wahrscheinlich. Aber sie hat dich seit 14 Jahren nicht gesehen. Ich glaube, ihre Freude darüber, dich wiederzusehen wird größer sein als ihre Enttäuschung."

„Hoffentlich!", sage ich.

Trotzdem wiederholen und üben wir die nächsten Wochen immer mal wieder Vokabeln, Alltagssätze und Redewendungen, die nützlich sein könnten. Zum Beispiel möchte ich in Ghana auf jeden Fall ein paar Märkte besuchen. Der *Kumasi Market* ist mir am wichtigsten. Bunter, voller, lebendiger und vielfältiger geht es wohl kaum. Ich habe als Kind diesen Markt geliebt und ihn all die Jahre nicht vergessen. Auf unseren Märkten ist es nicht wie in Deutschland, wo es feste Preise gibt, bei uns muss man verhandeln. Es war für beide Seiten wie ein Spiel, es hat immer Spaß gemacht und ich war gut darin. Man musste natürlich fair dabei bleiben, das war wichtig.

„Was heißt noch mal, bitte senke den Preis ein bisschen?", frage ich meine Mutter.

„Bitte bedeutet *Mepa wo kyɛw*, das weiß ich noch. Aber was heißt nochmal Preis senken?

„*Te ɛboɔ no so kakra ma me*", antwortet meine Mutter.

„Ah o.k. Also würde ich sagen ‚*Mepa wo kyɛw, te ɛboɔ no so kakra ma me*'. Bitte reduziere den Preis ein bisschen für mich. Richtig? "

Meine Mutter nickt und lacht. „Dein Akzent ist witzig."

Es fühlt sich total komisch an die Vokabeln einer Sprache zu lernen, die meine Erstsprache war. Etwas Anderes als *Twi* habe ich bis zu meinem zehnten Lebensjahr nie gesprochen. Auch in der Schule war unsere Unterrichtssprache *Twi*, Englisch konnte ich kaum, bis auf *one, two, three* und ein paar einfache Redewendungen. Aber selbst *das* konnte ich damals nicht richtig aussprechen. Nun komme ich mir vor wie eine Touristin, die vor ihrer ersten Reise ein paar Wörter lernt, um sich einigermaßen zurecht zu finden. Was mich noch mehr zur Touristin macht, ist die Tatsache, dass ich ein Visum brauche, um nach Ghana reisen zu können. Es ist so absurd. Ich komme aus Ghana, ich wurde dort geboren, bin dort aufgewachsen und brauche dennoch ein Visum, weil ich inzwischen deutsche Staatsbürgerin bin. Es war eine schwere Entscheidung für mich.

Als Saraphina im Jahr 2000 geboren und deutsche Staatsbürgerin wurde, hatte ich als ihre Mutter, die über zehn Jahre in Deutschland lebte, die Möglichkeit mich auch einbürgern zu lassen. Das bedeutete für mich, nicht ständig zum Amt gehen zu müssen um eine Verlängerung meiner Aufenthaltserlaubnis zu beantragen. Ich hatte es mir lange überlegt und schließlich gab die Tatsache, dass ich in Deutschland lebte und mich überwiegend in Europa bewegte, den Ausschlag. Zwar hatte ich in meiner Jugendzeit mehrmals darüber nachgedacht nach Ghana zurückzugehen, aber die Realisierung war immer mehr in die Ferne und der Abschluss meiner Schullaufbahn dafür in den Mittelpunkt gerückt. Und nun, mit dem Kleinkind Saraphina, war der Gedanke noch ferner. Ich lebte in Deutschland und würde hier wahrscheinlich auch noch länger bleiben. Dann wollte ich auch formal mehr am gesellschaftlichen und politischen Leben teilnehmen und mich freier bewegen können. Daher entschied ich mich letztendlich doch für die Einbürgerung. Aber den ghanaischen Pass abgeben? Das wollte ich nicht. Wie gern hätte ich die doppelte Staatsbürgerschaft gehabt! Aber das war nicht möglich, ich musste meinen ghanaischen Pass abgeben.

Nachdem ich vom Amt die Nachricht erhalten hatte, ich könnte meine Einbürgerungsurkunde und meinen Pass abholen, habe ich fast drei Monate verstreichen lassen. Ich hatte dort sogar mehrmals angerufen, um die Abholfrist verlängern zu lassen. Ich hatte einfach meinen ghanaischen Pass nicht abgeben wollen und überlegt, was ich anstellen könnte um doch beide behalten zu können. Diese Ambivalenz setzte mir zu. Ich hatte mit der Verschlechterung meiner *Twi*-Kenntnisse schon einen Teil meiner ghanaischen Identität verloren. Der Verlust der ghanaischen Staatsbürgerschaft verstärkte dieses Gefühl noch mehr, ich war innerlich zerrissen, eine höchst emotionale Situation für mich, eine handfeste Krise.

Nun kann man sagen, dass die Identität eines Menschen nicht von einem Stück Papier abhängt. Vielleicht nicht. Oder nicht nur. Fakt ist, mir war nicht sehr viel geblieben, was mich mit Ghana verband. Meine ghanaische Staatsangehörigkeit war eine kleine Brücke gewesen. Nun war diese Brücke auch weg. Vielleicht würde mir diese Reise etwas von dem zurückgeben, was ich verloren hatte.

Drei Generationen auf dem Weg in die Heimat

An einem Herbsttag im September 2003 fliegen wir via Amsterdam nach Ghana. Meine Mutter ist nicht dabei, dafür aber ihr Partner Uncle Luke. Meine Mutter würde eine Woche später nachkommen, dann blieben uns noch drei gemeinsame Wochen. Saraphina ist sehr aufgeregt, denn dies ist erst ihr zweiter Flug, den sie bewusst erlebt. Etwas mehr als 10 Stunden sind wir unterwegs. Hatte ich vorher gedacht, dass solch ein langer Flug mit einem Kleinkind anstrengend sein würde, so hatte ich mich getäuscht. Saraphina ist entspannt. Anfangs bleibt sie bei Uncle Luke und mir und spielt mit uns. Später nimmt sie sich Zeit das Flugzeug und die anderen Passagiere kennenzulernen, bleibt hier und da bei der einen oder anderen Person stehen und lässt sich ansprechen. Immer wieder kommt sie mit neuen Spielgefährten zurück, sichert sich ab, dass ich noch da bin und geht wieder weg. So vergeht die Zeit – im wahrsten Sinne des Wortes – wie im Fluge.

Als wir in Accra ankommen, ist es schon dunkel, am Flughafen ist es unheimlich heiß und stickig. Einige Leute fluchen darüber, andere haben kleine Fächer und fächern sich damit Luft zu. Auf die Idee so etwas mitzunehmen, bin ich gar nicht gekommen. Die Passkontrolle dauert ewig und macht mir einmal mehr bewusst, dass ich auf dem Papier keine Ghanaerin mehr bin. Während Uncle Luke in dem Kontrollbereich der Personen mit ghanaischer Staatsangehörigkeit steht, sind Saraphina und ich in dem Bereich für die anderen Staatsbürgerschaften. Als wir endlich unser Gepäck holen, werden wir erneut angehalten. Dieses Mal für die Gepäckkontrolle. Ich sehe, dass einige Personen vor uns nicht angehalten werden und frage ich mich, warum unser Gepäck durchsucht wird.

„Ach, sie werden sagen, sie machen Stichproben. Wonach sie Leute auswählen, weiß niemand", sagt Uncle Luke, als könnte er Gedanken lesen. Sein Gepäck wird von einer anderen Person durchsucht als unseres, zwischen uns stehen zwei weitere Passagiere. Ich sehe wie Uncle Luke der Kontrolleurin etwas zusteckt und werde im nächsten Augenblick gebeten meinen Koffer aufzumachen. Der Kontrolleur durchsucht alles, scheint aber kein großes Interesse daran zu haben, denn er nimmt nicht viel hoch oder raus, sondern schiebt nur mehrmals kurz Kleidungsstücke zur Seite. Dann fragt er auf *Twi*: „Woher bist du gekommen?" „Aus Deutschland", antworte ich auf Englisch. Denn was Deutschland auf *Twi* heißt, weiß ich nicht.

„Und was hast du für Uncle mitgebracht?", fragt er.
„Wie bitte?" Ich verstehe nicht, was er meint.
„Was hast du für Uncle mitgebracht?", fragt er nun auch auf Englisch.
„Welchen Uncle?" Ich schaue ihn irritiert an.
Er hält seine rechte Hand auf und sagt: „Was hast du für mich mitgebracht? Gib mir was!"
Erst jetzt begreife ich, dass er von mir Geld will.
„Ich habe nicht viel, das ich hätte mitbringen können. Ich bin nur hier um meine Familie nach 14 Jahren wiederzusehen." Ich strahle ihn mit meinem schönsten Lächeln an. Er schaut mürrisch. Dann beugt er sich wieder über meinen Koffer und wirft ein paar Sachen hin und her. Mir scheint, als würde er beim Stöbern überlegen, wie er mit der Situation umgehen soll. „Du solltest niemals mit leeren Händen kommen. Das ist nicht gut", zischt er. Schließlich schiebt er meinen Koffer zur Seite und winkt mich weiter. „Du kannst deine Sachen einpacken."

Uncle Luke wartet weiter vorne auf uns. Er hat einen jungen Mann an seiner Seite, der einen Kofferwagen für uns geholt hat und nun unsere Koffer darauf stapelt. Am Eingang haben wir alle Hände voll zu tun Leute abzuweisen, die uns beim Tragen der Koffer helfen oder uns mit ihrem Taxi befördern wollen. Einmal wird mir Saraphina regelrecht aus der Hand gerissen, damit ich dem Taxifahrer folge. Es geschieht alles unheimlich schnell und ich muss aufpassen auch Uncle Luke nicht aus den Augen zu verlieren. Als wir schließlich neben einem Auto stehen und ein Fahrer uns freundlich mit „Good evening. I am Joe, your mother's driver" begrüßt, wird es etwas ruhiger.

Ich bin total aufgeregt, als wir vom Flughafengelände mit weit geöffneten Fenstern abfahren und über die Hauptstraße brausen. Ich bin wieder in Ghana! Es riecht noch genau so wie damals: Der Staub, die Autoabgase, die Speisen. Diese Duftmischung hatte sich tief in meine Erinnerung eingebrannt und kommt jetzt getriggert an die Oberfläche. *Ich bin wieder zu Hause*, denke ich. Wir stehen lange im Stau und kommen kaum vorwärts. Obwohl wir alle total erschöpft sind, macht es mir nichts aus, denn ich genieße den Anblick der Verkäufer*innen, die durch die Autoreihen gehen und ihre Produkte anbieten. Eigentlich muss man in Ghana in keinen Supermarkt gehen, vieles kriegt man auf der Straße, nur etwas teurer vielleicht: von Bettwäsche, Tischdecken und Taschentücher über Getränke und verschiedene Snacks bis hin zu Toilettenpapier und Moskitokiller. Alles dabei. Am Straßenrand bekommt man auch verschiedene Speisen angeboten. Am liebsten wäre ich ausgestiegen, als ich eine Frau sehe, die gegrillten *Yam* verkauft. Ich weiß jetzt schon, dass ich mit ein wenig „Übergepäck" am Körper zurückfliegen werde. Uncle Luke verscheucht an der einzigen Ampel einen Mann, der uns die Windschutzscheibe reinigen will. Stattdessen kauft er einige Rollen Toilettenpapier von einem anderen Mann.

Irgendwann hält der Fahrer vor einem Lokal an.

„Lass uns etwas essen, bevor wir zu Hause ankommen. Es wird sonst zu spät", schlägt er vor. Saraphina ist sofort begeistert, sie hat großen Hunger.

Als ich sehe, dass es ein Lokal ist, in dem man Pizza und Pasta kriegt, kann ich meine Enttäuschung kaum verbergen.

„Warum essen wir denn hier? Da draußen an der Straße gibt es doch genug Auswahl."

„Du willst an der Straße essen? Willst du dir gleich am ersten Tag eine Lebensmittelvergiftung zuziehen?"

„Was? Ich ziehe mir doch keine Vergiftung zu, wenn ich *Yam* und *Stew* esse."

„Und was soll Saraphina essen?"

„Das Gleiche wie wir. Sie kennt das doch alles auch aus Deutschland. Wir essen regelmäßig ghanaisch: *Waakye*[62], *Omutuo*, *Fufu*, *Jollof Rice*, *Yam*, *Plantain*, das kennt sie doch alles."

„Die Soßen werden viel zu scharf für sie sein."

„Ich mag scharfes Essen", sagt Saraphina. Dann zeigt sie ihre Hand: „Ich kann auch mit den Fingern essen. Das machen wir zu Hause immer, wenn Mama afrikanisch kocht."

„Außerdem würde ich gern die Anbieterinnen auf der Straße unterstützen, die jeden *Cedi* brauchen, um ihre Familien ernähren zu können und nicht die großen Unternehmen, die solche Schickimicki-Lokale aufstellen und europäisches Essen anbieten. Dafür bin ich doch nicht nach Ghana gekommen."

Uncle Luke schüttelt den Kopf. „Ach, komm schon Gloria, ich bin müde. Keine Grundsatzdebatte jetzt, o.k.? Für heute muss das hier reichen."

---

62 Eine Speise, die hauptsächlich aus Black Eye Beans und Reis besteht.

Ich gebe nach. Wir bestellen und verzehren unser Essen und fahren danach ins Haus meiner Mutter, das an einer der bekanntesten und längsten Straßen Accras liegt. Später erfahre ich, dass Grundstücke und Immobilien an dieser Straße extrem teuer sind. Saraphina und ich trauen unseren Augen nicht, als wir aus dem Auto steigen und durch das riesengroße Tor an der Einfahrt durchlaufen. Dieses Haus hätte auch in den sogenannten besseren Hamburger Stadtteilen wie Blankenese oder Othmarschen stehen können. So groß, so schick, so europäisch sieht es aus. Das Wohnzimmer ist eher eine Halle als ein Zimmer, mit prunkvollen Säulen, einem großen Essbereich, und glänzend marmorierten Bodenfliesen. Hier steht auch die Sofa-Landschaft, die ich meiner Mutter noch immer finanziere. Die Ratenzahlungen kommen immer noch nicht regelmäßig, es ist zu einem Dauerstreitthema geworden. Aber zumindest sieht die Garnitur wirklich schön aus, denke ich. Das Haus hat fünf Schlafzimmer, davon sind drei als *master bedrooms*[63] angelegt. Die zwei anderen Zimmer sind kleiner und teilen sich ein Duschbad. Die Küche ist mindestens 25 Quadratmeter groß und damit größer als mein Wohnzimmer in Hamburg.

„Und was ist das für ein Gebäude?", frage ich, als wir gerade in der Küche stehen.

„Das ist unser *boys' quarter*[64]", antwortet Uncle Luke.

Ich bin verwundert, weil ich nicht gedacht hätte, dass meine Mutter und ihr Partner Bedienstete haben und schon gar nicht, dass sie sie separat unterbringen. In den darauffolgenden Tagen stelle ich fest, dass viele Häuser in dieser Gegend solche Nebengebäuden besitzen.

Die Tage bis meine Mutter ankommt, sind wir meist auf uns allein gestellt. Uncle Luke fährt manchmal sehr früh weg während wir noch schlafen und kommt erst am späten Nachmittag wieder. Aus dem Nebengebäude lerne ich einen Mann namens Eric kennen, der für die Reinigung des Hauses und Pflege des Gartens zuständig ist. Außerdem ist da noch Dalila, die uns etwas kochen möchte. Saraphina und ich erkunden nach und nach die Gegend. Wir gehen viel zu Fuß und kriegen einiges von den Autoabgasen

---

63 Ein großes Schlafzimmer mit eigenem Bad.
64 Üblicherweise das kleine Nebengebäude eines Einfamilienhauses, in dem (z.B. in der Kolonialzeit) die Bediensteten untergebracht werden. So lebt die Familie vom Servicepersonal getrennt.

und dem Straßenstaub ab. Ich wische mir im Laufe des Tages mehrmals komplett mein Gesicht mit einem Stofftaschentuch ab und bin jedes Mal fasziniert wie dreckig das dann ist. Aber meistens freue ich mich einfach nur über die Sonne und die Wärme. Das fehlt mir wirklich in Deutschland.

Ungefähr zwei Kilometer von unserem Haus entfernt befindet sich ein Marktplatz, wo mehrmals pro Woche ein Lebensmittelmarkt stattfindet. Wir gehen dort einige Male hin, einfach weil ich es schön finde in der geschäftigen Marktatmosphäre. Manchmal kaufen wir auch etwas, dann werden wir sofort von mehreren Kindern mit großen Behältern auf dem Kopf umschwärmt, die uns die Einkäufe fast aus den Händen reißen, weil sie sie gegen eine Aufwandsentschädigung für uns tragen wollen. Ich bin jedes Mal in einem inneren Konflikt. Soll ich es unterstützen, dass diese Kinder solch schwere Last tragen müssen? Ich habe selbst mit neun Jahren die Last der Töpfe auf meinem Kopf verflucht, die ich in Kumasi verkaufen musste. Aber andererseits würden sie diese Jobs nicht machen, wenn sie und ihre Familien nicht darauf angewiesen wären. Ich beschließe sie zu engagieren, vor allem aber, weil sie sich so freuen neben Saraphina zu laufen, sie anzuschauen und mit ihr zu sprechen. Und Saraphina ihrerseits liebt unsere Spaziergänge, auf dem Markt und an der Straße entlang.

„*M'aaha*", werden wir überall freundlich begrüßt. Die Verkäufer*innen und einige Marktbesucher*innen staunen über uns. Das liegt natürlich an Saraphina selbst. Sie kriegt immer wieder etwas geschenkt, eine Orange, ein Apfel, sogar *Bofrot* und wundert sich anfangs. Als ich mal wieder „*Wo ba baa broni no nie?*[65]" gefragt werde, möchte Saraphina wissen, was „Obroni" heißt, sie hat es schon so oft gehört.

„Das ist das Wort für hellhäutige Menschen."

„Aber ich bin nicht hell. In Deutschland sind die Meisten viel heller als ich."

„Das stimmt, für die Menschen hier bist du hell, weil sie selbst dunkel sind."

„Mal bin ich so und mal so."

„Weißt du, das ist gar nicht so wichtig, ob du für die einen hell bist oder für die anderen dunkel. Außerdem denken wir Menschen in weiß oder schwarz. Dabei ist kein Mensch weiß oder schwarz. Es gibt so viele Hautfarben dazwi-

---

65 Ist das deine weiße Tochter?

schen, nur die benennen wir nie. Weiß und schwarz sind einfacher zu sagen. Schau mich an, zu mir sagen sie in Deutschland ‚Schwarze'. Bin ich schwarz?" Sie schüttelt den Kopf. „Und du, bist du schwarz oder weiß?"
„Im Kindergarten sagen die Erzieherinnen Cappuccino zu mir. Was ist das überhaupt?"
„Ein italienisches Getränk."
„Sieht es aus wie ich?"
„Nein, ich habe noch nie einen Cappuccino in einer so leuchtend goldenen Farbe gesehen wie deine Haut sie hat."

Die Tatsache, dass Saraphina an meiner Seite ist und sicherlich auch mein schlechtes *Twi* mit Akzent führen dazu, dass mir überall ganz andere Preise genannt werden als die sonst üblichen. Beispielsweise habe ich mich bei Uncle Luke erkundigt wie hoch die Taxipreise für einige Strecken sind um mich daran orientieren zu können. Als wir einmal ein Taxi nehmen, wird mir der doppelte Preis genannt.

„*A, me nni sika. Te ɛboɔ no so*[66]", sage ich und mache den Zischlaut und ziehe dabei Luft zwischen die Zähne wie man es in Ghana macht, wenn einem etwas missfällt. Als er den Preis nur wenig senkt, sage ich: „*Menyɛ nsrahwɛni ooo!*[67]" Daraufhin fängt er an zu lachen und macht mir ein neues Angebot. Am Ende zahle ich einen immer noch höheren Preis als üblich, aber ich habe zumindest nicht mehr das Gefühl wie eine Touristin komplett über den Tisch gezogen worden zu sein.

Auf dem Markt ergeht es mir genauso. Zwar bin ich gut im Verhandeln und akzeptiere keinen der erstgenannten Preise, aber ich bin mir sicher, dass ich hie und da trotzdem höhere Preise zahle. Im *Tro-Tro* kriege ich mehrmals die falsche Summe Wechselgeld. Das erste Mal merke ich es selbst gar nicht, sondern ein Mann, der mir mein Wechselgeld nach hinten reichen soll. Er ist total empört und fordert den *mate* auf, mir mehr zurückzugeben. Am Ende schalten sich weitere Leute ein. Dem *mate* wird es sichtlich immer unangenehmer. Schließlich reicht er mir mürrisch noch weitere Scheine nach hinten. Er hatte mich um ein Drittel meines Rückgeldes betrogen.

Was mich mit jedem Tag mehr belastet, ist die Tatsache, dass ich in so gut wie jedem Gespräch erklären muss, warum ich so schlecht *Twi* spreche.

---

66 Ich habe kein Geld. Reduziere den Preis für mich.
67 Ich bin keine Touristin.

Die Menschen verstehen nicht, dass man zwar aus Ghana kommt, aber ihre Sprache nicht spricht. Wenn ich ihnen erkläre, dass ich in Deutschland ohne meine Eltern aufgewachsen bin und deshalb mein *Twi* verlernt habe, schütteln sie nur den Kopf. „Du musst *Twi* lernen. Du musst *Twi* mit deinem Kind sprechen", höre ich immer wieder. „Das ist wichtig." Die Ablehnung und teilweise auch Verachtung, die mir entgegen gebracht wird, ist groß und erwischt mich mit einer Wucht, auf die ich nicht vorbereitet bin. Habe ich mich die ersten Tage noch auf die Gespräche unterwegs mit anderen Menschen gefreut, werden sie mir teilweise schon lästig und ich werde mit der Zeit merklich zurückhaltender. Ich habe keine Lust, mich ständig rechtfertigen zu müssen und das Gefühl zu haben, auch hier nicht hinzugehören. Es tut weh. Es tut mir richtig weh. Ich sehe aus wie eine Ghanaerin. Aber weil ich die Sprache nicht spreche, gehöre ich nicht dazu. In Deutschland spreche ich die Sprache, aber weil ich nicht deutsch aussehe, gehöre ich nicht dazu. Wenn ich aber in Deutschland nicht dazu gehöre, und hier auch nicht, dann gehöre ich nirgendwohin. Das ist mein Dilemma, in dem ich mich seit über zehn Jahren befinde. Ich fühle mich nirgends so richtig dazugehörig. Ich erinnere mich an Berichte von Menschen, die entweder aus einer binationalen Beziehung mit unterschiedlichen kulturellen Hintergründen stammen oder Menschen, die selbst ein anderes Herkunftsland hatten und nun in Deutschland lebten und von ihrer Ambivalenz sprachen, sie würden zwischen den Stühlen sitzen. Hin- und hergerissen zwischen zwei unterschiedlichen Kulturen und Lebensweisen. Zwischen zwei Stühlen zu sitzen, bedeutet, dass zwei Stühle vorhanden sind. Ich habe immer mehr das Gefühl, dass ich nicht mal zwischen den Stühlen sitzen kann. Es gibt schlichtweg keine zwei Stühle für mich. Es gibt gar nichts.

Ich erwische mich in den darauffolgenden Tagen immer wieder bei dem Gedanken, dass ich im Gespräch einfach nicht sagen will, ich käme aus Ghana oder Pramso, sondern vielleicht lieber aus *Ivory Coast* oder Nigeria. Dann könnte ich einfach Englisch oder Französisch sprechen und es würde niemand merkwürdig finden. Aber die Narben auf meiner rechten Wange, meine Stammeszeichen, würden mich bei Insidern sowieso verraten. Ich kann mich hier wohl kaum verstecken oder herausreden.

Während dieser Reise erlebe ich Ghana von einer Seite, die ich als Kind nicht kannte. Die wohl viele Einheimische nicht kennen. Ich wusste beispielsweise nicht, dass Ghana am Meer liegt und schon gar nicht, dass es Strände gibt. Als meine Mutter in Ghana ankommt, besuchen wir zusammen den *Labadi Beach*, der bekannteste Strand in Accra. Zuerst bin ich total schockiert, dass man hier Eintritt zahlen muss, wenn man nicht im Labadi Hotel wohnt, und gar nicht mal so wenig. Viele Einheimische können es sich sicherlich nicht leisten solche Eintrittsgelder zu zahlen, denke ich. Das macht den Strand zur Zone der wohlhabenden Einheimischen und Gäste. Dennoch überrascht es mich, dass man hier vergleichsweise sehr viele hellhäutige Menschen am Strand trifft. Das Ghana meiner Kindheit hatte sich wirklich sehr gewandelt. Pizza und Pasta, *Chicken Wings* und *Nuggets* gehören nun genauso zu Ghana wie Cola und Fanta. Überall müllen Getränkedosen den Strand und die Straßen zu. Ich bin echt erstaunt. Eine solche Europäisierung und Amerikanisierung hatte ich nicht erwartet. Und es war auch am Strand, wo ich junge Einheimische treffe, mit denen ich ins Gespräch komme, wahrscheinlich, weil sie Englisch miteinander sprechen. Ich erfahre, dass einige von ihnen an der *University of Ghana* studieren und zwei am *Ghana Institut of Management and Public Relations*. Nach einer Weile frage ich sie, warum sie Englisch miteinander sprechen und nicht *Twi*.

„Das machen wir immer so. Das ist cooler", antwortet ein Student.

„Es gibt viele junge Menschen, die lieber Englisch sprechen wollen. Das ist halt besonders." Das Leben ist wirklich unfair, denke ich. Sie verzichteten freiwillig auf das Sprechen der Sprache, die ich so gern beherrscht hätte.

Neben dem *Labadi Beach* besuchen wir auch den *Aburi Botanic Garden*. Aburi ist eine kleine Stadt in der Nähe von Accra, etwa 400 Meter über dem Meeresspiegel. Allein die einstündige Fahrt aus Accra dorthin ist für mich ein besonderes Erlebnis, denn ich kenne Ghana nicht als bergiges Land, sondern eher als sandige, steinige Ebene. Der Botanische Garten ist wie eine Oase. Im Vergleich zu den wirklich lauten Straßen Accras voller Autoverkehr, ist die Stille hier eine Wohltat und man kann so viel entdecken. Eine mit Königspalmen gesäumte Allee führt die Gäste in die Gartenanlage. Die Palmen sind wunderschön und wirken majestätisch auf mich. Nach einem langen Rundgang machen Saraphina und ich eine kleine Siesta. Ich genieße auch hier die Wärme, die ich so lange vermisst habe.

Zwei Tage später sitzen wir wieder in Joes Taxi, dieses Mal auf dem Weg nach Pramso. Die Fahrt ist lang und weil es geregnet hat, sind die Straßen, die zum Teil nicht asphaltiert sind, völlig aufgeweicht. Joe muss riesengroßen Kratern auf der Straße ausweichen und jedes Mal, wenn uns ein Auto entgegen kommt, denke ich, dass sie zusammen stoßen werden. Doch das passiert nicht. Ich muss lächeln, wenn ich daran denke, über welch kleine Asphaltlöcher man sich in Deutschland beschwert. Sie sollten diese Straßen mal sehen!

Ich habe ein ambivalentes Gefühl, wenn ich an Pramso denke. Einerseits kommen mir Erinnerungen vom ausgelassenen Spielen mit meinen Freund*innen auf der Straße in den Sinn. Andererseits verbinde ich mit Pramso auch schwere körperliche Strafen, die mich traumatisiert und mein Leben lang nicht losgelassen haben. Zu meiner Großmutter hatte ich über all die Jahre kaum Kontakt. Ich kann nicht gerade sagen, dass ich sie vermisst hätte. Aber ich bin gespannt, ob sich Pramso auch so stark verändert hat wie Accra. Wir stehen lange im Stau und kommen schlecht vorwärts, außerdem wird es langsam dunkel. Meine Mutter schlägt deshalb vor in Kumasi Halt zu machen und dort in einem Hotel zu übernachten. Doch ein freies Hotelzimmer zu finden, erweist sich als schwierig. Ausgebucht, egal wo wir anfragen. Wir kurven über eine Stunde durch Kumasi bis wir schließlich ein Hotel haben, inzwischen ist es stockfinster.

Als ich Saraphina schlafen lege, fallen auch mir schon die Augen zu. Doch nach kurzer Zeit werde ich von lauten Geräuschen wach. Meine Mutter läuft durch das Hotelzimmer und schreit. Zuerst denke ich, irgendetwas Schlimmes wäre passiert. Doch dann sehe ich, dass sie die Augen geschlossen hat. Ich rufe ihr immer wieder etwas zu, aber sie scheint mich nicht zu hören. Mal spricht sie *Twi*, dann wieder Englisch, zwischendurch erscheint es mir, als würde sie in Zungen reden wie die Leute damals nach meiner Ankunft in Deutschland in unserer Gemeinde in Wandsbek. Sie wird immer lauter und lauter. Ich frage mich, ob sie betet oder was mit ihr los ist. Ich klettere langsam aus dem Bett, klopfe ihr auf die Schulter. „Maame, was ist los?" Sie macht die Augen auf, ihr Blick ist rasend, panisch.

„Was ist los?", frage ich sie nochmal.

„Du musst beten, Ama. Du musst beten."

„Ich bete immer, ständig. Ich habe heute Abend schon gebetet."

„Morgen werden dich viele Leute anfassen, sie werden alle was von dir wollen. Und werden freundlich zu dir sein und dich anlächeln, aber in Wirklichkeit werden sie dir Schlimmes wünschen. Sie werden dämonische Kräfte wecken und diese auf dich laden. Man weiß nicht, was sie mit dir machen werden. Vielleicht werden Saraphina und du hinterher krank, vielleicht wünscht man euch sogar den Tod. Du musst aufpassen, Ama. Du musst aufpassen!"

„Das werde ich."

„Nein, du verstehst das nicht. Die Kräfte sind stärker als du und ich. Sie können uns zerstören. Du musst beten. Bete, dass Gott dich beschützt. Nur er kann die bösen Mächte von euch fernhalten."

Ich weiß nicht, was ich sagen soll. Ich bin viel zu müde und möchte nur schlafen.

„Du wirst viele Hände schütteln. Aber iss nicht alles, was sie dir geben. Pass auf, was du isst. Du weißt nicht was da drin ist. Du weißt nicht, mit welchen Flüchen das Essen beladen wurde. Und wasch dir immer die Hände. Immer Hände waschen, Ama." Meine Mutter legt ihre Hände über meinen Kopf und betet lange. Dann geht sie zu Saraphina, schlägt die Hände über ihr und betet weiter. Sie betet die ganze Nacht, sie schläft keine Minute. Ich wache immer wieder von ihrem Geschrei auf. Ich merke wie groß ihre Angst ist, dass uns etwas Schlimmes passiert. Zwar nehme ich das ernst, was sie sagt, aber ich habe diese Angst nicht. Ich glaube auch nicht, dass irgendjemand böse Mächte auf mich laden kann. Zu groß ist mein Glaube in Gott. Zu groß mein Vertrauen darin, dass ich immer beschützt werde. Ich bin froh, als es irgendwann morgens ist und wir aufbrechen können.

Back to Pramso – nach 14 Jahren

Wir sind alle müde und schweigen während der Fahrt nach Pramso. Nur Joe summt vor sich hin. Schließlich rollen wir die lange Straße runter, die mir aus meiner Kindheit so wohl bekannt ist, und bleiben vor dem großen pinkfarbenen Haus stehen. 14 Jahre nach meiner Auswanderung sieht dieses Haus noch genauso aus wie damals. Es ist kein bisschen Farbe weniger an der Fassade, aber auch keinerlei Verschönerungen sind zu sehen. Innerhalb kürzester Zeit scharren sich viele Menschen um uns: Frauen, Männer und viele Kinder. Ich sehe jemanden in das Haus laufen und höre kurz darauf wie meine Nana gerufen wird. Es scheint mir so, als hätte die Hälfte des Dorfes unsere Ankunft erwartet. Einige ältere Frauen zücken ihre Stofftaschentücher und fangen an zu singen und tanzen. Es herrscht ein lebhaftes und fröhliches Durcheinander, als wir durch das große Tor gehen, das mir in meiner Kindheit so viel Leid verursacht hat. Und da stehen sie auch schon: Meine Nana und einige ihrer Kinder. Am meisten freue ich mich darauf, Wɔfa Asik wiederzusehen, mein Onkel mit Handicap. Er ist kaum wiederzuerkennen. Aufrecht steht er da, in seiner vollen Größe. Unter seine Armen hat er zwei Krücken geklemmt, an denen er sich festhält. Er strahlt über das ganze Gesicht. „Ama Boaduwaa", ruft er. „AAAAMAAAA!", schreit nun auch *Nana*. Sie kommt mit geöffneten Armen auf mich zu und lächelt über das ganze Gesicht. Während ich sie umarme, rufen ganz viele Kinder: „*Obronis, Obronis.*" Dabei klatschen und tanzen sie und zeigen auf Saraphina. Diese ist von den vielen Menschen und der Lautstärke total eingeschüchtert und klammert sich hilfesuchend an meinem Bein fest.

„Hello", ruft meine Oma, geht auf Saraphina zu und reißt sie in die Luft. Saraphina schaut zuerst total erschrocken. Aber die fröhlichen Rufe und das Lachen meiner Oma bewirken es, dass auch sie anfängt zu lachen.

„*Yɛferɛ wo sɛn?*", fragt meine Oma das Mädchen auf ihrem Arm nach seinem Namen.

„Saraphina Akosua", kommt es sofort rausgeschossen. Wir haben solche Sätze in Deutschland geübt.

„Eeeeey", jubeln viele und reißen ihre Arme hoch.

„Salafina, *ɛte sɛn?*" Sie kann den Namen nur schwer aussprechen und braucht einige Anläufe.

„*Ɛyɛ paa*", sagt mein Kind und und strahlt über das ganze Gesicht. Die Menschenmenge um uns tobt vor Freude.

„*Ey, Obroni*", ruft irgendjemand hinter uns. Saraphina ist sichtlich stolz. Wir stehen ziemlich lange im Eingangsbereich in der großen Menschenmenge. Von allen Seiten reden Menschen auf uns ein, zerren an uns und rufen: „Was hast du uns mitgebracht?" oder „Gib uns was!". Viele Arme gehen nach oben, um Saraphina zu berühren. Endlich führt uns Nana in die obere Etage des Hauses, in einen Raum, der wie ein Wohnzimmer genutzt wurde. Hier hatten wir schon viele Besucher in meiner Kindheit empfangen. Der letzte Besucher war Nana Yeboah gewesen, kurz bevor ich Ghana verlassen hatte. Viele Menschen sind uns gefolgt. Die Freundinnen meiner Oma setzen sich mit uns, während andere stehen, sogar auf den Fluren und den Treppen, alles ist voll. Meine Rückkehr wird wie eine Sensation gefeiert. Meine Oma fragt mich immer wieder, ob ich diese oder jene Person noch kenne. Aber ich schüttele jedes Mal den Kopf. Bis auf meine Familienmitglieder kenne ich niemanden. Schon bald wird Essen hereingetragen. Meine Oma hat *Fufu* zubereitet. Ich muss lächeln als ich die Schalen sehe. Ich habe mich schon in meiner Kindheit gefragt, ob es wohl noch jemanden in Pramso gibt, der so oft *Fufu* macht wie meine Oma. Diese Speise ist einerseits preiswert, da *Plantain* hier überall wächst und auch *Cassava* wenig kostet. Anderseits es ist auch ganz einfach die Lieblingsspeise meiner Oma. Sie konnte es jeden Tag essen. Und scheinbar kann sie das noch immer. Ich hatte diese Speise als Kind irgendwann wirklich nicht mehr sehen können und habe es einfach nur essen müssen, weil es nichts Anderes gab. Doch heute gibt es noch eine andere Speise: Für Saraphina hat sie auch Reis mit Stew zubereitet. „Das ist nicht so scharf", sagt sie. Aber Saraphina schüttelt den Kopf, sie möchte auch *Fufu* mit Suppe. Nach wenigen Minuten wundern sich wieder alle über sie wie sie als kleines Mädchen aus Deutschland mit den Fingern isst und die scharfe Suppe in sich hinein schaufelt. Wir bleiben weiterhin im Empfangszimmer sitzen, die neugierigen Menschen wollen gar nicht gehen. Einige fragen, als sie aufstehen, was ich ihnen mitgebracht habe und halten die Hand auf. Oder sie drücken mich zum Abschied an sich und flüstern mir ins Ohr, ich solle sie besuchen kommen und etwas mitbringen. In der Tat habe ich Geschenke mitgebracht, aber nur für meine Familie, am meisten für meine Oma und meinen Vater, beide bekommen auch Geld. Meine Onkel und Tanten kriegen Kleinigkeiten. Es gehört sich einfach nicht mit leeren Händen zurückzukehren, schon gar nicht nach 14 Jahren. Trotzdem habe ich das vor der Reise schon als ambivalent empfunden, denn genau diese ganzen Geschenke tragen zu dem Bild bei, dass es in *Abrokyire* viel Reichtum gibt. Das weckt umso mehr Begehrlichkeiten. Das weckt umso mehr Erwartungen.

Am Abend möchte meine Mutter mit uns aufbrechen. Sie hatte mir dazu geraten nicht in Omas Haus in Pramso zu übernachten, sondern lieber in einem Hotel in Kumasi. Vor allem wegen Saraphina. Doch ich entscheide mich spontan um. Ich kann das Geld einfach nicht für ein Hotel ausgeben, meine Familie braucht es dringender. Und so erhält auch Wɔfa Asik noch einen Umschlag.

Insgesamt bleiben wir sechs Tage in Pramso. An unserem zweiten Tag führt uns Nana durch das Dorf. Es ist ihr wichtig, dass sie uns bei vielen

Leuten präsentiert. Aber mein *Twi* erschwert hie und da ein vernünftiges Gespräch. Außerdem wird es irgendwann anstrengend und nervig, weil alle etwas von mir haben wollen und es nicht nachvollziehen können, dass ich nicht ständig mein Portemonnaie zücke. Aber Saraphina liebt die Tage in Pramso. Alle sind so freundlich zu ihr und bewundern sie, viele Kinder spielen mit ihr, als hätte sie schon immer dort gelebt. Am besten findet sie das Leben ohne fließendes Wasser und Kanalisation. Sie liebt es morgens mit einer Schale und einem halben Eimer Wasser zu duschen. Dass sie sich überall in eine Ecke hocken oder an einem Baum pinkeln darf, genießt sie sichtlich. Sie hat richtig viel Spaß, alles ist ein großes Abenteuer. Sie findet es allerdings doof ständig *Obroni* genannt zu werden, das nervt sie immer mehr. Einmal sagt sie zu einem Mädchen im Grundschulalter: „My name is not *Obroni*, my name is *Akosua*!" Was wir beide in Pramso definitiv nicht mögen, ist das Plumpsklo. Dieser stinkende dunkle Raum mit einem tiefen Loch in der Mitte wo allerlei undefinierbares Ungeziefer und Insekten herumschwirren. Am ekligsten ist es, wenn ich diesen Ort nachts aufsuchen muss. Man hockt da und wird von fliegendem Getier angefallen. Ein paar Mal denke ich, dass es doch besser gewesen wäre in ein Hotel zu gehen.

✳ ✳ ✳

Wir hatten bei den Reisevorbereitungen in Deutschland meine Oma gebeten meinem Vater zu informieren, dass ich nach Ghana komme. Sie wollte ihn bitten nach Pramso zu kommen um mich zu wiederzusehen und Saraphina kennenzulernen. Am dritten Tag lotst sie uns in ein Haus, wo uns unbekannte Menschen am Eingang empfangen. Dort warten viele Menschen in einem Raum. Nur einen davon kenne ich.

„Papaaaa", rufe ich und gehe schnellen Schrittes auf ihn zu. Er steht langsam vom Sofa auf und kommt zu mir. Er wirkt etwas unschlüssig, aber dann umarmt er mich, auf eine sehr verhaltene Art. Saraphina streichelt er über den Kopf. Ich hatte mir unser Wiedersehen emotionaler, freudiger vorgestellt. Wir hatten uns schließlich mindestens 15 Jahre nicht gesehen.

„Ist das deine Tochter?", fragt er.
Ich nicke. „*Aane.*"
Erst als wir uns gemeinsam auf das große Sofa setzen, schaue ich mich im Raum um. Mit uns auf dem Sofa sitzen einige andere Personen. Hinter dem Sofa stehen noch mehr Menschen. Viele Kinder sitzen auf dem Fußboden

und beobachten das Geschehen. An dem Jungen neben meinem Vater bleibt mein Blick mehrfach hängen. Er sieht meinem Vater irgendwie ähnlich und somit auch mir, denke ich. Auch er schaut mich intensiv an. Ich stehe auf und begrüße die Leute auf dem Sofa per Handschlag. Als ich vor dem Jungen stehe, sagt mein Vater: „Das ist dein Bruder."

„Mein Bruder? Ich habe einen Bruder?" Er nickt. „Sogar zwei."

Ich erfahre, dass mein kleinerer Halbbruder im Raum in dem Jahr geboren wurde, in dem ich Ghana verließ, also 1989. Und der ältere, der heute abwesend ist, sei nur knapp 2 Jahre jünger als ich. Ich frage mich, warum ich in den zehn Jahren, die ich in Ghana gelebt habe, nie erfahren habe, dass ich väterlicherseits bereits einen Bruder habe, der von einer anderen Frau stammt. Mein Halbbruder und ich verstehen uns auf Anhieb, es scheint etwas zu geben, das uns verbindet. Auch Saraphina fühlt sich zu ihm hingezogen und sitzt die meiste Zeit auf seinem Schoß.

Da mein Vater recht wortkarg ist, wie auch in meiner Kindheit, unterhalte ich mich die meiste Zeit mit meinem Halbbruder. Nach einiger Zeit kommen eine Frau und ein Mann in den Raum, zwischen sich stützen sie eine alte Dame. Eigentlich tragen sie sie mehr. Auf dem Boden liegen Decken und Kissen, worauf die alte Frau nun gebettet wird.

„Sie ist blind", flüstert mein Halbbruder mir zu. Irgendwas sagt mir, dass ich diese Frau kenne, aber ich weiß nicht wer sie ist. Kaum liegt sie auf den Kissen, ruft sie auch schon „Ama, Ama."

„Wer ist das?", frage ich meinen Vater.

„Erkennst du sie nicht?" Er ist total verwundert. Beschämt schüttele ich den Kopf.

„Das ist Maame Boaduwaa."

Das soll Maame Boaduwaa sein? Diese Frau auf den Kissen ist die Mutter meines Vaters, meine Großmutter, die in *Mim* in der *Brong Ahafo Region* auf einer Farm gelebt und gearbeitet hat. Die Frau, deren Name ich trage. Ich gehe zu ihr und knie mich zu ihren Füßen. Als ihre Hände mein Gesicht ertasten, zieht sie meinen Kopf zu sich. Wange an Wange fängt sie an zu weinen.

„Ama, Ama. *Ɛhe na na wowɔ? M'atwɛn wo akyeɛ*[68]." Mein Vater macht Anstalten das zu übersetzen. Doch ich schüttele den Kopf, ich verstehe das schon, „Papa, *me te aseɛ*."

---

68 Wo warst du? Ich habe so lange auf dich gewartet.

Sie ist richtig aufgelöst und wiederholt diese Sätze immer wieder. Von allen Menschen, die mich empfangen haben, bewegt mich diese Begrüßung am meisten. Dabei kenne ich diese Frau kaum. In meiner Kindheit hatte ich mehrmals eine Zeit lang bei ihr gelebt, aber die Zeiten waren vor allem arbeitsreich gewesen. Die Schule hatte ich hier nie besuchen können, dafür war kein Geld da. Und die nächste Schule wäre auch sehr weit entfernt gewesen, da hätte ich viel zu lang hinlaufen müssen. Außerdem wurde meine Arbeitskraft gebraucht. Ich wurde morgens sehr früh geweckt und hatte dann den ganzen Tag auf der Farm mitzuarbeiten. Es galt Mais zu ernten oder *Yam* aus dem Boden zu ziehen. Irgendwas wurde immer gesät, geerntet, bewässert. Hektarweise Land, haufenweise Arbeit. Es gab dort viele Leute, die bei uns gewohnt haben. Ich kann mich aber an keine andere Person erinnern, die so hart gearbeitet hätte wie Maame Boaduwaa. Sie hatte vor Kraft gestrotzt und sich so gut um alles gekümmert, als wäre es ihr Eigentum. Erst Jahre später erfuhr ich, dass dem nicht so war. Unser Verhältnis indes war immer sehr distanziert gewesen. Ich lernte sie kaum anders kennen als arbeitend und Anweisungen gebend. Was ich von diesen Zeiten positiv in Erinnerung habe ist, wie wir Kinder uns gegenseitig in einer der wenigen freien Minuten durch die Felder gejagt hatten. Das hatte sehr viel Spaß gemacht. Außerdem hatten wir oft verbotenerweise ein paar Kolben jungen Mais geerntet und roh gegessen. Maame Boaduwaa war nie böse zu mir gewesen. Sie hat mich nie geschlagen oder sonst schwer bestraft wie meine Nana in Pramso. Sie schrie mich auch nicht ständig an, sie war eine ruhige Frau. Aber herzlich war auch sie nicht. Selbst wenn wir zusammen aßen, sprach sie kaum ein Wort mit mir. Es schien mir so, als wäre sie stets in ihren Gedanken versunken. Und nun liegt diese Frau, die ihr Leben lang so hart gearbeitet und immer so stark auf mich gewirkt hatte, am Boden und weint herzzerreißend. Sie tastet ständig mein Gesicht ab und sagt immer wieder etwas auf *Twi*, das ich nicht verstehe. „Sie würde so gern sehen wie du jetzt aussiehst", übersetzt mein Vater. Ich kann nach einiger Zeit nichts Anderes tun als mit ihr zu weinen.

Benjamin

An einem meiner Urlaubstage frage ich meine Nana, ob sie mit mir zu meiner alten Schule fahren könnte. Es interessierte mich sehr zu erleben wie die Schule heute aussieht, ob sie wirklich so ist, wie ich sie in meiner Erinnerung abgespeichert habe. Außerdem möchte ich erfahren, wie sich das ghanaische Schulsystem entwickelt hat. Nana sagt, die Schule existiert nicht mehr. Dafür sei aber vor einigen Jahren eine neue Schule in Kuntanase gebaut worden. Sie erzählt mir von einem ihrer Großneffen, der dort Lehrer sei. Sie werde dafür sorgen, dass ich ihn an seiner Schule besuchen könne.

Bereits am nächsten Tag kommt der besagte Großneffe am Nachmittag zu uns. Ich schätze ihn ungefähr auf mein eigenes Alter (24) und wundere mich darüber, dass ein so junger Mensch schon ausgebildeter Lehrer sein kann. Er erklärt mir wie wir mit dem *Tro-Tro* zu seiner Schule gelangen können. Nana ist dagegen, aber es ist zu kompliziert überhaupt ein Taxi nach Pramso zu bestellen. So fahren Saraphina und ich am nächsten Morgen zur *Kuntanase Primary und Junior Secondary School*. Es handelt sich um eine öffentliche Schule, *government schools* werden sie hier genannt. Es ist für mich total spannend wieder an einer ghanaischen Schule zu sein. Wir begleiten meinen Onkel in zwei Klassen und im Anschluss schauen wir uns auch den Unterricht von einer Kollegin an. Die Klassen sind im Vergleich zu deutschen Schulen viel voller. Noch immer sitzen um die 40 Kinder in einem kleinen Klassenraum. Zu meiner Zeit konnten das auch 50 oder mehr sein, wenn alle Angemeldeten anwesend waren. Es herrscht noch immer die mir bekannte Strenge und das Lernen findet auch ausschließlich frontal statt, aber die Atmosphäre ist freundlicher, lockerer. Man lacht sogar zusammen. Ich kann mich nicht daran erinnern, dass man mit uns damals im Unterricht gelacht hätte. Aber vielleicht habe ich auch zu sehr die negativen Aspekte in Erinnerung behalten. Als es zur Pause klingelt, strömen hunderte von Kindern auf den Schulhof und wirbeln enorm große Staubwolken auf. Durch diese Wolken sehe ich einen Jungen vor der Schule auf einer Bank sitzen. Sein Gesicht sehe ich aus der Entfernung nicht, aber seine Körperhaltung. Sie wirkt bedrückt. Mit Saraphina an meiner Hand gehe ich zu ihm. So kommt es, dass wir im September 2003 Benjamin kennen lernen. Er ist ehemaliger Schüler dieser Schule und kann nach Beendigung der Grundschule den *Junior Secondary School*-Zweig nicht

besuchen, da seine Familie das Schulgeld nicht aufbringen kann. Ich habe in den ersten zwei Wochen in Ghana schon einiges gesehen und gehört: Slums direkt in den kleinen Straßen hinter den großen schicken Häusern in Accra, mehrere 13- bis 15-jährige Jugendliche, die selbst schon Kinder haben und auf Unterstützung angewiesen sind und nicht nur in Pramso Kinder, die – aus verschiedenen Gründen – nicht in die Schule gehen können. Aber dieser Benjamin auf der Bank macht mich betroffen. Und er macht mich wütend. Nein, nicht er selbst, sondern die Tatsache, dass in Ghana und vielen anderen Ländern der Welt Potenziale brach liegen. Dass ihnen der Zugang zu Bildung verwehrt wird, obwohl es ein Grundrecht ist. Unabhängigkeit, Teilhabe, Selbstbestimmung – all dies ist diesen Kindern nicht möglich. Bildung ist das Fundament des gesellschaftlichen Lebens wie wir es heutzutage leben. Und trotzdem haben so viele Menschen keinen Zugang. Dass es zu meiner Zeit so war, musste ich so hinnehmen. Aber 14 Jahre sind vergangen. 14 ganze Jahre und *nichts* hat sich geändert! Nichts! Käse, Pasta, Chicken Nuggets und Coca Cola wurden der Weg nach Ghana geebnet, aber vielen Kindern wird kein Weg in die Schulen und zu Bildung geebnet. Das ist so unfair! Dieser Tag ändert unser beider Leben: Ich beschließe, die Schulgebühren von Benjamin zu übernehmen. Ich möchte dem Jungen helfen, so wie meine Bildungskarriere auch immer wieder Hilfe und Unterstützung erfahren hat, sei es durch finanzielle Hilfen – Stichwort Valentinas Kredit – sei es durch immaterielle Hilfen – Stichwort Pflegeeltern und Freunde.

Ohne zu wissen wie hoch sie eigentlich sind, sichere ich ihm meine Hilfe zu und gebe ihm meine Visitenkarte. Egal wie viel es sein mag, ich werde alles mobilisieren, um dem Jungen einen Schulabschluss zu ermöglichen. Mein Onkel erzählt mir später, dass ich mit 65 Euro im Quartal sowohl die Schulgebühren als auch Lernmaterialien finanzieren kann. Ich bin so erleichtert, das kann ich mit meinen finanziellen Mitteln sicherstellen. Und so halte ich mein Versprechen und finanziere Benjamin seine Zeit an der *Junior und Senior Secondary School*. Auch danach kann er auf meine Unterstützung zählen, als er viele Jahre später eine Ausbildung zum *Medical Laboratory Technician* (MLT)[69] absolviert.

---

69 Medizinisch-technischer Laboratoriumsassistent (MTLA).

Korruption und Willkür

Eine Nachbarin, mit der ich auch befreundet bin, hatte mir vor unserer Abreise einige Dinge für ihre Familie und die ihres Mannes mitgegeben. Bereits in der ersten Woche in Ghana lerne ich für die Geschenkübergabe ihren Schwager Richard kennen. Wir sind uns auf Anhieb sympathisch und unternehmen einiges zusammen. Richard ist das jüngste Kind einer kinderreichen Familie und ich erfahre, dass alle Familienmitglieder zusammen sein Jura-Studium finanzieren, damit wenigstens einer einen universitären Abschluss hat. Das findet er einerseits toll, aber es ist auch eine große Bürde für ihn, denn damit sind auch viele Erwartungen verbunden. Richard wohnt mit seiner Familie in Tema[70], eine mir fremde Stadt. Die Stadt ist in *Communities*[71] aufgeteilt, Richards Familie wohnt in Community Drei. Auch als wir aus Pramso zurückkehren, treffen wir ihn noch einige Male. Wir gönnen uns mit Richard einen Strandtag und gehen wieder zum *Labadi Beach*. Die Zeit vergeht wie im Fluge und ehe wir uns versehen, ist es dunkel und wir müssen nach Hause zurück. Um diese Zeit ein *Tro-Tro* mit zwei oder gar drei freien Sitzplätzen zu finden, ist kaum möglich, denn es ist *Rush Hour*, viele Leute sind unterwegs. Wir stehen ziemlich lange an der Straße und die gefräßigen *Mosquitos* – die sich vor allem Saraphina vorknöpfen – bewirken irgendwann, dass wir uns entscheiden das teurere Taxi zu nehmen. Aber auch ein Taxi ist nicht leicht gefunden. Bevor wir einsteigen, fragt Richard den Taxifahrer, ob sein Auto wirklich fahrtüchtig ist und technisch einwandfrei. Als er uns versichert, dass alles in Ordnung sei, steigen wir ein. Ich sitze mit meiner quengeligen Tochter auf dem Rücksitz, Richard auf dem Beifahrersitz. Irgendwann, wir sind vielleicht die halbe Strecke gefahren, geraten wir in eine Kontrolle.

„Gyina ɛhyɛn no[72]", befiehlt ein Polizist. Er deutet dem Fahrer an den Straßenrand zu fahren. Zuerst wird der Taxifahrer nach seinen Papieren gefragt. Der Polizist geht damit weg und kommt lange Zeit nicht zurück.

„Der überprüft überhaupt nichts", sagt Richard zu dem Taxifahrer. Dieser nickt nur.

---

70 Größte Hafenstadt Ghanas in der Greater Accra Region.
71 ähnlich den Hamburger Stadtteilen.
72 Halt das Auto an.

Als der Polizist wieder am Auto auftaucht und dem Fahrer seine Papiere zurückgibt, sagt er:

„Deine Rücklichter funktionieren nicht."

Der Taxifahrer ist überrascht. „Doch doch, sie sind völlig in Ordnung." Der Polizist beharrt weiterhin darauf, dass das nicht der Fall sei. Irgendwann wird er sauer, weil der Taxifahrer nicht darauf eingeht. Seine Stimme wird laut, als er dem Taxifahrer befiehlt auszusteigen. Als Richard auch mit aussteigen will, herrscht ihn der Polizist an, sitzen zu bleiben.

„Du kannst mir nicht sagen, dass ich sitzen bleiben soll", entgegnet Richard, obwohl er dann doch im Wagen bleibt. Wir hören den Polizisten mit dem Taxifahrer debattieren, aus den Augenwinkeln sehe ich wie der Polizist heftig gestikuliert.

„Mir reicht's jetzt", sagt Richard und steigt aus. „Ihr bleibt drin." Es vergehen bestimmt zehn Minuten, in denen wir nur laute Stimmen hören.

„Was ist los, Mommy?", fragt Saraphina, deren Augen langsam zufallen.

„Ich habe keine Ahnung. Das Auto ist wohl schadhaft." In dem Augenblick kommen die drei Männer zurück. Richard und der Taxifahrer steigen wieder ein.

„Das ist reine Schikane", sagt Richard. Der Polizist steht auf der Fahrerseite und wartet auf etwas.

„Das ist keine Schikane. Das linke Rücklicht ist zu schwach für den Straßenverkehr", der Polizist hat sich wieder beruhigt.

„Du bezahlst gar nichts!", sagt Richard zum Fahrer. „Das ist reine Korruption."

„Verdient ihr nicht schon genug?!", sagt er an den Polizisten gewandt. „Müsst ihr jetzt auch noch das bisschen Gehalt von den Taxifahrern stehlen?"

„Du bist jetzt still, sonst hast du ein Problem!", droht der Polizist.

„Du hast jetzt gleich selbst ein Problem. Ich bin Jurastudent und werde deinem *Department*[73] über solche Machenschaften Bericht erstatten."

„Jurastudent sagst du? Dann solltest du wissen, dass es besser ist den Mund nicht so voll zu nehmen." Der Polizist gerät sichtlich in Rage und ich flüstere Richard zu, dass er jetzt besser leise sein soll.

---

73 Polizeidienststelle.

„*Officer*, es ist schon sehr spät, das Kind ist total müde. Wegen einem schadhaften Licht müssen wir doch nun kein großes Theater machen." Doch Richard unterbricht mich.

„Nein, Gloria, das Licht funktioniert. Er sucht nur einen Vorwand um Geld zu kassieren. Da werde ich bestimmt nicht leise sein. Wegen Menschen wie diesem hier kann sich unser Land nicht weiter entwickeln. Die, die ohnehin schon mehr haben, nehmen sich einfach noch den letzten Rest von den Armen. Da schaue ich nicht einfach zu. Das ist ein korrupter Polizist, sie sind alle korrupt."

Mit einem Satz springt der Polizist auf die Beifahrertür zu, zerrt Richard aus dem Wagen und legt ihm Handschellen an. Saraphina kriegt Angst und fängt an zu schreien.

„Ach ja, du hast die Macht, was?", brüllt Richard. „Was willst du jetzt machen, he?" Im nächsten Augenblick sehen wir, wie Richard mit grober Gewalt abgeführt und in eines der Polizeiautos gesetzt wird. Der Taxifahrer geht hinterher, was er dem Polizisten sagt, kann ich nicht hören. Aber ich sehe, wie der Polizist abwinkt und sich von ihm abwendet.

„Saraphina, komm. Wir müssen aussteigen."

„Wo gehen wir hin?"

„Zu Richard." Ich nehme sie auf den Arm und renne mit ihr über die Straße. Der Polizist spricht gerade mit seiner Kollegin. Ich unterbreche sie.

„Excuse me, officer. Wenn Sie meinen Freund mitnehmen, müssen sie auch uns mitnehmen. Wir können nicht ohne ihn nach Hause gehen."

„Und wieso nicht?" Ich muss mir schnell einen Grund überlegen.

„Weil wir hier fremd sind. Ich weiß nicht wie die Gegend heißt, in der wir wohnen, wir würden sie in der Dunkelheit nicht finden."

„Der eine überheblich, die andere dumm", sagt er nur und lacht spöttisch. Doch er setzt uns in ein zweites Polizeiauto und nach einer Weile fahren beide los. Auf der Polizeistation wird Richard inhaftiert. Er soll umgerechnet 300 Euro bezahlen, bevor er frei gelassen wird. Wegen Beamtenbeleidigung. Ich biete dem Polizisten meine letzten 100 Euro an, aber der winkt ab.

„300 oder er kann hier ewig schmoren." Ich rufe meine Mutter an, die sich inzwischen schon Sorgen macht, und schildere ihr die Situation. Es dauert ungefähr 40 Minuten bis wir von ihrem Fahrer Joe abgeholt werden. Ich kriege in der Nacht kaum ein Auge zu. Gleich am nächsten Morgen bitte ich Joe uns wieder ins Polizeirevier zu fahren, in dem Richard einsitzt.

Ein älterer Bruder von Richard ist gerade da und spricht mit einem anderen Beamten. Ich gebe ihm die 100 Euro, die ich noch habe. „Ich habe leider nicht mehr", sage ich.

„Ist schon o.k., das ist schon eine große Hilfe. Ich habe meiner Familie Bescheid gesagt, wir werden alle unseren Beitrag leisten und den Kleinen hier rausholen." Insgesamt bleibt Richard drei Tage in Arrest. An meinem Abflugtag, erhalte ich die Nachricht, dass er frei gelassen wurde. Vor meiner Abreise sehe ich ihn leider nicht mehr.

∗ ∗ ∗

Saraphina und ich fliegen allein nach Deutschland zurück. Meine Mutter und ihr Partner begleiten uns zum Flughafen. Die Verabschiedung verläuft tränenreich. Saraphina hatte am liebsten schon in Pramso bleiben wollen, so gut hat es ihr gefallen. Sie will Ghana absolut nicht verlassen und weint sehr lange. Zum wiederholten Mal fragt sie mich, ob sie nicht bei meiner Mutter bleiben und später mit ihr zurückkehren dürfe.

„Und was mache ich in Deutschland ohne dich? Wirst du mich nicht vermissen? Und deine Freunde?"

„Doch bestimmt. Aber ich komme ja bald zurück", sagt sie.

„Nein, Saraphina. Ich kann dich nicht hier lassen. Dazu bin ich einfach noch nicht bereit."

„Und ich muss hier viel arbeiten und könnte sowieso nicht viel Zeit mit dir verbringen", sagt meine Mutter. „Außerdem kommst du doch bestimmt bald zurück, oder?" Saraphina reagiert eingeschnappt.

„Kommst du nicht bald wieder um deine Urgroßmutter in Pramso zu besuchen?"

„Doch!", sagt Saraphina.

„Na, also."

∗ ∗ ∗

Die Reise nach Ghana beeinflusst uns noch eine ganze Weile: Abgesehen von den vier ghanaischen Wohlfühlkilo, die ich wieder abtrainieren will, duschen wir wochenlang weiterhin mit einem Eimer Wasser und einer Schale, für Saraphina lauwarm, für mich kalt. Außerdem essen wir noch mehr ghanaische Speisen als vorher, schließlich habe ich einen ganzen Koffer voll *Plantain, Yam, Okro* und andere Leckereien mitgebracht. Und es ist auch der Reise zu verdanken, dass wir viele ghanaische Kleidungsstücke und Stoffe mitbringen konnten. Wir kleiden uns noch bunter, noch fröhlicher. Vor allem an den wärmeren Tagen lieben wir es, Röcke und Kleider aus ghanaischen Stoffen zu tragen. Ich fühle mich durch dieses Reise ein bisschen ghanaischer als vorher – und das nicht nur, weil ich noch dunkler bin als sonst. Ihr denkt, das geht nicht? Oh doch! So blass wie ich im deutschen Winter bin, bin ich normalerweise nicht. Nach vier Wochen unter der ghanaischen Sonne bin ich so dunkel wie hochprozentige Zartbitterschokolade. Jetzt könnte man wirklich fast sagen, ich sei schwarz.

Aufgeben ist keine Lösung – Alltag unter Dreifachbelastung

Der Urlaub in Ghana hat Saraphina und mir sehr gut getan. Wir haben Sonne und Kraft getankt und ich dachte, das könnte für ein ganzes Jahr reichen. Das tut es aber nicht, schnell sind die Reserven im Alltag aufgebraucht. Ich merke, dass es kaum zu bewältigen ist, Kind, Arbeit und Studium in Einklang zu bringen. Ich habe einen Arbeitsvertrag über 20 Stunden pro Woche, meist mache ich jedoch reichlich Überstunden. Da ich wenig Zeit habe, überhaupt Seminare zu besuchen, nehme ich mir vor, immer nur eine Veranstaltung pro Semester zu belegen und einen Schein zu machen. Dann würde ich nicht exmatrikuliert werden.

An der Uni gehört die Organisation von internationalen Gastvorträgen zu meinen Aufgaben und auch die Gästebetreuung vor Ort. Die Professoren kommen meist aus den USA, aber auch aus anderen Ländern. Meine fremdsprachlichen Fähigkeiten kommen voll zur Geltung. Die Koordination der Gastvorträge mache ich zusätzlich zu meinen anderen Aufgaben. Außerdem kommen auch noch Versicherungsangelegenheiten für meine Chefin und ihre Familie dazu, ganze Arbeitstage muss ich teilweise dafür einsetzen. Inzwischen arbeite ich seit über einem halben Jahr für sie und verstehe immer mehr, warum meine Vorgängerinnen – so die Erzählungen – es nicht länger als sechs Monate mit ihr ausgehalten und mich gewarnt haben. Sie ist die Art von Mensch, die sich nicht um das Wohl anderer kümmert. Sie denkt scheinbar, wenn man sein Team dauerhaft unter Druck setzt, wäre man leistungsfähiger. Surprise! Sind wir NICHT. Ich behaupte, unsere Forschungsstelle ist vor allem von Angst geprägt. Oberflächlich tut sie immer freundlich. Einer der von mir besonders verabscheuten Sätze ist: „Thank you soooooooo much!" Ich bin fasziniert davon, dass sich ein Mensch so oft bedanken kann, ohne sich wirklich zu bedanken. Und wehe, man erledigt eine Aufgabe mal nicht. Dann wird sie unter dem Deckmantel der „Fake-Freundlichkeit" cholerisch. Aber vor allem wird sie persönlich. Ich bin aber noch nie einem Menschen begegnet, der solch extreme Demotivationswaffen einsetzt: Beschimpfung, Erniedrigung, Druck. Ich frage mich wie jemand, der so mit Menschen umgeht, Professorin werden kann – und auch noch bleiben?! Und warum gibt es für solche Fälle keine Kontrollinstanz oder wenigstens eine interne Beschwerdemöglichkeit?

Eines Mittwochs findet einer der internationalen Gastvorträge statt. Ein renommierter amerikanischer Professor von der *New Yorker Columbia University* ist zu Gast in Hamburg. Ich habe die letzten Tage alles daran gesetzt, das Projekt zu organisieren, trotzdem gibt es heute noch so viel zu tun. Als ich ins Büro komme, liegt schon ein Zettel von meiner Chefin auf meinem Schreibtisch: *Wo ist der Fahrplan für den Professor?* Ich schaue kurz in ihr Büro, das direkt mit meinem durch eine Tür verbunden ist. Sie sitzt am Schreibtisch und telefoniert. Ich starte meinen PC und gehe in ihr Büro.

„Guten Morgen", begrüße ich sie nach ihrem Telefonat.

„Ich habe den Ablaufplan gesucht und nicht gefunden. Ich habe Ihnen schon einen Zettel auf den Schreibtisch gelegt", sagt sie ohne Begrüßung in einem Ton, der erkennen lässt, dass ihr Gute-Laune-Barometer gerade auf Null steht.

„Ja, ich weiß und ich habe mich auch schon darüber gewundert", antworte ich ruhig.

„Ich habe Ihnen den Zeitplan für heute mit allen Elementen gestern zugeschickt, bevor ich gegangen bin."

„War nicht in meinen E-Mails", sagt sie kurz. Innerlich muss ich lachen. Wie oft hatten wir das Szenario, dass ich ihr etwas geschickt habe, das sie angeblich nicht erhalten hat? So arg fehlerhaft sind die E-Mail-Programme und das Netz nun auch wieder nicht. Außerdem passiert das nur bei ihr, alle anderen kriegen meine E-Mails. Ich weiß, dass sie immer gestresst ist und deshalb E-Mails gar nicht erst sucht, sondern sie sich lieber noch mal schicken lässt.

„Ich leite Ihnen die E-Mail gleich noch mal weiter", sage ich und gehe in mein Büro. Der PC ist inzwischen hochgefahren und ich verliere keine Zeit.

„Hab ich Ihnen geschickt", rufe ich von nebenan.

Eine Weile ist es still. Dann höre ich sie rufen: „Gloria, können Sie bitte kommen?" Ich denke es geht um den Zeitplan, aber stattdessen fragt sie säuselnd: „Holen Sie mir bitte einen *Decaf* mit viel Milch?"

Am liebsten hätte ich Nein gesagt. Ich habe keine Zeit ständig für sie ins Café zu laufen. Vor allem heute, wo ich soviel zu tun habe.

„Bringen Sie sich selbst auch etwas mit", sagt sie, wie zur Besänftigung.

Als ich mich gerade wieder angezogen habe, brüllt sie noch rüber: „Ach, bringen Sie mir doch bitte auch noch ein belegtes Brötchen mit, so wie das neulich."

Komisch, dieses Mal sagt sie nicht „Bringen Sie sich selbst auch etwas mit", denke ich. Das ist ihr wohl dann doch zu teuer.

Unser Stammcafé ist gerade ziemlich voll, ich muss mich in die Warteschlange stellen.

„Sag mal, Chrischi", rufe ich dem Geschäftsführer zu, der mich inzwischen gut kennt, „es dauert ziemlich lange, oder?" Er zeigt mit der Hand auf die vielen Leute vor mir und nickt.

„Wenn du willst, machen wir das so wie beim letzten Mal."

„Ja, ist gut", schreie ich gegen den Lärm an.

„Brauchst du das Übliche?"

„Ja. Und dazu noch das Vollkornbaguette."

„Für dich nichts?", fragt er grinsend.

„Haha, sehr witzig! Nein, für mich nichts. Ich bezahle meine Getränke selbst. Und du bist mir da zu teuer."

„Wo ist der Kaffee?", fragt mich meine Chefin, kaum dass ich zurückkomme, ich sitze ja noch nicht mal.

„Ist grad sehr voll. Ich hole ihn gleich ab."

„Hast du ihm gesagt, dass er für mich ist?" Sie denkt tatsächlich, dass alle nur nach ihrer Pfeife tanzen sollten.

„Ja, er weiß es."

„Ich habe den Zeitplan zurückgeschickt."

„Aha?"

„Wieso haben wir nicht in der Turnhalle für das Dinner reserviert?", fragt sie schroff.

„Weil wir gesagt haben, ich soll für heute im Brook reservieren. Die Turnhalle haben wir für einen anderen Vortrag reserviert", antworte ich und kann meine Verärgerung kaum verbergen.

„Nein, das Brook ist zu weit weg. Reservieren Sie die Turnhalle."
„Ich weiß nicht, ob wir so kurzfristig zwölf Plätze kriegen." Kriegen wir auch nicht. Weder in der Turnhalle noch in unseren anderen bevorzugten Restaurants. Auch andere Elemente des Zeitplans hat sie wieder verändert. Ich korrigiere den alten Plan, spreche noch mal alles mit dem Techniker neu ab und erledige all die anderen Dinge, die noch anstehen. Meine Arbeitszeit ist inzwischen eigentlich beendet, aber es steht noch der Einkauf aus. Ich schicke meiner Chefin den finalen Zeitplan und lege ihr mehrere Kopien auf den Schreibtisch ehe ich zum Supermarkt gehe. Mit Rucksack und zwei Tragetaschen schwer beladen, laufe ich fluchend den Weg ins Büro zurück. Ich hatte dieses Mal darum gebeten, dass zwei unserer Hiwis den Einkauf machen, leider vergebens. Unsere Doktorand*innen haben auch keine Zeit, also bleibt es wieder an mir hängen. Unterwegs begegne ich Heike, die es nicht fassen kann, dass ich den ganzen Einkauf wieder alleine schleppe.

„Wo sind denn die Hiwis[74]?", möchte sie wissen. „Wir hatten doch besprochen, dass du dieses Mal entlastet wirst."

„Tja, du siehst ja, wie sehr", sage ich stöhnend. Sie nimmt mir die zwei Tragetaschen ab und begleitet mich ins Büro.

Ich schaue auf die Uhr. Ich mache schon wieder Überstunden, die ich nicht bezahlt kriege. Abbummeln funktioniert auch oft nicht. Die Professorin gibt mir so manches Mal nicht frei, wenn ich es gut hätte gebrauchen können. Heute z.B. hatte ich mir so fest vorgenommen, Saraphina früher abzuholen, damit wir endlich mal wieder mehr Zeit füreinander haben. Schnell telefoniere ich noch mit einer Doktorandin um die restlichen Absprachen zu treffen.

„Ich habe die Getränke und das Gebäck gerade eingekauft."

„Wo lässt du sie denn?"

„Am Besten ist doch, wenn sie im Büro bleiben, oder? Dann können Georgia und du sie direkt hier abholen und mitnehmen."

„Ja, ist in Ordnung. Machen wir so."

„Ich bin dann jetzt weg. Ich habe alles geklärt. Ich drucke noch eine Bestätigung für das Honorar aus. Bitte nimm sie auch mit. Unser Gast muss unterschreiben, dass er sein Honorar erhalten hat. Bitte vergiss das nicht, ich sehe ihn morgen nicht mehr."

---

74 Abk. für wissenschaftliche Hilfskraft.

„O.k. Machen wir", sagt sie und legt auf.

Ich ziehe mich gerade an und möchte los, als meine Chefin zur Tür reinkommt.

„Wohin gehen Sie?"

„Nach Hause. Es ist schon fast 15 Uhr."

„Haben Sie Schnittchen für heute Abend besorgt?"

„Welche Schnittchen?"

„Das hatten wir doch letzte Woche so vereinbart."

NOPE! Ich bin wirklich geduldig bisher gewesen. Aber alles hat Grenzen.

„Nein, das hatten wir nicht!", sage ich energisch. „Sie hatten gesagt, dass Getränke und ein bisschen Gebäck ausreichen würden, da Sie anschließend ins Restaurant gehen."

„Nein, wir haben das Restaurant ja erst für 21 Uhr reserviert."

„Nein, wir haben es für 20:30 Uhr reserviert", entgegne ich.

„Das war falsch. Ich habe es noch mal korrigiert. Sie müssen den Zeitplan noch mal ausdrucken."

„Es tut mir leid, aber ich muss jetzt los. Ich bin schon eine Stunde länger geblieben", sage ich verzweifelt. „Ich habe den PC schon heruntergefahren."

„Na, dann fahren Sie den PC wieder hoch. Das geht schnell!", befielt sie, dreht sich um, geht in ihr Büro und macht die Tür hinter sich zu.

Einen Moment stehe ich unschlüssig da. Am liebsten würde ich gehen, aber ich weiß, was für ein Theater es dann heute Abend und vor allem morgen gibt, wenn ich die Dinge nicht erledige. Ich koche innerlich vor Wut, Tränen treten mir in die Augen. Ich bin zu jung für eine solche Vorgesetzte, denke ich.

„Nicht ärgern, bringt ja doch nichts. Entweder du bleibst jetzt und hörst auf zu heulen oder du gehst und lebst mit den Konsequenzen", höre ich eine innere Stimme sagen. Meine Abneigung meiner Chefin gegenüber steigt in diesem Augenblick ins Unermessliche.

Schnell überarbeite ich den Fahrplan. Ich drucke ihn aber noch nicht aus, denn jeden Moment könnte sie wieder hereinkommen und erneut etwas verändern. Das macht sie ständig. Es ist fast egal, worum es geht. Ich beschließe, ihn erst dann auszudrucken, wenn ich wirklich gehe. Vorher muss ich aber noch Schnittchen auftreiben. Ich will mich absichern und gehe noch mal zu ihr.

„Wenn ich jetzt Schnittchen bestelle, holt sie dann jemand ab?"

„Jimm kann sie sicher abholen", sagt sie.

Ich telefoniere mit einigen Cafés. Unser Stammcafé schafft es zeitlich nicht mehr. Andere Restaurants sind zu weit weg. Langsam verzweifle ich an dieser Aufgabe. Ich gehe noch mal zu meiner Chefin.

„Kann ich nicht auch Brezeln statt Schnittchen bestellen?", wage ich vorsichtig zu fragen.

Sie schaut mich nur verwundert an.

„Das habe ich schon mal gemacht. Die sind gut angekommen. Wir haben doch auch noch anderes Gebäck, das ich bereits gekauft habe."

„Ja, Brezeln sind auch gut", stimmt sie zu meiner Überraschung dann doch zu.

„O.k. Jimm kann sie dann in der Renzelstraße abholen, dort kriege ich sie vergünstigt."

Sie nickt.

„Machen Sie mir bitte noch den Beihilfeantrag für meinen letzten Arztbesuch fertig?" Es klingt mehr nach einem Befehl als nach einer Bitte.

„Nein, ich schaffe es heute nicht mehr. Ich muss schnell noch die Brezelgeschichte beenden. Dann muss ich unbedingt los. Die Beihilfe mache ich morgen."

„Die machen Sie jetzt noch. Ich bin morgen wahrscheinlich nicht da und deshalb brauche ich sie heute noch." Jetzt ist wieder jede Form von Freundlichkeit aus ihrer Stimme gewichen.

„Machen Sie es jetzt noch. Sie können morgen dann später kommen."

Das ist das erste Mal, dass sie mir überhaupt von sich aus einen Ausgleich anbietet. Ich habe bisher zweimal gefragt, ob ich zum Überstunden Abbummeln einen Tag als Ausgleich zu Hause bleiben kann und beide Male hat sie gesagt, dass sie mich im Büro braucht.

„Es bringt mir aber nichts, wenn ich morgen später kommen kann. Ich muss meine Tochter abholen. Um 18 Uhr macht der Kindergarten zu. Jetzt ist es 17 Uhr!"

Ohne ihre Antwort abzuwarten, drehe ich mich um und gehe in mein Büro. Ich telefoniere schnell noch mit der Bäckerei. Bei Jimm springt nur der Anrufbeantworter an. Immer wieder versuche ich es, aber ich erreiche ihn nicht.

„Wo ist denn Jimm?", frage ich die Professorin.

„Ich weiß es nicht. Fragen Sie Georgia, er hatte vorhin etwas für sie kopiert", kommt die Antwort aus dem Nebenraum.

„Ich erreiche Georgia auch nicht", rufe ich verzweifelt und ohne zu bemerken, dass meine Chefin gar nicht im Büro ist.

Meine Unruhe wird immer größer. Inzwischen ist klar, dass ich es nicht mehr rechtzeitig in die Kita schaffe. Ich fange an zu weinen. Jetzt aber richtig. Ich sitze an meinem Schreibtisch und kann gar nicht mehr aufhören zu weinen.

In diesem Augenblick kommt Mia-Maria herein. Sie ist Diplomandin und war eine Weile als Hiwi bei uns beschäftigt.

„Was ist los, Gloria?"

„Ich müsste schon längst los, meine Tochter von der Kita abholen. Sie machen gleich zu und unsere Chefin lässt mich einfach nicht weg. Ihr fällt immer mehr ein, was ich machen muss. Jetzt erreiche ich niemanden, der die Brezeln für heute Abend abholt." Ich bin völlig am Ende.

„Gloria, du kannst einfach gehen. Warum gehst du nicht einfach? Deine Arbeitszeit ist vorbei, du musst das doch nicht mehr machen."

„Weißt du was hier morgen los sein wird, wenn ich einfach gehe?"

„Ich würde gerne die Brezel für dich holen, aber leider muss ich auch los. Aber du solltest dir wirklich überlegen, ob du unter solchen Bedingungen arbeiten willst. Ich finde, du solltest dir nicht so viel gefallen lassen."

„Ja, ich weiß. Aber wenn man selbst nicht in der Situation steckt, sind solche Tipps immer leicht gesagt."

„Das stimmt wohl. Trotzdem denke ich, dass es bessere Alternativen gibt. Vielleicht kannst du ja ein Stipendium beantragen, damit du finanziell entlastet wirst. Ich komme die Tage mal vorbei. Dann können wir darüber reden. Für den Moment solltest du dir überlegen, ob du nicht entweder gehst oder jemanden findest, der deine Tochter abholt." Mit diesem Vorschlag verlässt sie das Büro. Ich bin wieder allein. Ich überlege eine Weile, was ich machen kann. Wer könnte Saraphina abholen? Meine Freund*innen wohnen zu weit weg. Samira ist die einzige in Harburg. Aber die hat vor einiger Zeit die Freundschaft quasi beendet. Sie kam nach Saraphinas Geburt überhaupt nicht damit klar, dass ich keine Zeit mehr für sie hatte und nicht mehr spontan sein konnte. Ich versuche die Kita zu erreichen. Wenn die Erzieherin Sandra da ist, nimmt sie Saraphina bestimmt mit zu sich. Doch ich erreiche weder sie noch Simone, eine andere Kitamutter. Ich weiß nicht mehr, was ich machen soll. Wen kann ich denn noch anrufen? Einen letzten Versuch kann ich noch bei Helga machen. Und tatsächlich erreiche ich sie.

„Gloria, was ist denn los?"

Erleichtert rufe ich in den Hörer „Gut, dass ich dich erreiche."

„Ja, aber was ist mit dir? Was ist passiert? Warum weinst du?"

In wenigen Worten erkläre ich meine Notlage.

„Soll ich Saraphina abholen?"

„Kannst du denn?"

„Ja klar. Ich sag schnell Lana Bescheid. Ich glaub, sie ist da."

„Danke, Helga. Vielen Dank", sage ich erleichtert.

„Kein Ding. Mach dir null Stress. Hol sie einfach ab, wenn Du fertig bist."

Kein Stipendium, sondern …

Mia-Marias Tipp mich um ein Stipendium zu bewerben, greife ich ein paar Monate später auf und entscheide mich für eine evangelische Stiftung. Man bewirbt sich dort mit Lebenslauf, Motivationsschreiben und anderen Dokumenten. Entweder man kommt in die engere Auswahl oder eben nicht. In der nächsten Runde wartet ein Vorstellungsgespräch mit Fachleuten. Danach steht ein mehrtägiges Assessment auf der Agenda. Ich durchlaufe mit meiner Bewerbung alle Phasen und scheitere im letzten Schritt. Scheinbar habe ich im letzten Auswahlverfahren, in dem wir uns unter anderem einen Film anschauen und in der Gruppe diskutieren sollten, nicht überzeugen können. Ich bin total deprimiert und für Wochen demotiviert, aber eine Professorin rät mir schließlich, nicht aufzugeben und es bei weiteren Stiftungen zu versuchen. „Jede Stiftung hat ihr Profil. Manchmal passen die einen Bewerber*innen einfach besser zum Profil als die anderen. Such dir eine Stiftung, deren Profil dir zusagt. Beim nächsten Mal bist du vielleicht diejenige, die ausgewählt wird."

Ich recherchiere weitere Stiftungen und entscheide mich für zwei, die Studienstiftung des deutschen Volkes und die Friedrich-Ebert-Stiftung. Das Auswahlverfahren bei beiden ist anders. Man muss von zwei Professor*innen vorgeschlagen werden. Wenn die Vorschläge überzeugen, wird man direkt angeschrieben und aufgefordert, umfangreiche Bewerbungsunterlagen einzureichen. Dann folgen verschiedene Auswahlgespräche in Kiel und

Dortmund. Nach dem Auswahlgespräch wird ein Gutachten für die Stiftung erstellt, *yay or nay* heißt es dann für die Studierwilligen. Es folgt eine zermürbende Wartezeit, die auch eine Zeit meiner Selbstzweifel ist, obwohl die Gespräche bei beiden Stiftungen trotz meiner extremen Nervosität recht gut gelaufen sind.

Als ich am 13. November 2004 nach Hause komme, habe ich ein Schreiben von der Studienstiftung im Briefkasten. Mein Herz pocht wie verrückt und ich wage kaum, den Brief zu öffnen. Zu groß ist meine Angst, dass ich wieder eine Absage erhalte.

„Was ist es, Mommy?", möchte Saraphina wissen.

„Das ist der Brief, auf den ich die ganze Zeit gewartet habe. Wegen des Stipendiums."

„Soll ich ihn für dich aufmachen?"

„Das ist eine gute Idee."

Den geöffneten Umschlag drückt sie mir in die Hand noch ehe ich meine Jacke ausziehen kann.

„Hier, ich weiß, dass es eine gute Nachricht ist. Lies sie", fordert sie mich auf. Ich falte langsam das Blatt auseinander. Sofort fallen mir zwei Wörter auf: Herzlichen Glückwunsch!

„Yipeee!" schreie ich. „Oh my God. Ich kann es nicht glauben." Ich hüpfe so heftig, dass meinem Nachbarn unter mir der Deckenputz auf den Kopf bröseln könnte. Dann schnappe ich mir meine Tochter und laufe mit ihr tanzend und lachend durch die Wohnung.

„Du hast es geschafft!", sagt sie mit Stolz.

„Yeah! Ich habe es geschafft. Ich habe es wirklich geschafft! Yipeeee!" Das Gefühl ist unbeschreiblich. Ich werde in die Begabtenförderung aufgenommen. Ich bin begabt, ich bin begabt! Ich kann gar nicht aufhören zu schreien vor Freude. Mit Hauptschulempfehlung zur Begabtenförderung. Jackpot!

„Kannst du mir den Brief vorlesen?", bittet Saraphina. Das tue ich. „Lass uns darauf anstoßen", schlägt sie vor und läuft schon in Richtung Küche. Das gehört zu unseren Ritualen: Immer, wenn es etwas zu feiern gibt, holen wir unsere schönen Sektgläser heraus, füllen Orangensaft hinein und stoßen gemeinsam an.

Als ich an diesem Tag im Bett liege, spreche ich wieder ein sehr langes Gebet. Ein Gebet des Dankes für all das, was Gott bisher mit mir gemacht hat, all die Möglichkeiten, die er mir gibt, all die Unterstützung. Ich lobe und preise ihn und verspreche ihm, die Chancen gut zu nutzen, die ich erhalte und weiterhin mein Bestes zu geben.

Wenige Tage später trifft auch das Schreiben der Friedrich-Ebert-Stiftung ein, ebenfalls eine Zusage. Es ist einfach unglaublich. Zwei Stipendien. Was nun? Über eine Woche denke ich über die jeweiligen Vor- und Nachteile der beiden Stiftungen nach. Am Ende entscheide ich mich für die Studienstiftung. Sie ist politisch neutral.

Durch die finanzielle Hilfe des Stipendiums kann ich meine Stelle kündigen und mich ganz auf das Studium konzentrieren. Ich belege mehr als dreißig Semesterwochenstunden, weil ich das Gefühl habe, sehr viele Seminare nachholen zu müssen, die ich in den ersten Semestern nicht hatte besuchen können. Wenn ich in den nächsten Jahren das Studium tatsächlich abschließen will, muss ich jetzt losrocken.

Ein langer Unitag liegt hinter mir. Jetzt ist es halb vier und ich habe vier Seminare besucht. Ich bin völlig fertig. Aber ich möchte Saraphina um 16 Uhr aus der Kita abholen. Dafür muss ich mich nun echt beeilen. Ich sprinte vor bis zur Staatsbibliothek. Ich kann den Bus noch erwischen. Noch mal rennen. Geschafft! Jeden Tag die gleiche Hetze. Ich würde mich gern hinsetzen, aber es ist alles voll. Mir wird bewusst, dass ich eigentlich immer renne, wenn ich Saraphina abholen will. Schlimmer als die Dauerhektik ist für mich aber das Verhalten meiner Tochter: Sie sieht mich und zieht einen Flunsch.

„Hi Saraphina", begrüße ich sie fröhlich.

„Hallo Mommy", kommt mürrisch zurück.

„Kannst du dich bitte anziehen?"

„Ich wollte noch ein bisschen mit Lisa spielen", antwortet Saraphina enttäuscht.

„Aber jetzt bin ich hier. Ihr hattet genug Zeit zum Spielen. Komm, zieh dich an und lass uns gehen." Wie so oft frage ich mich, warum ich jeden Tag hierher renne, mich darauf freue mein Kind zu sehen und dann will sie sowieso nicht nach Hause. Heute ist meine Enttäuschung besonders groß, weil ich in den Seminaren soviel an sie gedacht habe. Ich habe mir Gedanken gemacht, was wir zusammen kochen und wie wir den restlichen Tag gestalten können und mich darauf gefreut, mit ihr ein paar Spiele zu spielen.

„Phina, bitte, mach das heute nicht", flehe ich sie an.

„Kann ich nur noch ein bisschen spielen?", ein bittender Blick aus großen dunkelbraunen Augen. Sie schiebt mir einen kleinen Stuhl hin. „Setz dich hin und entspanne dich."

Ich bin unschlüssig was ich machen soll. Ich kann sie noch ein bisschen spielen lassen und nehme dann ein entspanntes Kind mit nach Hause oder ich setze mal mein Bedürfnis durch und beharre darauf, dass sie mit mir kommt. Dann habe ich aber ein zickiges Kind für die nächsten dreißig Minuten. Ich entscheide mich heute für Letzteres, denn ich will auch mal auf meine Kosten kommen. Ich gebe schon so oft nach.

„Zieh dich jetzt bitte an", weise ich sie an. Mein Ton wird strenger. Jetzt kommt die Kampfphase. Ich bin gewillt, sie zu gewinnen. Komme, was wolle!

„Nein, ich will noch spielen." Sie stemmt ihre Hände in die Seiten und signalisiert mir, dass auch sie nicht bereit ist nachzugeben.

„Ich gebe dir fünf Minuten, dann bist du fertig", sage ich scharf.

„15!", fordert sie.

„Nein, Saraphina. Du hast genau fünf Minuten. Und Ende der Diskussion!"

Eigentlich bin ich viel zu müde für eine solche Auseinandersetzung. Ich will nur nach Hause, essen, entspannen, meine Ruhe haben. Warum kann es nicht mal ohne Theater gehen! Wie so oft in den letzten anderthalb Jahren habe ich gedacht, ich wäre die schlechteste Mutter der Welt. Immer wenn ich Saraphina abholen wollte, hat sie ein Riesentheater gemacht, mit Tränen und allem, was dazu gehört. Als Kompromiss habe ich oft, wenn ich da war, noch 20 bis 30 Minuten gewartet. Ich habe mich mit den Erzieherinnen unterhalten oder mir Basteleien angeschaut. Natürlich gibt es auch dann noch Stress, wenn die Zeit vorbei ist, doch in wesentlich milderer Form. Es gibt aber auch Tage, da möchte ich nicht noch 30 Minuten in der Kita herumhocken. Es ist laut, stinkt nach vollen Windeln und allem Möglichem. Kurz: Es ist alles andere als entspannend. Hier verbringe ich doch nicht freiwillig einen Teil meiner Freizeit, wenn ich es nicht muss. Und heute muss es nicht sein!

Nach der gesetzten Zeit ist meine kleine Zicke natürlich nicht fertig. Ich bin sauer, weil ich sehe, wie sie sich im Schneckentempo vorwärts bewegt. Sie macht keine Anstalten ihre Schuhe anzuziehen.

„Weißt du was? Wenn du in zwei Minuten nicht deine Schuhe anhast, gehe ich. Ich habe heute wirklich keine Kraft mehr für diesen Stress!"

Sie tut so als hätte sie mich nicht gehört. Ich hole mein Handy heraus und setze den Timer. Erschrocken schaut sie auf, als das Handysignal ertönt, denn sie hat noch nicht mal einen Schuh zugemacht.

„So, das reicht. Ciao", sage ich trocken, drehe mich um und gehe zu Tür.

„Neiiiiiiin", schreit sie. „Geh nicht. Ich bin doch gleich fertig."

Ich ignoriere sie und gehe weiter. Mit dem zweiten Schuh in der Hand kommt sie hinter mir her gelaufen. Heulend schreit sie: „Geh nicht. Geh nicht. Ich ziehe mich schon an."

„Zu spät!" Ich weiß, dass ich das jetzt durchziehen muss, sonst war alles für die Katz. Nicht, dass es überhaupt helfen würde, aber wenn ich jetzt nicht konsequent bin, kommen wir aus dieser Dauerschleife irgendwann nicht mehr raus. Ich gehe die Treppe allein hinunter.

„Maaaaaamaaaa", schreit es hinter mir.

Ich drehe mich um und sehe, dass Sandra bei ihr ist. Ich nicke ihr zu und sie nickt unmerklich lächelnd zurück. Ich weiß genau, was die Erzieherin zu ihr sagt: „Phina, los zieh dich schnell an. Mama wird noch nicht so weit weg sein. Komm, beeil dich."

Inzwischen verlasse ich das Gebäude und gehe langsam rechts die Bissingstraße hoch. Ich bin noch keine hundert Meter weit gekommen, als ich Saraphina hinter mir schreien hören: „Wait, Mommy, wait!"

Ich gehe demonstrativ weiter, doch meine Schritte werden noch kleiner bis sie mich eingeholt hat.

Sie schaut mich weinend an. Ich bleibe stehen und umarme sie.

„Saraphina, warum müssen wir dieses Gezeter jedes Mal haben? Ich habe keine Lust und keine Kraft mehr dafür. Ich kann in Zukunft gern nach der Arbeit erst nach Hause und etwas essen. Wenn du möchtest verlängere ich deine Betreuungszeit und hole dich dann als letztes Kind um 18 Uhr ab. Sollen wir das machen?"

Sie schüttelt energisch den Kopf. Ich wische ihr die Tränen aus dem Gesicht und schlage dann vor: „O.k. Dann machen wir das in Zukunft so: Wenn ich komme, fragst du mich, ob du noch ein bisschen spielen darfst. Wenn ich Zeit und Lust habe zu warten, gebe ich dir ein paar Minuten. Wenn die vorbei sind, ziehst du dich aber ganz schnell an und kommst ohne Diskussion und Theater mit mir. O.k.?"

„Ja, O.k."

„Wenn ich aber sage, dass du nicht mehr spielen kannst, machst du dich auch ohne Stress fertig und wir gehen. Deal?"

Sie nickt energisch. Ihre Locken fliegen ihr dabei ins Gesicht und ich muss laut lachen.

„Du bist so verrückt."

Hand in Hand gehen wir den Berg Richtung Bahnhof Heimfeld hoch.

Eine weitere Rassismus-Keule schlägt zu

„Was essen wir heute?", möchte Saraphina wissen.

„Ich weiß nicht. Ich hätte Lust auf Ratatouille mit Reis."

„Oh, bitte nicht."

„Was willst du denn essen?", frage ich.

„Pfannkuchen."

„Saraphina, wir essen so oft Pfannkuchen."

„Aber nicht die letzten Wochen." Ich aktiviere mein Mahlzeitengedächtnis, wann wir das letzte Mal Pfannkuchen gegessen haben. Und tatsächlich, es ist fast drei Wochen her.

„O.k. Ist gut. Dann mache ich noch Apfelmus dazu. Dafür müssen wir aber einkaufen, wir haben nicht genug Milch und Äpfel brauchen wir auch."

Gleich am Bahnhof befindet sich ein Supermarkt. Damit es schnell geht, teilen wir uns auf: Saraphina kümmert sich um die Milch, ich suche Äpfel.

„Treffen wir uns an der Kasse?", fragt sie, bevor sie losgeht.

„Ja, machen wir."

In der Obst- und Gemüseabteilung brauche ich ziemlich lange, weil ich mich nicht für eine Apfelsorte entscheiden kann. Plötzlich höre ich ein Kind weinen. Es ist relativ leise und ich bin mir nicht sicher, ob es Saraphina ist. Ich schnappe mir ein paar Äpfel und gehe in Richtung Kühltheke, wo Saraphina nach der Milch suchen sollte. Ihre Schultern hängen, ihr Kopf ist gesenkt, ihr ganzer Körper scheint zu beben. Neben meiner Tochter steht ein Mann mit lichten Haaren. Er sagt irgendetwas zu ihr. Was, kann ich nicht verstehen.

„Saraphina, was ist los?", rufe ich aus der Entfernung.

Schnell habe ich den Laden durchquert und bin bei ihr. In dem Augenblick höre ich, wie der Mann sagt: „Was bist du für eine Kreuzung? Du bist nicht schwarz, und richtig weiß bist du auch nicht. Aber von einem Neger stammst du, das sieht man wohl." Saraphina weint und zittert am ganzen Körper.

„Mommy!"

„Hey Mister", sage ich zu dem Mann, „was soll das? Warum sagen Sie so etwas zu meinem Kind?"

„Mit einem Neger spreche ich nicht", antwortet er und wendet sich ab.

„Mit einem Neger sprechen Sie auch nicht. Aber mit mir. Warum vergreifen Sie sich an kleinen Mädchen?"

„Hau ab", sagt er so laut, dass viele es hören können, „mit Negern kann man nicht reden. Sie verstehen nichts." Am liebsten wäre ich auf ihn losgegangen.

„Ach so, aber mit meinem Kind reden Sie. Kleinen Kindern Angst machen, das können Sie. Aber sich mit Erwachsenen auseinandersetzen, das geht wohl nicht. Sie haben wohl Angst vor mir!"

„Geh doch dahin, wo du herkommst!", schreit er. „Mit dir will ich nicht reden."

„Wissen Sie was? Ich glaube, mit Ihnen brauche ich gar nicht zu reden. Sie sind ja krank im Kopf."

Inzwischen haben mehrere Leute die Situation beobachtet und eine Gruppe von vier Personen steht in der Nähe. Eine junge Frau schreit den Mann an: „Laber doch nicht so 'ne Scheiße daher. Du weißt doch gar nicht was du da sagst."

Ein etwas älterer Herr legt mir die Hand auf die Schulter: „Kümmern Sie sich nicht um ihn. Jemand mit einer solchen Meinung ist gestört. Der muss gestört sein." Es ist das erste Mal in all den Jahren, dass ich in einer solchen Situation Unterstützung durch andere Menschen erfahre. Normalerweise traut sich niemand einzuschreiten.

Ich drehe mich zu meiner Tochter um, die die ganze Situation angstvoll beobachtet, eine Milchtüte fest umklammert, als ob dieser Tetrapak ihre aufgewühlte Welt stabilisieren könnte.

„Mommy?", sagt sie und deutet auf ihre Hose. Jetzt erst sehe ich, dass sie vor Angst eingenässt hat. Ich nehme sie auf den Arm.

„Was hat er zu dir gesagt?", frage ich sie leise.

„Er hat mich gefragt, ob meine Mutter ein Neger ist. Ich habe gesagt, meine Mutter ist braun, kein Neger. Da hat er gesagt, Neger dürfen in diesem Laden nicht einkaufen. Da hab ich gesagt, wir sind keine Neger, wir sind Afrikaner. Da hat er mich angeschrien Afrikaner sind Neger und ich soll mit meiner Negermutter den Laden verlassen. Da hab ich mir in die Hosen gemacht."

„Mach dir keine Gedanken. Solche Leute sind einfach nur dumm und krank im Kopf!" Ich schnappe mir noch die Milch und gehe mit ihr zur Kasse. Der Mann, der meine Tochter in solch große Panik versetzt hat, steht zwei Plätze weiter hinter mir. Dann wechselt er laut schimpfend an die andere Kasse: „Ich stelle mich doch nicht hinter einem Neger an die Kasse!" Die beiden Kassierer sind wohl über die Situation unterrichtet worden und auch die Filialleiterin kommt jetzt an die Kasse.

„Bitte legen Sie Ihre Ware zurück und verlassen Sie meinen Laden", sagt sie zu dem Mann.

„Was?"

„Verlassen Sie bitte sofort meinen Laden!", wird er erneut aufgefordert.

„Wieso das? Ich will hier einkaufen", empört er sich.

„Gar nichts werden Sie hier tun. Sie haben Hausverbot."

„Bist du völlig von Sinnen?", schreit er die Filialleiterin an.

„Für Sie immer noch *Sie*! Von Ihnen möchte ich nicht geduzt werden", antwortet sie in einem ruhigen Ton. „Sie lassen sich hier nicht mehr blicken."

Sie nimmt dem Mann die drei Artikel ab, die er auf dem Arm hat.

„Los, verschwinden Sie hier, sonst holen wir die Polizei."

„Wegen einer Niggerbrut? Wegen ihr werde ich hier rausgeschmissen? Soweit ist unsere Gesellschaft schon, dass die Deutschen den Niggern Platz machen müssen!",

„Nein, nicht wegen ihr", mischt sich ein Kassierer ein. „Wegen Ihnen. Sie müssen den Laden wegen Ihrem eigenen Verhalten verlassen."

Zwei Verkäufer und die Filialleiterin befördern den Mann schließlich nach draußen, der immer noch schimpft: „So ein Scheiß für'n Nigger!"

„Hat er dir wehgetan?", fragt der Kassierer Saraphina als wir an der Reihe sind.

„Nein", antwortet sie wieder selbstbewusster. „Er hat mich nur angeschrien und meine Mutter beleidigt."

„Solche Menschen darf man nicht ernst nehmen", sagt eine ältere Frau, die hinter uns steht. Sie streichelt Saraphina am Arm und fügt hinzu: „Er ist gestört. Er hat Unrecht."

„Ich weiß", sagt Saraphina zu der Dame. „Wir sind alle gleich. Egal ob schwarz oder weiß." Ich habe mich hinterher gefragt, woher sie diesen Spruch hat, der kommt offensichtlich nicht von ihr.

Bildungsolymp: Salutogenese als Basis meines Lebensstils

Das Leben, das ich zurzeit lebe und auch die Jahre vorher gelebt habe, kann man nur leben, wenn man gesund ist. Die Dreifachbelastung fordert viel von Körper und Seele und auch das intensive Studium mit Kind ist nicht einfach. Aber ich bin gesund. Ich war immer schon ein relativ gesunder Mensch, behaupte ich. Ich kann mich kaum daran erinnern, wann ich in Ghana mal krank geworden bin. Und auch nach der Migration nach Deutschland hat sich mein Körper sehr schnell an die hiesigen Gegebenheiten gewöhnt und blieb gesund. In der Zeit bei meinen Pflegeeltern habe ich angefangen mich intensiv für eine aktive Lebensweise zu interessieren, denn ich merkte, dass ich ein Ventil brauchte um all das zu verarbeiten, was ich in allen Lebensbereichen erlebte. Der Sport wurde meine beste Freundin und Begleiterin. Alles fing mit Schulsport – Leichtathletik – an, der meine Bewegungsfreude zum Leben erweckte. Meine Pflegeeltern finanzierten mir zudem noch viele Sportkurse: ob Ballett, Volleyball, Karate oder Badminton – der Sport half mir die Realität zu verkraften und einen Ausgleich zu finden. Je mehr Sport ich machte, desto mehr beschäftigte ich mich auch mit ausgewogener Ernährung, obwohl es sonst niemand in meinem Umfeld tat. Ich las bereits in sehr jungen Jahren viel darüber, was gesunde Nahrung zu leisten vermochte und stellte nach meinem Auszug bei der Pflegefamilie meine Ernährung radikal um: Ich verzichtete komplett auf Fleisch und Fisch, aß viel mehr Obst und Gemüse, viel Rohkost. Ich konsumierte überwiegend Vollkornprodukte und Hülsenfrüchte und achtete auf gute, kaltgepresste Öle für meine Salate. Süßigkeiten und fettige Snacks gab es selten, dafür umso mehr Nüsse. Ich entdeckte meine große Liebe fürs Kochen. Außerdem brachte ich mir autodidaktisch – Bücher! – Backen bei. In meiner Pflegefamilie stand oft Brot auf dem Speiseplan – morgens und abends. Das hatte ich nicht sonderlich gemocht. Nun entdeckte ich, wie lecker Brot sein kann, wenn ich es selbst backe. Ich fing an mit verschiedenen Teigsorten zu experimentieren und entwarf die leckersten Brotlaibe. Dinkelvollkorn und Buchweizen wurden meine Lieblingsmehlsorten, ich liebte ihren Geschmack und Geruch. Das Wissen um eine gesunde Lebensweise gab ich auch an Saraphina weiter. Sie stand schon als Kleinkind mit mir in der Küche und half mir – so wie es ihr Entwicklungsstand erlaubte – bei der Zubereitung von Speisen. Schon sehr bald experimentierte sie selbst. Zuerst mit Shakes, die sie sich ausdachte, später mit Salaten. Ausgewogene Ernährung wurde meine Leidenschaft, Sport meine Therapie.

Auch nach Saraphinas Geburt mache ich mit Sport weiter. Um in der Zeit eine Kinderbetreuung zu haben, trete ich in Harburg einem Fitnessclub bei, der in der Nähe vom Außenmühlenteich lag. Anfangs gehe ich ins Studio, gebe mein Kind ab, jogge einige Runden um den See, dusche und gehe mit meinem Kind wieder nach Hause. Das Sportangebot des Studios nutze ich lange Zeit nicht, bis mich ein Trainer anspricht und mir die Kurse empfiehlt. Da ich immer gern getanzt habe, rät er mir mit einem einfachen Step-Aerobic-Kurs zu starten. Ich weiß noch genau wie ich mich dort in meiner ersten Stunde gefühlt habe: völlig überfordert, mit zwei linken Füßen ausgestattet. Alle anderen Teilnehmerinnen, es sind ausschließlich Frauen, kriegen die Choreografie meisterhaft hin, ich lose total ab, gebe vorzeitig auf und verlasse den Kurs. Aber ich komme wieder, probiere es noch viele Male und werde richtig gut. Auch die anderen Kurse – Workout, Fight Class etc. gefallen mir. Eines Tages spricht mich eine Trainerin nach dem Kurs an: „Gloria, warum machst du nicht selbst einen Trainerschein? Du bist richtig gut, hast eine 1A-Technik und einen super-athletischen Körper. Du kannst vieles besser als wir anderen."

In den nächsten Wochen gibt sie mir Informationen, wo man die Ausbildung als Fitness Trainerin machen kann. Und ja, um es kurz zu machen: Ich starte beim Deutschen Turnerbund die mehrmonatige Ausbildung, absolviere sämtliche Prüfungen mit sehr guten Ergebnissen und erwerbe damit die B-Lizenz. Außerdem lasse ich mich wenig später auch zum Personal Food Coach ausbilden, denn irgendwie finde ich den Gedanken großartig meine Hobbys zu professionalisieren und damit etwas Geld zu verdienen. Aber man kann sich vorstellen: Das auch noch neben dem Lehramtsstudium und mit Kind zu bewältigen, erfordert ein hohes Lernpensum. Doch es ist unglaublich, es macht so viel Spaß und ich lerne sehr viel über meinen eigenen Körper und verstehe ihn immer besser.

Ich bin in dieser Zeit irgendwie *berauscht vom Lernen*, im Studium sowie in den Ausbildungsgängen. Das Lernen sensibilisiert meine Sinne, meine

Wahrnehmung, es erweitert immer mehr meinen Horizont. Je mehr Wissen ich mir aneigne, desto selbstbewusster werde ich. Desto glücklicher fühle ich mich. Desto mehr Energie habe ich und desto mehr helfe ich anderen Menschen. Und damit auch mir selbst.

Im Studium der Erziehungswissenschaften erfahre ich mehr über die Kapitaltheorie von Pierre Bordieu. Demnach leben wir alle in einem Geflecht des sozialen Netzwerkes bzw. einer Klassengesellschaft und besitzen unterschiedliche Kapital-Ressourcen. Bordieu unterscheidet vier verschiedene Kapitalsorten: ökonomisches, soziales, kulturelles und symbolisches Kapital, wobei die ersten drei die wichtigsten sind und das Kapitalvolumen bilden. Ich verstehe, dass ich gerade dabei bin, mein kulturelles Kapital zu erhöhen und dadurch wahrscheinlich später auch mein ökonomisches Kapital (z.B. durch mehr Einkommen) und mein soziales Kapital. Und nicht zuletzt verleiht mir z.b. das Studienstipendium mehr symbolisches Kapital.

Als ich wenig später im Hauswirtschaftsschwerpunkt meines Technik-Studiums auch von Antonovskys Modell über die Salutogenese lese, die sich im Gegensatz zur medizinischen Auseinandersetzung mit Pathogenese damit beschäftigt wie Gesundheit und Wohlbefinden entstehen, lasse ich meiner Phantasie freien Lauf. Ich denke immer wieder, dass man Pierre Bordieus Kapitalsorten um eine weitere ergänzen müsste: Das salutogene Kapital. Die Gesamtheit aller Ressourcen zum Aufbau und Erhalt der Gesundheit und des Wohlbefindens. Wie auch bei den anderen Kapitalsorten kann das salutogene Kapital in eine andere Kapitalsorte transformiert werden (z.B. kann Gesundheit in Geld, also ökonomisches Kapital, umgewandelt werden und umgekehrt). Ich wundere mich, dass noch niemand eine Doktorarbeit darüber verfasst hat. Zumindest habe ich keine bei meinen Recherchen gefunden. Aber an Pierre Bordieu traut sich bestimmt niemand so schnell ran. Ich lasse es an dieser Stelle auch lieber, sonst werde ich noch für größenwahnsinnig erklärt. Auf jeden Fall merke ich, dass ich über ein hohes salutogenes Kapital verfüge, das mir und meinen Nachkommen hoffentlich helfen wird mehr soziales, kulturelles und ökonomisches Kapital aufzubauen.

Unabhängig davon wie man diese Theorien und Modelle bewertet, helfen sie und andere wissenschaftliche Erkenntnisse mir mein Leben und Bestandteile davon aus einem anderen Blickwinkel zu betrachten und zu verstehen. Diese dazu gewonnenen Perspektiven sind für mich das beste am Studium und am Lernen.

Als ich mit dem Lehramtsstudium begann, war es eigentlich ein bisschen Spielerei. So richtig daran geglaubt, dass ich auch diesen Abschluss erwerben könnte, habe ich nicht. Erst als ich das Stipendium erhalte, wird mir die damit verbundene Chance tatsächlich bewusst. Hatte ich vorher gedacht, kognitiv nicht mit den Anderen mithalten zu können, so werde ich schnell vom Gegenteil überzeugt. Ich bin mindestens so gut wie meine Kommiliton*innen, häufig sogar besser. Ich komme richtig in Fahrt, das pusht auch mein Selbstbewusstsein, das ich für dieses anspruchsvolle Projekt brauche. Mein neues Ziel: Staatsexamen. Deshalb wechsele ich auch meine Studienfächer: Ich studiere nun Deutsch und Technik. Warum? Ich habe vor einiger Zeit in einer Zeitschrift gelesen, dass technische und naturwissenschaftliche Berufe u.a. zu den zukunftsweisenden Berufen zählen. Wer Physik, Chemie oder Technik studiert, auch auf Lehramt, wird in fünf bis zehn Jahren – wenn die sogenannte Babyboomer Generation langsam in Rente geht – auf jeden Fall eine Stelle kriegen. Und für Deutsch entscheide ich mich, weil ich ein Schulhauptfach studieren möchte und das Gefühl habe, dass Deutsch fachlich und gesellschaftlich die größtmögliche Herausforderung für mich ist. Eine schwarze Lehrerin ist in Deutschland und auch in einer Metropole wie Hamburg noch immer eine Seltenheit. Das kann nur getoppt werden durch eine schwarze Lehrerin, die Deutsch lehrt. Ja, ich will den Deutschen Deutsch beibringen!

In meiner bisherigen Studienzeit bin ich in allen Seminaren die einzige Dunkelhäutige. Wo sind all die anderen? O.k., dass im Fachbereich Germanistik nicht so viele von uns sitzen, kann ich verstehen. Viele trauen sich das Deutschstudium einfach nicht zu. Oder sie mögen die Sprache nicht so sehr wie ich. Eine Kommilitonin aus Nigeria sagte mir mal: „Für ein Deutschstudium muss unsereins entweder an maßloser Selbstüberschätzung leiden oder einen Schaden haben."

„Und was trifft auf mich zu?", wollte ich wissen.

„Beides", hatte sie lachend geantwortet. Sie studiert übrigens BWL, so wie einige andere schwarzafrikanische Menschen, die ich in jener Zeit kennenlerne. Die meisten dunkelhäutigen Studierenden treffe ich im Fach Technik an der Technischen Universität Harburg. Viele studieren dort Maschinenbau, Technische Informatik und ähnliche Fächer.

Dass ich in meinen Seminaren an der Universität Hamburg lange Zeit keiner weiteren Person mit schwarzafrikanischen Wurzeln begegne, bestärkt mich nur noch mehr darin, genau diesen Weg weiterzugehen. Irgendjemand muss anfangen, dann werden hoffentlich andere folgen.

Egal was in diesen Jahren in meinem Leben passiert – das schwierige Verhältnis zu Saraphinas Vater, zwei weitere gescheiterte Partnerschaften, die komplizierte Beziehung zu meiner Mutter – ich verliere niemals meinen neuen Fokus auf meinem Bildungsweg: den Studienabschluss. Ich brenne immer mehr dafür. Je mehr Probleme ich habe, desto zielstrebiger werde ich. Ich gönne mir keine Ruhe und lerne Tag und Nacht. Die Nächte nutze ich vor allem dafür, Hausarbeiten zu schreiben oder für Klausuren zu lernen. Manchmal gehe ich gleichzeitig um 20 Uhr mit Saraphina schlafen, um dann um drei Uhr nachts wieder aufzustehen und weiter zu lernen. Ich weiß, dass ich nicht ewig die Energie haben werde in diesem Tempo zu leben wie ich es gerade tue. Genau deshalb macht es mir aber Spaß. Ich bin auf dem Zenit meiner Leistungsfähigkeit. Ich genieße die Power, die Widerstandsfähigkeit. Das Stipendium ermöglicht mir das Tempo, denn ich muss nicht viel arbeiten. Ich gebe nur vier Fitnesskurse die Woche, um meinen Lebensunterhalt aufzustocken.

Das Stipendium ermöglicht mir aber noch etwas Anderes: Ich kann wieder anderen Menschen helfen so wie ich das früher im kirchlichen und schulischen Umfeld getan habe. Im Studium der Erziehungswissenschaften und Grundschulpädagogik treffe ich immer wieder auf Menschen, die Schwierigkeiten haben, die an sie gestellten Anforderungen zu erfüllen. Von einigen erfahre ich, dass sie die ersten Studierenden in ihren Familien sind und deshalb große Mühe haben und kaum Unterstützung bekommen. Viele Nachmittage sitze ich in der Uni und bespreche die Gliederung für eine Hausarbeit, arbeite Lernstoff für eine Klausur mit ihnen durch oder gebe lernmethodische Tipps. Einige schicken mir auch ihre Hausarbeiten und ich korrigiere sie auf formale Fehler. Nicht, dass ich selbst so übermäßig gut wäre, aber vieles fällt mir scheinbar leichter als ihnen. Vor allem aber bin ich mit der Zeit selbstbewusster geworden, traue mich nachzufragen, wenn ich etwas nicht verstehe und finde es auch nicht peinlich etwas nicht zu wissen. Ich habe keine Angst vor einer Gruppe etwas zu präsentieren, im Gegenteil, das liegt mir. Dafür werde ich von vielen Kommiliton*innen bewundert und gelobt. Das tut mir gut, das baut mich auf. So ist meine Hilfe für andere

Menschen ein doppelter Gewinn. Dennoch bin ich irgendwann damit überfordert so vielen Menschen helfen zu sollen. Ich kann es nicht erfüllen ohne mein Kind und mein eigenes Vorankommen zu vernachlässigen. Meine Suche nach ähnlichen Hilfsprogrammen an der Universität ergibt leider, dass es nicht besonders viel gibt. Ich lese in verschiedenen Studien, dass vor allem Studierende aus der Arbeiterschicht ihr Studium häufiger abbrechen als andere. Mir ist klar warum: Sie werden einfach zu sehr allein gelassen. Mir wird bewusst, dass ich in der Unterstützung von jungen Menschen aktiver werden möchte, wenn ich das Studium erfolgreich beendet habe.

✴ ✴ ✴

November 2007. Saraphina und ich müssen umziehen. Meine Beziehung ist gescheitert und die gemeinsame Wohnung kann ich mir allein nicht leisten. Unser Umzug in die neue Wohnung nur eine Straße weiter erfolgt in einer Zeit, in der ich meine Abschlussarbeit für mein erstes Staatsexamen schreiben muss. Viele Wochen habe ich den Kopf dafür nicht frei und verliere sehr viel Zeit. Meine Arbeit schreibe ich für das Fach Grundschulpädagogik, Thema: Kommunikative Kompetenzen von Kindern der dritten Klasse. Ich muss mich *wirklich* beeilen, wenn ich sie rechtzeitig fertig haben will. Auch im Weihnachtsurlaub mit Valentina und ihrer Familie in Weimar arbeite ich daran weiter. Leider komme ich krank aus Weimar zurück. Seit Tagen sitze ich nun zu Hause, trinke literweise Ingwertee und versuche mich den Kindertexten zu widmen. Meine Sportkurse muss ich vorübergehend abgeben. Es ist wahnsinnig anstrengend, wenn man sich so schlecht konzentrieren kann, doch der Zeitdruck ist inzwischen so groß, dass ich unter Hochdruck arbeite. In unserer neuen Wohnung sind alle Räume kalt, die Heizkörper sind defekt. Ich habe zwar den Mangel gemeldet, doch niemand rührt einen Finger und ich habe momentan auch keine Zeit, mich dafür einzusetzen. Dick eingepackt setze ich mich, sobald Saraphina in die Schule geht, an meinen Laptop. Ich schaffe viel, aber es kostet mich auch viel. Meine Augen sind ständig übermüdet und tränen heftig nach wenigen Stunden vor dem Bildschirm. Ich bin gezwungen, Erholungspausen einzulegen. Die letzten Nächte vor dem Abgabetermin arbeite ich komplett durch.

Schließlich ist es soweit: Ich treffe mich am 14. Januar 2008 mit meiner Kommilitonin Ella im Copy-Shop und lasse meine Examensarbeit binden.

Es ist wirklich aufregend. Endlich sitzen wir in der U-Bahn, die uns nach Mümmelmannsberg zum Lehrerprüfungsamt bringt.

„Ich bin völlig fertig", jammert Ella.

„Und ich hab das Gefühl, dass die Arbeit nicht so gut ist."

Ella hat sich – noch mehr als ich – unter Druck gesetzt und ständig geklagt, dass sie nicht fertig würde. Teilweise haben drei Leute daran gesessen, ihre zerstückelten Inhalte zusammenzufügen.

„Ach, das wird schon", beruhige ich sie.

„Man hat selbst immer das Gefühl, die eigene Arbeit wäre nicht so gut und die von anderen viel besser. Das ist normal. Das geht mir genauso."

„Gib mal den Text her. Ich möchte deine Arbeit in der Hand gehalten haben", lächele ich und zwinkere ihr zu.

Sie drückt mir ihr Mammutwerk von über 200 Seiten in die Hand.

„Unfassbar, dass du tatsächlich soviel geschrieben hast. Ich dachte schon, meine 112 Seiten wären zu viel."

Eine Staatsexamensarbeit besteht ungefähr aus 60 Seiten, es gibt die unausgesprochene Regel, dass 80 Seiten in Ordnung sind, aber bitte nicht viel mehr.

„Ich habe Angst, dass sie die Arbeit nicht annehmen, weil sie den Rahmen sprengt", sagt sie.

„Das glaube ich nicht. Als ich bei unserem Betreuer war und ihm mitgeteilt hab, ich käme wahrscheinlich auf 120 Seiten, hat er gesagt, das sei egal, Hauptsache die Arbeit wäre gut. Also, mach dir mal keinen Stress!"

Ich lese ein paar Sätze, um zu sehen in welchem Stil Ella insgesamt geschrieben hat. Ich finde, dass sie sich viel unsicherer ausdrückt und mehr Formfehler produziert als ich. Ein wenig beruhigt mich das in Bezug auf meine eigene Arbeit. Ich denke immer, dass ich im Vergleich zu den deutschen Studierenden vielleicht doch nicht so gut formulieren kann. Viele Fachbegriffe kenne ich nicht oder ich kann sie mir nicht merken. Deshalb bin ich ganz froh zu sehen, dass Ella anscheinend nicht besser ist als ich.

„Gib mir mal deine Arbeit", fordert sie. Sie ist fasziniert von meinem Deckblatt. Ich habe von meiner Freundin und Künstlerin Agnieszka, eine Zeichnung anfertigen lassen. Darauf ist ein Kind zu sehen, das in der Schulklasse an einem Tisch sitzt und schreibt. In einer Gedankenblase ist ein weiteres Kind zu sehen, dass ein Heft in der Hand hält und darin liest. Mit diesem Bild will ich auf die kommunikativen Aspekte des Schreibens hinweisen. Wir schreiben etwas, das eine andere Person lesen und verstehen soll. Wir müssen also so schreiben, dass das, was wir den Leser*innen mitteilen wollen, auch verstanden wird.

„Deine Freundin hat es echt gut gezeichnet."

„Ja, ich bin auch sehr dankbar, dass sie das gemacht hat."

Ich weiß, dass es bei Examensarbeiten sehr ungewöhnlich ist, ein Bildcover zu haben und bin stolz darauf. Generell fällt mir auf, dass meine Arbeit durch die vielen eingescannten Kindertexte und Grafiken sowie selbst erstellten Diagramme sehr vielfältig gestaltet ist.

Als wir beim Lehrerprüfungsamt ankommen und unsere Examensarbeiten persönlich Frau Eckmann in die Hand drücken, fällt uns beiden ein Stein vom Herzen.

„Der erste Schritt in Richtung Staatsexamen ist nun gemacht", sagt Ella.

„Ja, und ich muss gestehen, die Arbeit hat mir richtig viel Spaß gemacht. Es war zwar extrem stressig, aber ich finde, es war ein würdiger Höhepunkt meines Studiums. Wir haben es gemeistert. Und ich bin sicher, auch nicht allzu schlecht."

„Schauen wir mal."

„Was kann denn so Schlimmes kommen?", frage ich.

Ella zuckt mit den Schultern.

„Eine Zwei werden wir ja wohl beide bestimmt kriegen. Meinst du nicht?" Sie reagiert nicht. „Wärst du denn mit einer Zwei zufrieden?", möchte ich wissen.

„Ja klar. Natürlich."

„Na also, das werden wir ja wohl beide hinkriegen."

Insgeheim denke ich aber, dass ich doch lieber eine Eins hätte. Eine Zwei wäre zwar kein Weltuntergang, aber dafür habe ich mir dann doch zu viel Arbeit gemacht.

„Und wie geht es jetzt weiter?", fragt mich Ella.

„Bis zu den Klausuren haben wir noch ziemlich viel Zeit."

Ella und ich haben unsere Examensarbeiten vorgezogen. Bis zu den nächsten Prüfungen entsteht somit eine größere Zeitlücke als gewöhnlich.

„Hast du etwas Besonderes vor?", frage ich Ella.

„Ich würde gern noch mal Urlaub machen. Aber ich weiß noch nicht so genau. Auf jeden Fall muss ich für die Klausuren noch einiges klären. Themen absprechen und so. Und du? Hast du schon alles vorbereitet?"

Ich schüttele energisch den Kopf. „Natürlich nicht. Aber das werde ich jetzt auch nicht machen. Die nächsten Wochen kümmere ich mich nur um mich und meine Tochter. Ich hatte kaum Zeit für sie in den letzten Wochen."

Saraphina ist inzwischen in der zweiten Klasse einer deutsch-portugiesischen Schule im sogenannten Portugiesenviertel. Ihre Schule war die erste bilinguale Schule in Hamburg. Ich erinnere mich noch gut wie die Wahl auf diese Schule gefallen ist. Wir hatten, als Saraphina knapp fünf Jahre alt war, ein Schreiben von der Schulbehörde erhalten, dass sie zu einer Schuluntersuchung muss. Dabei wird der Sprachstand erhoben und die motorische Entwicklung geprüft, um festzustellen, ob sie altersgerecht entwickelt ist oder bis zur Einschulung gesonderte Förderung braucht. Uns wurden 2 Schulen im Quartier vorgeschlagen. Da sie mir beide nicht gefielen, suchte ich weiter. Wir besichtigten insgesamt 10 Schulen, viele davon nicht in unserem Stadtteil. Zu diesem Zeitpunkt arbeitete ich noch an der Universität und konnte mir durchaus einen erneuten Umzug vorstellen. Da Saraphina mit Englisch und Deutsch aufwächst, schauten wir uns auch einige der bilingualen Schulen an. Keine gefiel Saraphina sonderlich.

Die deutsch-portugiesische Schule dagegen gefiel ihr auf Anhieb. Sie sollte dort für einen ersten Eindruck hospitieren, danach wollte sie die Klasse gar nicht wieder verlassen. Die Schulleiterin war nach dem Probetag der Meinung – nein, sie bestand darauf – Saraphina sollte in die erste Klasse eingeschult werden, da sie besonders groß für ihr Alter war, kognitiv schon entsprechend entwickelt und großes Interesse am Lesen und Schreiben zeigte. Aber ich sprach mich ausdrücklich dagegen aus. Mir war es wichtiger, meinem fünfjährigen Kind noch ein Jahr unbeschwerte Kindheit zu geben. Denn Schulunterricht war alles, nur nicht unbeschwert. Der Kompromiss: Saraphina wurde in die Vorschulklasse eingeschult.

Im Laufe der Jahre stellt sich heraus, dass diese Schule genau die richtige Wahl für Saraphina war. Die Schule ist multikulturell: Kinder mit Wurzeln in Brasilien und Portugal, in vielen Ländern Afrikas, der Türkei und verschiedenen asiatischen Ländern lernten hier zusammen. Anderssein war die Normalität und genau deshalb war niemand „anders". Die Schule legt großen Wert auf die künstlerische, insbesondere musische Erziehung und kooperierte dafür mit verschiedenen Stiftungen. Saraphina lernt Pantomime von einem großartigen Künstler, singt im Chor, sie erlernt töpfern, Capoeira und Bauchtanz und belegt einen Geigenkurs. Ihre Freunde sind meist Kinder aus binationalen Beziehungen, die auch mehrsprachig aufwachsen.

Die schulischen Leistungen von Saraphina sind immer gut, ohne dass mein Kind besonders viel Ehrgeiz an den Tag legt. In mehreren Gesprächen mit der Klassenlehrerin stellt sich heraus, dass sie immer unter ihren Möglichkeiten bleibt und vor allem Schwierigkeiten hat, Aufgaben zu erledigen, an denen sie kein Eigeninteresse hat. Aber da sie damit trotzdem zu den Besten in der Klasse gehört, sieht sie nicht ein, warum sie mehr tun soll. Sie sagt dann nur: „Es reicht doch." Saraphina war immer schon ein Mensch, der mit Druck von außen schlecht umgehen konnte, sondern sich gelähmt fühlt. Deshalb ist meine Ansage: „So wie ich arbeiten gehe, gehst du zur Schule. Schule ist also deine Arbeit. Wir müssen beide immer unser Bestes geben. Es soll zwar auch Spaß machen, aber manchmal müssen wir eben auch Aufgaben erledigen, die uns nicht gefallen. Du bist für deine Aufgaben in der Schule verantwortlich. Wenn du deine Ruhe vor mir haben willst, nimm Schule ernst und mach immer deine Aufgaben." Wir schließen einen Deal: Sie würde ab jetzt immer ihr Bestmögliches in der Schule geben, aber ich muss mich dann auch mit dem Ergebnis zufrieden geben, egal wie es ausfällt.

Der Deal scheint zu funktionieren, zumindest habe ich den Eindruck. Ich frage nie nach Hausaufgaben, sondern lasse Saraphina einfach in Ruhe. Ihre Leistungen in der Schule werden immer besser. Das Schöne ist, dass Schule in unserer Freizeit dadurch keine Rolle spielt. Die wenige Zeit, die wir zusammen haben, können wir für viele gemeinsame Aktivitäten nutzen: Saraphina liebt Sport mit mir oder Theaterbesuche, sogar die Kinder-Oper mag sie. Sie liebt es mit mir zusammen zu kochen und zu essen, sie mag picknicken im Park – am besten mit Brötchen, die wir vorher selbst gebacken haben – , aber am meisten liebte mein Kind lesen. Sie verschlingt jedes Buch. Wir müssen ständig in die Bücherhalle oder sie leiht sich Bücher von ihren Freundinnen aus. Während ich ihr, als sie klein war, abends vor dem Schlafengehen immer vorgelesen habe, sitzen wir nun beide auf dem Sofa, jede mit ihrem Buch in der Hand. Das ist für mich viele Jahre die gemütlichste Zeit des Tages. All diese schönen gemeinsamen Aktivitäten und auch wieder regelmäßig ins Fitness-Studio zu gehen waren während Zeit meiner Examensarbeit zu kurz gekommen. Saraphina war viel auf sich allein gestellt. Und ich war ständig angespannt, von ihr genervt. Ich glaube, wir haben in der Zeit viel weniger miteinander gelacht als sonst. Umso mehr freuen wir uns beide nach Abgabe der Examensarbeit auf die bevorstehende Zeit.

Eine Kerze, die an beiden Enden brennt

In der ersten Woche nach der Abgabe mache ich tatsächlich viel Sport. Ich kann endlich wieder meine Kurse geben und merke, wie gut es mir tut, meine Teilnehmer*innen wieder zu sehen, sie motivieren zu können und mit ihnen Spaß zu haben. Es hat mir so sehr gefehlt. Es ist unglaublich, wie unbeweglich ich werde, wenn ich nur wenige Wochen keinen Sport mache. Meine Kondition ist viel schlechter und auch die Muskulatur baut langsam ab. Dafür nimmt die Fettmasse zu. Das gefällt mir überhaupt nicht, ich bin sehr körperbewusst und körperliche Fitness geht mit einer stärkeren Gesamtbelastbarkeit einher. Ich will wieder mein Wohlfühlgewicht zurück, will wieder meine Muskeln definiert sehen. Zusätzlich zu meinen regulären Kursen gehe ich ins Fitnessstudio, laufe kilometerweit auf dem Laufband oder im Freien und trainiere vor allem die so wichtige Rumpfmuskulatur an Geräten. Ich fühle mich nach kurzer Zeit wieder stark, schnell und fit.

Ich nehme mir auch wirklich Zeit für Saraphina. Wenn sie spielen möchte, dann spielen wir. Meine frühere Aussage „Jetzt nicht" gibt es nicht mehr. Wenn sie mit mir kochen will, dann wird auch das gemacht. Wir pflegen wieder unser Abendritual Lesen vor dem Schlafengehen und singen anschließend. Ich motze meine Tochter nicht mehr ungeduldig an, wenn sie etwas nicht so macht, wie sie soll. Stattdessen bringe ich wieder viel mehr Geduld auf, ihr liebevoll Dinge zu erläutern und zu zeigen. Wenn sie anfängt, schwierig zu sein, nehme ich ihr den Wind aus den Segeln. Ich baue Widerstand ab, indem ich früher auf ihr Bedürfnis eingehe und ihr Alternativen aufzeige. In diesen Tagen habe ich endlich wieder so viel Spaß daran, Mutter zu sein. Ich genieße die Zeit mit ihr und freue mich wieder auf sie, wenn sie aus der Schule kommt. Ich bin fröhlich und entspannt. So muss das Leben sein, genau so und nicht anders. Aber das Leben ist nicht nur so. Es ist manchmal ganz anders als man es gern hätte.

Als ich an einem Freitagmorgen aufwache, kann ich ganz schlecht sehen. Wie Nebel liegt eine milchige Schicht auf meinem Auge und nimmt mir die klare Sicht. Da mein linkes Auge fast blind ist, kann ich ohnehin nur mit rechts sehen. Ich hatte auch schon mehrmals Augenentzündungen. Ich bete zu Gott, dass die Entzündung nicht schlimmer wird. Nicht jetzt, da es mir wieder so richtig gut geht. Nicht jetzt, wo ich mein Leben wieder genieße und so viel mit Saraphina unternehme. Ich habe ihr versprochen, dass wir am Sonntag ins Kino gehen. Ich hatte ihr das schon mehrmals zugesagt und hatte es wegen der Examensarbeit immer wieder verschieben müssen. Agnieszka und ihre Tochter werden ebenfalls mitkommen. Wir wollen uns gemeinsam *Der Fuchs und das Mädchen* anschauen.

Als sich am Samstag mein Zustand verschlechtert, steigt langsam Panik in mir auf. Am Frühstückstisch will ich mir Tee einschenken. Ich verfehle den Becher und gieße den Tee daneben.

„Mommy, was ist los mit dir?"

„Mein Auge ist entzündet."

„Kannst du überhaupt etwas sehen?"

„Ja, aber nicht viel. Es hat gestern angefangen und heute ist es schlimmer geworden."

„Aber wir können doch morgen ins Kino gehen!" Das sagt sie in einem scharfen Ton. Halb fragend, halb fordernd. Dahinter steht die Angst, dass es wieder verschoben werden könnte.

„Phina, ich weiß es noch nicht."

„Aber du hast es versprochen, dass wir morgen gehen können!"

„Saraphina, wie kann ich ins Kino gehen, wenn ich nichts sehe?"

„Du musst ja nichts sehen. *Ich* muss etwas sehen. Wir gehen für mich hin, nicht für dich."

Sie berührt sanft meinen Arm und sagt flehend: „Wir gehen morgen, ja Mommy? Wir gehen doch? Dein Auge wird wieder besser werden und dann gehen wir ins Kino, ja?"

„O.k., wir werden hingehen."

Im Laufe des Tages verschlimmert sich die Entzündung und meine Sehkraft schwindet noch mehr. Als Saraphina sich am Abend eine Suppe wünscht und ich dafür einkaufen muss, stelle ich fest, dass ich im Laden weder die Warenkennzeichnung noch die Preisschilder lesen kann. Ich nehme eine Milchtüte und versuche die Nährwerttabelle zu entziffern. Unmöglich! Ich sehe nicht einmal auf welcher Seite sich die Tabelle befindet. Ich sehe nur die hellen und dunklen Farbstrukturen. Mehr nicht. Ein weiteres Problem taucht beim Bezahlen an der Kasse auf. Ich kann einige Münzen nicht voneinander unterscheiden. Es dauert eine Weile bis ich der Kassiererin das Geld gebe. Niemand scheint dafür Geduld aufbringen zu können, die Mitarbeiterin nicht, die anderen Kundinnen nicht. Ich komme mir vor wie eine tüdelige[75] Seniorin, als ich in mein Münzfach greife und der Kassiererin meine Handfläche entgegen strecke. „Hier, nehmen Sie, was Sie brauchen."

Die Zubereitung der Suppe gestaltet sich schwierig, alles sieht gleich aus. Zum Glück funktioniert meine Nase noch einwandfrei. Da ich die Stufenbeschriftung am Herd nicht mehr sehe, muss ich jedes Mal auf Null schalten und dann von dort aus nach rechts oder links weiter zählen. Ich bin völlig genervt und verschwitzt. Wäre die Suppe nicht für Saraphina gewesen, ich hätte sie einfach halb gekocht auf dem Herd stehen lassen und wäre frustriert ins Bett gegangen.

Nach dem Essen beschließt Saraphina, dass ich ihr vorlesen soll.

„Das kann ich nicht", erwidere ich.

„Warum nicht?"

„Weil ich nicht lesen kann."

„Ja, aber warum nicht?"

„Saraphina, ich habe dir doch gesagt, dass mein Auge entzündet ist. Ich sehe nicht mal die Buchstaben."

Sie geht in ihr Zimmer und bringt ein Buch. Sie schlägt es auf.

„Kannst du das lesen?"

„Nein."

Daraufhin bringt sie das Buch über *Little Bunny*. Ein englisches Kleinkinderbuch mit Reimsätzen und extrem großer Schrift.

„Und das?", möchte sie wissen.

„Das kann ich lesen."

„O.k., dann lesen wir das eben."

„Aber du kennst das Buch auswendig. Wir haben es so oft gelesen, als du klein warst, das ist langweilig für mich."

„Mag sein, aber nicht für mich. Wir haben es seit Jahren nicht mehr gelesen."

Ich hatte mir fest vorgenommen, ihr solche Wünsche nicht mehr abzuschlagen, also setzen wir uns hin, kuscheln uns zusammen und lesen. Wie früher, lese ich immer nur die ersten zwei Wörter. Dann beendet sie den

---

75 Norddt. für durcheinander sein.

Satz. Nach zwei Minuten ist das Buch ausgelesen und sie möchte noch eins vorgelesen bekommen, aber ich wehre entschieden ab.

„Nein, Saraphina. Ich muss meine Augen schließen, sie brennen ganz doll."

Ohne Widerworte schlägt sie vor, dass wir uns dann zusammen eine CD mit Geschichten anhören. Sie holt zwei CDs und hält in der Tür stehend beide Cover hoch.

„Welche?"

Erschreckt stelle ich fest, dass ich sie nicht von einander unterscheiden kann.

„Ich weiß nicht, such du eine aus."

„O.k., dann diese hier." Sie zeigt auf die linke CD.

Wir hören uns die Geschichte an, bereiten alles für die Nacht vor und gehen in ihr Zimmer, um unser Abendritual zu beenden. Als sie im Bett ist und ich allein, überlege ich, was ich nun machen werde. Ich weiß, dass ich ins Krankenhaus muss. Ich weiß es. Das Auge ist inzwischen so schlimm entzündet, dass ich nur noch Umrisse und Farbkontraste „sehen" kann.

Wenn Zazu zu uns kommen könnte, gehe ich ins Krankenhaus. Dann kann er morgen mit ihr ins Kino gehen. Aber ich erreiche ihn nicht. Wer könnte noch Zeit haben, um auf Saraphina aufzupassen? Salvatore! Ja. Schnell wähle ich seine Nummer. Mailbox. Also kein Krankenhaus. Zumindest nicht heute.

Am Sonntag hat sich natürlich nichts verbessert. Ich bin froh, dass Saraphina dran ist, Brunch zu machen. Sie macht uns Rührei, schneidet Gemüse und dekoriert es appetitlich auf einem Teller. Sie heizt das Backrohr vor, legt unsere Lieblings-Aufbackbrötchen hinein. Nur beim Herausnehmen bittet sie mich um Hilfe, weil sie zu heiß sind. Als ich meine Hand in den Ofen strecke, berühre ich mit dem Handrücken die heißen Stäbe und verbrenne mich. Was ist nur mit mir los? Mein Körpergefühl hat sich so stark verändert, ständig schneide und verbrenne ich mich.

„Bist du o.k.?", fragt meine Tochter besorgt.

„Ja, alles in Ordnung."

Aber das stimmt nicht. Ich bin alles andere als in Ordnung. Doch warum soll ich sie noch mehr beunruhigen als nötig?

Als wir uns schließlich für das Kino fertig machen, ist Saraphina glücklich. Ich bin zutiefst beunruhigt; ich stelle mir vor, was die nächsten Tage unter Umständen auf uns zukommen wird. Mit diesen Gedanken im Kopf trete ich aus der Haustür und stolpere fast die Treppe herunter. Ich kriege einen riesigen Schreck.

„Was ist los, Mommy?"

„Ich sehe die Stufen nicht. Keine einzige."

„Keine Panik, ich helfe dir."

Sie hakt mich unter und ich fühle beim Weitergehen jede Stufe mit dem Fuß vorsichtig vor. Es ist eine eigenartige Situation. Ich fühle mich wie ein unselbständiges Kind, schwach, klein und krank. Wir fahren bis zur Haltestelle Dammtor, wo wir Agnieszka und ihre Tochter treffen wollen. Ich schaue mich um am Bahnhof. Die Gesichter sehen alle gleich aus. Ich erkenne höchstens die Hautfarbe, aber nur, wenn die Menschen schon ganz dicht herankommen.

Der Kinofilm wird für mich zu einem Hörerlebnis. Obwohl wir nicht so weit hinten sitzen, sehe ich von den Bildern nicht viel. Ich erkenne Farben sowie Hell- und Dunkelkontraste, aber keine Gesichter und keine anderen Details. Zum Glück ist es ein recht ruhiger Film mit wenigen Bildschnitten. Auch scheinen nicht so viele Personen in den Plot involviert zu sein. Meist sieht man nur das rothaarige Mädchen und der Fuchs. Also diejenigen, die sehen können. Ich zähle heute nicht dazu.

Ab und zu flüstert mir Saraphina etwas und „übersetzt" die Bilder in Lautsprache: „Das Mädchen klettert jetzt auf einen Baum."

„Und was passiert jetzt?", will ich wissen.

„Nichts. Sie sitzt da nur und wartet."

„Auf den Fuchs?"

„Ja."

„Saraphina...", sage ich nach einer Weile leise.

„Pssst. Mommy, bitte nicht jetzt." Es scheint gerade sehr spannend zu sein. Ich höre nur laute Geräusche, Schreie.

Erst als der Film vorbei ist, frage ich Saraphina: „Ist der Fuchs tot?"

„Ja, er hat überall geblutet."

Wir verharren noch lange in den Kinosesseln.

„Die Kameraführung war wirklich gut", sagt Agnieszka.

„Oh ja, wirklich wunderschöne Bilder. Diese ausdrucksstarken Details, Wahnsinn", grinse ich.

„Was machen wir jetzt?", fragt Saraphina.

„Gehen wir noch irgendwohin?"

„Um ehrlich zu sein, ich bin völlig fertig. Meine Augen tun weh. Ich möchte nach Hause und sie zumachen."

„O.k., dann los!"

Am nächsten Tag bringe ich Saraphina zur Schule und fahre nach Harburg zu meinem Augenarzt, der mich schon seit zehn Jahren behandelt. Er nimmt sich jeden Morgen vor der Sprechstunde eine halbe Stunde Zeit für akute Fälle. „Hallo Frau Boateng", lächelt mich der ergraute Mann an.

„Wie geht es Ihnen?"

„Um ehrlich zu sein, nicht so gut."

Diese Worte kommen mir nur schwer über die Lippen. Mir geht es immer gut oder sehr gut. Zumindest tue ich meistens so. Entweder es geht mir tatsächlich gut oder aber ich möchte, dass man das denkst, damit ich es selbst denken kann.

„Was haben Sie denn?", fragt der Arzt nun besorgt.

„Ich kann nichts sehen. Ich glaube, ich habe mal wieder eine Entzündung. Nur dieses Mal ist es schlimmer denn je."

Er lässt sich beschreiben, wie es mir die letzten Tage ergangen ist.

„Warum sind sie nicht ins Krankenhaus gegangen?"

„Ich dachte zuerst, es ist eine der Entzündungen, die nach ein paar Tagen wieder von selbst verschwindet. Außerdem hatte ich keinen, der auf meine Tochter hätte aufpassen können."

„Sie sind alleinerziehend?"

„Ja."

„Sind Sie nicht verlobt und mit Ihrem Freund zusammen gezogen?"

„Ich habe mich getrennt", sage ich leise. Innerlich hoffe ich, dass er da nicht weiter bohrt. Aber das tut er doch: „Wann war die Trennung?"

„Letzten Monat. Nein, getrennt habe ich mich schon Ende August, aber ich bin erst im Dezember aus der gemeinsamen Wohnung ausgezogen."

„Wie geht es Ihnen?"

„Wegen der Trennung?"

„Ja."

„Gut. Nur meinem Auge nicht."

„Dann lassen Sie uns mal schauen."

„Schauen Sie bitte geradeaus auf das kleine Licht." Anschließend lässt er mich in alle möglichen Richtungen schauen.

Dann holt er seine Lupe hervor und hält sie vor sein Auge. Alles beginnt von vorne.

„Sie haben Recht, das Auge ist sehr stark entzündet."

Ich nicke. Ja, das hatte ich erwartet.

„Wir haben aber ein anderes Problem: Es haben sich Schlieren auf dem Glaskörper gebildet."

„Schlieren? Was ist das?"

„Stellen Sie sich vor, es liegt eine dichte Nebeldecke über ihrem Auge. Das führt dazu, dass Sie nicht nach außen gucken können. Nun können wir aber auch nicht nach innen blicken."

„Nein?" So etwas habe ich bisher noch nie gehört.

„Nein. Das Auge ist total verschleiert. Die Entzündung lässt sich nur erahnen, das Ausmaß muss jedoch viel schlimmer sein."

„Was heißt das jetzt? Muss ich wieder Kortison nehmen?"

„Lassen Sie mich noch etwas in Ihr Auge tropfen."

Er holt die kleine Flasche mit einer orangefarbenen Flüssigkeit hervor, die immer so brennt. Nach ein bisschen Wartezeit schiebt er das Druckmessgerät vor und lässt es einrasten. Dieses Gerät mag ich nicht, weil es einem so nahe kommt. Automatisch versuche ich das Auge zu schließen, doch er verhindert das.

„Der Augendruck ist erhöht", sagt er nur leise, bevor er auch das linke Auge untersucht.

Seine besorgte Stimme entgeht mir nicht. Er legt den Kopf nach links und sagt ruhig: „Sie müssen ins Krankenhaus!"

Obwohl ich damit gerechnet habe, schüttele ich den Kopf.

„Nein, ich kann nicht."

„Doch, Frau Boateng, Sie müssen. Ich möchte hier ungern irgendeine Kortison-Therapie starten. Es scheint viele Entzündungsherde zu geben, aber ich kann sie nicht richtig sehen. Die Schlieren verdecken alles. Ich möchte Sie überweisen. Die Expert*innen im Krankenhaus haben viel bessere und modernere Geräte als niedergelassene Praxen. Sie sollen Sie noch mal komplett untersuchen."

„Dann gehe ich nur für die Untersuchung hin?"

„Ich rechne damit, dass sie Sie da behalten."

„Für wie lange?"

„Das kann ich Ihnen leider nicht sagen."

„Dann kann ich da auch nicht hin. Ich habe bald meine Examensprüfungen. Ich muss das abschließen, unter allen Umständen. Ich kann es mir nicht leisten, die Prüfungen nicht zu absolvieren."

Mein Arzt sagt nichts. Er schaltet das Augenlesetestgerät an und steckt ein dreieckiges Papierstück hinter mein linkes Brillenglas. „Lesen Sie mir das vor?"

Ich nicke: „Eine Zwei."

„Hhm. Und das?" Er schaltet weiter.

Es sind zwei Zahlen, das kann ich erkennen. Ich denke angestrengt, welche zwei Zahlen es denn immer waren, die der Zwei folgten. Doch sie fallen mir nicht ein. Die eine sieht aus wie eine Vier, die andere… keine Ahnung.

„Eine Vier und eine Acht?"

„Mmh."

„Stimmt denn das?"

„Nein, leider nicht." Er verdeckt das rechte Auge mit dem Pappstück.

„Jetzt links", fordert er mich auf und bringt die erste Zahl durch die Fernbedienung wieder auf die weiße Wand.

„Na ja, ich weiß ja, dass es die Zwei ist."

„Das weiß ich auch", lacht er. „Aber was können Sie *sehen*?"

„Nichts. Etwas Schwarzes auf weißem Hintergrund. Keine Konturen." Nach einer kurzen Pause ergänze ich: „Dann hat sich das Auge zumindest nicht verschlechtert", und muss über meinen eigenen dummen Witz lachen.

„Was sehen Sie hier?" Er streckt einige Finger hoch.

„Drei."

„Und jetzt?"

„Den Daumen."

„Gut, es hat sich nichts verändert", sagt er.

„Frau Boateng, ich möchte, dass Sie sich in Altona untersuchen lassen. Waren Sie nicht schon mal dort?"

„Ja, in der Schwangerschaft hatte ich doch diese Entzündung gehabt."

„Wer hat Sie damals behandelt? Wissen Sie das noch?"

„Ja, Dr. Salim."

„Genau zu dem würde ich Sie jetzt wieder schicken. Dr. Salim ist eine Koryphäe auf seinem Gebiet. Es gibt in Norddeutschland keinen besseren Augenarzt. Er hat ein hervorragendes Team, die werden sich gut um Sie kümmern."

„Aber ich gehe ja erst mal nur zur Untersuchung hin, o.k.?"

„Sie werden mit Sicherheit dort bleiben müssen. Am besten Sie fahren nach Hause, holen ein paar Sachen und gehen dort direkt hin."

„Hmm."

„Wie sind Sie hergekommen? Hat Sie jemand gefahren?"

„Nein."

„Wie finden Sie sich im Straßenverkehr zurecht? Sehen Sie die Ampeln? Und die Autos?"

„Einige Ampeln kann ich nicht sehen. Ich gehe dann einfach, wenn die anderen Fußgänger auch gehen. Bei den meisten erkenne die Farbe nicht, wenn ich davor stehe, aber ich merke die Farbwechsel."

Ich erzähle ihm nicht, dass ich manchmal etwas länger an der Ampel stehe, um die Wechsel mehrmals abzuwarten.

„Und die Autos? Ich frage nur, weil ich Sie normalerweise so nicht losschicken darf. Gibt es niemanden, der Sie abholen kann?"

„Meine Freund*innen haben alle keine Autos. Die einzigen, die mich abholen könnten, sind meine früheren Pflegeeltern und die wohnen zu weit weg. Ich erkenne die Autos selbst nicht, aber ich erkenne die Bewegung. Ich kann nur nicht immer die Distanz abschätzen. Aber ich bin vorsichtig."

„Wir können Ihnen auch ein Taxi rufen."

„Nein. Ich kriege das schon hin. Wirklich. Ich habe es schließlich auch hierher geschafft."

„Wir machen dann die Überweisung für Sie fertig."

„O.k."

„Brauchen Sie auch eine Krankschreibung?" Seit ich nicht mehr an der Uni angestellt bin, brauche ich so etwas im Prinzip nicht mehr. Trotzdem sage ich: „Ja." Für alle Fälle. Man weiß nie, wer am Ende doch danach fragt.

„Wir schreiben Sie erst mal eine Woche krank. Im Krankenhaus erhalten Sie dann weitere Bescheinigungen."

„Ist gut."

„Gehen Sie bitte auf dem schnellsten Wege ins Krankenhaus und melden Sie sich wieder bei uns."

„Das mache ich."

Seinen traurigen Blick kann ich dieses Mal ganz deutlich sehen, als er zu mir kommt und herzlich meine Hand schüttelt.

„Ich wünsche Ihnen alles Gute, Frau Boateng."

„Danke, Herr Doktor. Vielen Dank. Es wird schon wieder", sage ich mit einem Lächeln zu unser beider Beruhigung.

Als ich aus der Praxis komme, ist es noch immer früh am Morgen. Ich bin völlig durcheinander. Ins Krankenhaus möchte ich nicht. Wie soll das mit Saraphina funktionieren? Wer soll sich um sie kümmern? Sie kann nicht viele Tage auf sich allein gestellt sein und Zazu? Na ja, wenn der sich die Zeit überhaupt nimmt, dann würde sie wahrscheinlich ständig zu spät zur Schule kommen. Sie würde tagelang nichts Vernünftiges zu essen kriegen und nicht ausreichend schlafen. Kurz: kein kindgerechter Tagesablauf. Care-Arbeit[76] geht nicht „einfach" so nebenher. Oh Gott, was mache ich nur? Tränen laufen mir die Wangen runter. Wie soll das alles nur funktionieren? Ich habe das große Bedürfnis, mit jemandem zu reden und greife nach meinem Handy. Zwar kann ich die abgespeicherten Nummern nicht lesen, aber mein Gedächtnis funktioniert ja bestens und ich wähle eben aus meinem Gedächtnisspeicher im Kopf. Salvatore erreiche ich nicht. Bleibt nur noch Valentina.

„Guten Morgen, Süße. Ich muss ins Krankenhaus", falle ich gleich mit der Tür ins Haus. Keine Zeit für Small Talk.

„Wieso das?"

„Mein Auge hat sich mal wieder entzündet. Aber dieses Mal stärker als sonst."

„Was ist mit Phina?"

„Weiß ich noch nicht. Ich weiß noch nicht mal, ob ich ins Krankenhaus gehe."

„Willst du sie zu mir bringen?"

„Ist klar, als ob du nicht genug zu tun hättest mit deinen Zwillingen. Nee, lass mal."

„Und Zazu?"

„Der weiß es noch nicht."

„Wo bist du denn jetzt?"

„In Harburg. War grad beim Augenarzt, der hat mich an das Krankenhaus in Altona überwiesen."

„Dann geh doch erst mal dorthin und schau, was sie sagen."

„Hmm."

---

[76] Auch Sorgearbeit genannt, Betreuung von Kindern und Senior*innen.

„Ruf mich danach an, ja?"

„O.k."

Das Aufnahmeprozedere im Altonaer Krankenhaus dauert ewig. Formulare ausfüllen, Verträge unterschreiben, Namensschilder ausdrucken. Mit einer schon dicken Akte unterm Arm werde ich ins zwölfte Obergeschoss zur Augenstation geschickt. Es vergeht noch mal über eine Stunde im Wartebereich bis mir ein Zimmer zugeteilt wird.

„Dort ist eine Patientin drin, die sehr viel redet. Aber wir haben gerade kein anderes Bett frei."

„Wird schon gehen", antworte ich nur kurz.

Sie nickt: „Sie wird wahrscheinlich auch die nächsten Tage entlassen."

Ich hätte mir bei der Vorwarnung von Schwester Ines nicht vorstellen können, dass jemand tatsächlich so viel reden kann. Frau Schelle ist eine achtzigjährige Dame, die scheinbar an mittelschwerer Demenz leidet. Ungeachtet dessen, ob ich ihr zuhöre oder nicht, erzählt sie mir von ihrer großen Familie. Am Anfang höre ich ihr noch aufmerksam zu, kommentiere gelegentlich und nehme aktiv am Gespräch teil. Schon sehr bald aber bin ich erschöpft und kann nicht mehr. Sie redet in Endlosschleifen. Immer wieder das Gleiche.

„Ich mache jetzt meine Augen ein wenig zu, ja?", kündige ich an und hoffe, dass sie zu reden aufhört.

Sie ignoriert es geflissentlich. Quatscht endlos weiter.

Ganz in meine Gedanken vertieft, ziehe ich meine Bettdecke hoch und schließe die Augen. Die gescheiterte Beziehung zu Rick, die Trennung und der Umzug haben mich in den letzten Monaten enorm belastet. Dazu kommt noch die Examensarbeit. Ich bin mir sicher, alles zusammen hat die Entzündung des Auges bewirkt. Ich habe meine Grenzen überschritten, meine Reserven sind auch leer und mein Körper streikt. Zuviel ist zu viel. Reduziertes salutogenes Kapital. Ich bete zu Gott, dass die Entzündung bald wieder verschwindet und ich meine Abschlussprüfungen hinter mich bringen kann. „Mehr will ich doch gar nicht", sage ich leise. „Bitte nur noch das."

Am nächsten Tag wird meine Zimmergenossin entlassen. Für einige Stunden habe ich das Zimmer für mich allein und genieße die Stille.

Später kommen meine früheren Pflegeeltern und wir setzen uns in den leeren Warteraum.

„Was sagen die Ärzte denn zu deinen Augen?"

„Bisher haben sie nichts gefunden. Es gibt einen kleinen Hinweis darauf, dass es eine Autoimmunerkrankung sein könnte, Sarkoidose oder so ähnlich."

„Was ist das?", möchte Jürgen wissen.

„Es ist eine entzündliche Erkrankung. Normalerweise befällt sie jedoch die Lunge. Man muss noch herausfinden, warum es bei mir das Auge ist."

„Andere Hinweise gibt es nicht?"

„Nein, leider nicht. Na ja, eigentlich ist es ja gut. Die Ärzte sagen, ich bin kerngesund. Aber irgendwas muss ja die Entzündung hervorgerufen haben."

„Es ist wirklich eigenartig, dass sie nichts finden."

„Ja, und trotzdem haben sie heute beschlossen, dass ich Kortison gegen die Entzündung schlucken soll. Erst dann können sie ins Auge gucken und herausfinden, welches Ausmaß die Zerstörung angenommen hat. Trotzdem muss ich noch operiert werden.

Wenn wir Glück haben, ist die Entzündung in einer Woche weg und dann kann die OP stattfinden."

„Das wäre ja gut", sagt Gisela.

Die Ruhe im Krankenhauszimmer hält leider nicht lange an, denn am Mittag wird Frau Lehmann bei mir einquartiert. Wieder eine alte Dame, diesmal mit großer nächtlicher Geräuschkulisse.

Die ersten zwei Nächte bekomme ich kaum drei Stunden Schlaf. Die Kombination Schmerzen, Schlafmangel und Gedanken an meine bevorstehende Prüfung setzen mich jedoch total unter Strom. Draußen leuchtet *Hamburg, meine Perle*. Sogar den Fernsehturm könne man sehen, sagen meine Besucher*innen. Ich sehe nur verschwommene Lichter. Es könnte alles Mögliche sein. Ich versuche zu schlafen, doch die Schnarchgeräusche verhindern meine wohlverdiente Ruhe. Ich schalte das Radio an. Früher bei meiner Pflegefamilie konnte ich hervorragend mit Musik in den Schlaf finden. Hier funktioniert es aber nicht. Wahrscheinlich die falsche Musik.

Inzwischen ist es zwei Uhr morgens. Kurzentschlossen schnappe ich mir Decken und Kissen und gehe ins Badezimmer, eher eine Nasszelle, kaum 4 qm Grundfläche. Ich baue mir ein Schlafnest, aber auf dem Boden ist es ziemlich unbequem, wenigstens schlafe ich schnell ein. Ich wache zwar immer wieder auf, mal schmerzt mein Hals, dann die Hüftgelenke, ein anderes Mal der Arm. Aber ich schlafe immerhin für kurze Phasen ein.

Plötzlich wird die Tür des Bades geöffnet. Die Schnarcherin will ins Bad.
„Aaaah, was ist das denn?", schreit Frau Lehmann und taumelt zurück.
„Warum liegen Sie auf dem Boden?" Sie ist völlig außer sich.
„Ich will auf die Toilette. Kommen Sie da raus."
„Lassen Sie mich bitte schlafen. Direkt gegenüber gibt es andere Toiletten."
Die Nachtschwester ist auf ihr Geschrei aufmerksam geworden und betritt das Zimmer.
„Was ist denn hier für ein Lärm?"
„Frau Lehmann schreit herum", antworte ich und Frau Lehmann entgegnet prompt: „Ja, weil sie unverschämt ist und das Bad blockiert."
Ich verteidige mein ‚Bett' erfolgreich. Nach kurzem Schlagabtausch gehört das Bad für den Rest der Nacht mir.
Schlafentzug ist eine bekannte Foltermethode. Die ersten Monate nach Saraphinas Geburt haben mir verdeutlicht warum. Diese Nacht lässt meine Erinnerung an damals wach werden.

Ein Maulwurf unter den Föxen

Die Untersuchungen gehen tagelang weiter, keine Diagnose. Mein Leben zerrinnt, wie in einer Sanduhr rieseln die Tage ins Nichts. Mit jedem Tag verschlechtert sich mein Zustand, falls das überhaupt noch geht. Ich bin inzwischen komplett blind, werde jeden Tag unruhiger. Ich denke an meine bevorstehenden schriftlichen Prüfungen. Langsam muss ich mal meine Themen absprechen und LERNEN. Aber wie soll das gehen, wenn ich nicht mal lesen kann?

Eines Tages heißt es nach einer Untersuchung Alarm. Quarantäne. Die Ärztinnen wollen eine Toxoplasmose diagnostiziert haben. Eine Infektionskrankheit, die wohl meist Katzen befällt und über Kot in die Umwelt versport wird. Die Erreger sollen aber auch durch den Genuss von rohem Fleisch übertragen werden können. Ich esse gar kein Fleisch. Und roh schon gar nicht. Die Toxoplasmose wird nicht bestätigt, vielmehr war ich wohl irgendwann mal daran erkrankt und hatte Antikörper gebildet. Ich habe nichts davon gewusst.

„Frau Boateng, bisher haben wir nichts gefunden. Es bleibt nach wie vor ein Rätsel, was diese Entzündung hervorgerufen hat. Und wir wissen nicht, ob wir die Ursache überhaupt finden werden", sagt Dr. Brummer bei der nächsten Visite.

„Das klingt jetzt aber düster."

„Ich will Ihnen keine Angst machen. Es wäre nur falsch Ihnen unbegründete Hoffnung zu machen."

„Das sollen Sie ja auch nicht. Aber nur weil man nichts findet, heißt es ja nicht, dass da nichts ist. Mein Augenarzt hat mir gesagt, dass man nur Sachen finden kann, nach denen man sucht und die bekannt sind. Sie wissen scheinbar nicht wonach Sie suchen sollen."

„Bisher hat noch nicht mal die Kortisontherapie angeschlagen. Wir haben die Dosis verändert und gehofft, der Körper würde es annehmen. Zuerst wurde dadurch das linke Auge kränker, jetzt haben wir es soweit, dass sich Ihr Zustand zumindest nicht verschlimmert."

„Ja, aber das ist doch gut."

„Im Prinzip ja. Wir können aber momentan auch nicht mehr tun als abzuwarten bis das anschlägt und die Entzündung auflöst."

„Warum bin ich dann hier? Tabletten schlucken kann ich auch zu Hause. Dann können Sie mich doch entlassen."

„Wir können Sie in Ihrem Zustand nicht auf die Straße lassen. Das ist zu gefährlich. Außerdem haben Sie doch ein Kind."

„Genau deshalb muss ich nach Hause. Statt hier nutzlos herumzuliegen, depressiv zu werden und zuzusehen, wie mein Kind die meiste Zeit auf sich allein gestellt ist, könnte ich sie zu Hause wenigstens ein bisschen unterstützen."

„Wie denn?"

„Indem ich einfach da bin? Das alleine gibt ihr schon Sicherheit. Sie kommt von der Schule und ist nicht allein. Ich muss doch nicht viel tun, sie macht das meiste selbstständig. Aber sie kennt es nicht alleine sein zu müssen, alleine zu essen und niemanden zu haben, der jeden Tag mit ihr betet und ihr Gute Nacht sagt. All das kann ich doch auch im blinden Zustand ohne mich zu überfordern."

Dr. Brummer überlegt.

„Ich bin mir nicht sicher, ob das zumutbar ist."

„Ich werde mir Hilfe holen, für Haushalt und Einkauf. Ich bin mir sicher meine Freund*innen werden mich unterstützen." Das stimmt zwar nicht, wirkt aber vielleicht beruhigend auf die Ärztin.

„Sie haben sogar Anspruch auf eine Haushaltshilfe. Die Krankenkasse finanziert das. Sie können jemanden kommen lassen, der Sie entlastet."

„Heißt das, ich kann nach Hause?"

„Die Entscheidung treffe nicht ich. Ich werde es aber mit dem behandelnden Arzt besprechen."

„Warten Sie den morgigen Tag noch ab. Sicher fällt bis dahin die Entscheidung."

Zwei Tage später bin ich entlassen. Allein mit Saraphina. Und nur sie kriegt meine Probleme im Alltag mit. Beim Abwasch fällt mir ein Glas aus der Hand. Ich kriege große Panik, weil ich die Scherben auf dem Boden nicht sehen kann. Bei dem Versuch, nach den großen Stücken zu tasten, schneide ich mich und es beginnt zu bluten. Ich bin völlig aufgelöst. Saraphina eilt aus ihrem Zimmer.

„Stop! Nicht bewegen!"

„Was ist los?"

„Ein Glas ist zerbrochen. Trägst du Hausschuhe?"

„Nein."

„Dann komm hier nicht rein. Bringst du mir bitte den Staubsauger?"

„Soll ich dir helfen?"

„Nein, bleib draußen. Ich habe mich schon geschnitten und möchte nicht, dass es dir auch passiert. Zieh deine Schuhe an." Es dauert ewig bis ich die Scherben aufgesaugt habe. Ich bin völlig fertig mit den Nerven. Saraphina hilft mir dann doch noch nach weiteren Scherben zu suchen.

Als sie später etwas aus dem Kühlschrank holt, natürlich ohne Hausschuhe zu tragen, tritt sie in eine Scherbe. Wir haben nicht mal Pflaster im Haus und müssen improvisieren.

„Mommy, hier sind noch mehr Glassplitter."

„Dann bring nochmal den Staubsauger und hilf mir dieses Mal." Der Staubsauger will aber gar nicht so richtig saugen.

„Der Auffangbehälter ist voll, wir müssen ihn ausleeren", schlägt Saraphina vor. Es ist ein Staubsauger ohne Beutel, ein Zyklon. Mühsam hantiere ich mit dem Gerät und scheitere kläglich. Minutenlang versuche ich es. Nichts klappt. Ich bin mit meiner Geduld am Ende und schreie vor Wut: „Was für ein verdammtes Scheiß-Ding ist das hier!"

Saraphina bekommt Angst. „Lass es mich versuchen." Sie will mir den Behälter aus der Hand nehmen. „Nein, ich muss es selbst schaffen", schimpfe ich. Irgendwann habe ich den Deckel überlistet und muss den Behälter nur noch an das Gerät dranklicken. Als auch das nicht funktionieren will, fange ich an zu heulen, wie ein kleines Kind. Ich schimpfe laut und ärgere mich, dass ich es nicht sehen kann. Meine Nerven liegen blank.

„Scheiß-Ding, so ein Scheiß-Ding!"

„Mommy", ruft Saraphina laut. Auch sie hat zu weinen angefangen.

„Lass es jetzt. Lass es doch ganz einfach."

„Ich kann es nicht lassen. Wir können beide die Küche nicht betreten, wenn das zerbrochene Glas herumliegt."

„Dann lass mich jetzt mal ran."

Ich gebe ihr den Behälter und falle in ein großes Loch aus Selbstmitleid. Ich kann nichts Anderes tun als weiter zu weinen.

Saraphina nimmt mich in den Arm. „Es ist o.k.", flüstert sie mir leise ins Ohr. „Alles ist gut." Meine Erblindung hat mich zum Kind gemacht. Saraphina ist jetzt meine Mutter.

Nach der Scherbenaktion beschließe ich, am nächsten Tag zur Krankenkasse zu gehen und eine Haushaltshilfe zu beantragen. Wir kommen im Alltag nicht mehr allein zurecht.

Ich verzweifle innerlich immer mehr. Ständig falle ich über Treppen und Stufen oder kriege nasse Füße, weil ich Pfützen nicht sehe. Ständig steige ich in falsche Busse und werde angemacht, wenn ich danach frage, welche Linie es gerade ist.

Fragt man jemanden nach der Uhrzeit, so wird der Ärmel hochgezogen und einem wortlos die Armbanduhr hingehalten. Immer öfter denke ich darüber nach, doch einen Blindenstock zu verwenden, damit die Leute sehen, dass ich Hilfe brauche. Mir kommt es aber vor, als würde ich mich meinem Schicksal ergeben. Als würde ich meine Prüfungen aufgeben. So kurz vorm Ziel. Das kann ich nicht. Ich muss noch durchhalten. Die Entzündung wird heilen. Das darf nicht sein. Sie muss es einfach. Doch sie tut es nicht.

∗ ∗ ∗

Ich bin noch immer blind, kann nicht arbeiten, nicht lesen, keinen Sport treiben. Nur mit Hörspiele kann ich Informationen aufnehmen. Es ist aber extrem langweilig. Ich muss Bücher sehen, es macht keinen Spaß sie von Fremden vorgelesen zu bekommen. Die Wochen vergehen, ich habe viel

Zeit. Zeit zum Nachdenken. Zeit, Dinge zu realisieren, für die ich mir vorher keine Zeit genommen habe. Ich möchte schon seit Jahren einen Verein gründen, der mehr für Kinder und Jugendliche tut, sie fördert und ihren Bildungsweg begleitet. Bildung ist das Tor zu allem: bessere Berufschancen, gesellschaftliche Teilhabe, Gesundheit, bessere finanzielle Möglichkeiten, kulturelle Erlebnisse, größeres Selbstbewusstsein. Eigentlich wollte ich irgendwann zurück nach Ghana und dort viele Kinder unterstützen, damit sie zur Schule gehen können. Aber davon bin ich jetzt gerade weit entfernt. Außerdem gibt es auch hier im reichen Deutschland, immerhin eine der führenden Industrienationen, viele Kinder und Jugendliche, die nicht ausreichend unterstützt werden, die ihre Potenziale nicht entfalten können. Die Eltern sind verantwortlich. Die Schulen. Die Gesellschaft. Manchmal auch die jungen Leute selbst. Meistens fallen sie aber einfach nur durch vorgegebene Raster. Ich sehe an Saraphina, wie viel entspannter ein Kind lernen kann, wenn die Eltern es unterstützen und insgesamt gute Lernbedingungen seinen Bildungsweg flankieren. Wenn die Eltern oder andere Bezugspersonen sich interessieren, sich auf die Schule einlassen können. Und wenn die Familie keine anderen großen Probleme hat.

Mein privates Engagement war schon mehrfach erfolgreich. Ich habe schon einige Jugendliche zum Schulabschluss begleiten können. Latif hat sogar sein Abitur gemeistert. Wie schön wäre es, wenn das Engagement wachsen würde, wenn ich andere Leute motivieren kann, sich auch zu engagieren. Bisher habe ich viel darüber geredet. Es wird Zeit, endlich Taten sprechen zu lassen. Deshalb habe ich, kurz vor meiner Erblindung, fast dreißig Studentinnen angeschrieben und ihnen von meiner Vereinsidee berichtet. Zum ersten Treffen kommen immerhin zwölf. In den folgenden Wochen sind wir meistens acht, manchmal auch zehn. Wir sind eine kleine Projektgruppe geworden und treffen uns regelmäßig jeden Freitag. Das bietet sich an, weil alle gerade Semesterferien haben. Auch wenn ich nicht viel sehe, kann ich doch zu den Diskussionen sehr viel beitragen und die Gruppe zusammen halten. Atilla hat die Leitung übernommen, solange es mir nicht gut geht. Er ist der Typus Anführer, viel mehr als ich es bin. Wenn nicht die Gründung des Vereins, die regelmäßigen Sitzungen und alles drum herum gewesen wäre, ich wäre wahnsinnig geworden. So habe ich ständig etwas zu tun. Dadurch erhalten meine Tage mehr Struktur. Das tut mir gut.

Außerdem gehe ich fast jeden Tag zur Uni, nur um unterwegs zu sein. Ich setze mich dort ins Medienzentrum, wo sich die Computerarbeitsplätze für Studierende befinden, klebe mein rechtes Auge zu, um es nicht zu überfordern, presse mein linkes Auge – auf dem ich stark kurzsichtig bin –- zwei Zentimeter vor den Bildschirm und versuche ein paar Infos über Vereinsgründungen und Satzungen zu kriegen. Das geht aber nur kurze Zeit gut bis mein linkes Auge auf die Überlastung mit Schmerz reagiert.

Ohne Kalorienzufuhr geht bei unserer Projektgruppe von Anfang an nichts. Weil ich zum ersten Treffen Obst, Gemüse und Gebäck mitbringe, wird es schnell zur Gewohnheit, dass wir immer etwas zu essen haben. Das macht es gemütlicher und stärkt unser Zusammengehörigkeitsgefühl. Mit jedem weiteren Treffen nimmt der Verein Gestalt an. Wir debattieren über den Vereinszweck und vor allem über unsere Zielgruppe. Einige wollen, dass wir nur Kinder und Jugendliche mit Zuwanderungsgeschichte unterstützen.

„Das sollten wir nicht tun. Damit wird die Kluft in der Gesellschaft nur größer. Das denken in *Die* und *Wir* wird verstärkt", sage ich.

„Aber sie gehören zur größten Gruppe der sozioökonomisch Benachteiligten. Wenn wir etwas in der Gesellschaft ändern wollen, dann geht es nur, indem wir etwas für sie tun", argumentiert Mila.

„Schaut uns doch mal an. Wir kommen aus Afghanistan, dem Iran, Ghana, Türkei. Deutschland. Wir sitzen hier zusammen und wollen etwas aufbauen. Lasst uns aufhören die Gesellschaft zu separieren. Lass uns einfach alle Kinder fördern, die sozioökonomisch benachteiligt sind. Ist doch egal warum sie benachteiligt sind. Damit haben wir doch die Gruppe ausreichend eingegrenzt. Es gibt so viele deutsche Kinder, die ebenfalls betroffen sind. Was wollen wir ihnen denn erzählen, warum sie unsere Hilfe nicht kriegen?", frage ich.

Die Diskussionen mit der Projektgruppe sind ein großer Gewinn. Sie sind laut, temperamentvoll und konstruktiv. Schon bald geht es um den Vereinsnamen und unsere Förderschwerpunkte. Das ist die Geburtsstunde von SchlauFox e.V.

In meinem Alltag fühle ich mich ansonsten aber abgeschnitten. Ich bin eine total visuelle Lernerin, das Wichtigste und Beste fehlt seit der Erblindung. Ich versuche trotzdem manchmal Bücher zu lesen, nur mit dem linken Auge. Wenn ich das Buch weit genug an das Auge ranziehe, sehe ich die Buchstaben. Das strengt aber das Auge enorm an, irgendwann wird alles verschwommen und das Auge fängt an zu tränen. Das halte ich nicht lange durch. Mir bleiben nur akustische Texte.

Bleibt alles anders?

Zwei Monate sind vergangen, die Entzündung ist geblieben. Kein positiver Einfluss auf meine Sehkraft, die Schlieren bleiben wo sie sind. Mindestens einmal pro Woche muss ich auf die Station. Meine Ärztinnen sagen, die Entzündung sei minimal zurückgegangen. Ich habe inzwischen das Gefühl, dass sie nicht mehr daran glauben, dass jemals eine Besserung eintritt, denn eines Tages werde ich von Dr. Riedl gefragt:

„Haben Sie eigentlich schon überlegt, was Sie machen, wenn alles so bleibt?"

„Für immer, meinen Sie?" Ich bin entsetzt, dass er das sagt.

„Ja."

„Nein, das habe ich nicht. Ich gehe davon aus, dass es nicht so bleibt."

„Das wäre wünschenswert. Wir werden tun, was in unserer Macht steht." Er holt tief Luft.

„Es gibt aber heutzutage wunderbare Möglichkeiten für Sehgeschädigte. Sie sind nicht so isoliert wie früher. Es gibt tolle Computer, mit denen Sie schreiben können und gute Lesehilfen."

„Das brauche ich alles nicht!", wehre ich ab. Innerlich kriecht die Angst hoch.

„Sie sollten sich einfach ein paar Informationen einholen, was angeboten wird. Sprechen Sie auch mit Ihrer Krankenkasse, was sie übernehmen", rät er mir.

Als er mein entsetztes Gesicht sieht, wird sein Ton milder. „Sie sind doch so jung. Sie können sich noch umgewöhnen."

„Ich will mich aber nicht umgewöhnen. Ich habe in wenigen Wochen meine schriftlichen Abschlussprüfungen."

„Was studieren Sie denn?"

„Auf Lehramt."

„Also Staatsexamen?"

„Ja."

„Das ist kein Problem. Sie können die Prüfungen verschieben. Sie erhalten von uns eine Bescheinigung."

„Ich werde die Prüfungen nicht verschieben. Wissen Sie, was es mich gekostet hat, soweit zu kommen? Nichts wird verschoben. Ich muss es jetzt beenden."

„Das können Sie auch in jedem Falle tun. Sie können die Prüfung auch am PC schreiben, wenn Sie sich in die Blindenschrift eingearbeitet haben."

Ich antworte nicht mehr. Tränen schießen mir in die Augen. Ich wende meinen Kopf ab, damit er es nicht sieht.

Ich erlebe in dieser Zeit auf eine ganz andere Art und Weise, was es bedeutet *anders* zu sein. Aus der Norm zu fallen, spezielle Bedürfnisse zu haben. Ich erlebe wie das Leben ist, wenn man nicht gesund ist, sondern auf Andere angewiesen. Ich erlebe die Gesellschaft, wie sie auf Andersartigkeit reagiert. Ich habe es vorher schon so oft erlebt. Mit meinem Schwarzsein. Jetzt erlebe ich sie mit einer Behinderung, die man nicht sieht. Ich verstehe die Gesellschaft nicht, in der ich lebe. Ich kann es nicht verstehen, dass Menschen so wenig hilfsbereit sind. Dass sie einen sogar anpöbeln, wenn man Sachen nicht so macht, wie sie es erwarten, wenn man Schwächen zeigt. Einmal mehr erlebe ich, wie wichtig es ist, unabhängig zu sein, Stärke zu zeigen. Wer schwach ist, wird noch schwächer gemacht. Wer stark ist, der wird für noch stärker gehalten. Ich bin aber gerade nicht stark. Ich sehne mich nach Sicherheit, nach Begleitung. Oft liege ich im Bett, starre zur Decke, wenn ich nicht einschlafen kann, und vermisse mein altes Leben, meine Unabhängigkeit. Ich vermisse meine Bücher. Das Lesen. Ich vermisse jemanden, der für mich da ist. *Wirklich* da ist. Wie schon so oft in den letzten Wochen denke ich an meine Mutter. Sie lebt inzwischen wieder in Ghana. Deutschland ist einfach nichts für sie, sie fühlt sich hier nicht wohl, fühlte sich nie angenommen. In Ghana hat sie ein besseres Leben. Ich freue mich für sie.

Saraphinas Geburtstag steht unmittelbar bevor. Die Frühjahrsferien[77] beginnen auch bald. Ich weiß nicht, wie ich meinem Kind gerecht werden soll, wenn sie den ganzen Tag zu Hause ist. 14 Tage können lang werden. Und ihr Geburtstag? Es verging kein Jahr, in dem wir nicht gefeiert haben.

Ich möchte ihr nach dem Stress der vergangenen Wochen etwas Schönes bieten und frage bei der nächsten Krankenhausuntersuchung um die Erlaubnis, verreisen zu dürfen.

---

77 Norddt. Besonderheit: zwei Wochen im März, auch Skiferien genannt, keine Osterferien.

„Wohin wollen Sie denn?"

„Nach Madrid."

„Das ist gerade kein günstiger Zeitpunkt", gibt Dr. Brummer zu bedenken.

„Dr. Brummer, seit über zwei Monaten habe ich diese Entzündung. Sie geht und geht nicht weg. Ich kann überhaupt nichts machen und mein Alltag ist mehr als anstrengend. Wenn ich nicht anfange, es mir gut gehen zu lassen, wird diese Entzündung nie weggehen. Ich kenne meinen Körper."

„Der Flug wird nicht das Problem sein, aber wie wollen Sie sich dort zu Recht finden? Und dann auch noch mit ihrer Tochter?"

„Ich hab einen Onkel dort. Er wird sich ganz lieb um uns kümmern."

Sie schweigt eine Weile. Immer wieder schaut sie in meine Akte, dann auf den Bildschirm, der gerade neue Bilder mit den älteren abgleicht.

„Viel passieren kann eigentlich nicht", sagt sie schließlich. „Sie dürfen sich nur nicht überanstrengen."

„Deshalb möchte ich ja weg. Hier bin ich ständig unter Druck und mit dem Alltag überfordert. Da habe ich jemanden, der sich um mich und meine Tochter kümmert."

„Wann wollen Sie denn fliegen? Können wir noch eine Untersuchung vorher abwarten?"

„Ich würde die Tickets gern für nächsten Mittwoch buchen. Dienstag könnte ich noch mal herkommen."

„Gut, dann machen wir es so. Wir müssen Ihnen ausreichend Medikamente mitgeben. Bitte denken Sie mit dran."

„Ja, mach ich", antworte ich und freue mich.

„Frau Boateng, wir haben im Team noch über eine Möglichkeit gesprochen, die wir überdenken sollten", setzt sie an. Sie wirkt auf einmal etwas nervös.

„Welche denn?"

„Ihr linkes Auge. Wir haben es bisher wenig beachtet. Es ist quasi schon immer blind gewesen, oder?"

„Wahrscheinlich ja. Ich wusste es nur nicht. Erst als mir im Wedeler Freibad mal spielende Kinder einen Tennisball auf das rechte Auge geworfen haben und ich quasi erblindete, fand man heraus, dass ich wohl die ganze Zeit schon nur mit dem rechten Auge sehen konnte."

„Wann war das?"

„Na ja, ich war vielleicht 13, also vor ungefähr 15 Jahren."

„Wurde seitdem jemals etwas an dem Auge gemacht? Hat man je herausgefunden, was damit passiert ist und warum Sie damit nicht sehen können?"

„Ich war damit im Universitätskrankenhaus Eppendorf, im Tropeninstitut, bei mehreren Spezialistinnen. Niemand hat je herausfinden können, was mit dem Auge passiert ist. Ein Arzt hat mal gesagt, dass ich wahrscheinlich mit einem Sehfehler auf die Welt kam. Da es aber keiner wusste, ist es mit den Jahren immer schlimmer geworden bis das Auge schließlich aufgrund vieler Entzündungsherde und Vernarbungen seine komplette Funktion verloren und das rechte Auge die alleinige Regie übernommen hat."

„Es gab also keine Operationen?"

„Nein, die Ärzte haben immer gesagt, mit dem Auge solle nichts gemacht werden. Eine große OP würde nicht viel bewirken können. Solange das rechte Auge intakt ist, sei alles in Ordnung."

„Nun haben wir eine veränderte Situation. Das rechte Auge arbeitet nicht mehr, wie es soll. Wir denken daran, Ihr linkes Auge zu operieren."

„Was? Wieso das denn?"

„Schauen, Sie, Frau Boateng, um das rechte Auge können wir uns nicht kümmern, solange die Entzündung nicht zurückgeht. Das linke Auge funktioniert ohnehin nicht und hat es wohl nie getan."

„Ja, dann kann man es doch auch dabei belassen. Warum noch irgendwas daran herumschrauben?"

„Weil wir nichts mehr zu verlieren haben", erwidert sie mit fester Stimme. „Wir wollen nichts unversucht lassen, ihre Situation zu verbessern."

„Dann sehen Sie doch zu, dass die Entzündung weggeht", fordere ich. „Viel haben Sie ja bisher nicht gemacht."

„Das können wir nicht", sagt sie ruhig. „Aber wir können Ihre linke Linse, die komplett beschlagen ist, durch eine künstliche ersetzen."

„Was soll das bringen?" Ich habe das Gefühl, dass sich die Ärztinnen nun allmählich langweilen und an mir ausprobieren wollen.

„Es könnte sein, dass sich dadurch die Sehkraft verbessert. Dann wären Sie nicht ganz so aufgeschmissen." Ich weiß nicht, was ich sagen soll.

„Halten Sie das wirklich für möglich?"

„Wir sollten es zumindest versuchen."

„Kann es aber auch passieren, dass das Auge ganz blind wird? Mein Arzt hat immer gesagt, das Risiko lohne sich nicht."

„Der Austausch einer Linse ist heutzutage Routine. Es dauert keine zwei Stunden. Es besteht natürlich immer ein Restrisiko. Aber davon würde ich nicht ausgehen."

„Würden Sie mir zu dieser OP raten, wenn ich Ihre Tochter wäre?"

„Unbedingt. Schlimmer kann es doch nicht mehr werden." Sie steht auf und legt mir beruhigend eine Hand auf die Schulter. „Überlegen Sie sich das in aller Ruhe. Wir können nächste Woche dann noch mal darüber sprechen. Wenn Sie damit einverstanden sind, können wir das nach ihrer Reise in Angriff nehmen."

„O.k., mach ich." Ich verlasse den Untersuchungsraum, beladen mit weiteren Tropfen und Tabletten für die Woche in Madrid.

„Frau Boateng?", Dr. Brummer steht in der Tür.

„Ja?"

„Ich finde es gut, dass Sie verreisen wollen. Es ist gut, dass Sie was für sich tun."

„Ja, es wird Zeit, mit dem Jammern aufzuhören. Das Leben ist schön! Und alles ist gut, auch so wie es jetzt ist."

„Wir tun unser Bestes, damit es Ihnen besser geht. Nur müssen auch wir Ärzte manchmal sehr viel Geduld aufbringen."

„Ja, und wenn am Ende alles nichts hilft, bin ich bereit mich als Blinde ausbilden zu lassen. Ich will vorher nur eine Sache abschließen.

„Was denn?"

„Mein erstes Staatsexamen. Ich möchte die Prüfungen dafür abschließen."

✳ ✳ ✳

Der Spanienurlaub ist unglaublich. Unglaublich schön und unglaublich entspannend und wohltuend. Noch immer fast blind auf beiden Augen sitze ich stundenlang einfach nur in der Sonne. Auch wenn wir in einige Parks gehen, bleibe ich sitzen, während mein Onkel und Saraphina spazieren gehen. Und wir gehen viel auf Märkte. Es ist für mich zwar enorm anstrengend wegen der vielen Leute, aber ich mag die Gerüche der Früchte und die lauten Stimmen der Marktschreier*innen. Fast wie in Ghana. Noch nie in meinem Leben war ich so oft auf Märkten und habe so viel Obst und Gemüse eingekauft wie in diesem Urlaub. Ich ernähre mich fast nur von Rohkost und frischen Salaten, einfach weil mein Körper danach verlangt und weil es so unglaublich gut schmeckt. Schöner Nebeneffekt:

Ich verliere fast sechs Kilo, die ich durch die Kortison-Therapie zugelegt habe.

Aber der Urlaub ist nicht nur schön, denn Saraphina hat an einem Tag einen dramatischen Unfall. Wir sind mit meinem Onkel auf einem Kinderspielplatz, wo auch Sportgeräte für Erwachsene stehen. Während wir die Geräte bewundern und sie ausprobieren, macht Saraphina an diesen Turn-Reckstangen ihre Rollen. Es gibt drei davon nebeneinander in verschiedenen Höhen, der höchste ist vielleicht zwei Meter über dem Boden. Saraphina turnt sich von einer zur anderen Stange. Als sie an der höchsten ist, ruft sie uns zu, wir sollen ihr zusehen. Mein ehemaliger Lehrer Herr Johanson hätte seine große Freude an meiner Tochter gehabt. Er hat jahrelang versucht, dass ich auch mal am Reck trainiere. Ich hatte so eine Höllenangst vor den Dingern, dass ich nicht mal eine Rolle vorwärts hingekriegt habe, geschweige denn rückwärts oder gar den Aufschwung. Und hier ist meine Achtjährige und macht das alles mit spielerischer Leichtigkeit. Irgendwann merke ich allerdings, dass sie von den vielen Rollen müde wird.

„Saraphina, geh jetzt bitte runter. Es reicht."

„Nein Mama, nur noch ein paar mehr. Schau!"

„Ich möchte nicht mehr schauen. Es reicht, geh runter. Du hast fast keine Kraft mehr!"

„O.k., nur noch einmal."

Sie nimmt besonders viel Schwung und will eine Rolle rückwärts machen. Dabei rutschen ihre Hände von der Stange ab und das Kind knallt ungebremst auf den Boden. Kein weicher Sandboden, sondern extrem harten Kunstrasenboden. „Oh Gott, neiiiin!", ich renne sofort zu ihr. Das Geräusch beim Aufprall werde ich nie vergessen. Auch nicht den folgenden Schrei. Ich habe Saraphina noch nie so schreien hören. Mein Onkel und ich versuchen sie erst mal zu beruhigen. Es ist spürbar, dass sie v.a. einen Schock hat. Und man kann sich nicht vorstellen, wie viel Blut sie verliert. Viele Eltern stehen hilflos auf dem Spielplatz um uns herum. Anfangs wissen wir nicht, ob wir das verunfallte Kind aufrichten sollen, oder ob wir ihr dann einen noch größeren Schaden zufügen. Mein Erste-Hilfe-Kurs ist zu lange her. Jemand ruft: „Krankenwagen, holt einen Krankenwagen." Plötzlich versucht Saraphina aufzustehen, dreht den Kopf zur Seite und sagt kaum verständlich: „Kein Krankenwagen. Bitte kein Krankenwagen. Mir geht's gut." Als wir ihr helfen, sich ein wenig aufzurichten, falle ich fast in Ohnmacht. Saraphina hat am ganzen Körper offene Wunden, v.a. im Gesicht und an den Händen. Sie hat sich beim Fallen auf die Zunge gebissen, sie blutet heftig im Mund, zudem hat sie drei Zähne auf einen Schlag verloren und zwei weitere hängen quasi nur am seidenen Faden in ihrem Mund. Sie sieht grotesk aus. Wäre es in einem Film gewesen, ich hätte vielleicht gelacht. Aber es ist kein Film, es ist meine Tochter und ich kriege es richtig mit der Angst zu tun. Wir wollen sie zumindest zu einem Arzt bringen, aber auch das lehnt sie ab. Da sie so völlig neben sich steht, bin ich einverstanden erst mal abzuwarten und zu schauen wie es ihr geht.

Wir bleiben noch lange auf dem Spielplatz, viele Leute sind weiterhin bei uns und das Kind beruhigt sich langsam. Sprechen kann sie kaum, aber ihr geht es immer besser. Also fahren wir mit dem Taxi nach Hause, mit der Option jederzeit ins Krankenhaus zu fahren, sollte sich ihr Zustand verschlechtern. Die nächsten Tage geht es Saraphina gut, nur essen kann sie nicht richtig. Wir müssen alles sehr klein schneiden oder ihr nur Speisen geben, die sie gut schlucken kann. Normalerweise sind unsere Speisen recht scharf gewürzt, das geht natürlich auch nicht. Ich weiß nicht mehr genau, was es war, aber irgendwann beißt sie beim Essen auf etwas Hartes und die zwei anderen beschädigten Zähne fallen raus. Eine echte Befreiung für sie. Nun sieht sie auch nicht mehr ganz so gruselig aus.

Wir können uns noch einige Tage von dem Schock erholen, dann ist der Urlaub leider auch schon vorbei.

Staatsexamen – ich komme

Als wir zurückkehren, hat sich die Entzündung im rechten Auge stark zurückgebildet. Sie ist zwar noch vorhanden, sodass ich nicht operiert werden kann, aber mein Zustand ist nun soweit stabil, dass die Ärztinnen das linke Auge bearbeiten wollen, die Linse austauschen und künstlich weit stellen. Bevor die OP stattfinden kann, muss ich mich aber um meine Prüfungsvorbereitungen kümmern. Aus dem Themenfundus der jeweiligen Prüfer*innen muss ich mir Themen anlesen und mich in jedem Fach auf 3 Prüfungsthemen festlegen. Ich muss also ausgerechnet in dieser Zeit viel lesen. Ich quäle mich jeden Tag viele Stunden um einige Texte mit dem linken Auge zu überfliegen, sodass ich einen Überblick über die Themen bekomme. Meine Augen brennen immer mehr und ich denke ständig, dass ich die letzte bisschen Sehkraft wahrscheinlich auch noch aufs Spiel setze. Zwischendurch lasse ich mir von zwei Freunden sogar Texte auf Band sprechen, damit ich sie mir anhören kann. Aber, wie gesagt, ich bin eine visuelle Lernerin. Alle nur akustisch aufgenommenen Informationen verschwinden einfach schneller aus meinem Gedächtnis. Ich weiß am Ende nicht, wie ich es schaffe, wirklich drei schriftliche Prüfungen einigermaßen zu planen. Aber es geht, und ich lehne jedes Angebot der Prüfer*innen ab, die Prüfungen zu verschieben. Ich ziehe das jetzt durch. Und wenn ich am Ende erblinde – was wahrscheinlich so oder so passieren wird – kann ich es auch nicht ändern. Aber dann bin ich nicht nur eine Blinde, sondern eine Blinde mit Staatsexamen. Eine stolze Blinde mit Staatsexamen.

Vor meiner ersten schriftlichen Prüfung erfolgt die erste OP am linken Auge. Sie gelingt, was einerseits meinen Alltag erleichtert, denn auf weite Sicht habe ich jetzt fast 40 Prozent Sehkraft. Ich kann also wieder Ampelfarben erkennen und teilweise Lebensmittelpreise, aber andererseits kann ich nun fast gar nicht mehr lesen. Denn das Auge ist ja auf Weitsicht eingestellt. Ein Buch direkt vor mir ist also nicht lesbar, weiter weg allerdings auch nicht, dafür sind die Buchstaben zu klein. Mist, wie soll ich Prüfungsaufgaben lesen? Ich fühle mich insgesamt zwar wieder etwas lebendiger, auch wenn 40 Prozent nicht wirklich reicht um gut durchs Leben zu kommen, aber ich habe Angst davor die Prüfungen nicht zu bestehen.

Schließlich folgt meine erste schriftliche Prüfung: Deutsch. Natürlich habe ich vorher nicht genug über die Themen gelesen. Natürlich tun mir beide Augen unendlich weh, weil ich mich Tag und Nacht zwinge vorzubereiten. Ich habe in mühsamer Kleinarbeit lange Texte auf vielen, vielen Seiten verfasst, die ich mir als Sprachnachricht aufnehmen ließ. Seite für Seite lernte ich auf diese Weise alles auswendig. In der Prüfung sitze ich vor dem Schreibpapier, nein, ich liege fast mit dem Oberkörper drauf, denn nicht mal die Linien kann ich vernünftig sehen. Mit einem Abstand von vielleicht 5 cm zwischen dem rechten Auge und dem Papier reproduziere ich fünf Stunden lang – ich glaube so lang war die Prüfung – meine Texte. Ich kriege Nackenstarre, Kopfschmerzen, mein Handgelenk tut weh, die Augen brennen und ich muss sie ständig schließen. Der ganze Körper tut weh, fiese Schmerzen überall. Zwischendurch will ich aufgeben, die wenigen Seiten einfach so abgeben. Aber mein Ehrgeiz lässt Aufgeben nicht zu. Dabei verurteile ich mich selbst. Warum tue ich mir das an? Wofür? Und was bringt es mir, wenn ich am Ende das Staatsexamen habe, aber blind bin? Ich kann doch dann sowieso nicht als Lehrerin arbeiten.

Trotz der Schmerzen, trotz der Tränen, trotz der Fragen kann und will ich nicht aufgeben. Ich schreibe die Prüfung zu Ende. Und absolviere auch die anderen beiden in Technik und Erziehungswissenschaft.

Die beiden Operationen am rechten Auge finden nach meinen schriftlichen Prüfungen statt. Ich werde *nie* wieder einer solchen OP nur mit Lokalanästhesie zustimmen. Denn während der OP liege ich bei vollem Bewusstsein da und höre *alles*, worüber sich die an der Operation Beteiligten austauschen. Auch das, was schief gehen könnte, wird während der Operation kommentiert, und zwar nicht im Flüsterton. Vergessen die Leute, dass man KEINE Vollnarkose hat und sie deutlich hören kann? Oder warum sagen sie Sätze wie *Scheiße, jetzt ist auch noch die Netzhaut gerissen!* Wenn man da so liegt und all die Kommentare hört, wird man völlig irre und glaubt am Ende der *Worst Case* tritt ein. Doch ich habe großes Glück. Zwar braucht es noch einige Wochen bis zur vollständigen Heilung und verstärkte Brillengläser, aber dafür kann ich mit dem rechten Auge wieder fast vollständig sehen. Die mündlichen Prüfungen absolviere ohne große Einschränkungen. Ihr könnt euch nicht vorstellen wie sehr ich Gott in diesen Tagen danke. Immer und immer wieder. Für mich ist es ein Wunder. Nach 6 Monaten mit erheblichen Einschränkungen, bin ich wieder frei und unabhängig. Welch ein Lebensgefühl!

✶ ✶ ✶

Dezember 2008. Saraphina und ich steigen aus dem Bus. Mein Herz rast wie verrückt. Nur noch fünf Minuten, dann werde ich es wissen. Der Weg wird immer länger unter der Last der schweren Tasche. Meine Tochter plappert wie immer unentwegt. Ich höre schon gar nicht mehr hin. Bei der Ampel müssen wir lange warten. Dann erst fällt Saraphina auf, dass wir die Ampelanforderung vergessen haben. Sie berührt das Display, das daraufhin rot aufleuchtet. „Signal kommt" steht in großen Lettern darauf geschrieben. Ich kann das lesen. Ich kann *wieder* lesen. Ich war Monate lang blind, hatte drei Operationen. An beiden Augen. Aber ich kann wieder lesen. Welch ein Geschenk!

Nur noch hundert Meter.

Endlich kommen wir zu Hause an. Ich setze meine schwere Reisetasche ab, in der sich unsere Kleidung für die einwöchige Reise zu Valentinas Familie befindet. Die Weihnachtsgeschenke, die wir bekommen haben, sind in Saraphinas Trolley. Es vergeht eine Ewigkeit, bis ich den Schlüssel finde und die Haustür aufschließe. Meine Herzfrequenz erhöht sich. Sofort sehe ich den großen braunen Briefumschlag. Er passte nicht in den Briefkasten und steht deshalb direkt oben drauf. Den Absender kann ich nicht erkennen, aber ich vermute, dass es sich um die Postsendung handelt, auf die ich schon über zwei Wochen warten muss. Zusammen mit der übrigen Post gehen wir nach oben. Tasche abstellen, Schuhe ausziehen, Wohnungstür aufschließen, reingehen. Normalerweise lege ich auch meine Jacke ab. Doch dafür ist gerade keine Zeit. Stattdessen werfe ich die anderen Briefe auf den großen Esstisch im Eingangsbereich. Nur den großen Umschlag behalte ich in der Hand. Vorsichtig betrachte ich ihn von allen Seiten. „Unsere Stadt braucht alle Talente", ziert ein Stempelaufdruck das Kuvert. Ein neuer Claim der Hamburger Bildungssenatorin und Zweiten Bürgermeisterin Christa Goetsch. Recht hat sie! Noch immer betrachte ich den Umschlag in meiner Hand. Dann endlich mache ich ihn auf. Vorsichtig. Darauf bedacht, den Inhalt nicht zu beschädigen.

„Oh mein Gott!"

„Was ist los, Mommy?"

Ich schaue in die weit aufgerissenen Augen meiner Tochter.

„Geschafft. Geschafft!."

„Was denn? Was ist das?" Sie zeigt auf das Dokument in meiner Hand.

„Es ist mein Zeugnis. Mein Abschlusszeugnis. Ich fasse es nicht, ich habe es geschafft."

Zusammen hüpfen wir eine ganze Weile tanzend und jubelnd durch die Wohnung. Irgendwann später geht Saraphina in ihr Zimmer. Wie angewurzelt stehe ich noch im Flur und starre auf mein Zeugnis. Mein erstes Staatsexamen. Ich habe es geschafft. Ich habe es tatsächlich geschafft! Mein Hochschul-Abschluss. *Mit Auszeichnung.* Die kleine Ama aus Pramso hat es tatsächlich hinbekommen.

Plötzlich fühle ich eine Welle der Erschöpfung meinen Körper durchfluten. Mehr ein Tsunami als Welle. Meine Beine fühlen sich bleischwer an und meine Augen wollen zufallen. Ich bin müde. Müde von meinem langen Weg, der mich hierher geführt hat. Müde von den Erlebnissen in all

den Jahren. Am liebsten möchte ich mich einfach auf den Boden legen und einschlafen. Einen langen, langen Schlaf nach meinem jahrzehntelangen Kampf, der sich als Triumphzug über die Jahre entpuppte.

Ich habe es geschafft. Ich, Ama Boaduwaa Boateng aus Pramso. Ich habe im mir vorher unbekannten Deutschland den höchsten Bildungsabschluss erlangt. Ich habe es allen gezeigt. Allen, die nicht geglaubt hätten, dass ein ghanaisches Mädchen so schnell Deutsch lernen kann. Allen, die mich haben spüren lassen in diesem Land nicht willkommen zu sein. Allen, die daran gezweifelt haben, ob ich die vielen rassistischen Anfeindungen unbeschadet überstehe. Allen, die sich über mich erhöht haben. Ich habe es allen gezeigt. Aber am meisten mir selbst.

Dezember 2018. Nach meinem ersten Staatsexamen vor 10 Jahren habe ich später auch das zweite bestanden und bin inzwischen seit sieben Jahren als Lehrerin an einer weiterführenden Schule in Hamburg tätig. Meine Erlebnisse in dieser Zeit würden ein weiteres Buch füllen, denn wie ich bereits schrieb: Schule in Deutschland ist so ganz anders als in Ghana, auch aus der Perspektive einer Lehrkraft. Aber ich fühle mich wohl in diesem Arbeitsfeld. Mehr noch, ich fühle mich dazu berufen Lehrerin zu sein.

✶ ✶ ✶

Saraphina ist 19 Jahre alt. Sie ist eine bodenständige, vielseitig interessierte, selbstbewusste und unabhängige Frau. Zurzeit besucht sie die 13. Klasse einer Stadtteilschule in Hamburg und wird in wenigen Monaten ihr Abitur gemeistert haben. Dieses Kind erfüllt mich mit sehr viel Stolz. Wir haben es ZUSAMMEN geschafft. Sie hat – trotz all der widrigen Umstände in meinem Leben – auch ihren eigenen Weg gehen und sich selbst finden können. Mein großer persönlicher Erfolg bedeutet nicht nur meine Abschlüsse gemeistert, sondern auch Saraphina allein so gut großgezogen zu haben.

SchlauFox e.V.

SchlauFox, der Verein, den wir Student*innen als kleines Projekt gestartet haben, ist inzwischen zu einem großen, gemeinnützigen Träger der Kinder- und Jugendhilfe in Hamburg gewachsen. Wir feiern, wenn dieses Buch erscheint, unser elfjähriges Jubiläum und sind glücklich über das Erreichte: Jahr für Jahr fördern wir Hunderte von benachteiligten Kindern und Jugendlichen auf ihrem Bildungsweg. Wir haben sechs große Förderprogramme aufgebaut und unterstützen Heranwachsende:

1. Wir begleiten Jugendliche mit fachlicher Nachhilfe und Coaching zum ersten Schulabschluss – Projekt *JEA!*.
2. Wir unterstützen junge Geflüchtete dabei, den Übergang von der Internationalen Vorbereitungsklasse (IVK) in die Regelklasse zu bewältigen und gut in Deutschland anzukommen – Projekt *Ankerlicht*.
3. Wir treiben Inklusion voran, indem wir verhaltenskreative Kinder und solche mit speziellen Unterstützungsbedarfen in der Schule und im Unterricht begleiten – Projekt *STAR*.
4. Wir unterstützen die Ernährungserziehung in der Schule durch Kochkurse und ernährungsbezogene Aktionen – Projekt *Plietsche Kinderküche*.
5. Wir fördern den Interkulturellen Dialog und das Entdecken des eigenen Lebensraums mit Mitteln der Kunst – Projekt *Varia Kultur*.
6. Wir unterstützen individuell und unbürokratisch im Einzelfall – Projekt *Mittelpunkt*.

Diese Förderarbeit leisten wir inzwischen mit knapp 200 Ehrenamtlichen. Wir haben all die Jahre sehr viel Unterstützung erfahren: von privaten Spender*innen, Stiftungen, fördernden Vereinen, Unternehmensberater*innen etc. Dass wir so viel erreichen, hätten wir nie für möglich gehalten. Aber es gibt noch so viel zu tun. Nach wie vor können wir nicht allen helfen, die bei uns um Hilfe bitten. Wir können nicht mit allen Schulen kooperieren, die uns anfragen. Außerdem haben wir noch so einige Projektideen, die wir realisieren wollen. Aber erst mal brauchen wir mehr Ehrenamtliche, mehr Office Föxe (so heißen unsere Büro-Angestellten, die bei uns die Projekte koordinieren), größere und günstigere Büroräume und mehr finanzielle Ressourcen.

Als wir den Verein gegründet haben, haben wir Sprüche geerntet wie: „Was seid ihr eigentlich? Ein Haufen von Weltverbesserern oder was?" Oder: „Ihr solltet diese Arbeit nicht tun, das ist Aufgabe der Politik. Ihr solltet ihnen nicht ihre Arbeit abnehmen." Ist es also ein Armutszeugnis, gar ein Versagen der Politik, dass es in einem Land wie Deutschland und erst Recht in der reichen Stadt Hamburg Vereine wie SchlauFox braucht, um jungen Menschen bessere Bildungschancen zu ermöglichen? Vielleicht. Aber es ist definitiv ein Reichtumszeugnis, dass so viele Bürger*innen sich füreinander engagieren. Denn aufeinander zu achten und sich füreinander zu interessieren, sich miteinander und füreinander einzusetzen – *DAS* hält eine Gesellschaft zusammen und genau das hat Deutschland gerade in diesen Zeiten so dringend nötig. Es gibt noch viel zu tun – packen Sie mit uns an!

Mehr Infos unter www.schlaufox.de

Fotografien

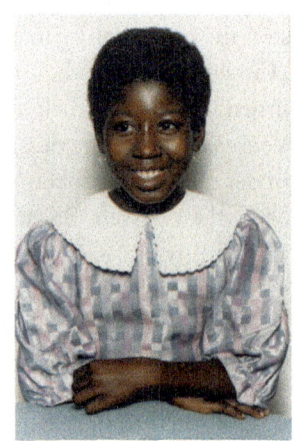

*Schulporträt
Gloria, 1990*

*Das Haus meiner
Kindheit in Ghana,
Frontansicht und
Hinterhof, 2003*

Fufu stampfen, 2003

Familie Boateng in Ghana, 2015

Jubiläum 10 Jahre Schlaufox e.V. – Saraphina und Gloria, 2018

Epilog

Diese vorangegangenen Seiten sind nur ein kleiner Auszug aus den ersten 30 Jahren meines Lebens. Es ist noch so viel mehr passiert. Einige Erlebnisse konnte ich nicht einbringen, weil sie nicht für die Öffentlichkeit geeignet sind, einiges, weil sie nicht ausreichend verarbeitet wurden und anderes, weil sie bestimmte Menschen verletzt hätten und das nicht meine Intention ist. Was bleibt, ist trotzdem meine Geschichte.

Genau wie ich hat kaum ein Mensch hat das Glück, ein Leben zu durchlaufen, das man als „glatt" bezeichnen würde. Ich weiß nicht einmal, ob das erstrebenswert wäre. Denn es sind gerade die Hürden und Steine, die uns herausfordern, die uns Strategien entwickeln lassen, die uns die Möglichkeit geben zu reifen, die uns lehren Prioritäten zu setzen. Es sind die dunklen und kalten Zeiten, die uns den Wert des Lichts und der Wärme verdeutlichen. Das kann jeder bestätigen, der ein paar kalte und dunkle Wintertage hintereinander erlebt hat.

Meine Geschichte zeigt, dass ich in meinem Leben viele Fehler gemacht habe. Es gab Zeiten, in denen habe ich geschwiegen statt zu reden und geredet statt zu schweigen. Es gab Zeiten, da habe ich akzeptiert statt aufzubegehren und aufgebegehrt statt zu akzeptieren. Es gab Zeiten, da habe ich gelogen statt die Wahrheit zu sagen und die Wahrheit gesagt, statt zu lügen. Aber ich habe nie den Fehler gemacht, aufzugeben. Ich bin – egal was passierte – aufgestanden und habe weiter gemacht. Ich habe gelernt Hilfe anzunehmen und, wenn nötig, auch aktiv zu suchen. Ich habe meine Ziele fokussiert und bin den Weg zu ihnen weiter gefolgt. Ich habe immer wieder erkannt, dass *das Leben* es gut mit mir meint, nur die Menschen manchmal nicht. Ich habe meistens geglaubt, dass alles gut ist, was passiert und wie es passiert. Und dass das, was noch nicht gut ist, zumindest gut wird. Ich habe an das Gute am Leben und im Menschen geglaubt. Und an mich selbst. An die Kraft in mir, an meine Liebenswürdigkeit, an meine Bestimmung. Das – und mein starker Glaube an einen Gott, der mich als liebenden Vater lenkt, beschützt und berät – ist es, was mich zum Erfolg geführt hat. Zur Zufriedenheit mit dem Leben wie ich es führen darf. Das ist es, was ich jedem Menschen wünsche:

Den Glauben an sich selbst, den Glauben an das Gute, den Glauben an einen Gott (oder welche Kraft auch immer einem eine Orientierung bietet). Ich glaube, dass man mit diesen drei Komponenten alles bewältigen kann und da ankommen kann, wo man hin will. Ich bin endlich angekommen, in dem Leben, das ich leben möchte. Dafür bin ich unendlich dankbar!

Wenn dieses Buch erscheint, lebe ich seit 30 Jahren in Deutschland. 30 Jahre. Eine ganze Generation. Bin ich jetzt Deutsche? Bin ich noch Ghanaerin? Ich weiß es nicht. So lange meine Haut schwarz ist, werde ich in Deutschland wohl von vielen nie als Deutsche anerkannt werden. Da können auch noch weitere 30 Jahre vergehen. Da hilft es auch nichts, dass ich Deutschlehrerin bin, ein Kind hier geboren und groß gezogen habe, Steuern zahle, mich für dieses Land und unser Gemeinwohl engagiere. Und so lange ich kein (vernünftiges) *Twi* sprechen kann, werde ich von vielen Ghanaer*innen v.a. älterer Generationen wohl nicht als Ghanaerin wahrgenommen werden. Da hilft es auch nicht, dass ich schwarz bin, krause Haare habe, das ghanaische Temperament (falls es so etwas gibt) in mir trage und mein Lieblingsessen auch nach 30 Jahren immer noch *Omotuo* ist. Eine Ambivalenz? Das war es mal. Aber das ist es nicht mehr. Denn inzwischen weiß *ich*, wer oder was *ich* bin. Das reicht. Wer es für sich zur Abgrenzung braucht, kann ja weiterhin hinter meinen Namen *mit Migrationshintergrund* oder *allochthon*[78], mit Wurzeln in der Sub-Sahara oder welche Zuschreibungen auch immer hinzufügen. Und ob man mich als Farbige, Schwarze, *PoC*[79], Dunkelhäutige bezeichnet, ist für mich auch egal.

Das ist nicht entscheidend. Entscheidend ist doch – egal woher wir kommen und wohin wir gehen –, dass wir uns gegenseitig respektvoll behandeln, uns offen und freundlich begegnen. Dass wir miteinander ins Gespräch gehen und uns kennenlernen statt nur übereinander zu reden, dass wir einander in Ruhe unser Leben leben lassen.

Entscheidend ist, dass alle als ein wichtiger Teil der Gesellschaft wahrgenommen werden und man uns und unseren Kindern die gleichen Chancen und Rechte zugesteht. Entscheidend ist, dass wir unseren Blick füreinander öffnen und uns gegenseitig unterstützen, wenn Unterstützung gebraucht wird. Entscheidend ist, dass jede*r von uns er/sie selbst sein darf, als Mitglied der Gesellschaft. Ohne Wenn und Aber. Ohne *eigentlich*.

---

78 Ethnolog. betrachtet: Personen und Gemeinschaften mit einer gebietsfremden sozialen Herkunft oder Abstammung.

79 Person of Color.

Bilderverzeichnis

Aquarelle

Der afrikanische Kontinent	10
Die Regionen Ghanas	16
Tanzen im Regen, Pramso	20
Glorias Mutter kommt nach Pramso	34
Markt in Kumasi	46
Glorias Abreise aus Pramso	62
Gloria kommt in Hamburg an	74
Glorias Kampf auf dem Schulhof, Hamburg	90
Glorias erstes Buchgeschenk, Hamburg	104
Glorias Telefonat mit der „verschollenen" Mutter, Schleswig-Holstein	128
Gloria mit dem HVV unterwegs, Hamburg	176
Benjamin und Gloria, Ghana	224
Gloria am PC mit stark eingeschränkter Sehkraft, Hamburg	272
Gloria und Saraphina feiern das Staatsexamen, Hamburg	284

Fotografien

Schulporträt Gloria, 1990	288
Das Haus meiner Kindheit in Ghana, Frontansicht und Hinterhof, 2003	288
Fufu stampfen, 2003	289
Ghanareise, 2015	289
Jubiläum 10 Jahre Schlaufox e.V. – Saraphina und Gloria, 2018	290

Glossar

Aane	Ja
Abena/Abenaa	Akan-Name für eine weibliche Person, die am Dienstag geboren ist.
Abenkwan	Der Akan-Begriff für eine Suppe, die aus Palmnüssen bzw. Palmkernen gekocht wird.
Abrokyire	Ausland. Damit ist meist das transatlantische Ausland gemeint.
Adwoa	Akan-Name für eine weibliche Person, die am Montag geboren ist.
Afehyia pa!	bedeutet im übertragenen Sinne *Fröhliche Weihnachten!*
Akosua	Akan-Name für eine weibliche Person, die am Sonntag geboren ist.
Akwaaba	Willkommen!
Ama	Akan-Name für eine weibliche Person, die am Samstag geboren ist.
Ashanti-Region	Ähnlich wie die Bundesländer in Deutschland, ist Ghana in zehn Regionen aufgeteilt. Eine davon ist die Ashanti-Region.
Aunty	Tante
Banku	Ein Kloß, der aus Maismehl besteht. In meiner Kindheit wurde meist Okro-Stew dazu gegessen.
Black Eye Beans	Beige-farbene, nierenförmige Hülsenfrucht mit schwarzem Fleck. Wörtlich übersetzt: Schwarzaugenbohnen. Sie werden meist in getrockneter Form gekauft und einige Stunden vor dem Kochen in Wasser eingeweicht.
Bofrot	Frittiertes, rundes und süßes Teiggebäck, das in vielen Ländern Westafrikas gegessen wird.
Boy's Quarter	Üblicherweise kleines Nebengebäude eines Einfamilienhauses, in dem (z.B. in der Kolonialzeit) die Bediensteten untergebracht werden. So lebt die Familie vom Servicepersonal getrennt.
Brong Ahafo	Eine Region im Westen Ghanas, die an die Elfenbeinküste grenzt
Chief	Oberhaupt, Stammesführer, hier: Oberhaupt des Dorfes
Cedi	Ghanas Währung. 1 Cedi sind 100 Pesewas
dabi/daabi	Nein
FAP	Die rechtsextremistische *Freiheitliche Deutsche Arbeiterpartei* wurde 1979 gegründet und 1995 als Verein (da keine Anerkennung als Partei) verboten.
Fried Rice	Reisgericht, bei dem der gekochte Reis zusammen mit anderen Zutaten (Eiern, Fleisch, Gemüse etc.) in der Pfanne gebraten wird.

Fufu	Nationalgericht in Ghana. Ähnlich wie ein Kloß, besteht aus Cassava (oder Yam) und Plantain. Dazu wird eine Suppe gereicht, z.B. pepper soup. Fufu wird auch in anderen Ländern Afrikas gegessen, z.B. in Nigeria.
Gyaamani	Germany, Deutschland
Ivory Coast	Elfenbeinküste. Nachbarland von Ghana
Jollof Rice	Ein Reisgericht, bei dem der Reis in einer Tomaten-Soße gekocht und dadurch rot gefärbt wird.
Junior Secondary School	Weiterführende Schule. Vergleichbar mit der Unter- und Mittelstufe von weiterführenden Schulen in Deutschland.
Kofi	Akan-Name für eine männliche Person, die am Freitag geboren ist.
Kumasi	Zweitgrößte Stadt in Ghana. Hauptstadt der Ashanti-Region.
Kuntanase	Eine Kleinstadt und gleichzeitig die Hauptstadt des Distrikts Bosomtwe, in dem auch mein Geburtsort Pramso liegt.
Kweku	Akan-Name für eine männliche Person, die am Mittwoch geboren ist.
Kwesi	Akan-Name für eine männliche Person, die am Sonntag geboren ist.
M'aaha	Guten Tag
Maame	Mutter, Mama
Master bedroom	Ein großes Schlafzimmer mit eigenem Bad
Mate	Der Assistent des *Tro-Tro*-Fahrers. Im *Tro-Tro* gibt es keine Fahrkarten. Man bezahlt direkt das Fahrtgeld beim *Mate*.
Meat pie	Gefüllte Teigtaschen, meist mit Zwiebeln und Tomaten, manchmal auch Thunfisch
Nana	Oma, Opa
Nna ase	Gern geschehen. Bitte.
Omotuo	Eine Speise in Ghana, die aus den gleichnamigen Reisbällchen besteht, zu der z.B. Erdnusssuppe (Akan: *Nkatekwan*) gereicht wird. Omotuo ist bis heute meine absolute Lieblingsspeise.
Pramso	Ein Dorf im Bosomtwe-Distrikt. Der Bosomtwe-Bezirk liegt in der Ashanti-Region.
Salutogenese	Wissenschaft von der Entstehung und Erhaltung von Gesundheit. Salus (lat.) = Gesundheit, Genese (lat.) = Entstehung. Gegenstück zu Pathogenese. Ab den 1970er Jahren verschiedene theoretische Modelle über die Eigenschaften, welche man benötigt, um sowohl gesund zu werden als auch zu bleiben.

Shito	Eine Gewürzpaste, die hauptsächlich aus Öl, Pfefferschoten und allerlei anderen Zutaten (je nach Rezept z.B. Zwiebeln, Fischmehl, Krabben etc.) besteht.
Sonic	Eine Figur aus dem gleichnamigen Computerspiel von Sega
Stew	Soße
Tea bread	Sehr weiches und süßes Weizenbrot. Ähnlich wie die französischen Brioche.
Tema	Größte Hafenstadt in Ghana, die in der Greater Accra Region liegt. Tema grenzt an der Hauptstadt Accra an.
Twi	*Twi* gehört zur Gruppe der Akan-Sprachen und wird in Ghana etwa von der Hälfte der Bevölkerung gesprochen. Es gibt verschiedene Twi-Dialekte, z.B. *Ashanti-Twi*, *Akuapem-Twi* oder *Fante-Twi*.
Tro-Tro	Eine Art Kleinbus in Form eines bestuhlten Lieferwagens, günstigstes Transportmittel in Ghana. Bis zu 16 Passagiere haben darin Platz.
Waakye	Eine Speise, die hauptsächlich aus *Black Eye Beans* und Reis besteht.
Wɔfa	Onkel
Yam	Ein riesengroßes Wurzelgewächs, von der es hunderte verschiedene Arten gibt. Grundnahrungsmittel in Ghana. Es ähnelt geschmacklich am ehesten der Kartoffel und wird auch so zubereitet (gekocht, gegrillt, frittiert etc.).

Danksagung

Es gab Phasen in meinem Leben, in denen ich Deutschland verlassen wollte. Dass ich es nie in die Tat umgesetzt habe, ist vor allem der Verdienst derjenigen Menschen, die mich auf meinem Weg begleitet, motiviert und unterstützt haben. All diesen Menschen, die mich durch ihr Da-Sein, durch kleine und große Hilfestellungen und Aufmunterungen eine Wegstrecke weit begleitet haben, möchte ich danken. Wenn ich tatsächlich alle Personen benennen würde, denen ich aus tiefstem Herzen meinen Dank aussprechen möchte, wäre dieser Teil des Buches sicher viel zu lang. Ich möchte mich deshalb auf einige wenige beschränken und bitte alle anderen, sich ebenfalls angesprochen zu fühlen – auch ohne Namensnennung.

Mein größter Dank gilt meiner Tochter Saraphina. Ohne dieses Mädchen wäre ich heute nicht das, was ich bin. Ich habe durch sie bedingungslose Liebe erfahren. Sie hat, mehr als jeder andere Mensch, an mich geglaubt, mich gewähren lassen und mich bei allem unterstützt, was mir so wichtig war. Sie hat Geduld bewiesen, obwohl ich manchmal keine mit ihr hatte. Sie hat mich angelächelt, wenn mir zum Heulen war, mich gestreichelt, wenn ich Geborgenheit brauchte. Saraphina, ich danke Dir! Ich danke Dir für das, was Du aus mir gemacht hast und ich bete, dass Du unendlich gesegnet wirst.

Ich danke auch meiner verstorbenen Mutter und meinem verstorbenen Großvater. Wenngleich ihr nicht lange für mich sorgen konntet, danke ich euch allein für all die Möglichkeiten, die ihr mir gegeben habt.

Vielen Dank auch an meine Nana in Ghana. Sie hat sich einige Jahre um mich gekümmert. Manchmal war das Leben mit ihr zwar wirklich hart und hat mir sehr geschadet, aber ich bin mir sicher, dass sie ihr Bestes gegeben hat und vieles nicht besser wusste.

Ich danke meiner Pflegefamilie, allen voran meinen Pflegeeltern. Ihr habt mich in einem Moment zu euch geholt, als ich niemanden mehr hatte. Ihr habt mit mir euer Haus, euer Essen, eure Bücher, eure Zeit geteilt. Wir hatten viele Schwierigkeiten, aber ich bin euch zutiefst dankbar für die Jahre, die ich bei euch sein und zu eurer Familie gehören durfte, ebenso wie für das später entstandene freundschaftliche Verhältnis.

Wenn ich an meine Schulzeit denke, dann kommt mir vor allem meine Lehrerin Susanne in den Sinn. Ich danke Dir für die persönliche Beziehung, die Du für wenige Jahre zu mir aufgebaut hast. Sie hat mir geholfen, nicht zu verzweifeln, wenn ich beschimpft, gequält und erniedrigt wurde.

Außerdem danke ich Susanne Niethes, Almut Wiemer und Ute Groth für ihre kurzweilige Begleitung.

Isabel und Christine Rödiger danke ich dafür, dass sie Saraphina und mich v.a. in ihren ersten Lebensjahren – aber auch später – sehr unterstützt haben. Ich danke der verstorbenen Maria Stiller, die meine Familie begleitet hat.

Ich bedanke mich bei allen meinen heutigen und ehemaligen Freund*innen, die mit mir gespielt, gelacht und geweint haben, die mir Trost gespendet und an mich geglaubt haben. Ihr, meine Freund*innen, habt mir immer die Familie ersetzt, die ich in Deutschland nicht hatte.

Ich danke Frau Prof. Hannelore Faulstich-Wieland für das Gutachten, mit dem sie mich für das Studienstipendium vorschlug, sowie der Studienstiftung des deutschen Volkes, dass sie an mich geglaubt und mich gefördert hat.

Auch danke ich allen, die mir kleine oder große Steine in den Weg gelegt und mir das Leben schwer gemacht haben. Ihr habt mich dadurch gelehrt zu kämpfen, über Hürden zu springen und durchzuhalten. *Und jetzt könnt Ihr mich mal kreuzweise!*

Nicht zuletzt danke ich Frau Edyta Dombrowski, dass sie als erste Interesse an meinem Buch bekundete und schließlich meiner Verlegerin Sabine Muhl, dass sie mein Buch lektoriert und publiziert hat.

Ich danke euch, ich danke euch allen!

Nico & Arnold Schnittger
Ich berühr den Himmel
Im Rollstuhl durch Deutschland
mit zahlreichen Abbildungen
2019 · 216 Seiten · 10,00 €
ISBN 978-3-96443-546-0
Vertrieb über Nova MD GmbH

Merhawi Fsehaye / Ulla Grün
Mein Weg in die Freiheit
Mit 15 Jahren allein auf der Flucht
mit zahlreichen Abbildungen
2018 · 174 Seiten · 8,00 €
ISBN 978-3-947901-01-2

Arnold Schnittger berichtet mit viel Humor aus seinem langjährigen Pflegealltag. Nicht mehr gute Fotomotive sind seine Reiseziele, sondern Ämter, Behörden, und Kämpfe um alles, was das Leben seines Sohnes Nicos besser macht. Denn Nico ist körperlich und geistig schwerstbehindert.

Merhawi ist 15 als er seine Familie verlassen muss. Der unmenschliche und unbefristete Militärdienst steht unmittelbar bevor. Niemand darf etwas von seinen Fluchtplänen erfahren. Eine gefahrvolle Reise ins Ungewisse beginnt. Wie lebensgefährlich sie tatsächlich werden wird, ahnt Merhawi nicht.

smm Leichte Sprache Verlag
UG (haftungsb.) · Busbrookhöhe 130 B · 22159 Hamburg
mobil 0176 805 2000 9 · AB 040 609 406 80